右手 左手

RIGHT HAND · LEFT HAND

The Origins of Asymmetry in
Brains, Bodies, Atoms and Cultures

—— 探索不對稱的起源 ——

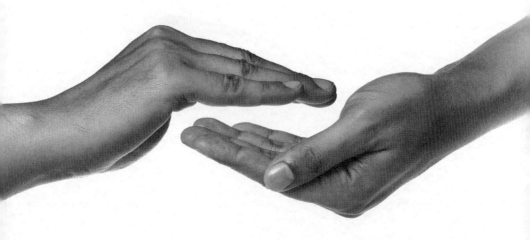

CHRIS McMANUS

克里斯・麥克麥納斯 —— 著　　　　　　　　　　　譯—— 王惟芬

出版緣起

開創科學新視野

何飛鵬

有人說，是聯考制度，把臺灣讀者的讀書胃口搞壞了。這話只對了一半；弄壞讀書胃口的，是教科書，不是聯考制度。

如果聯考內容不限在教科書內，還包含課堂之外所有的知識環境，那麼，還有學生不看報紙、家長不准小孩看課外讀物的情況出現嗎？如果聯考內容是教科書占百分之五十，基礎常識占百分之五十，臺灣的教育能不活起來、補習制度的怪現象能不消除嗎？況且，教育是百年大計，是終身學習，又豈是封閉式的聯考、十幾年內的數百本教科書，可囊括而盡？

「科學新視野系列」正是企圖破除閱讀教育的迷思，為臺灣的學子提供一些體制外的智識性課外讀物；「科學新視野系列」自許成為一個前導，提供科學與人文之間的對話，開闊讀者的新視野，也讓離開學校之後的讀者，能真正體驗閱讀樂趣，讓這股追求新知欣喜的感動，流盪心頭。

其實，自然科學閱讀並不是理工科系學生的專利，因為科學是文明的一環，是人類理解人生、接觸自然、探究生命的一個途徑；科學不僅僅是知識，更是一種生活方式與生活態度，能養成面對周

遭環境一種嚴謹、清明、宏觀的態度。

　　千百年來的文明智慧結晶，在無垠的星空下閃閃發亮、向讀者招手；但是這有如銀河系，只是宇宙的一角，「科學新視野系列」不但要和讀者一起共享大師們在科學與科技所有領域中的智慧之光；「科學新視野系列」更強調未來性，將有如宇宙般深邃的人類創造力與想像力，跨過時空，一一呈現出來，這些豐富的資產，將是人類未來之所倚。

　　我們有個夢想：

在波光粼粼的岸邊，亞里斯多德、伽利略、祖沖之、張衡、牛頓、佛洛伊德、愛因斯坦、蒲朗克、霍金、沙根、祖賓、平克……，他們或交談，或端詳撿拾的貝殼。我們也置身其中，仔細聆聽人類文明中最動人的篇章……。

　　　　　　　　　　　　　本文作者為城邦媒體控股集團首席執行長

譯者序
從偶然到應然
——獻給陳章波老師及生態系復育與經營管理研究室

　　初次看到這本書時，其厚度與廣度讓人望之卻步，光看目錄就覺得超過我的能力範圍，從頭翻到尾，只有談論胚胎左右不對稱發育的第五章是我熟悉的。那些雞胚胎發育時期的照片，基因表現模式圖，還有傑佛瑞斯（Jefferies）大膽提出的演化理論，勾起了我小小的「鄉愁」，懷念起過去讀過的研究文獻與做過的實驗。離開實驗室後，我以為從此不會再接觸這些，沒想到昔日的研究文獻，竟已轉變為科普書的一個章節，雖然只占其中一小部分，但也正是因為這幾頁讓我怦然心動，起了翻譯本書的念頭，想要了解作者如何能將演化發生學這樣一個專門的領域，透過「左」與「右」兩個相對應的觀念和物理學、生物化學、神經科學、心理學、人類學、社會學，甚至是宇宙學連結在一起。

　　剛好在三月時得知今年是陳章波老師的六十大壽，翻譯之際突然覺得將此書提獻給陳章波老師，以及實驗室（據說實驗室的名稱已從棘皮動物更名為「生態系復育與經營管理研究室」）的朋友們非常貼切，不僅是因為我在陳老師實驗室裡第一次接觸到胚胎發育左右不對稱的議題，更是因為這本書的多樣性，從原子、大腦、身

體一直談到文化。扣掉原子部分,剩下的三個面向陳老師也常常掛在嘴邊,而且還鼓勵我們要發展左右兩個主掌不同功能的半腦(當然就本書作者的觀點來看,那只是象徵意義上的,實際上這兩個半腦在多數功能上還是要一起運作的)。因此那時除了做實驗,還看了許多與科學毫不相干的書,參加各種類型跨領域的研討會、演講,甚至是社會運動與藝文活動,並且在老師半逼迫的方式下寫了一些文章與報告。我想,今天會嘗試翻譯的工作,有部分也要歸因於當初在實驗室的訓練。我很佩服作者能夠將專一而狹窄的學術之路走得如此寬廣,也正因如此,我想將此譯作獻給學術生涯同樣十分多樣的陳老師作為壽禮,也送給實驗室裡面對陳老師寬廣的學術路線感到困惑、不知所措,甚至有時不知老師所云何物的朋友們。

博學多聞的學者可能都很容易讓人困惑,本書的作者恐怕也不例外。本書的內容涵蓋各種領域,除開自然科學,還從哲學談到藝術史,從人類學談到語言學與社會學,援引康德、赫茲、佛洛伊德、古爾德與考夫曼等各界名家的學說,要以簡短的篇幅來交代這些並不容易,讀起來多少有點吃力。再加上本書又涉及「左」、「右」在語言及文化的部分,這當中有些並沒有對等的中文觀念或字彙。比方說,在英文方言中有超過八十個字可以形容一個慣用左手的人,但在中文卻只有「左撇子」一詞;另外像 sinister 這個同時帶有「左側」與「不祥或凶兆」的字眼,也不存在於我們的語言中,在這種情況下,難免無法完全忠於原文的呈現,只能附上原文或添加譯注來補強。

不能原汁原味呈現原著其實是滿遺憾的,尤其是本書作者文化

素養豐富，他的注解或例子從《聖經》、希臘哲學與神話、華格納歌劇、倫敦的音樂劇到喬伊斯、艾略特、王爾德、梅爾維爾與艾可等文學大師，還有許多英美當代作家，甚至是民謠與流行音樂；當然身為英國人的他，絕對少不了用上幾句莎士比亞名句。我相信在西方讀者眼中，這些會有畫龍點睛之效，喚起他們的記憶與經驗，但對於華文世界的我們，這種旁徵博引的功力有時或許可能會帶來反效果，彷彿在專業的學術領域外再加上一片藩籬。有時自己也不明白，為何作者會天外飛來一筆，插進一句莎士比亞劇中的對白。縱使如此，我並不覺得這折損了本書的可讀性，不了解這些典故不至於看不懂作者的意思，只是無法產生心有戚戚焉的共鳴。所幸作者敘事的方式宛若一部左右側性研究的歷史，除了描述科學家的研究過程與研究結果，也同時提供讀者這些研究背後的文化背景、社會脈絡與足夠的細節，讓讀者即使在不能有共鳴的情況下，依舊能產生共識，明白故事始末。

　　實際上，除開文化隔閡與屬於西方人的集體記憶外，這本以左右為主軸的書多數時候都很「平易近人」，相當貼近生活與一般經驗。我記得在翻譯時，朋友問起這是怎樣的一本書，那時覺得光是以探討「左手右手的差異」或「左右不對稱的起源」來描述還是有點抽象，於是我告訴他們這本書充滿「性、血腥與暴力」，當然這不是說書的內容腥羶色，需要歸類在限制級，而是除開專業知識外，作者在對比「左」與「右」時相當貼近「人性」，從人體最私密的部分一直談到不同歷史文化中看似荒謬與殘忍的行徑，在特定時空脈絡下卻是理所當然的作為，並進而提醒我們當下許多應然的

事物，其實多半只是出自歷史的偶然，不見得有必然的因果關係存在。

　　翻譯這本書，除了對生物演化出左右不對稱機制有更深一層的了解外，更大的收穫是明白左與右竟會在人們的認知中產生這麼大的「誤解」，這樣的誤解在過去是受到神話與宗教，或僅僅是無知的影響，在今日卻與科學研究息息相關。在〈錯誤的見解〉這一章提到關於左右的偏見，幾乎都不是那種口耳相傳或穿鑿附會的無稽之談，而是有根有據，從刊登在學術期刊的研究報告中逐漸傳開。有些是已被學界揚棄的理論，有些則是錯誤的實驗結果，卻因為符合人們心中對左利者或是左右腦功能的預想，而在民間，甚或在學界盛行不墜。我最佩服作者的一點是，他不僅能彙整各學門的知識，提出自己的論點，還呈現出科學知識背後令人匪夷所思的「製造過程」，讓人在吸取新知之際，同時反思看待科學知識的態度。

寫於 2005 年

作者自序

左與右的永恆對立

　　我已經記不得有多少次，在逛舊書店時被一本名為《左手右手》（*Left Hand, Right Hand*）的書所吸引。但期望之後總是失望，原本一直期待能找到一本探討左右手為何差異如此大的書，沒想到這只是一本自傳，作者是英國的歐斯伯・西特威爾爵士（Sir Osbert Sitwell），他在書中對我所期待的內容少有著墨。如今我這本書用了同樣的書名，這將是一本討論雙手或兩側差異的書，一本探討何以這世界，甚至是整個宇宙幾近不合理地充滿不對稱性的書，希望能滿足那些也許曾尋找過這類書籍的讀者。

　　西特威爾之所以將他的自傳命名為《左手右手》，是「因為手相學家認為左手的掌紋代表先天，一出生便不會再改變，右手的掌紋則會因為我們的作為、環境，以及我們的生活方式而漸漸被修正。」這段論點相當有趣，同時混合了強調基因與環境對我們有等同影響的現代思維，以及被多數科學家嗤之以鼻，卻帶有普世左右符號意涵的手相學。西特威爾本人倒不是個迷信的人，他也只是將這些說法當成一種象徵，雖然他並不否認「我相信所有人，包括我自己，都是迷信的」，但他也不接受「手相學那種幼稚的分野」。

　　就本書討論所及的部分，其實不需要很嚴謹地去討論手相學是否真的有實證來支持，只是手相不失為討論左右手差異的一個好的開頭。我們也可將之視為日常生活中左右象徵符號系統裡的一部分，從政治上的左右翼到以左撇子來形容笨手笨腳的人，乃至於門不當戶不對的婚姻（left-handed marriage，見第二章）。凡此種種，不禁讓人想問：**為何**左與右在我們的生活中有這麼多的象徵意涵？是因為我們的左右手真的很不同？抑或是由於我們的心臟偏向的緣故？或者是我們所居住的宇宙本身就不對稱？這些都是相當有趣且深奧的問題。順著這些問題，我們將探討社會生活與人類學的諸多面向，以及大腦作用和人類語言的微妙差別。我們將深入人類左右不對稱的身體，逐一檢視心臟、肺、胃、腎，甚至是睪丸等器官，再進一步檢視胺基酸與醣類這兩種構成身體的基本單位，最後回到物理學層次的不對稱現象，並放眼整個宇宙。

　　西特威爾在那本《左手右手》的前言中提到：「年近半百的我，頭髮也逐漸斑白，我已攀至人生的至高點，也見到我殘餘的路途。如今我將順勢而下，由絢爛歸於平淡。現在已是時候了。」我的頭髮早已白了，從 1972 年發表第一篇研究報告開始，我就一直致力於偏手性（handedness）與側性（lateralisation）的研究，甚至被人形容為偏執狂。我的熱情未曾減退，事實上我對這問題的興趣越來越濃，而且其他人也和我一樣，對這個問題的興趣與日俱增。每一年我都會接到幾通來自電視台或廣播節目的電話，因為他們突然發現觀眾群裡有 10% 的人慣用左手，因此認為製作一個這樣的節目是相當新穎的點子。當我接受他們的訪談時，老問題總是一再

出現，觀眾的興趣越來越濃，但節目的時間卻不足以讓我提供他們適當的答案。我希望藉由這本書，對那些視聽大眾有個交代，讓他們明白這個領域的奇特之處不是短短十分鐘的節目就可以道盡的。近年來，不對稱的研究在各領域都有許多突破性的發展，從分子的不對稱性談起，可以一路談到解剖學、胚胎發生學、神經科學、心理學、人類學、社會學，甚至是宇宙學，而現在正是回顧整理這些知識的時機。雖然我有點志忑，清楚自己並非上述任何一個領域的專家，但身為一個狂熱份子，我願意放手一搏。

　　若是我曾爬上知識的高山，見過當中各種領域，我希望自己還沒有到達西特威爾所謂的至高點，那片即將下行的分水嶺，那個除了遙遠海洋哪裡也去不了的所在。這本書所論及的領域相當廣泛，有的艱深難懂，偶爾也會因為太過繁複而讓讀者不知身陷何處，因此，先提供本書的導覽對於即將踏上閱讀之旅的讀者應有所助益。第一章以約翰・瑞德（John Reid）的病史開頭，他是一個十九世紀的英國人，體內的心臟位於右側。托馬斯・華生（Thomas Waston）醫生，這位如今已被世人遺忘但在科學史上應重獲肯定的研究者，當時便發現要解釋為何心臟普遍位於左側是極度困難的事，他也明白，要說清楚為何瑞德的慣用手為右手而非左手，這件事更是不容易。

　　十九世紀的另外兩項偉大發現則為本書其餘各章討論的背景：一是巴斯德（Louis Pasteur）證明生物體中的分子是左右不對稱的，二是戴克斯（Marc Dax）與布羅卡（Paul Broca）發現人的語言區通常位於左半腦。第二章回溯調查人類普遍對右、左的區別，以

及幾乎在每個文化中都出現的左右象徵意涵,這些將佐證書中陸續
提到的論點。第三章則從康德(Immanuel Kant)所提出的難題,
討論描述左與右的哲學困境,而第四章探討「左」與「右」的字
源,左與右在諸多語系中的演變,並討論何以許多人老是顛倒使用
這些詞彙,卻不曾感到困惑。第五章又回到華生醫生的問題,探討
為何人的心臟必須在左側,透過更廣闊的生物學觀點,討論身體的
對稱性與心臟左傾是如何演化出來的。第六章更進一步探討分子的
不對稱性,尤其是胺基酸的不對稱性,並討論造成不對稱分子的機
制是來自於次原子粒子物理,抑或是星際間的寒荒。第七章則又回
到日常生活,探討一般人對慣用手的想法,並描述偏手性在家族中
如何傳遞的遺傳模式,以及它在家庭中如何被對待。

　　第八章探討大腦的不對稱性,諸如:和語言有關的機制發生在
左半腦,而右半腦則統管較為統整的功能,當左右半腦一起作用,
則可執行複雜的心理機制。第九章藉由探討歷史上與各文化間人類
慣用左右手比例的差異,來總結偏手性部分的討論。這一章將會從
考古證據檢視人科動物(hominids)慣用右手,以及猿類與其他動
物都不曾出現慣用手的現象,另外並進一步探究造成左右腦差異的
成因。第十章則探討社會互動在決定側性行為時有多重要,比方書
寫方向(英文是由左到右),駕車行駛方向(在英國是左行),以
及慣用左手者在運動競技上所占有的相對優勢。第十一章討論在多
數人為右撇子的社會裡,少數的左撇子可能面臨的處境,以及慣用
左手對語言、認知與污名化的影響。第十二、三章雖然看來像是純
消遣的趣聞軼事,但其實自有其深義。第十二章檢視人們對於側性

的一些錯誤想法，以及由此錯誤觀念衍生出的一些子虛烏有之事，
而第十三章則蒐羅了許多關於偏手性的短文、瑣事及雜記，博君一
笑之餘，希望也能發人深省。第十四章又回到本書的主題，然而探
討的不再是左右不對稱性，而是被我們置之腦後，但對科學理論的
形成過程極為關鍵的對稱性。到了本書的結尾，也就是第十五章，
我會提出一套不對稱性優勢的論述，並從中勾勒出一幅從次原子到
生化、解剖學，乃至於神經科學、文化與社會，處處充滿不對稱意
涵的圖像。

超連結注記

　　由於我是一個學者，在寫這本書時，我加了許多的注腳與注
釋，以便釐清與辯護一些難以處裡的論點，也好對我那群學界同事
的質疑有所交代。但我也沒忘記托比・馬迪（Toby Mundy）對科
普書籍寫作的建議：「要是學術的，而非學院的。」加注向來是學
院寫作的規範，也能讓我在正文中避開一些晦澀難解的部分。然而
考量全書的總字數與讀者的耐心，我刪去了許多的注腳，就像是在
房子完工之後拆掉鷹架一樣。我知道也許有讀者會對其中某些注腳
感興趣，因此我在書末的某些注腳中加入 → www ← 的符號，這個
超連結注記表示本書的網站上提供了更完整的資料。本書的網站
是：www.rightandlefthand.com。這個網站也附有其他相關資料，並
且提供參與研究與實驗的機會。

目 次

第 1 章

華生醫生的難題

　　1835 年 10 月，約翰・瑞德（John Reid）病逝於倫敦市中心的
米都賽科斯醫院（Middlesex Hospital），享年四十八歲。瑞德生前
的情況我們所知不多，只知道他的胸腔似乎沒什麼問題，沒有人曾
經費心地仔細檢查過他的身體，等到日後研究時，才發覺這是件很
可惜的事。看顧瑞德的托馬斯・華生（Thomas Waston）是一位年
輕上進的醫生，他很想了解自己病人的死因，因此要求驗屍，很可
能就是由他本人操刀。出乎意料地，華生發現瑞德的心臟長錯了位
置——多數人的心臟都位於胸腔左側，但是瑞德的心卻在右側。實
際上他的內臟全部逆位，他的肝臟在左而不是右，胃與脾也從左側
移到了右側。正如同華生寫道，所有的器官「出現在恰好相反的位
置，像是透過鏡子映射一般」（見圖 1.1）。後來華生將這種情況
稱為「內臟異位」（heterotaxy），不過在現代科學文獻中，多以
「內臟逆位」（situs inversus）來表示，意指體內每個器官的位置

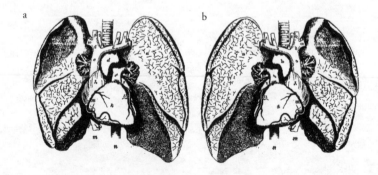

圖 1.1　（a）圖是胸腔器官正常的排列情況（situs solitus，正常的不對稱）。心臟指
向左側，主動脈離開心臟後會向左手邊彎曲，肺葉的分配是左二右三。（b）圖則是胸
腔器官內臟逆位的圖示，呈正常排列情況的鏡像（b 圖其實就是將 a 圖的雕版顛倒過來
翻印而成，正如華生所寫的「像是透過鏡子映射一般」）。

左右顛倒的情況。[1]

　　華生醫生（見圖 1.2）的求知欲旺盛，也表現出希望在醫學界
闖出一片天地的企圖心，日後他不僅達到了這個目標，也贏得同僚
對他的景仰，這在競爭激烈、自我批判又強的醫學界相當不容易。
出生於 1792 年的華生二十七歲才開始習醫，之前則在劍橋攻讀數
學，並於畢業考中拿到第十名的優異成績。到了 1835 年，他成為
皇家醫師學院（College of Physicians）的主任；1842 年，他的妻子
因為產褥熱過世，也就在同年，他提出了醫學史上的新觀念，認為
藉由消毒雙手或是使用我們現今所熟悉的拋棄式手術用手套，可以
避免感染的情況發生。1859 年，他被聘為女王的御醫；1861 年，

圖 1.2　托馬斯・華生爵士。（a）圖為侯爾（F. Hall）根據瑞奇蒙畫的華生肖像所製的
雕版畫；（b）圖為華生在 1867 年所攝的相片。

當亞伯特親王（Prince Albert）因傷寒去世時，他是負責相驗死因
的三人小組成員之一。1862 年，他當選醫師學院的院長，任職五
年；到了 1866 年，他受封為男爵，當時頗富盛名的畫家喬治·瑞
奇蒙（George Richmond）還為他畫過肖像。在醫師學院記載醫學
院院士生平史料的《孟克名冊》（Munk's Roll）中，華生醫生被形
容成「英國醫界的內斯特」。內斯特（Nestor）是古希臘的皮洛斯
王（King of Pylos），他是特洛伊戰爭時最賢明，也是年紀最長的
首領。托馬斯·赫胥黎（T. H. Huxley）則直稱華生為「最典型的
哲學家醫生」。[2]

　　1836 年 5 月 30 日，華生在醫師學院的晚間會議上報告了他在
瑞德身上的發現。會議桌上就放著瑞德的心臟，它被保存在標本瓶
中，之後也一直存放在倫敦國王學院（King's College）的病理博物
館內。同年稍後，華生便寫了一長篇關於瑞德的報告，發表在《倫
敦醫學報》（London Medical Gazette）上，文章中還提及了許多其他
的例子。那是一篇精心傑作，華生引用了英文、法文與拉丁文的文
獻，還包括一首法文的打油詩（此詩為萊布尼茲所作，他和牛頓同
時發現微積分原理），並且引用了一段希臘文，是羅馬醫生蓋倫[譯1]
的話。在早期醫學世界裡，蓋倫的地位僅次於希波克拉底[譯2]，一
千五百年來都被視為醫學界的權威。華生也和當時倫敦其他知名醫
生交換意見，並且從傑出的倫敦外科醫生愛斯特萊·庫伯爵士（Sir
Astley Cooper）那裡取得另一個類似病歷的詳細資料。華生也在文
章中直接引用庫伯對這名病例的描述。她是一位女性病人，名叫蘇
珊·萊特（Susan Wright）。[3]

　　萊特女士的資料要比瑞德多一些。1836 年 3 月 19 日，約是在醫師學院晚間會議舉行前十週，七十三歲的她因為腹瀉身亡。她本是病房的看護，生前健康狀況良好，她處理病人傷口與潰瘍的技巧高超，因此在醫院裡也小有名氣。她為人相當仁慈，「她總是十分溫和，雖然偶爾也會喝得酩酊大醉」。她終身未婚，而且「從她的遺體看來，她還是一個處女，因為處女膜仍完好……」。她的遺體是由聖詹姆士廣場的外科醫生布萊尼先生（Mr. Braine）進行解剖的。當他剖開腹腔時，赫然發現所有的腸道都逆向排列，於是他又檢查了胸腔，結果那裡的臟器也全部和一般人左右相反。他將這件事報告給庫伯，隔天庫伯親自檢驗了萊特的遺體。稍後他將整個過程記錄下來，「我小心摘除她全部的內臟……然後運回家，進行乾燥與保存」。這些標本也出現在醫師學院晚間會議的桌面上。

　　華生發表在《倫敦醫學報》的文章反映出描寫這些解剖學上奇特發現的困境。他想過用「畸形」（malformation）或是「怪胎」（monstrosity）來形容，但都覺得不妥當。因為這些人的器官都相當正常，只是左右顛倒而已，稱不上是畸形，而且「器官本身毫無缺陷，沒有多一塊，也沒少一塊，根本說不出它們怪在哪裡。每個部分，每個器官都像一般人一樣完善」。這正是華生發現問題之所在，沒有什麼好理由來支持所謂的「一般狀況」真的如此一般，而鏡像對稱的臟器排列只是特例。華生看不出這兩個類型在功能上的差別，「我們想不出心臟偏左，肝臟偏右會對人體有什麼好處，或是讓人感到較為舒適，所以即使這些臟器全部逆位，也不會讓人覺得不安或不舒服」。

　　華生費盡心力，企圖找出為何左右兩側的位向似乎都可行時，會出現某一側較為優勢的原因。他注意到生物學裡有一些例子，如大部分軟體動物的殼是呈現左旋的狀態，只有少數的個體，甚或少數幾個物種會出現右旋的情形。他原本以為內臟逆位不會發生在其他動物身上，但一名國王學院的學生告訴他，蓋倫曾經提過這個現象，另外也曾有位肉販跟他聊過，在綿羊身上偶爾也會發現這種例子。這些資訊讓他覺得也許人類的內臟逆位並沒有想像中的少，只是在生前難以診斷出來。

　　以現代人的眼光來看，只有靠死後解剖才能診斷是否有內臟逆位的情況實在很難置信，但是別忘了法國生理學家雷涅克（René Laënnec）不過在十六年前，也就是 1819 年才發明聽診器，而那時聽診器很不好用，也時常有誤判的情況。我們知道華生本人就不是聽診器的愛用者，他在多年之後還寫到聽診器「帶來的麻煩比幫助還多」，並且說雖然「他會使用它……但能不用時就盡量不用」。華生不是艾略特（George Eliot）的小說《米德鎮的春天》（Middle-march）裡的那位對科學充滿熱情的年輕醫生李蓋特。在 1829 年，也就是雷涅克發明聽診器的十年後，李蓋特在檢視老卡薩邦醫生的病情時，就「使用聽診器（在當時還沒有真正成為看診的必要工具），還會坐在一旁靜靜地看著他」。即使不靠聽診器，華生其實還是能做出診斷。對所有的醫學院學生而言，一開始要學的就是藉著感受心尖搏動來定位心臟的末端，通常是位在人體左側第五根肋骨的附近，心跳會垂直往下傳至鎖骨中央。這件事情並不困難，我自己就看過幾個內臟逆位的例子，可以清楚感受到他們的心尖搏動

是發生在身體的右側。華生在他文章的結尾承認，即使是活人，「只要經過仔細重複檢查，就不會有什麼疑問了」。也許華生應該學學艾略特筆下的李蓋特，靜靜地坐在一旁仔細看看他的病人瑞德。[4]

這些內臟排列和一般人呈鏡像對稱的少數特例讓華生感到十分困擾，但還有一個問題更加棘手，他在文章中也花了相當篇幅來討論。要說明瑞德與萊特和一般人完全左右相反已經很不容易，但更困難的是要解釋為何在他們這類人身上，並不是所有部分都左右顛倒過來。人體本來就有不對稱之處，比方說多數的人都慣用右手，而瑞德和萊特也是。在這方面，庫伯曾具體描述過萊特：「所有見過她的人都會同意，萊特女士習慣用的是右手。」而他們兩個也不能被視為統計上的特例，因為華生回顧了他所能找到的所有內臟逆位病歷資料，當中沒有任何證據支持他們之中有人是左撇子，相反地，可以確定有些病例一定是右撇子。[5]

華生當然會對瑞德和萊特慣用右手的事實感到吃驚，多數人相信內臟逆位者的慣用手應該為左手，小說家威爾斯（H. G. Wells）也不例外。在他的科幻小說《普萊特納的故事》（*The Plattner Story*）中，高特弗賴德‧普萊特那以神奇的綠色粉末將自己炸毀、消失，又重返人世後：

他右邊的肝臟移到左側，左邊的則換到右邊，肺也發生類似的情況。更奇特的是，除非他是裝出來的，他的左右手功能似乎也跟著顛倒……在那件事之後，他發現自己必須以左手來書寫，而且方向也一併改為由右至左。

華生做出違反一般常識的結論，推測內臟逆位的人通常都慣用右手，這其實與目前的研究相吻合。其中研究最詳盡的，是一篇在1950 年由一位挪威醫生約翰・托久森（Johan Torgersen）發表的研究報告。這篇報告的主題是以 X 光檢驗肺結核病，不過托久森醫生也順帶描述了受試者中內臟逆位的情形。在 998,862 名受試者的 X光片中，發現有 122 名是內臟逆位，約是萬分之一的比例。托久森還接觸過其他 70 名這種例子，雖然他不確定這些人的慣用手為何，但就他所知的 160 名心臟偏右的例子中，只有 11 個是左撇子（約為 6.9%），這個比例與一般心臟在左側的人相當接近。[6]

　　也許瑞德與萊特慣用右手的這件事並沒有當初想像的複雜，畢竟手的使用是一種行為，而多數行為都是後天習得的。我們無須驚訝他們兩人寫字的方向也是由左至右，因為在英國，每個人都必須學會這種書寫方式。慣用手也許只是文化的產物，多數人以右手學習書寫或其他技能的原因，可能就如華生先前講的，「純粹只是習俗或是偏見使然」。華生試著發展此一論點，但最後他發現根本行不通，因為「自然就是有偏好右側的傾向」（用現代的話來說，就是此乃生物現象，所以可能是遺傳造成的）。華生對此當然不敢這麼肯定，因此繼續補充說明這種傾向「並不會太過強烈，畢竟除了訓練之外，這種傾向也常受到外在些許的力量而改變」。此處可能是華生論點最薄弱的地方，他沒想到處理天生的慣用手問題會這麼難。

　　經由跨文化的比較研究，華生認為慣用右手有其生物的根源。在這個對稱的世界中，假若慣用右手是人類文化隨機的產物，那麼

應該有一半的社會成員是慣用右手的，而另一半則是慣用左手的。
華生的推論清楚而有力：

所有的國家都有右手優勢的情形，我相信沒有一個慣用左手的民族
或部落曾經存在過……就連近來才為文明世界所發現的幾個北美部
落也不例外。貝克船長（Captain Back）曾告訴我，在他幾次前往
北極探險的路上，所遇過的愛斯基摩家族也都是用右手丟矛，左手
持弓。[7]

時至今日，依舊沒有什麼證據可以推翻華生的論點，倒是有越來越
多的證據支持他。

　　只是這個論點也將華生自己逼入兩難的困境，留下一個他永遠
無法完全解答的難題。實際上，這問題持續在現代研究中發燒。若
是慣用右手真有其生物起源，那麼為何那些內臟逆位者在體內所有
臟器都逆轉的情況下，他們的慣用手卻沒有連帶逆轉過來？

　　其中奧祕有待後人深入發掘，但就像邱吉爾形容前蘇聯一樣，
這是一個「包裹在神祕謎團中的謎題」。話雖如此，左右側向的謎
團和慣用手的這道謎題都是有解的。慣用手的謎題與分子有關，而
左右側向的謎團則是神經學的問題，還牽涉到文化成就與語言。就
在華生於醫師學院發表報告的一、二十年後，這兩道謎陸續在法國
解開；前者是由路易・巴斯德（Louis Pasteur），而後者則是由馬
克・戴克斯醫師（Dr. Marc Dax）所解開。在此先稍作簡介，在後
面幾章會詳述他們的事蹟。

　　巴斯德（見圖 1.3）也許是法國史上最偉大的科學家。在 1848
年 5 月 22 日，二十五歲的他在巴黎科學院發表了一篇重要的報告。

這篇報告探討酒變酸的機制。他比較了由葡萄萃取出的天然酒石酸（tartaric acid）以及工業製的消旋酒石酸（racemic acid），結果發現這兩種物質的化學組成雖然都一樣，但對偏振光的作用卻不同。溶於水時，天然酒石酸會將偏振光往順時針向折射，而人造消旋酒石酸則不會對偏振光產生任何作用。在顯微鏡下，巴斯德發現天然酒石酸只有一種結晶型，而消旋酒石酸則混有兩種結晶體，而且這兩個晶體互為彼此

圖 1.3　在發表消旋酒石酸兩種晶體後四年，巴斯德於 1852 年所拍攝的相片。

的鏡像。據說當時巴斯德還驚叫了一聲「我發現了」！接下來，他馬上進行了一項冗長但十分關鍵的實驗。在顯微鏡下，他用解剖針把消旋酒石酸互為鏡像的結晶分開（見圖 1.4）。分別將這兩種形式的晶體溶解時，它們的溶液會使偏振光面朝相反的方向旋轉，一個的作用與天然酒石酸相同，為順時針方向，另一個則為逆時針。消旋酒石酸因為是由這兩種晶體所組成，它們的功能剛好相互抵銷，也就不會對偏振光起任何作用。十年之後，巴斯德又發現了另一項更驚人的現象：微生物只能在讓偏振光順時針旋轉的消旋酒石

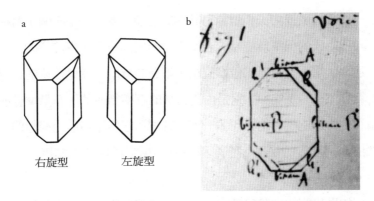

圖 1.4　（a）圖為巴斯德在顯微鏡下所見的兩種消旋酒石酸晶體之構造。由酒中取得的天然酒石酸只有右旋型或作正（＋）型（圖左）。（b）圖為巴斯德手繪其中一種晶型。

酸中生殖繁衍，卻無法在另一型讓光逆時針偏轉的消旋酒石酸中進行新陳代謝。[8]

　　巴斯德的發現在生化學界堪稱是一場革命。許多構成人體的分子都可以在實驗室中合成互為鏡像，或稱立體異構物（stereoisomer）的兩種類型，但在人體內卻只會出現其中一種。以醣分子為例，就只有 D 型，或稱右旋（dextral，即拉丁文中的「右」），而胺基酸則是 L 型，或稱左旋（laevo，即拉丁文中的「左」）。能將偏振光右旋的晶體就命名為 D 型（或稱右旋型），而左旋的就為 L 型（或稱左旋型）。這種單一類型分子的優勢現象並不只是人類特有，地球上的其他生物幾乎都是如此（少數幾個有趣的特例留待第六章再作討論）。

　　假若十二年前華生就知道此事，對他會有什麼影響？想必一定很重大。在華生的認知裡，人體的基本構成單位就應該是對稱的分

子，沒有什麼理由去相信還有其他的可能。圖 1.5 是一個由對稱的
石階所組成的簡單螺旋梯，若是將石階反向排列，螺旋梯的方向也
會逆轉。用這些材料來做螺旋梯，不是右旋的，就是左旋的。現在
看看圖 1.6 的螺旋梯，它是由不對稱的石階組成的，石階堆疊成一
個右旋的螺旋梯。稍微想像一下，就知道根本不可能用同樣的石材
堆出一個左旋的梯子。不對稱的材料決定了建造物結構的不對稱
性。[9]

　　如果我們的身體只是由其中一種立體異構物來組成，這是否能
解釋多數人的心臟在左側的謎題？也許吧！但如此一來就更難解釋
為何會出現心臟在右側的情況，同時也很難確定我們是否能將內臟
逆位視為一般狀況的鏡像，他們或許只是剛好用到另一型。這種情
形就好像只是使用一些普通的不對稱符號，如 a、b、c、d 等，來
寫出鏡中文字。基於此，華生很自然地歸納出，「顯然我們找不到
任何理由來說明臟器排列只能有一種方式」。不過，縱使目前還不
十分確定從分子到器官的整個形成過程，現在已經找到理由，而且
是個相當充分的理由。

　　如果說巴斯德的發現是謎題，那麼，使華生煩惱許久的謎團其
實在他發表報告的幾個星期後就逐漸明朗了，只是連華生在內的醫
生們都沒有注意到。而這一耽擱，就是二十五年的光陰。戴克斯的
實驗，就像沒沒無名的修士孟德爾（Gregor Mendel）的實驗一樣，
也是在被忽視數十年之後，才為世人所了解。生於 1770 年的戴克
斯，從 1800 年開始行醫，一直到他過世為止，而他行醫的地點就
在法國南部蒙彼利埃（Montpellier）西北二十英里的叟密瑞斯

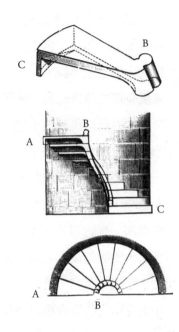

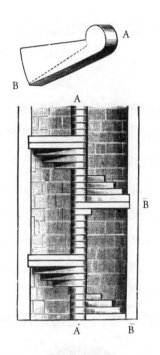

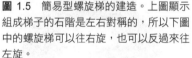

圖 1.5　簡易型螺旋梯的建造。上圖顯示組成梯子的石階是左右對稱的，所以下圖中的螺旋梯可以往右旋，也可以反過來往左旋。

圖 1.6　複雜型螺旋梯的建造。上圖顯示組成梯子的石階是不對稱的，有偏左或偏右的形式，這裡只顯示其中一種。由下面兩個圖可以看出，這種石階堆疊出的螺旋梯只能往一個方向旋轉。

（Sommières）小鎮上。戴克斯於 1836 年 7 月在蒙彼利埃舉行的醫學大會上發表過一篇文章，題目大致可譯為「左半腦受損與思考符號的遺忘（即失去語文能力）」。當時這篇文章只在大會中朗讀而未付印，戴克斯本人也於翌年辭世，享年六十六歲。他的想法也隨他而去，一同被世人所遺忘。不過在三十年後，也就是 1865 年，戴克斯的兒子古斯塔夫・戴克斯（Gustave Dax）發表了父親的手

稿，結果語言學習區不對稱的議題在巴黎科學界成為最熱門的研究。後來保羅・布羅卡醫生（Dr. Paul Broca）宣稱：語言區位於看似對稱的大腦之左半側。[10]

老戴克斯的報告源於一個頭部受傷的騎兵隊隊長，他的頭曾為軍刀所傷，從此以後就出現無法記憶文字的症狀。老戴克斯研究了顱相學家高爾[譯3]的著作，高爾相信各種心智功能位於大腦的不同區域，因此老戴克斯便詢問了該名隊長頭部受傷的部位，得知傷處是在左顳腔（即頭部左側附近）。高爾的學說中從未有過心智功能僅位於腦部一側的想法，因此整個事件變得更撲朔迷離。不過在看過更多病人的數年後，老戴克斯最後下了個結論，認為語言功能喪失與左半腦損傷有關，雖然這和高爾的顱相學已沒有太多相關。

小戴克斯之所以會發表他父親的手稿，是因為在巴黎的醫學學院（Académie de Médecine）、人類學學會（Société d'Anthropologie）及解剖學會（Société Anatomique）上曾爆發過數次激烈的辯論。起先是辯論大腦中的語言區位置，尚巴提・布依由（Jean-Baptiste Bouillaud）堅稱語言區位於眼眶骨上方的額葉處。1861 年，對解剖學與人類學深感興趣的外科醫生布羅卡（見圖1.7）為兩名有語言障礙的病人

圖1.7　布羅卡醫生五十歲時的相片，約是在他報告坦恩及黎隆的大腦案例十年後所拍攝的。

看診，他們的大腦照片至今都還保留在巴黎。第一位病人名叫雷波拿（Leborgne），但因為他只會發出坦恩（Tan）的音，所以大家以此稱呼他。他從小就患有癲癇，剛開始只有右手會麻痺，後來則蔓延至右腳。在看診之前的二十一年，他都待在比賽特爾醫院（Bicêtre Hospital）。1861 年 4 月 17 日早上 11 點，他突然死亡，死因是疏於照顧他右腳上的蜂窩性組織炎與壞疽。二十四小時後，醫院進行了遺體解剖，摘除他的大腦並保存於酒精中，隨後在幾個小時內便被送到人類學學會展示。圖 1.8 即為標本照。他的大腦很不尋常地以垂直的方式保存，將本圖逆時針旋轉九十度，才是一般的存放方式。我們並不清楚坦恩的病因為何，但可以確定的是，他的左腦額葉有一大塊損傷，即使從這張畫質很差的照片上也看得出來。這塊局部性的損傷引發了布羅卡的好奇心，尤其是在不久後，他又看到另一個損傷部位幾乎一樣的病例。[11]

第二名病人名叫黎隆（Lé-long），是一位八十三歲老人，他在 1860 年的春天中風。據他女兒的說法，在中風之後他就無法再說話。十八個月後，也就是 1861 年 10 月 27

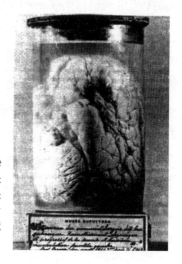

圖1.8　存放在杜普伊特倫博物館（Musée Dupuytren）的雷波拿（即坦恩）大腦。它是以垂直方向放置，額葉位於頂端，左下角則是小腦。在照片中只看得到大腦的左半部。相片中央三分之一處有一塊馬靴型的暗部，此區就是布羅卡區的受損處。

日,他跌了一跤,造成左側股骨頸骨折。在那個還沒有發展出髖關
節置換手術的年代,發生這種骨折等同是宣判了死刑,因此他的病
房准許有外科看護。十二天後,黎隆就在布羅卡的看顧下溘然長
逝。遺體解剖後,大腦的構造相當清楚(見圖 1.9),他受損傷的
部位與雷波拿的幾乎一模一樣。

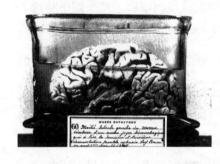

圖1.9 存放在杜普伊特倫博物館的黎隆
大腦。不像圖 1.8 坦恩大腦的存放方式,
黎隆腦部的存放採用一般的方式,額葉位
於左側,且看不見小腦(它應該是在本圖
右側大腦半球的後方)。就在標本標示的
左側上方,可見到一大塊受損的區域。

　　那時,布羅卡主要的興趣是在那些損傷區域,它們都發生在額
葉中(也就是目前所稱的布羅卡區)。到了 1863 年 4 月,他已檢
視過八位左腦受損的病人,並認為「要留意這八位病人的病因都與
左腦有關的這個現象。不過在沒有看到更多的資料之前,也不宜妄
下斷語」。同年稍後,布羅卡又檢視了至少二十五名他所謂的失語
症(aphemia,之後更名為 aphasia)患者,也就是失去言語能力的
人。這些患者均是在生前接受診斷。他們當中不是右半身麻痺,就
是右半部癱瘓,所以能夠確定是腦子的哪一側受傷。神經系統最奇
怪的特徵之一,便是由右腦來控制身體的左半部,而由左腦控制右
半部;這是因為從腦部延伸至軀幹的神經纖維會在腦幹「交叉」的
緣故。由此可推知,布羅卡處理的那些身體右半部癱瘓的病人都是

左腦受到損傷。

　　布羅卡自己也很明白：

就生理學的角度來看，事態相當嚴重……若是左腦受損只會影響一
個明確且特定的功能……這意味著左右兩半腦所司之角色不盡相
同——這在神經生理學上算是一大革命。我必須承認，我很難說服
自己去接受這個破壞性的全新論點。

布羅卡的想法一點都沒錯，這樣的主張的確具有破壞性，而且真的
「算是一大革命」。何以兩個看起來幾乎一樣的大腦灰質團會有如
此不同的作用呢？左半部負責語言功能，算是人類心智中最高的主
宰，與文明世界的形成密不可分，而型態上幾乎一樣的右半部卻只
能夠製造出像坦恩與黎隆這類病人所發出的簡短聲音。但事實就是
如此。從布羅卡的時代以來，都還沒有找到證據可以推翻這項發
現；相反地，所有的醫生與神經學家都有類似的經驗，足以支持這
個論點。[12]

　　其中一名醫生便是華生本人。1871 年，當華生七十九歲時，
他出版了第五版的《醫學原理與實行講座》（*Lectures on the Principles
and Practice of Physic*）。這是維多利亞時代英格蘭地區最成功的醫學
教科書之一，該書收錄他在倫敦國王學院的講座內容。此書於
1843 年初版，與第五版相距約四十年。華生毫不掩飾地重複布羅
卡的發現，他「回顧過去多年來的紀錄，發現許多右側半身不遂的
病人都伴隨有某種形式的失語症」。華生甚至在他這部教科書的第

一版裡引用了這樣的例子。即便如此，他卻對布羅卡認為大腦有一
專司語言的區域存疑。他直言：「我無法接受，也不相信布羅卡先
生提出的理論。」他引用了倫敦知名的神經學家約翰‧休林斯‧傑
克生（John Hughlings Jackson）的論點，再加上他自己崇高的學術
地位，總結道：「大腦並沒有語言區，而是由整個大腦掌控語言能
力。」但隨之而來的問題就難以解決——若是由整個腦部來控制語
言的功能，為何左半腦受傷時會造成失語症，而右半腦受傷卻不
會？華生想方設法地企圖建立一個理論模式，和他三十五年前提出
的模式相當接近，也就是一開始引發他興趣的慣用手問題。[13]

　　既然大腦的結構看起來是左右對稱的，那麼右側半身不遂與失
語症這種高度不對稱的關係就不是由大腦造成。華生以我們與生俱
來的雙眼與成對的肺臟及腎臟來說明，這些臟器都分別負擔正常功
能的一半，那麼同理可知，大腦的左右兩邊也一樣，「唯一的不對
稱例外，就是我們的慣用手多為右手」。華生認為大腦是被「教
育」成僅由左半部這一側來掌控語言的。語言區偏向某一側是由身
體狀況所引起，直接受到慣用手偏右的影響。華生稍後略為修正了
他的論點，加上「有時也會有右半腦控制語言的情況，就像會有慣
用手為左手的例子一樣」。這種論點至少可解釋為何不是所有人的
語言功能都由左半腦來控制。華生也試圖將這理論繼續擴充，希望
能連帶解釋為何多數人的慣用手皆為右手。（在此，他又再度強調
這是放諸四海皆準，「普遍存在於各國與各民族間」的事實。）[14]

　　如今華生提出一個嶄新的理論，一個完全謬誤卻十分有趣的理
論。他回到身體的內部構造，檢視大腦的供血情況。胸腔中，從心

臟出發的動脈正如心臟本身一樣，也是不對稱的，也就是說，主要
供給大腦血液的頸動脈也是不對稱的。（見圖 1.1）

眾所皆知，動脈從主動脈弧出來後有其特定的排列，這種排列造成
左半腦比右半腦更直接、也更容易從頸動脈得到血液。也許就是因
為這個緣故……左半腦前葉迴旋（也就是布羅卡區）較右半腦發展
得早……基於同樣的理由，也許可以說明為何多數人都慣用右手。

乍看之下這似乎是個不錯的理論，但只要仔細想想，就知道這理論
無法成立。華生自己於 1836 年的觀察就可以推翻它。若是我們的
慣用手與語言區是因為血液不對稱地供給大腦所造成，那麼那些內
臟逆位的人就都應該是左撇子，但華生早就明白地證實過事實並非
如此。[15]
　　華生爵士的努力對我們接下來要探索的部分相當有幫助。他當
初所提出的問題，今日看來依舊相當尖銳，而與其相關的問題也都
懸而未決。在這方面的研究還是充滿挑戰的。近年來，尤其是過去
這二十年來，研究有了相當的進展。從 1960 年代早期開始，就有
大量偏手性與大腦左右差異的研究出現。在比較偏解剖學的層次
上，1980 年代的生物學家也重新正視這個長久以來被忽視的問
題，發現它們不僅有趣，也十分重要，因此再度檢視脊椎動物心臟
偏左的原因與機制。科學家在這方面大有斬獲。此外，他們研究了
許多解剖學與生物化學這兩個層面的不對稱性，設法找出其間是否
有直接的因果關係。接下來我們將會看到，答案似乎是肯定的。

　　席巴基金會（Ciba Foundation）體認到生物不對稱性的研究已
經有了具體的進展，因此於 1991 年籌辦了一場名為「生物不對稱
性與偏手性」（Biological Asymmetry and Handedness）的研討會。
在為期三天的會議中，共有二十九位來自物理、化學、生化、解
剖、胚胎發生、古生物學、心理學與神經科學等不同領域的科學家
討論並爭辯這些議題。這些領域缺一不可，大家越來越能體會到在
這類研究中，所有領域都是環環相扣的。這場會議是由李維斯・沃
伯特（Lewis Wolpert）主持，本身就是個左撇子的他，又是個實驗
科學家，自然會想以測試他自己的有趣假設作為開場白。他調查了
與會人士的慣用手，想要測試在這類偏手性或側向研究的領域中，
是否左撇子的比例會比一般來得高。結果他的假設被推翻了；會場
中有兩名左撇子，比例約為 7%，這與一般族群的比例相同。在一
場各方意見熱烈交鋒的座談會尾聲將近時，沃伯特輕鬆地以「一場
從分子到大腦的簡易座談會」來作結。這句話當然涵蓋了所有討論
到的範圍，不過多數人大概不會用「簡易」來形容那場座談會。在
本書中，我們將試著連結上述這些廣泛的領域，從中找出相關證
據。雖然這有時並不容易，但接下來我們將進入物理、生物、認知
與社會學不為人知的世界。[16]

　　藉著研究各種形式的偏手性，我們將從最微小的次原子層級開
始探討，一直穿越到極大的宇宙層級。雖然在每一層級似乎都會遇
到不對稱性，或是以某種形式存在的偏手性，我們也會發現，這其
中絕大部分的意義與重要性，都是源於人類普遍將左右當成是不同
象徵的欲望。而這也正是本書的起點。

譯注

譯 1　蓋倫（Claudius Galen, 129-200 AD）是來自希臘的羅馬名醫。他是第一個以實驗方法從事解剖和生理研究的人。他相信身心是一體的，認為治療應兼及身體面與精神面。蓋倫所提出的循環系統模型，混合了消化循環與神經系統，他認為消化過的食物由腸道經靜脈運到肝臟形成滋養精，再經靜脈運到右心後分為兩支：一支經肺循環抵達左心，另一支則經心室中隔上的孔道抵達左心，形成生命精；之後經動脈運到大腦形成知覺精，最後散布到神經系統。此一理論被奉為圭臬達一千多年，直到十七世紀才被哈維（William Harvey）推翻。

譯 2　希波克拉底（Hippocrates, 460?-377? BC），希臘醫學家，後人尊為西方醫學之父。他認為醫學是一種技術，可以用學習技藝的方式加以訓練，也是第一個強調醫生應理性思考，並以觀察和記錄的方式來學習醫理。他以體液失衡來解釋疾病的成因，並相信自然的治癒力。西方醫學倫理觀最主要的中心思想，也就是現今所謂的「醫師宣言」（Hippocratic Oath）有可能出自希波克拉底之手，不過學者對此意見不一。

譯 3　高爾（Franz Joseph Gall, 1758-1828），維也納人，他提出「顱相學」（phrenology）這種研究大腦的理論——藉由觀察頭蓋骨的表面突起與聽取人們對死者性格的描述，歸納出頭部生理特徵所代表的性格。高爾歸納出 27 種性格特徵（這些特徵後來拓展為 32 項），並為頭部表面製作了一張圖，標明不同性格特徵的所在，然後依據個體頭蓋骨突起的程度，決定個體特定功能的強弱。

第 2 章

死亡與右手

在一次世界大戰中，死亡就像其他許多事情一樣變得沒有意義。凡爾登（Verdun）戰役[譯1]中，六十五萬德法士兵就死在所謂的「碎肉機」下。泰勒[譯2]簡潔地形容這場戰役是「戰爭史中最沒有意義的開戰，一點值得記憶的地方都沒有」。開戰前一年，1915年 4 月13 日，一個晴朗的春日午後，在距離凡爾登東方二十英里之處，一名法國中尉在兩點五十分時下令攻擊，並帶領他的士兵爬過戰壕，朝敵軍走去。走不到十公尺，他們就紛紛重傷倒下，稍後他的兩名少尉也跟進，結果幾乎立即就被擊倒。在與敵軍相距三百碼的開闊戰場上，他們在距離自己營地不到十幾步的距離，就被德軍的機械槍枝掃射擊倒，後來沒多久又死了二十二名士兵。其中有一名殉職的少尉就是羅勃・赫茲（Robert Hertz，見圖 2.1），他是一位社會學家，也是人類學者，那一年才三十三歲。他的遺體就躺在另外兩名軍官旁邊，隔夜才被尋獲。赫茲在他最後一封給妻子愛麗絲的信中，以「一個神聖而真摯的吻，直到永遠」作結，透露出他對那天戰役的擔憂恐懼。

赫茲所參與的馬其威爾村（Marchéville）攻擊行動根本沒有成功的機會，軍官們早就意識到這場戰役將會帶領他們走向死亡。社會學家馬歇爾・牟斯（Marcel Mauss）是赫茲的朋友、

圖 2.1　羅勃・赫茲。

同袍，也是其遺作的編輯，他曾稱那是一場「徒勞無功的出擊」。
但這項軍事任務無疑是重要的。通往德國要塞梅茲鎮（Metz）的窩
畝瑞（Woevre）平原，被默斯河（River Meuse）一分為二。1914 年
9 月時，德軍利用搭建橋頭堡的戰略優勢，迅速過河取得聖米海爾
（St. Mihiel）。在窩畝瑞平原上，赫茲所參與的攻擊行動並無法奪
回聖米海爾。一直要等到 1918 年 9 月，也就是大戰結束的兩個月
前，才在潘興將軍（General Pershing）率領的美國第一軍的攻擊
下，收復此地。[1]

　　赫茲是知名社會學家涂爾幹（Émile Durkheim）的門生。於
1917 年辭世的涂爾幹，得年五十九歲，幾乎為他門下努力研究的
年輕學生們一個一個地送終。以研究交換禮物本質與其象徵而聞名
的人類學家牟斯是涂爾幹的外甥，他在 1925 年為這整群人寫了一
篇訃告，一份殘忍的傷亡人數紀錄。「赫茲、大衛、班寇尼、雷
納、蓋利……均死於前線」；比歐恰（Henri Beuchat）在 1914 年
前往阿拉斯加灣的阮蓋爾島（Wrangell Island）從事民族誌學調查
時，因飢寒交迫而死，算是「為科學犧牲」；拉菲特（Jean-Paul
Laffitte）「長期受到病痛折磨，可能因為兩處傷口而加速死亡」；
最後是涂爾幹的兒子安卓（André），一位語言學家，他的死「對
他父親而言無異是研究上與家庭上的雙重打擊，也是後來造成他
（中風）過世的原因之一」。安卓在指揮後衛部隊從塞爾維亞撤退
途中受傷，於 1915 年病逝於一間保加利亞的醫院。[2]

　　涂爾幹學派的研究有一些特色。基本上，其研究方法是「功能
取向的」（functionalist），主張研究人員在面對一個遙遠、截然不

同，而且表面上似乎行為野蠻的原始社會時，首先便是要放下偏
見，然後再試著去研究這類行為與社會組織在功能上可能的優勢。
白話一點來說，人是相當聰明的動物，他們之所以持續特定行為，
很可能是基於某種不為人知的理由，而不是毫無緣由的。牟斯在他
那本討論禮物的書當中，就舉了一個很好的例子，他描述美洲西北
部部落間的誇富宴（potlatch）。當地人在各類慶典與儀式中會非
常慷慨地交換禮物，這種節日協助他們在處理過剩收成的同時，也
經由「施予、接受、互惠」這三項義務來維持社會結構。[3]

　　塗爾幹學派的第二項革新是，他們認為世界的原始分類是有限
的，因為在原始世界裡的每個人都不是，而且也從未像現今的我們
一樣，會努力站在中立、理性的角度，當個收集資訊的科學家。他
們無可避免地會以身邊現成的事物來描述自己所寄居的世界，一個
建構在家庭、部落等關係的社交世界。

　　塗爾幹學派的第三項創舉是在方法學上，他們強調「比較法」
（comparative method），即有系統地比較大量的社會與文化，而不
是只投身於其中一個。人類學家成了圖書館與檔案室的常客，在那
裡搜尋早期通曉部落語言，並整理好其風俗、習性的人類學家所遺
留下的田野紀錄。這項方法也有缺點，畢竟閱讀和實作上還有一段
距離，「認識」與「操作」可能是完全不同的兩回事。赫茲自己也
明白這一點，他依舊投身於達雅文化[譯3]的研究，也學了他們的語
言。1912 年，赫茲前往奧斯塔（Aosta）附近、阿爾卑斯山深山裡
的聖貝西（Saint Besse），在那裡研究古羅馬軍團兵的膜拜儀式，
並體認到「與在圖書館裡所讀到的相比，眼前的實物是多麼栩栩如

生啊」。[4]

　　赫茲對人類學的看法相當現代，他認為人類學家並不需要前往地球上偏遠的角落，找尋一個遙遠、奇特又伴隨有複雜信仰系統的文化。在今天，人類學家可以研究現代社會中任何一個次族群，從核電廠的科學家、超市的補貨員到手術室裡的外科醫生，都是研究的好對象。雷蒙德・弗斯（Raymond Firth）[譯4]就曾說過：「人類學的功能之一就是要探究那些顯而易見的問題……像是為何人們會以互握右手的方式來問候彼此，為什麼我會將尊貴的客人排在右手邊的座位上？」這些看似平淡無奇的問題卻隱含著不平凡的答案。就如同十七世紀時約翰・布沃（John Bulwer）指出，「以特定的手來握手通常代表著友情、關愛、善意、致意、款待、邀請、和解、恭賀、致謝、告別與祝福。」不過現代人的握手習慣似乎是十八、十九世紀的發明，可能源自於英國。不妨參考福樓拜《包法利夫人》裡的情節，當雷昂向女主角愛瑪握手道別時，她說了一句：「又是這套英國禮俗。」[5]

　　1907 年，赫茲發表他的第一篇學術論文，探討不同社會中，死亡的集體表達方式。他的這篇論文及其中所討論到的左右象徵符號，在半世紀後翻譯成英文，簡潔有力的書名《死與右手》（*Death and the Right Hand*）頗能代表他論文的主旨。為了撰寫這篇關於死亡的論文，赫茲在許多圖書館中進行廣泛的研究，其中包括在大英博物館中待了十個月，研究相關書籍與文獻。在論文一開頭他就強調，基本上他所處理的是一個社會現象，是超越生物層面的生死問題；死亡終結的不只是一個人的肉身，也包含其社會功能。[6]

　　赫茲對於不同文化與社會對待死亡的各種方式特別感興趣。他特別研究了印尼的停屍儀式（mortuary rites）以及二次葬的現象。當地人通常在死者往生後的數週或數月後，才真正將他們的屍體埋葬。坦白說，以現代西方讀者的角度來看，這些停屍儀式滿噁心的，不過我們也必須承認，西方人埋葬自己所愛的人的方式，在這些施行二次葬的人眼中也是相當怪異。赫茲在論文中描述的最典型例子便是巴里島的喪葬風俗。他們將屍體存放在家中一個特製的棺木內好幾週，棺木下方有穿洞，好讓屍水流出至外面的碗內，並且每日進行清除的儀式。若是在婆羅洲，達雅人會將收集的屍水與米飯混合，然後在哀悼死者時食用，另外也有許多例子是將收集的屍水塗在死者的家屬身上。而最後，也就是二次葬的部分，則是指在火化屍體並將骨骸磨成粉之前，將死者身上殘餘的肉從骨頭上刮下來，並將它處理成糊狀，塗在屍體上；在南美洲的某些部落中也有同樣的儀式。

　　面對各類的葬禮儀式，赫茲很明白需要一些答案來解釋他們的行為。他拒絕以誘人的理性主義，以及各社會深層的共通性來解釋這些喪禮。他同時提出警告：「在給予這些不同的儀式一個通則時，我們必須留意……根本不存在有這樣的事。」在此，我們無須更進一步探討赫茲對死亡的研究，倒是要留意他發現自己不得不對各文化間的左右象徵下一個不同的結論，承認其中確實有共通性存在。

　　1909 年，在他發表那篇關於死亡的論文的兩年後，赫茲發表了另一篇論文。這篇論文是他最為人所熟知的一篇，當中的觀念也

是本書會不斷討論的。這篇名為《右手優勢》（*The Pre-eminence of Right Hand*）的論文就是在探討左與右的象徵符號系統，討論左右除了空間指向外，出現這麼多象徵、隱喻及儀式意涵的成因與緣由。這篇文章的開頭相當詩情畫意地呼應著莎士比亞的「人是怎樣一件特殊的造物！」（What a piece of work is a man）譯5。很遺憾地，大家都明白，在今日的學術期刊裡不可能還會有編輯願意接受這樣的文章。

還會有什麼比我們的雙手更為相似，卻又受到截然不同的對待呢！右手是悅人的高貴稱號，享有動作、命令與取用的特權。相反地，左手則受到鄙視，只有卑微的附庸角色，本身無法做任何事，只能協助、支持與承受。

右手是所有菁英的象徵與模範，左手則屬於平凡人。

右手高貴的頭銜為何？而左手的束縛又從何處而來？

赫茲在他那篇論死亡的文章裡是以生物學的角度切入，但在結論中卻不認為左右的象徵意涵可以簡單化約到雙手在生物層面上的差異來解釋。這些意涵都來自複雜的社會現象，既是社會現象，就表示有其集體之基礎，既有集體基礎，那麼不論是神聖的還是褻瀆的意涵，背後都有一段故事。正如同涂爾幹所下的評語：「赫茲發現（右手）優勢基本上是宗教信仰所造成。」[7]

赫茲這兩篇關於死亡與右手的文章，最主要的差別在於他作結的過程。他很高興地指出文化差異會反映在喪禮的儀式上，儘管從

更深層的角度來看，表面上各異其趣的儀式依舊有其類似的目的與
功能，但是他卻無法將這一套論點應用在解釋左右象徵意義的歧異
上。雖說左右所代表的象徵意涵中有許多是隨機產生的，但幾乎在
所有的社會中都出現了右手優勢的情況，赫茲還是必須面對這個現
象。一定有什麼原因造成這種普世皆然的現象，就像華生爵士所意
識到的。假若偏手性純粹只是社會現象，理論上應該會出現一半的
社會偏用左手，另一半則偏用右手的狀況，而在左右所象徵的意涵
中也應該如此。如果真是隨機產生的，為什麼舉世都偏向同一邊？
為什麼「右」總是帶有正面的意涵，而「左」總是負面的，卻沒有
出現倒過來的情況？

　　在思考何以左右會有象徵意涵，而所謂的「象徵性」究竟又意
味著什麼之前，我們需要先快速瀏覽不同脈絡中象徵符號的使用。
就從死亡的左右符號象徵開始吧！這可是赫茲希望世人了解的部
分。

　　目前考古學家發現最古老的左右象徵符號，出現在古印歐
（proto-Indian-European）民族，也就是庫爾干人（Kurgans）的喪
葬活動中。他們可能來自俄羅斯與哈薩克的頓河、窩瓦河與烏拉河
（Don, Volga and Ural rivers）之間的區域，並在西元前 4000 年左右
稱霸全歐洲。他們相當注重死者的喪禮，施行許多高度儀式化的禮
俗，透露出他們的思想模式與社會生活。赫茲從遺跡中找出許多儀
式，其中包括經常使用的通風井凹槽，作為提供死者食物與飲水所
用，屍體半彎曲地擺放著，像是子宮中的嬰兒，這或許代表著當時
人們相信死後復活的可能。這種半彎曲擺放屍體的方式可以有許多

種，或左或右。對庫爾干人與古印歐人^{譯6}而言，左右是有其道理的，不能隨便亂放。圖 2.2 為四種擺法的圖示，羅盤可以顯示屍體擺放的方向。

　　四組中有三組男女屍體的掩埋方向都不同，顯而易見這必定帶有某種象徵意涵。但這種各文化之間普遍存有，卻各自分歧的象徵系統，很難從日常生活所需或是單純的物理世界等實際層面找到答案。那麼這裡的象徵系統究竟有何意涵呢？多數的象徵意涵系統，正如人類學家李維史陀（Claude Lévi-Strauss）所強調的，唯有在檢視整套神話或符號後，才能清楚其發展模式。也許可以單獨解釋當中的幾個符號，但無法解釋一整套。[8]

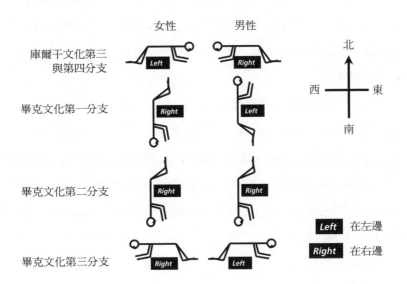

圖 2.2　庫爾干文化的三、四分支與畢克文化的一、二、三分支中，男女屍體的掩埋方向之圖示。

　　想要了解這些喪葬方式，必須先理解古印歐人所處的自然環境
與他們的認知世界。對新石器時代的先民而言，天空是最重要的，
這點和現代人大不相同；在今天，已經很少會有人注意月的圓缺與
太陽的位置。由於印歐人居住在距離北回歸線很遠的北部地區，即
使是在仲夏，太陽也都是出現在南方，它會在東邊升起，劃過南方
天空，落向西邊，然後第二天奇蹟般地又重新出現在東邊。太陽的
位置可用來定位，確定東方在哪。面向太陽並跟隨它移動時，會發
現它總是朝右，也就是在觀察者的右手邊移動。毫無疑問，帶來生
命與溫暖的太陽，其運動方向自然與右手的優勢密切相關（見圖
2.3）。羅盤上的日與夜，以及東西南北那四點，都是持續不斷的
循環裡的一部分，一個向右的循環。由此，可以很直接地找出其象
徵意涵：東表示太陽與生命的誕生，南表示溫暖與生命的持續，西
意味著日落及生命的結束，而北則代表太陽的殞落，以及等待隔日
從東邊再次重生。[9]

　　這樣一套符號連結或可解釋許多印歐民族的喪葬模式。他們擺
放屍體的方位，不是面朝東，就是面朝南；一個是代表再生，另一
個則意味著生命的延續。這套理論中，面東或面南這種看似模稜兩
可的說法，其實是有其源由的。在許多印歐語言中，許多代表
「右」的字也有著「南」的意味。例如梵語中，「dakshina」就同
時有「右手」與「南」之意，而「puras」則有「前面」與「往
東」之意。同樣地，在古愛爾蘭語中，「deas」與「ders」都是表
示「右邊」以及「往南」，而「jav」則有「後面」與「西邊」之
意。據此，我們可以找到更多例證。[10]

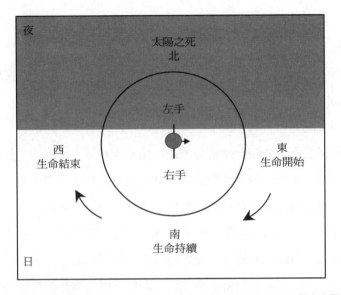

圖 2.3　左、右與羅盤上的方位，以及太陽運動的關係圖。觀察者站在圖中央圓點處，面東時可見日出。此圖僅適用於北回歸線以北的地區。

　　上述這種象徵符號系統並不是早期印歐民族所特有，在現代的文化中也可找出類似的想法，基督教傳統便是其中一例。在他們現今的圖像或肖像系統中，納入了許多早期的象徵符號。人從教堂的西側進入，面對聖壇，這正是朝陽初昇的方向。同樣地，在基督教的墓園裡，死者擺放的方位通常也是面朝東，因為「確信或深信」有復活或重生的可能。

　　太陽的運行方向不僅與左右的象徵意義有關，也連帶影響到旋轉方向。太陽旋轉的方向和時鐘的指針運行方向一致，這種旋轉方向在許多場合中都被視為有禮、合宜的。在古希臘時代，徵兆「向右轉」還特別被視為吉兆。晚餐後傳遞波特酒的方向，傳統上也是

順時針（亦即往左傳）。在十七世紀甚至有所謂的「凱薩平習俗」
（Catharpin-fashion），指的是「大家一起喝酒時，付錢請客的順
序不是由右至左，就是依據太陽運行的方向」。在古英文中，
「deasil」與「widdershins」分別表示「與太陽運轉方向相同」，以
及「與太陽運轉方向相反」之意（也就是順時針與逆時針）。而且
在許多情況下，逆時針運轉都被認為是不吉祥或不恰當的。比方說
跳華爾滋時，每一對舞者都是順時針旋轉，只有在換方向時才會倒
過來。這也意味著順時針旋轉是合宜或自然的旋轉方向。

　　許多中世紀或早期現代社會的機械設備，諸如風車、水車等研
磨機械都附有轉動的構造（而順時針方向旋轉的磨石，就叫做「右
手磨臼」）。其中最奇特之處在於，即使它們的發動機是逆時針旋
轉的，大部分這類型機器的可見零件都是順時針旋轉的。某些機器
需要附加惰輪這種只為了逆轉方向的零件（並因此降低了機械效
率），意味著多數機械順時針旋轉運作的原因並不是基於機械上的
考量，而是有其象徵意義。在訪談雕刻家李察・塞拉（Richard
Serra）時，他的回答極度現代，卻又呼應過去幾個世紀來對旋轉方
向合宜性的概念。當談及他那巨大到足以讓觀賞者穿過其中的雕像
《雙重扭曲的橢圓之二》（*Double Torqued Ellipse II*）時，他說：
「我覺得讓大家順時針通過會比較穩定些。當然也許這只是我個人
的偏好，不過我就是覺得向右走是人的天性。」古老習俗在此作品
中又一次被傳承，不帶有一絲懷疑。至於理由，則被簡化為跟隨
「自然」的感覺而已。[11]

　　在圖 2.2 所顯示的古印歐墳墓中，可以清楚發現死者不是面

南，就是面東，而這又關係到屍體擺放的方式是朝左還是朝右。在四組中有三組會因為性別不同，而呈現出不同的擺法。雖然擺法各異，但相對於男性死者的排列，女性死者的擺法卻有某種相似的規則：在庫爾干文化的第三、四分支與畢克文化的第三分支中，女屍都與男屍以南北軸呈鏡像對稱；而在畢克文化的第一分支中，則是以東西軸呈鏡像對稱。左右的符號系統與男女性別的系統密切相關，這類符號系統之間的關聯並不是特殊的現象，幾乎已成為慣例。而這也不是古印歐文化所特有，在每個文化中都能發現類似的情況。坦尚尼亞中部的鉤茍族（Gogo）就是一個明顯的例子。他們稱右手為「muwoko wokulume」，也就是「男人的手」，而稱左手為「muwoko wokucekulu」，也就是「女人的手」。非洲南部語言普遍都用類似的方式來指稱右手。在一項調查中發現，三十七種班圖（Bantu）語系裡有十六個語系以男人的手來表示右手，而其他的則以「吃飯的手」來代表，偶爾也會出現「投擲的手」或是「偉大的手」。在少數的一兩個例子裡，意思則是含糊不清的。例如在史瓦希利語（Swahili）中，「mkono wa kuvuli」（右手）是從代表「遮蔽」的「uvuli」衍生而來，也許指的是「撐傘之手」。[12]

　　左右與男女差異，以及性行為等生殖活動的關聯似乎是普世皆有的，正如同佛洛伊德強調「以右左代表男女應是天經地義的事」。世界上許多地方都是以右手進食，並從事任何腰部以上的動作，但左手則用來從事清潔工作，尤其是在衛浴場所，以及握住生殖器。鉤茍族就將左右手的分野延伸到性交的過程，在性交前戲中，男方向右躺下，並以左手刺激女方的外生殖器。而巴索托人

（BaSotho）則相信若是在性交過程中，女人躺在右側，便會產下
男嬰。在中國，醫生預測未出世胎兒的性別時，也是以左右側來判
定；在子宮右側產女嬰，左側則為男嬰。美國亞利桑納州與加州的
莫哈維族（Mohave）都是以左手擦屁股，右手吃飯。他們相信左
手來自母親，右手來自父親，而父親的精子有餵養發育中胎兒的象
徵意味。坦尚尼亞的卡古魯人（Kaguru）則認為，人在子宮時是由
各自獨立的左右兩半結合，右半部來自父方，左半部來自母方。[13]
同樣的概念也出現在莎士比亞的《脫愛勒斯與克萊西達》（*Troilus
and Cressida*）[譯7]一劇中。海克特解釋為何他不再和他的表弟埃阿斯
對抗的原因：

這一隻手是完全屬於希臘的，
而這一隻則是特洛伊的；
這腿上的筋肉全然是希臘的，
而這腿上全然是特洛伊的；
右邊臉頰流著我母親的血液，
而左邊臉頰流著我父親的血液。

　　西方科學思想中充斥著左右差異決定不同性別的觀念。直到
1902 年，性染色體才被發現，而在人們了解孩子的性別取決於父
親的 X 型或 Y 型染色體之前，充斥著無數種男女性別起源的推論。
當然，左右的概念也常出現在這些推論中。西元前五世紀時，阿那
薩哥拉斯[譯8]就曾提出孩子性別取決於父方的假設，這與現代科學

的發現一致，不過差別在於阿那薩哥拉斯認為男嬰的精子從睪丸右方來，而女嬰的則從左方來。即使在古代，由這種說法很自然地可推論出：只要以繩子紮住左邊的睪丸，就可確定精子只會由右邊來，這樣一定會生出男嬰。中世紀的羅馬醫生基爾斯（Giles）就相當擁護這個理論，而直到相當晚近的 1891 年，伊達·艾理斯女士（Mrs. Ida Ellis）在她所著的《受孕本質》（*The Essentials of Conception*）一書中還是這麼宣稱：「生男生女是由父方來決定，只要在不想用的那一側睪丸上繞一根橡皮筋即可。來自睪丸右側的精液會生男嬰，而左側的則會生女嬰。」並不是所有的希臘哲學家都認為嬰兒的性別是由父方來決定的，恩培多克勒譯9就認為是由母方來決定，若是子宮右邊較熱，就會在這一側產生男嬰。[14]

　　右與左也不僅涉及男女性別的決定而已，它們幾乎和世上所有事物都有所關聯。人類學家對居住在印度與緬甸交界處的普蘭人（Purum）這個小部族有過深入的研究，不論是田野調查還是理論建構，都相當完整。而其中又以牛津大學的羅德尼·尼達姆（Rodney Needham）的研究最為權威，他讓當代學者重新燃起對赫茲及其研究的興趣。[15]

　　普蘭人的社會系統可以分成兩個獨立的群落或是氏族（clans），尼達姆稱之為「供妻者」（wife-givers）與「取妻者」（wife-takers）。普蘭人將他們拿來彼此交換的物品分成陰性與陽性，像是豬、水牛與米酒就是陽性貨物，布料、織布機、居家用品則為陰性，而在交換的陰性貨物中，也包括了女人。交換的規則很簡單明瞭：取妻者以陽性貨物從供妻者那裡交換陰性貨物。

　　普蘭人的房子（見圖 2.4 的平面圖）可縱分為二，右手邊稱為
「phumlil」，左手邊稱為「ningan」。房子的前後則是由兩根標竿
來區分，先立下的是右手邊的「chhatra」，再來是左手邊的「sena-
jumphi」。從房子後端往前門看去，右手邊是私人的空間，屬於屋
主及其未嫁娶的兒女，在這一邊也發現有壁爐。相對地，左邊這一
側是較低階層的公領域，供求婚者或是返家探親的兒女居住。換言
之，右側住的是供妻者，而左側則是取妻者。

　　普蘭人的社會系統是典型的二元符號分類（dual symbolic
classification）。在這種系統中，世界被分成一對對正反相對的組
合，相生相長，互為依存。表 2.1 就以相當簡單明瞭的例子解釋這

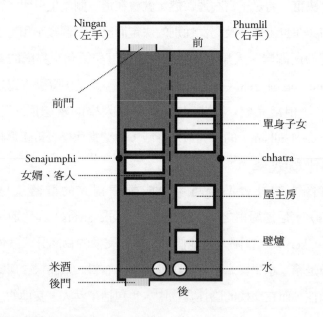

圖 2.4　普蘭人的房子平面圖。

種系統。

表2.1 普蘭人的二元符號系統。

右	左	右	左
雄性	雌性	血親	姻親
陽剛	陰柔	私有的	公共的
月亮	太陽	優越的	低等的
天空	土地	上	下
東	西	吉兆	惡兆
生	死	南	北
壽終正寢	不得好死	神聖的	世俗的
單	雙	禁欲	性活動
家人	陌生人	村莊	森林
供妻者	取妻者	繁榮	饑荒
神祇	凡人	善神	惡鬼
後	前		

這類系統要經過特別的計算，才能了解它真正象徵意涵為何。比方說，要建一個新的村落時，會勒死一隻雄鳥問卜。若躺在地上的鳥，其右腳在左腳上方，就是一個吉兆，反之就為惡兆，只好另覓地點。在孩子的命名儀式中也有類似的牲畜獻祭，用以尋求其前途是否一片光明。若為男嬰，祭司就會犧牲一隻雄鳥，若其右腳位於左腳上方，就是吉兆。若為女嬰，則會獻祭一隻雌鳥。既然男女是相對的，預兆的解釋也會相反：若為女嬰，雌鳥的左腳在上方才是好兆頭。所以在這套系統中並沒有「右」就是「好」，「左」等同於「壞」的簡單關係存在，而是必須經過各式組合，才能了解其真正的意涵。符號的含義可能瞬間逆轉，對男人而言是吉利的，對女人而言卻是個惡兆。[16]

象徵符號意涵倒轉在人類學領域中常常出現。東非的卡古魯族相信巫婆的世界和正常世界完全相反，甚至連走路時都以手代腳，上下顛倒地行動，正如在中世紀歐洲，左撇子是指控某人為女巫的一項證明。婆羅洲南部的恩戈古人（Ngagu）則相信死後的世界是完全顛倒過來的，「甜的」會變為「苦的」，「直的」會變成「彎的」，「右」則變成「左」。同樣地，印尼西里伯（Celebes，今蘇拉威西）的特拉扎人（Toraja）認為死人做任何事的方法都與生者顛倒，甚至連文字的發音方式都是顛倒的，而且由於死者都改用左手做事，所以當人們要為死者做事時，也必須改用左手。在西方文化中也有類近的逆轉現象，比如平常英國國教的教會是帶領教徒以順時針方向繞行教堂，但在大齋期[譯10]時則是採逆時針方向。[17]

比較不同社會的二元符號系統後，人類學家發現其中的相似性甚高。比方說，就地理上而言，坦尚尼亞的鉤苟族和緬甸普蘭人之間相距甚遠，但在許多相對的觀念上，如表 2.2 所列，兩者的符號意涵有許多概念上的重疊。

由此我們可以了解為何考古學家樂於採用相關系統（related systems）來詮釋庫爾干人的喪葬模式，也可以找到支持涂爾幹學派主張自然世界的分野與社會系統緊密相關的證據——因此日月運行與羅盤方位不但和鉤苟族的農業活動有關，也和普蘭人以豬易女的習俗有關。

就本書的理論層面來看，最主要的課題當然是鎖定左右對立的分野，沒有什麼比這個更重要的。房舍、冷熱、村莊、森林、打穀與碾米這些事物在本質上都沒有左右的區分，所以左右的符號系統

表 2.2　鉤苟族的二元符號系統。

右	左	右	左
雄性	雌性	東	西
男人	女人	南	北
清潔的手	骯髒的手	上	下
強	弱	祭祀的一側	放垃圾的一側
高等	低等	繁衍、健康	死亡、疾病
聰明	愚笨	冷	熱
性交時男人	性交時女人	藥物	毒物
所在的那一側	所在的那一側		
男人埋葬的	女人埋葬的	黑	紅／白
那一側	那一側		
船	瓢、鼓	老人	年輕人
除草	播種	妻	妾
打穀	篩穀、碾碎	父	母

並不是根植於自然世界，而是來自於人類的內心。[18]

　　在概述象徵主義以及討論其中的左右符號之前，必須先確認使用「左」「右」這兩個語彙的情形究竟有多廣泛，尤其要先釐清這套系統不是只出現在所謂的原始或無文字的社會。事實上象徵符號無所不在，即便是現代高科技社會也不例外，只是我們常常因為太過習慣而忘記它們的存在。

　　我們可以從現代人的日常生活看起，有許多行為似乎都找不到合理的解釋（雖然人們會出乎意料地努力這麼做）。比方說，跟某人打招呼時為什麼是握住他們的右手？又為什麼在法庭立誓時是用右手放在《聖經》或聖書上（難道以左手立誓就沒有約束力）？在用餐時，為什麼將刀子放在右手邊，叉子擺在左手邊（歐洲人為何堅持要用較不靈活的左手使用叉子來取食）？在英國與美國，結婚

戒指都是戴在左手的中指上；湯瑪斯‧布朗寧爵士（Sir Thomas
Browne）曾試圖解釋這個現象，他（錯誤地）宣稱有一條血管從心
臟直接通到左手戴戒指的指頭上，不過這套說法難以解釋為何德國
人會將結婚戒指戴在右手上。又為何貴賤通婚會被形容為左手婚姻
（left-handed marriage）譯11呢？要想更進一步了解左右符號與男女性
別的關聯，看看英國教堂裡的婚禮就可以明白。新娘的家族都坐在
左側，新郎家族則在右側，就如同新婚夫妻站在聖壇前的位置一
樣。19

　　基督宗教教會提供了一大套與左右有關的象徵符號，《聖經》
中也充滿這些表達方式，其中最知名的或許就是「最後的審判」
時，世人被分開來的景象：

把綿羊安置在右邊，山羊在左邊。於是王要向那右邊的說：你們這
蒙我父賜福的，可來承受那創世以來為你們所預備的國；……王又
要向那左邊的說：你們這被咒詛的人，離開我！進入那為魔鬼和他
的使者所預備的永火裡去！（〈馬太福音〉25: 33-34, 41）

在義大利文藝復興時期的教堂中，聖壇上方總有一幅「被釘十字
架」（Crucifixion）的畫，畫中耶穌往右轉，露出左邊的頸子。而
在「天使報喜」（Annunciation）的畫作中，大天使加百列幾乎總
是從左側進入畫面，而馬利亞也總是面朝左。在文藝復興早期的聖
母與聖嬰畫作中，聖母總是將聖嬰耶穌抱在她的左側，好讓聖母露
出右臉頰，而聖嬰露出左臉頰。在所有教堂的陳列布置中，左與右

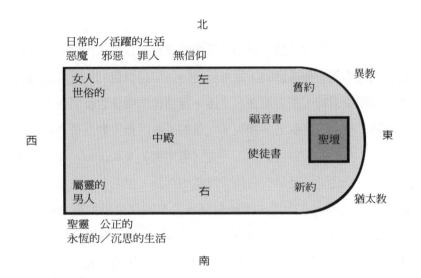

圖 2.5　一間基督宗教教堂的符號安排平面示意圖。

各有其關鍵的角色（見圖 2.5），這與普蘭人對房舍的規畫（圖 2.4）有許多相似之處。聖壇面向太陽升起的東方，從西邊進入教堂時，北面（也就是左手邊）的壁畫描寫的是舊約故事，而南面（右手邊）則是新約故事。在許多教堂都有男人坐在右側（南邊），而女人坐在左側（北邊）的習俗。米爾頓的《失樂園》中記載惡魔是從北方來的，而但丁的〈煉獄〉^{譯12}則將猶太會堂安排在北方，基督宗教教堂則出現在南方。左與右在基督宗教的其他方面所象徵的意義則顯得含混不清。雖然一般相信夏娃是從亞當左邊的肋骨變化而來，但在《聖經》中並沒有任何經文可以支持這種說法，或許這又是男右女左第二層次的象徵關係，也或者是來自於早

期的猶太教傳統。[20]

　　左與右不僅在基督宗教中有重要的意涵，在猶太教中，左與右也有截然不同的象徵意義。這可能是因為早期以色列人膜拜太陽之故；面朝東方時，南方便在右手邊，這種位向關係也反映在希伯來文描述「東」的字眼上。據說，〈舊約〉裡的猶太教上帝「右手與眾不同：主的右手施行神蹟」。在《塔木德》（Talmud）裡，右邊為上位。學生走在老師的右側是無禮的行為，但若有兩名學生時，則必須讓老師走在中間，而較資深或重要的學生則走在老師的右側。此外，必須使用右腳來進行哈利撒儀式[譯13]，對於左行者則有特別規定；而左行與右行的判定，則是根據走路時是先跨哪一隻腳來決定。猶太教中的左右象徵也出現在卡巴拉（Cabbala）的神祕主義中，《摩西五書》（Torah）位於右手邊，而對律法的解釋（oral law）[譯14]則在左邊。一般相信，右腳先試鞋會比較幸運，猶太習俗則將這件事更加複雜化，首先是套上右腳的鞋，但還不試鞋，等到左腳套上鞋並試鞋後，再試右腳的鞋；如此便可以確保一切都是始於右邊，終於右邊。[21]

　　伊斯蘭教也和基督宗教與猶太教一樣，對「右」有所偏好。《古蘭經》中，被選中的子民站在真主的右手這一側，而受詛咒的則在左側。對於這強烈的對比，經文中有一段如詩的描寫：

幸福者（right-handed），幸福者是何等的人？

　他們享受無刺的酸棗樹，

　結實累累的香蕉樹；

　　漫漫的樹蔭；

　　泛泛的流水；

　　豐富的水果，

　　四時不絕，可以隨意摘食；

　　與被升起的床榻……

薄命者（left-handed），薄命者是何等的人？

　　他們在毒風和沸水中，

　　在黑煙的陰影下，

　　既不涼爽，又不美觀……《古蘭經》56: 27-34, 41-44

麥加古城中天房（Ka'ba）貢奉的黑石譯15，就是「阿拉真主放在地球上的右手」。當阿拉真主敲打阿丹（亞當）的背脊，取出他所有的後裔時，那些將進入天國的是從右邊來（如同白色的穀粒），而那些要打入地獄的則從左邊來（如黑色的穀粒）。對於行為也有嚴格的限制：「不得以左手飲食……，因為那是惡魔的行徑……，吐痰時要朝左，如廁時也使用左手。」進入麥加的大清真寺時，要以右腳開始邁步。左與右的多數意涵可能都來自信眾向朝陽禱告的緣故，很自然地，便會將左右與羅盤上的方位，以及它們所代表的意義相結合。在阿拉伯語中，左與右不同的意涵，與在英文中的情況相當類似。以右手立誓，所以「yamîne」同時有「右」以及「誓言」之意，而「šimâl」代表「左」，也同時有帶來惡兆之意。慣用左手的人稱為「'a'sar」，這個字是從「做起來困難、艱鉅、麻煩又難以解決」的動詞「'asara」衍生而來的。雖然《古蘭經》經文嚴

峻的詮釋暗示著左撇子本身的缺陷，但現今的伊斯蘭神學則相當自由，強調真主知道誰是左撇子，因為是祂如此創造這類人的；而對於信仰祂的人，只要選擇遵守聖人的建議，自當會有其獎賞，因為「獎賞取決於作為背後的動機，而非作為本身」。[22]

伊斯蘭教中對古老的象徵系統有一項有趣的逆轉，在麥加的朝聖者會以逆時針方向繞行黑石七圈，這種方向多半只出現在喪禮或巫術中。有一種說法是穆罕默德選擇接納以前異教徒逆向的儀式，另一項比較合理的假設則是考慮到麥加的緯度——麥加位於北回歸線以南的北緯 21 度 25 分之處。當地在一年中有四十六天，也就是整個六月與七月的前半，都會見到太陽在北方天空運行，而不是南方。若是首度的繞行儀式是在這個時節舉行，則繞行方向可能因而固定為逆時針方向。這個理論相當吸引人，但不見得就是如此，因為向右旋轉（也就是順時針轉）相當普遍，即使在熱帶地區或甚至是南半球的文化中也相當常見。[23]

在崇高的東方信仰中也有左右的象徵系統。佛教認為通往涅槃的途徑分為兩條：「但要避免往左邊走，而要跟隨右邊的。如此才能成功地經過一片茂密的森林、一片濕黏的沼澤與一處陡峭的斷崖，最後抵達平坦的康莊大道（涅槃）。」在恆河邊的聖城瓦拉納西（Benares），印度教朝聖者會將右手指向中心（也就是順時針）繞行，就像傳聞克里希那（Krishna）[譯16]在聖山所做的一樣。同樣地，佛教徒也必須以右手指著浮圖，並以其為圓心，順時針繞行。而藏族轉經輪[譯17]的轉動也是順時針的，反向旋轉則意味著抹滅過去所做的一切。如此一來，朝聖者與轉經輪都是朝太陽的方向旋

轉，只有在印度教喪禮中才會有反向旋轉的儀式出現。

　　歷史上，希臘古典時期的理性、哲學與科學思想的根基與左右象徵系統也密切相關。畢達哥拉斯就曾說過，應當由右邊進入聖地，那裡是偶數的起源，然後從左邊離開，那裡是奇數的起源。在他的著作《形上學》（*Metaphysics*）裡，亞里斯多德描述畢達哥拉斯學派如何明訂出十項首要原則，這些可羅列成兩個平行欄目：

有限的	無限的
奇數	偶數
單一	多元
右	**左**
男	女
靜止	運動
筆直	彎曲
光明	黑暗
善良	邪惡
正方形	長方形

看到「右」與「男」、「光明」、「善良」分在同一組裡，並不令人驚訝。早在約莫是西元前八世紀時，與荷馬同一時代的詩人赫西俄德（Hesiod）在他的作品《神譜》（*Theogony*）中探討過世界的起源。他追溯到眾神之王宙斯統治前的混亂時期，在諸多涉及亂倫、陰謀、怪物與報復的複雜神話故事中，有一場算是最早的弒父

戀母情結衝突：年輕的克羅納斯（Kronos）和祂的母親大地
（Earth）密謀，企圖殺害祂敗德亂倫的父親天空（Heaven）。在
祂父親意欲求歡，依偎在祂母親身旁的一個夜晚，埋伏一旁的克羅
納斯殺了出來：

……躲藏的男孩

左手向前伸展，右手拿著

尖銳的齒狀鐮刀，奮勇地

割去父親的陽具，往身後一丟。

後來，愛神阿芙洛黛特（Aphrodite）就從這陽具中誕生了。[24]

　　在希臘古典時期，左與右的象徵也應用在許多其他層面上，甚
至包含食物。詹姆斯‧大衛森（James Davidson）就曾描述過希臘
人不僅區分食物和飲料，還將食物分門別類，有麵包類的主食
（sitos），以及魚、肉與洋蔥等開胃菜或是風味菜（opson），以左
手取用主食，而用右手吃開胃菜。「用餐時，上下左右的分野可以
很輕易地轉化為意識型態上的對比：本體與裝飾、需要與多餘、實
情與表象。」一如下面所列：

左	右
下	上
主食	開胃菜
本體	裝飾

需要	多餘
實情	表象

足以代表希臘哲學中心思想的酒宴，在舉行時，房間沙發的擺設也有其左右象徵，就如大衛森所言：「每張沙發可以坐兩個人，往左邊斜靠……，房間裡上酒、歌唱與發言都是『由左至右』，應該就是按逆時針方向來進行。」[25]

　　簡略探討古今世界中的象徵符號系統後，最後要進入潛意識的世界，在那裡，符號也扮演著相當重要的角色。夢的詮釋總是充滿大量的符號，最近的新書《解夢字典》（*Dictionary for Dreamers*）裡就把左邊形容成「不祥的、錯誤的、直覺的。所有邪惡敗德的事物，像是犯罪傾向、亂倫與墮落。陰性被動原則（feminine passive principle）；有時是直覺」。多數這些象徵都與占卜預測有關，比方說在《奧德賽》（*Odyssey*）中，奧德修斯（Odysseus）就認為「當他離去時，鳥兆全部都在他的右側，這是很吉利的」。[26]

　　從左至右的移動被視為是不好的，這在夢的詮釋中也一樣。在1900 年首版的《夢的解析》（*Interpretation of Dreams*）中，佛洛伊德就曾舉例形容夢是通往「潛意識的捷徑」。他所提的那個夢其實發生在多年以前，是後來成為普魯士王國首相的俾斯麥（Otto von Bismarck）在 1863 年春天所做的夢。

我夢到（隔天醒來我立刻就告訴妻子與其他人，他們可以作證）我在阿爾卑斯山區一條狹窄的小路上騎馬，右邊是斷崖，左邊則有巨

石。路越來越窄，馬兒已經不願前進，但行至此處已沒有空間讓我掉頭或下馬。於是我用左手中的馬鞭敲打平滑的巨石，並向上帝求助，這時馬鞭突然變長，延伸到無限遠處，而岩石就像舞台布幕一樣敞開，現出一條寬敞的道路，路的下方還可以見到像是波西米亞山林般的景色……，後來我就醒了，還一直回味這個夢，並試著加深印象。

佛洛伊德以性的象徵符號來解析這個夢。左手上那支會無限延伸的鞭子，就是標準的陽物崇拜符號，代表著陰莖。而遠方的美景想必意味著高潮的歡愉，尤其是夢醒後還意猶未盡。佛洛伊德在此處引用了另一位心理分析學家史德喀爾（Wilhelm Stekel）的主張，史德喀爾以孩童時期的自慰為例，說明「左」在夢中象徵著禁忌或是罪惡的事物。俾斯麥以左手抓住鞭子，代表著那是一件離經叛道的作為。狹窄山路右邊的斷崖也有其象徵意義，因為一般的馬術師都是以逆時針方向繞行山區，也就是向左轉。此處佛洛伊德又再次引用了史德喀爾的論點，史德喀爾曾討論過左與右的道德倫理內涵：右意味著正當的途徑，也許是婚姻，而左的道路意味著犯罪與墮落，也許是同性戀或亂倫。自從發展出這樣的概念後，心理分析學家就將左與右之間的對比看成是解決伊底帕斯情結的兩種可能途徑：一是認同母親或父親，二是以陽痿或保持貞操來解決去勢的焦慮。所謂左邊的道路是去除父親這一路，只留下母系、無產的文化，同時帶有亂倫、同性戀與陽痿的暗示。[27]

　　心理分析學家對於書寫這種右手典型的使用方式特別感興趣。

佛洛伊德認為：「若是書寫這種讓墨汁從筆管流到紙張的行為帶有性交的象徵……，那麼……書寫應會被棄絕，因為讓人沉迷的性行為是被禁止的。」可想而知，以左手書寫的意義和右手完全不同，「左手寫字的習慣……（是）一種象徵性的姿勢，乃是由言談社群（speech community）所遺忘、抑制或否定的幻想所激發出來的」。由此可知為何佛洛伊德對懷赫姆‧弗立斯[譯18]認為他是半個左撇子的說法感到反感，雖然只是無意識地。不過佛洛伊德還是很坦白地承認，「我在某些事務上只能以左手為之，其中原因遲早會明朗，但天知道是什麼時候」。[28]

　　不論在何處，不論是歷史上的哪個時期、哪種文明，其中的左右象徵系統千篇一律都是右好左壞。若不是因為我們已經完全沉浸在這套系統中，一定會無法置信地尖叫出來，並且想要了解造成這驚人現象的原因。因此，現在正是停止舉例，並開始追問為何會有這樣一套左右象徵系統的時候了，去想想我們如何解釋這套系統，發掘它們存在的緣由為何。赫茲是第一位認真看待這個現象，並試圖解釋的人，現在讓我們再回頭看看他的研究。[29]

　　赫茲以生物學家，而非社會學家的角度著手撰寫他的論文。他並不懷疑右手比較靈巧這件事，也認為這勢必和大腦有關。他無暇理會過去那種幼稚的論調，認為慣用右手是因為受到文化壓力或社會中對右旋共同偏好的影響。實際上他駁斥這種說法，並認為，既然許多慣用左手者終其一生都活在右手優勢世界的壓力下，但依舊本能地偏好使用左手，那麼也沒有理由去否定慣用右手者也有偏好使用右手的本性。

　　話雖如此，赫茲也意識到一個大問題：右手雖然比較靈活，但即使是高度使用右手的人，他們的左手還是可以從事許多活動。赫茲指出，音樂家或外科醫生等人的左手就可以被訓練得很靈巧。這衍生出另一個問題：為何訓練主要是集中在已經天賦異稟的右手？即使雙手之間有差異，也不至於到了涇渭分明的地步，只是相對地不同而已，正如赫茲所言，「偏用右手是一種模糊的傾向」。有一項實驗是分別用左右手把一組木釘從這排洞移到另一排去，結果右手的速率只比左手快了約 10% 而已。和一般人會以右手從事 90% 以上的日常活動相比，這樣的差異算是很小。那麼，究竟這種「模糊的傾向」是如何轉變為「絕對的優勢」呢？唯一的可能是來自於外力，那股力量遠遠超乎我們相當微弱的本能偏好。對赫茲這樣的社會學家而言，那外力當然就是社會。我們之所以用截然不同的態度對待雙手，不只是因為天生的差異，還包括一套意識型態，那是一連串教導我們應該如何正確生活，卻不考慮我們身體構造與機能的觀念。左手並非因為大腦不作用，而是由於社會加諸的限制與約束而難以動彈。赫茲認為對右手的偏好「一半是美學的，一半是道德的」。[30]

　　赫茲理論的中心概念是二元論，將世界一分為二：好與壞、富與貧、高與矮、金髮白皮膚與褐髮黑皮膚、內向與外向等。雖然我們都傾向以這種方式來區分世界，但實際上少有這種完全對立、互不相干的兩極化狀況，大多數都是介於兩極之間。就像世界上很少有人是完全外向或內向，只是傾向其中一種性格，也沒有太多的巨人或矮子，而是介於其間的高度而已，不過人們並不會因為這些現

象就不再使用這些詞彙。專門研究人格測量的心理學家間流傳著一個老笑話：「這世界上有兩種人，一種會將人分成兩種，另一種不會。」二元分類也許有助於處理複雜的世界，因為我們的認知系統無法負荷對每一個物體完整且仔細的描述，單就「他長得什麼樣子？」這個簡單問題，就可以明白：「他的髮長 27 公分，雙眼間距 85 公釐，身高約 190-195 公分，體重約 65 公斤。」「喔！你是說他瘦瘦高高，一頭長髮，眼距頗大。」資訊少有時可以表達得更清楚，過多的資訊反而會妨礙我們即時的理解。[31]

　　赫茲發現原始的思維模式中充斥著二元論，最後還將它與涂爾幹學派提出之宗教的與世俗的兩大類別連結起來：那些出世的與入世的、屬神的與屬人的、自然的與超自然的、生與死、強與弱、好與壞。在象徵意義上，和宗教與世俗有關的組合有：明亮與黑暗、高與低、天與地、南與北、男與女……等等。正如赫茲問道，既然這套二元系統應用在各個層面，那麼人體又怎能例外？人類會使用任何事物來象徵宗教的與世俗的，而左右手早已扮演過這類角色。[32]

　　就算左右手無可避免地和宗教的與世俗的象徵牽扯在一起，那為何一定是右手與宗教的有關，而左手則屬於世俗的？此處，赫茲又回到雙手在構造上與功能上的差異：因為右手比較靈活與強壯，所以右手是宗教的。當然他也很快地指出，這套象徵系統不全然是生物取向的。雙手本身的差異並沒有大到足以產生這樣的影響，是我們所處的社會以二元的眼光看待所有事物，而這套系統提供了力量與能量，將右手與宗教連結，左手與世俗掛勾。當微小的生物差異與強大的社會力結合時，就足以轉化成這樣的效果。這有點類似

指揮交通的警察，單獨一個警察的力氣當然無法與四十噸重的卡車動力相抗衡，但因為警察與卡車司機都是社會的一份子，因此警察的一個小動作就可以改變卡車的方向。只要指揮得宜，微小的力量也可以造成巨大的改變。[33]

赫茲的文章將左右手的構造與左右手的象徵意義完全區分開來；作為血肉之軀一部分的右手，只比左手靈活與強壯些，但是在象徵意義上，與弱小的左手相比，右手擁有至高無上的力量。因此，在讀這本書時，從頭到尾都要留心左右差異的部分，想一想討論的是實體的物理或生物差異，還是無遠弗屆的二元思維加諸在這些物理、生物與社會層面所造成的象徵性差異。象徵主義會不知不覺地在每一處冒出來。

雖然象徵主義同時是社會科學與人文學科的中心思想，但卻難以找到一個讓各學門都認可的理論。身兼符號學家與小說家雙重身分的安伯托・艾可（Umberto Eco）就曾失望地表示：「符號可以解釋一切，也可能什麼都解釋不了。」有多少個作者，就會有多少種用法。他的觀點相當廣泛，包含「全部的間接性意涵，甚或是直接的，諸如各言辭、隱喻等的影射、前提、暗示、意味與圖解」。[34]

艾德蒙・李區爵士（Sir Edmund Leach）所著的《文化與交流》（*Culture and Communication*）這本精美小書，相當適合用來作為了解符號的入門書。該書旨在闡明符號是武斷的，它的意義是**相對於其他符號**而**存在的**。就像本書的草稿在我的電腦中，僅由「1」與「0」這兩個沒有意義的符號來構成，它們必須成為一套組合，才能讓人理解，並且只有在特別的文書處理程式中才有意義。

若是用繪圖軟體或者試算表程式開啟，它們只是一組沒有意義的垃圾。只有在特定規則與範圍中，符號才有效力，但人們會在不同規則中遊走，從而產生隱喻。「獅子是野獸」這句話在動物世界中是確實的，而「國王是一個國家裡最有權勢的人」也正確描寫社會狀況。但是「獅子為萬獸之王」則是將兩組互不相容的規則混合在一起所形成的隱喻。獅子也許是叢林中最有力的動物，但叢林並不是人類社會，這個「叢林國王」的形容只是隱喻性的。和其他諸如「叢林中的律師」、「叢林中的公車司機」、「叢林中的統計員」擺在一起時，可以清楚看出這些句子只是比喻而已；至於它們真正意味著什麼，恐怕就得看句子是在什麼樣的脈絡下出現，才能決定。不消說，隱喻確實是有意義的，而人們很少會對這種用法產生認知上的困難。原則上，任何事物都可成為象徵符號，不過李區發現人體構造特別適合用以製造象徵符號，尤其是反義的象徵符號。若是將肚臍當作是身體的中央，那麼手與腳、生殖器官與頭部、背與腹、右側與左側都是「相對」而不相同，正好成為代表反義組合（如，好與壞）的理想象徵符號。[35]

　　雖然李區仔細記載了符號使用邏輯，並且說明它們的起因，但他卻沒有解釋為何人類會如此大量使用符號。人類學家丹・史波伯（Dan Sperber）認為，使用象徵符號是人類心智運作不可避免的一部分。人類雖然不斷努力去理解整個世界的概念，但心智能力往往不足以找到其間所有的邏輯關聯，又不願就此罷手，因此便出現了象徵系統，將各式資訊收集、儲存並排放在一起，從中尋找出模式，期待有一天意義會浮現出來。無可避免地，每個人所用的方法

不盡相同，有些符號幾乎放諸四海而皆準，光明與黑暗以及男與女
這兩組可能就是如此，其他則因文化或宗教系統不同而有所差異，
好比西方文化中的基督宗教有它自己的象徵系統。還有一些符號完
全是個人所創造出來的，相當具有個人風格，難以為外人所理解，
好比是夢、畫，或是詩等諸如此類的事物。[36]

　　符號與人類其他類型的思維一樣，都會受限於特定規矩。雖然
我們經常無法將這些掌控思考模式的規矩具體化，不過卻可以本能
地感覺它們是否恰當。最經典的例子就是使用母語時，人們可以輕
鬆判別句子的文法是否正確，但卻無法說明其緣由。史波伯解釋左
右象徵系統中的例子也是如此。他在蘇丹做兜喜族（Dorze）的田
野調查時，在一次慶典上，他注意到一群族中長老在市場中央逆時
針繞行。向旁人詢問原因，所得到的答案僅有「這是傳統習俗」。
雖然進行儀式的理由不明，但大家都很明白如何進行儀式，即使是
旁觀者，也可以在不清楚緣由的狀況下學會這些儀式規矩。史波伯
就描述過他如何正確地以兜喜族的分類方式區分冷熱及長幼，「只
要遵循幾項原則就行了。我已試過好幾次了，這些原則必定是我在
不明就裡的情況下依樣畫葫蘆時，內化成為我自己行為的準則」。
對現代西方人而言也都是如此。身為法國人的史波伯提到刀叉禮儀
的方向象徵，這是「自小就強加在你我身上」的規範。少有人想過
其理由與原因，常常只是流於形式而已，大人們只說「右手拿刀才
有禮貌」，卻不解釋其緣由，也說不清禮貌到底是代表什麼。雖然
這些行為的規範都是習得的，但鮮少有明確的指導，更難得會解釋
其理由。以史波伯描述的情況為例，為何「用餐完，要將刀叉平行

朝右擺放，而不能向左」？試想若是在正式的餐會上擺反或擺錯了
餐具，會引來多少驚訝、嫌惡，甚至是責罵。這些失禮行為會在人
們內心深處掀起一陣擾動，但卻說不清那到底是什麼。[37]

　　對一個徹底的局外人而言，他可能無法理解我們的餐具象徵，
就像我們也難以了解李維史陀長篇描寫過奧色治印地安人（Osage
Indians）認為「太陽上昇時會發出十三道光芒，其中六道是一組，
剩餘的七道為一組。這兩組分別對應右與左、土地與天空，以及夏
季與冬季」。為什麼要分成六與七這兩種組合？為什麼六的這一組
在右邊？為什麼右邊的這組與土地和夏季相對應？史波伯認為對於
這樣的現象，我們不應該嚴肅期待能得到任何適當的因果或功能解
釋（functional explanation），但這並不表示答案就不重要。它們之
所以如此，是因為我們的心智能力無法接受其他的可能性，這也許
就像我們自身內臟的生化作用一樣，不是靠深思熟慮就能理解。[38]

　　透過這一章，我想清楚地交代左右象徵符號普遍存於人類文化
的現象，以及這套系統同時受到人體左右兩側的生理差異與社會壓
力的影響。而這套系統發展出來的特色多是因為在面對無法理解的
事物時，人類的心智能力傾向以象徵符號來運作。本書第一章探究
的是人體器官排列、大腦組織的方式，以及身體化學組成等比較
「硬性」的生物與物理問題，緊接著第二章就談論象徵主義這種
「軟性」主題似乎有點突兀，但其實不然。事實上，即使是最
「硬」的科學家也需要為他們所定義出的現象命名，而這些名稱無
可避免地染上他們所思考的象徵色彩（我在這裡以「硬性」與「軟
性」來形容，當然也是象徵意味十足）。數以千計的科普文章告訴

我們「宇宙是個左撇子」，甚至還有更具啟發性的說法，如「上帝是個軟弱的左撇子」（語出沃夫岡·庖立[譯19]），在在說明人類所從事的科學活動永遠都和象徵主義牽扯在一起。[39]

　　本章從頭到尾都很自然地將「左」與「右」看做是兩個立意鮮明的詞彙，但事實並沒有表面看起來這麼簡單，這正是我們下一章的主題。

譯注

譯1　此次戰役發生在 1916 年 2 月 21 日，於同年 7 月結束。由於德國採取消耗戰術，這場戰役成為一次世界大戰中死傷最慘重、破壞性最大的戰役。

譯2　泰勒（Alan John Percivale Taylor, 1906-1990），英國現代史學家，著有《第二次世界大戰的起源》（*The Origins of the Second World War*）等書。

譯3　達雅（Dayak）位於婆羅洲，現加里曼丹南部和西部的原住民。

譯4　英國倫敦政經學院教授，以研究毛利人和大洋洲各民族聞名的人類學家。

譯5　此句出自《哈姆雷特》第二幕第二景。

譯6　即圖 2.2 中的畢克人（Beakers）。畢克文化以製作陶質大杯（beaker）聞名，故以此稱之。

譯7　此劇又譯做《特洛埃圍城記》或《自作自受》。以特洛伊戰爭為背景，描述在戰爭第八年，希臘聯軍與特洛伊軍隊間仍然處於勝負難

　　分的膠著狀態時，特洛伊王子脫愛勒斯愛上美女克萊西達所衍生出
　　的故事。在劇中，埃阿斯是海克特父親胞妹的兒子。

譯 8　阿那薩哥拉斯（Anaxogoras, 500?-428 BC），希臘天文學家，發現
　　月蝕的原因，並由觀測月球表面上的地球影子，協助建立地球為球
　　形的理論。

譯 9　恩培多克勒（Empedocles, c. 492-432 BC），希臘醫生兼哲學家。他
　　首先了解到心臟是位於血管系統的中央，並提出「世界是由土、氣、
　　火和水四個基本元素所組成」的理論。

譯 10　又稱四旬期，從聖灰禮儀日至耶穌復活瞻禮，進行為期四十天齋
　　戒，個人每天只用一餐。

譯 11　意指非法或不正式的婚姻關係。在美國的殖民時代，常發生於法國
　　人與黑人之間。在歐陸或英國，則用來指稱貴族與平民這兩個不對
　　等的社會階層之間的通婚，他們的婚姻關係雖被認可，但其子嗣無
　　法繼承頭銜與家業。

譯 12　〈煉獄〉（Purgatory）為但丁《神曲》的一部分。他依循文藝復興
　　時期的基督宗教信仰，將人死後的另一世界分成「地獄」
　　（inferno）、「煉獄」，以及「天堂」（paradise）。《神曲》就是
　　在描寫他在這三部分的旅程。

譯 13　早期希伯來人所施行的「利未拉特婚姻」（Levirate Marriage）規定，
　　兄弟之中有人過世時，若無子嗣，則必須由另一名兄弟娶其遺孀。
　　而哈利撒（Halizah）儀式則是免除這項責任，儀式進行的方式主要
　　是由該名遺孀脫下其小叔的鞋子來完成。

譯 14　解釋《摩西五書》中的律法如何落實。相較於「oral law」，《摩西
　　五書》也稱為「written law」。

譯 15　傳說中，大天使吉卜利里（加百列）曾從天堂裡帶來一塊乳白色的

石頭，送給聖人伊布拉欣（亞伯拉罕）。自那時起，由於這塊石頭一直為人類的罪惡所玷污，而變成了黑色，因此被人稱做黑石。今天在天房還可看到幾塊殘餘的石頭，是穆斯林朝觀的地點。

譯 16　印度教主神之一，梵文意譯就是「黑天」，是救世及創生和管理宇宙的神。

譯 17　指藏傳佛教密宗所使用的法輪或祈禱輪，由金屬或是木頭製成。有的直接在上面刻上經文，有的則是將經文以順時針方向捲藏在其中，每旋轉一次，就代表已經唸過一次，以此來代表所持誦的功德。

譯 18　懷赫姆‧弗立斯（Wilhelm Fliess）是德國的耳鼻喉科醫生。在聽過佛洛伊德的精神醫學演講後，與其結為好友，並在 1887-1902 年間與佛洛伊德通信，討論精神分析的議題，對佛洛伊德的學說有關鍵性的影響。

譯 19　沃夫岡‧庖立（Wolfgang Pauli）因為發現原子中電子軌域不相容原理，而得到 1945 年諾貝爾物理獎。庖立這句話原本是這麼說的：我拒絕相信上帝是個軟弱的左撇子。（I refuse to believe that God is a weak left-hander.）

第 3 章

在左岸

托馬斯・亨利・赫胥黎
（Thomas Henry Huxley，見圖
3.1）曾在牛津舉辦的英國科學
協進會（British Association）年
會上為演化論大力辯護，並和
牛津的主教激烈地爭辯，因而
被暱稱為「達爾文的看門
狗」。1869 年，他又接下了一
件超乎其能力的任務。赫胥黎
不僅是位好辯的爭議性人物，
同時也是才華洋溢、治學嚴謹
的學者，他和同時期的羅斯金
（Ruskin）、譚道（Tyndall）與

圖 3.1　六十八歲的赫胥黎於 1893 年所
拍的照片。年幼的朱利安・赫胥黎
（Julian Huxley）坐在他祖父的膝蓋
上，日後他將進入胚胎學領域，從事心
臟側向的研究。

威廉・莫里斯（William Morris）一樣，堅信教育的優點，尤其是在
教育英國的勞工階層與普及科學這方面的需求上──套句他自己的
話：「要將科學從金字塔頂端帶入民間。」[1]

　　倫敦機構（London Institution）於 1869 年邀請他講授十二堂的
系列講座時，他立刻就答應了。講座結束九年後，這些講座的講義
集結成書，書名為《自然地理學》（*Physiography*）。此書大獲成
功，上市六週就賣出了 4,000 本，聖誕節時還特別再版，不久就出
到第三版。這本書涵蓋的範圍很廣，從雨、雪、冰、海，到冰山、
地震、火山、珊瑚礁、地球運動、太陽組成，一應俱全。有人形容
此書「帶領孩子從居住的教區一路探索到太陽系最外圍」，而他的

讀者也不僅限於孩童，在北英格蘭的機械研究所（Mechanics'
Institutes）圖書館，此書的借閱率最高。[2]

　　赫胥黎的講座在倫敦舉行，那裡是當時世上最強大帝國的首
都，也是世界級的學術重鎮，所以他的講座就從這個城市的中心開
始談起：

世界上沒有一個地方比倫敦還出名，而在倫敦，沒有一個地方比倫
敦橋還出名。請讀者想像一下自己站在橋上，別管橋上繁忙的車
流，往下看著流過的河水。無論站在橋的哪一側，無論是俯瞰或者
仰視，無論是在橋上還是在橋下，都會發現自己站在測量水流的最
佳位置，兩岸相距最寬處可達六分之一英里。流經倫敦橋的水量變
化很大，不僅因季節輪轉而改變，就連同一天裡也有很大的差異。

以這個淺顯易懂、幾乎是地方性的論述為起點，赫胥黎建構出這整
本書的架構。雖然是一百三十年前的著作，但今日讀來，依舊可算
是科普書籍裡的上選傑作。事實上，此書可說是奠定了科普書寫作
的基礎。

　　不過，之所以在這裡提起這本書是基於另一個理由。在此書開
頭幾段的地方，赫胥黎思考著「如何描述一條河的地理資訊」這個
看似平凡無奇的問題。除了主題本身沒什麼趣味之外，他的敘述幾
乎帶有彌爾頓式（Miltonic）的論調：

要區分河的兩岸，顯然有一些簡便的方法。地理學家都同意，當你

順流而下，右手邊的就稱為右岸，而另一邊則為左岸。所以要區分
河岸時唯一要做的事，就是站起來面向河口，自然會背向河的源
頭，而右岸就會在你的右手邊，左岸在你的左手邊。比方說在葛文
森（Gravesend）的右岸是肯梯許（Kentish），左岸則是艾薩斯
（Essex）；而泰晤士河的支流也是如此區分，包括瓊河
（Churn）、科尼河（Colne）、利奇河（Leach）、溫拉須河
（Windrush）、艾門露地河（Evenlode）、邱威爾河（Cherwell）、
泰河（Thame）、科恩河（Coln）、布藍特河（Brent）、麗河
（Lea）等都是匯流於泰晤士河的左岸，而瑞河（Rey）、科爾河
（Cole）、歐克河（Ock）、肯內特河（Kennet）、勞頓河
（Loddon）、威河（Wey）、莫爾河（Mole）、達倫特河
（Darent）等則是由右岸流入泰晤士河。

這種描述河流的方式似乎很普遍。在巴黎，也有所謂「塞納河左
岸」的說法，其他地方也是如此。雖然這種方法非常直接，但赫胥
黎發現它其實已經先假設讀者對這條河很熟悉，「然而對於外地人
而言，他們不曾見過這條河，也不知道倫敦橋，這種描述對他們而
言是完全行不通的」。[3]
　　赫胥黎將這種描述和坐熱氣球飛行在泰晤士河上空的情況相對
照，搭乘熱氣球的優點在於俯瞰下方時，看河流就像看地圖一樣。
按照慣例，地圖的北方都是往上，所以「對於讀地圖的觀察者而
言，東方就會是在右手邊，而西方則在左手邊」，如此才可能找到
泰晤士河位在西英格蘭的西侖塞斯特（Cirencester）的源頭，一路

流到英格蘭的東岸入海。赫胥黎非常堅持使用東西南北來描述方
位，因為它們

代表的意義不受地方情境影響，而且不論在何時何地，都是指向固
定的方向。在本章開頭所使用的「逆流而上」、「順流而下」、
「橋上」、「橋下」只能適用於熟悉泰晤士河周遭環境的讀者
……，但若是改用東西南北來描述，則任何受過教育的人都會了
解，因為它們是標準的用語，普世皆然。

赫胥黎說的沒有錯，要找到「不受地方情境影響」的用語的確是迫
切的需求，然而很不尋常的是，他最後卻做出錯誤的結論。問題出
在「普世皆然」這句話。在地理學與天文學中，也就是赫胥黎所從
事的這個領域，「普世」（universally）是相當強烈的用語。他所
犯下的錯誤很微妙，而且無法立即察覺出來。最終，這項錯誤還牽
涉到生物學與物理學中一些很基本的問題，不論是哪一個學門，赫
胥黎應該都會覺得興味盎然吧！[4]

　　赫胥黎是如何建議我們決定南北向呢？他的第一個方法大概是
童子軍會採用的。晴天時，在地上垂直豎起一根棍子，測量影子的
長度，每隔一段時間再量一次，直到影子最短的時候，也就是正午
才停止。那時影子就會指向北方。[5]

　　這方法有什麼問題？基本上，很明顯地這絕非普世皆然，此法
在地球上許多地方都不適用。顯而易見地，赫胥黎主要是為倫敦的
讀者群找出定義南北向的方法，卻認為「受過教育的人都會了

解」。住在南半球的人們馬上就會發現這套方法的問題。澳洲人若
是想要有一座充滿陽光的花園，一定會選擇座南朝北的房子，而在
英國的人則會偏好朝南的設計；同樣的道理，立在澳洲的棍子，正
午時影子指向的是南方，而不是北方。凡是居住在澳洲愛麗絲泉
（Alice Springs）以南的人，一年到頭都會看到這種情況，而居住在
南北回歸線之間的讀者則會因為時節不同，而得到不一樣的答案。

　　這方法還能補救嗎？赫胥黎自己也發現上述方法有所缺陷，只
能在晴天時才能運用，因此他又添加了另外兩種方法，一個是以北
極星來定位，另一個是利用羅盤。然而這兩種方法也都各有問題。
羅盤所指的北磁極目前雖然與我們所謂的北方一樣，但地質學家發
現，地球磁極過去曾因為許多情況而發生逆轉，因此以羅盤定位並
非長久之計，而且以科學的角度來看，這是一個大問題。[6]

　　星星定位看起來可行性較高，只要不發生類似小行星撞地球的
可怕意外，以北極星來定位北方（而南半球則以南十字座來定位南
方）應該可以維持很久。但事實上，從地球上看到的星象正緩慢地
在改變（比方說，數千年前埃及人造金字塔時，他們看到的夜空就
和我們現在看到的不同），不過總是會有某些星星或星座可以幫助
我們定出地球的北極。[7]

　　假若「北」的定義真的是普世皆準，那應當可以更進一步地將
北方的概念擴及到宇宙中其他的星球，而每個星球應該都各有南極
與北極。但又該如何區分哪個是南極？哪個又是北極呢？顯然這時
北極星已經派不上用場，因為在不同行星上會看到不同的星象，而
且我們也不能斷定其他星球的磁場走向和地球一樣；更糟糕的是，

我們不知道另一顆行星是如何繞它的恆星運轉。縱使每個行星似乎都會依兩極所形成的軸自轉，我們也很難區分到底哪一個是北極。

太空人用一個簡單的定律來解決這個問題，他們稱之為「右手螺旋定則」（right-hand screw rule）。除了太空人之外，有時候其他人也會需要解決這類問題，其中一個就是聖誕老人，至少《新科學家》（New Scientist）的聖誕專刊上曾有這樣的報導。在一篇探討「太陽系中其他行星或月亮的北極是否比地球更適合讓聖誕老公公居住」的文章中，賈斯汀・穆林斯（Justin Mullins）簡潔地描寫出這個定則：

將右手握住，拇指朝上。若是行星自轉的方向與你指頭彎曲的方向一致，那麼你的拇指就是指向北方。可以用地球自轉的方向來測試（地球由西向東自轉，這也就是太陽之所以看起來會東昇西落的原因）。

以這個方法來看地球的親戚金星，會發現它的北極是在「下方」，因為在九大行星中，金星是唯一一個自轉方向和其他行星相反的。[8]

右手螺旋定則讓人驚訝之處當然在於「右手」這兩個字。這似乎意味著我們必須先分清楚自己的左右手，否則無法在未知的行星上正確地在特定的半球與人碰面。我們也許能一路往獵戶座參宿四附近的某個小行星探險而去，正如《銀河便車指南》（The Hitchhiker's Guide to the Galaxy）書中人物外星人福特・普里菲特描述自己的家一樣。但最後要在該小行星北半球某處會面時，恐怕會

出問題，除非能先確定那個行星對右的概念與我們相同。

　　在科學與日常生活中，許多方面都會遇到決定左右的問題，而最終的解決方案總是靠我們的雙手。連那些看起來與手沒有關係的航行用語，像是左舷（port）與右舷（starboard）這兩個字的英文都與右手相關。在還沒有發明舵之前，船的方向是由握在手中的槳或舵翼來控制。既然多數人都慣用右手，這些裝置自然就架在右邊，這一邊被稱為「bord」（右舷），這個用語後來演變為古英語中常用的「steorbord」，也就是駕駛側；相對的，另一側叫做「ladebord」，也就是裝貨側。之所以有這樣的稱號，也許是因為駕駛員發現用左側進港比較容易的緣故。後來，這個用語漸漸被「port」所取代，因為原本的「larboard」（左舷）與「starboard」（右舷）這兩個英文字很像，容易產生混淆。至於為何右舷的燈號是綠色，而左舷的燈號是紅色，那又是另外一個故事了。[9]

　　若想知道定義左右的問題有多複雜，只消看看簡單的木螺絲釘，便可以一窺究竟。木螺絲釘是晚近相當令人驚嘆的發明，就像其他的日常用品一樣，其中蘊含豐富的工程學問。不論是正規或非正規用法，少了它，再好的東西也只能散落一地、無法作用。仔細看看圖3.2 的木螺絲釘，它的左右顯然非常不對稱。事實上，這是一根所謂的「右牙螺絲釘」，上面繞有「右牙螺紋」。

圖 3.2 一根典型的木螺絲釘，上面繞有右牙螺紋。當它順時針轉動時，便會鑽進木頭中（也就是鎖緊）。

　　多數的螺絲釘都是右牙螺紋。偶爾也會出現例外，比方說腳踏車上用來支撐左踏板的螺線，就是左牙螺紋，這樣一來才能在轉圈後繞緊，而不至於漸漸鬆開。火車上的燈泡也是左牙螺紋，以避免民眾將它們偷回家使用。按照習俗，棺材用的螺絲釘也是左牙螺紋的。[10]

　　右牙螺紋的螺絲釘是以順時針方向將螺絲釘鎖緊，這對慣用右手的人而言較容易使用，因為施力的部分是前臂強有力的旋後肌肉群，而不是較無力的旋前肌肉群。這裡又出現另一種值得留意的不對稱關係，也就是對應於右手的順時針旋轉。原則上，螺旋是最省空間的排列方式，可以將細長的分子組裝至最小體積內，因此生物界到處都是螺旋（或任何螺形）排列，所以如何以統一的法則來為這些螺旋命名，便顯得格外重要。許多構成細胞的大分子，如DNA 與蛋白質等，就跟一般繞有右牙螺紋的螺絲釘一樣，都是呈現右牙螺旋的排列。[11]

　　雖然右牙螺絲釘對慣用右手的人來說非常方便，但整體來說，這種命名方式卻讓人感到十分困惑。看看圖 3.3 纏繞的項鍊，或是圖 3.4 的金屬領圈，它們的螺紋很明顯地和圖 3.2 的右牙螺絲釘剛好相反，但它們都是由右利者[譯1]「製造」出來的典型產品。只要先以左手固定一端，再用右手旋轉另一端即可。如果你不相信這樣可以辦到，不妨動手試試看。這種例子很多，很難相信我們判別左右的能力竟然這麼差。這其實有可能導致很嚴重的問題，因為有些科學家，尤其是植物學家早已決定將右利者做出來的螺旋稱做「右牙螺旋」，也就是說，上述的項鍊與金屬領圈在他們的定義下都是

圖 3.3　在阿爾卑斯山冰人奧茨（Ötzi）身旁發現的一條簡單項鍊。繩索上的簡單扭轉是左旋，可能是由左手先固定一端，然後再用右手以順時針方向旋轉另一端而做出來的。

圖 3.4　大英博物館收藏品，兩件鐵器時代的高盧人飾物，年代約是在西元前 500 年。每一件都有很明顯的左牙螺紋。

右旋，雖然大多數的人會因為它們和圖 3.2 的螺絲釘旋轉方向相反，而將它們歸類為左旋。當然只要每個人都很清楚自己在討論的事物為何，這件事也沒什麼大不了。問題就是並非所有的情況都那麼簡單，還是有容易造成混淆的情況。還記得麥克‧福蘭德斯（Michael Flanders）與唐納‧史萬（Donald Swann）那首迷人的歌曲〈錯誤的結合〉（Misalliance）嗎？當中的「右旋忍冬」與「左旋牽牛花」可說是植物世界的羅密歐與茱麗葉，不顧家族的反對對立（「我們家往右轉，他們家往左轉」），依舊決定要廝守一生，最後釀成悲劇（「第二天發現它們將自己連根拔起，乾枯而死」）。不過，事實上似乎沒有人真正了解它們是如何纏繞到這個地步的。一開始，「芳香的忍冬以順時針向著太陽旋轉」（也就是左牙螺旋，這是正確的陳述），但後來我們卻讀到「**右旋忍冬**對左旋牽牛花說」（加強語氣是本書作者所附加）。如果其中一個家族聽從植物學家的建議，而另一個家族採用工程師的說法，那麼雙方家長也許會認為它們其實是一對理想的伴侶。[12]

　　貝類的情況相形之下比較簡單，但也牽涉到更複雜的層面。貝類學者會想像一隻小蟲由貝殼底部繞行而上、爬到頂端的途徑，並且考慮小蟲在其中繞行時是向右還是向左轉；若是小蟲向右轉，他們就將這貝殼歸類為右轉型（dexiotropic），若是往左轉，則稱為左轉型（leiotropic）（見圖 3.5）。最複雜的地方在於右轉型貝殼是左牙螺旋的，而左轉型貝殼是右牙的。要了解實際的狀況，可以想像一隻螞蟻在圖 3.2 的螺絲釘往上爬的樣子，右牙螺紋會讓牠持續地向左轉。螺旋梯也是如此，左旋的樓梯會讓我們向右爬，所以

右手會一直扶著中間的欄杆（見圖 3.6）。唯一值得慶幸的是，至少貝類學家創造出「右轉型」與「左轉型」這類專有名詞，不至於混淆視聽。[13]

除了專有名詞的難題外，還有更深一層的問題潛藏其下。一個很直接、卻最容易造成混淆的問題是，當我們在看一件東西時，所謂的右邊到底是我們的右邊，還是物體的右邊？若是我們兩人相對而站，那麼你的左側會在我的右手邊，這種例子不勝枚舉。是要用觀察者的角度來看，還是以被觀測物為中心？

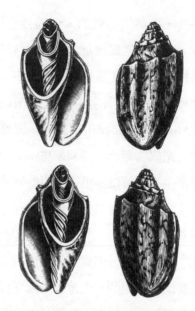

圖 3.5 上圖為一般常見的左轉型蝙蝠渦螺（*Voluta vespertilio*），貝殼內部為右牙螺旋；下圖則是較少見的右轉型，當中為左牙螺旋。

不同類群的人選擇了不同的答案。多年前，當我研究肖像畫的臉面對的方向時，我是以露出右臉頰或左臉頰來描述畫中人物，這是以被觀測物為中心的敘述，並不會有任何混淆。這種敘述方法其實是沿用醫學界的命名法則而來，對看顧病人的醫生而言，「左腳」代表的是病人的左腳，而不是在醫生左邊的那隻腳。不過，這種方法還是隱藏著偶爾會出現混淆的可能，有時候連醫生自己也是一頭霧水。胸部 X 光片的擺法永遠是比照病人躺在醫生正前方的樣子，所以心臟會出現在醫生的右手邊。到此為止都沒

有問題，但在腦部斷層掃描發明後，麻煩就來了。因為在擺放片子時，醫生選擇了俯瞰病人大腦的方式，如此一來，病人的右腦就會在醫生的右手邊。這當然很有可能造成困擾，尤其是對那些必須檢查同一名病人兩種片子的放射科醫生。所幸有一個直接又省事的解決方法，那就是在片子的兩側標記大大的 R（右）與 L（左）。[14]

圖 3.6　在德國羅騰堡聖沃夫岡教堂的橡樹螺旋梯，左旋的樓梯會讓人在往上爬時向右轉，所以右手可以一直扶著中間的欄杆。

　　醫生並不是唯一會碰到這種問題的人。演員無時無刻都要面對它。坐在劇院大廳、面對舞台的製作人，對著台上望向他的演員喊一聲「從右手邊進場」，那可真讓人無所適從。到底是誰的右邊？因此在戲劇用語裡有特定說法，「從舞台右邊進場」是指演員在舞台上，面向觀眾席時的右手邊。藝術史學者也是根據類似的原則來使用「適右」（proper right）與「適左」（proper left），以避免解釋手稿或繪畫時產生的混淆。紋章學（heraldry）也有類似的困境，不知要如何表示盾牌的兩側。他們的解決方法是以攜帶盾牌者來決定，也就是說「右傾」（bend dexter）的條紋是從騎士的右上方到左下方，而

「左傾」（bend sinister）的條紋則是從騎士的左上往右下，如圖 3.7 所示。傳統上，左傾圖案的盾牌表示庶出之子，而右傾則是嫡出的兒子才能使用。[15]

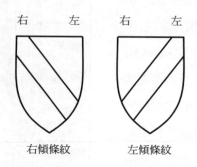

圖 3.7　在紋章學中，右傾與左傾的條紋。

　　不過這些問題都只是約定俗成的習慣，當我們現在談到左右時，還會是一樣的嗎？更深一層來看，還有更大的問題。在 1830 年代，有個年輕的學生發現，若無法區分左右，可能會引發嚴重的神學問題：

缺乏定義……誰來定義？誰來決定？哪一邊是右？哪一邊是左？……我們的努力毫無意義，我們的渴望愚蠢至極，除非我們決定了哪裡是左、哪裡是右，因為祂會將山羊放在左手邊，而將綿羊安置在右手邊。若是祂晚上睡覺時做了個夢，讓祂翻個身，臉也換了方向，那麼在我們可憐的腦袋裡將會出現另一幅畫面：山羊位在右手邊，而篤信神的卻到了左手邊……我頭暈目眩了。若是惡魔出現，

那我應當便是那浮士德；說得更明白些，我們每個人都是浮士德，
因為我們不知道哪一邊是右，哪一邊是左。

你可能沒料到，這名學生就是少年馬克思（Karl Marx），而且他發
現這個問題的時間應該是在讀過十八世紀哲學家康德的一篇文章
後。康德是第一個思考左與右本質的哲學家，也是有史以來最偉大
的哲學家之一，終其一生都待在東普魯士城裡的哥尼斯堡
（Königsberg），據說從來沒有到過方圓四十英里之外的地方。他
的生活平淡無奇，被羅素（Bertrand Russell）形容為「乏善可
陳」。康德每天五點起床，工作到中午十二點，然後到餐廳裡用午
餐，他每天只吃這一餐，然後是午間散步，或許有人會猜想他在此
時苦思那著名的哥尼斯堡橋問題[譯2]；接下來的時間就是閱讀，晚
上十點就寢。[16]
　　康德的日常生活也許沒有精彩的故事，但他的內心卻不斷和科
學與哲學界長久以來百攻不破的艱深問題相搏鬥，其中便包含：空
間在某種意義上是絕對的，或者空間只能是相對的？這個老掉牙的
哲學問題在經過牛頓之後，卻出現了轉折，讓它不僅是形上的辯
證，同時也和實證科學相關。如同勞倫斯・史克勒（Lawrence
Sklar）所形容的，從那時候起，「研究過這個問題的人足以列成一
本名冊，其中幾乎涵蓋西方世界所有的科學天才，而牛頓、萊布尼
茲、惠更斯（Huyghens）、柏克萊（Berkeley）、馬赫（Ernst
Mach）、愛因斯坦、萊亨巴哈（Reichenbach）不過是其中一小部
分而已」。這問題可以相當簡單地表示為：空間中的某個位置是否

可以用絕對座標來表示？還是我們只能透過其他物體，來確認其相
對的位置？現在我可以描述自己的位置是，在距前面那道牆一公
尺，距右面牆壁一公尺，距左面牆壁四公尺的地方，以此類推，繼
續描述這些牆壁相對於其他物體的位置，直到宇宙裡所有物體的位
置都被確定下來。但這些位置都只具有相對的意涵。要是整個宇宙
向左移動一公尺，我們分辨得出來嗎？而移動本身會造成任何差異
嗎？

　　在現代科學中，牛頓引發大家對空間議題的興趣。長久以來，
為了爭奪第一個發現微積分的名號，他和萊布尼茲之間一直僵持不
下，而在這個問題上，他們也針鋒相對。牛頓堅信有所謂的絕對空
間，而萊布尼茲完全站在相反的一方，他說：「我認為空間只是相
對的，就像時間一樣。我將空間視為共同存在的一種次序（an
order of co-existences），就像時間是連續的次序（an order of
sucessions）一樣。」要了解這整場爭論的重點所在，可從牛頓所做
的一項假想實驗（thought experiment）下手。假想一個一無所有的
宇宙，裡面只存在兩個砝碼，其間有一條線相連。若是這兩個砝碼
懸浮在半空中沒有運動，那麼繩子就會鬆弛下來；倘若這兩個砝碼
以繩子的中點為中心旋轉，那麼繩子就會因為離心力而被拉緊。問
題是，在這個有限的宇宙中，如何得知這些物體在旋轉呢？並沒有
任何其他的背景可作為判斷旋轉的依據，所以必須承認空間是絕對
的，而不僅是由兩個相對位置都不曾改變的砝碼來決定。這項爭論
在其他書中已詳細記載過，此處就不再多談，我只是要強調康德對
這問題也相當關心。對他而言，我們的左右手提供了解決之道。[17]

　　康德於 1768 年發表了〈空間中方向分化的終極基礎〉（Concer-ning the Ultimate Ground of the Differentiation of Directions in Space）這篇標題令人摸不著頭腦的文章。其內容跟他日後發表的《純粹理性批判》（*Critique of Pure Reason*）與《實踐理性批判》（*Critique of Practical Reason*）相比，要算是相當簡短的，只占了他全部三千頁著作的七頁半而已。但他在這篇文章中宣稱已經解決了一個重要的哲學問題，並為「所有人都知道哲學家們努力嘗試解答、爭論不休，卻徒勞無功」的一道問題提供了「明確的證明」。這篇文章主要處理的問題並不是針對絕對空間，但依舊相當有趣。康德的確提到我們在這一章開頭所討論的：如何能在不清楚左右的情況下區分出南北方？他對左右手的說法更是耐人尋味。即使早在 1768 年，康德就留意到人類普遍都慣用右手的這個現象（「到處都是用右手書寫的人」），並感到十分驚訝，雖然他也發現少數使用左手的例子，「若是……不考慮個別的例外……那麼在一般的自然法則之下，地球上所有的人都偏用右手……每個地方都是以右手來書寫」。雖然這不是歷史上首次對使用右手這個普世現象的描述，但似乎是在現代史上第一次由知名哲學家提出。[18]

　　康德這篇文章的主旨是在討論左右本質的差異。他考慮過其他不對稱的物體，像是左牙或右牙螺絲釘，但卻認為「最普遍且最清楚的例子就是人體的四肢。四肢的排列剛好以人體的垂直剖面為軸，相互對稱」。左右手有許多相似之處，但在最關鍵的一點上卻截然不同，正如康德所形容，「左手的手套無法戴在右手上」，這就是關鍵所在。雙手本質的差異為何？若用專有名詞來表示，它們

之間是「不一致對應物」（incongruent counterparts）。這又是什麼
意思？[19]

　　回到西元前三世紀歐幾里得的時代，數學家研究過幾何形體的
全等。學校也教給我們同樣的簡單定律，比方說「如果兩個三角形
的角度都相同，邊長也都一樣，那麼它們就是全等的」。在圖 3.8
中，因為可將三角形 B 推往三角形 A 處，並且剛好覆蓋住三角形
A，就像圖 3.9 所表示的，於是可說這兩個三角形為全等。那麼圖
3.10 的三角形 D 與 C 又是什麼關係？它們的角度與邊長都一樣，
只是互為彼此的鏡像而已，它們也算全等嗎？三角形 D 可以移動
過去，完全覆蓋住三角形 C 嗎？不管怎麼做，都不可能做到。正
因為如此，C 和 D 被視為是不同的三角形，也就是所謂的「不一
致對應物」，和 A 與 B 這組「完全對應」的關係不同。[譯3]

　　雖然三角形 D 無法移動過去，完全覆蓋住三角形 C，但依舊
有方法可以讓它們兩個達到全等的關係。只要將三角形 D 拿起
來，在半空中翻個面，再把它放到三角形 C 的上面即可，就像圖
3.11 所表示的。這個問題是靠一個重要的祕訣來解決：三角形是印
在二度空間的紙上，而三角形本身也是二維的，將三角形拿起來旋
轉，是在紙面上的**第三度空間**所為。不一致對應物永遠都可以利用
這種增加空間維度的方法達到一致性。在更簡單的一度空間中也是
如此。

　　二十世紀的哲學家維根斯坦（Ludwig Wittgenstein）在他唯一
探討左右的文章中表示，康德的論點即使在一度空間中也會成立。
想像一個簡單的鐵軌與火車模型。在幾何學上，這是套一度空間的

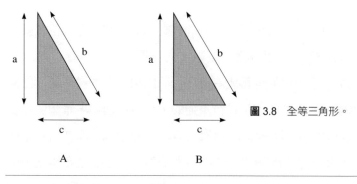

圖 3.8　全等三角形。

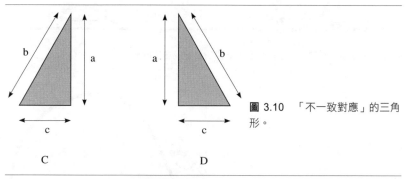

圖 3.9　全等三角形；移動其中一個三角形，可完全覆蓋住另一個三角形。

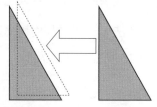

圖 3.10　「不一致對應」的三角形。

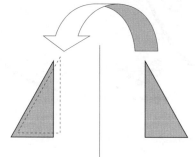

圖 3.11　「不一致對應」的三角形在第三度空間旋轉後，也可完全覆蓋住另一個三角形。

線性系統，而且由於火車只會由一端移動到另一端，它的位置就是它與起點的距離，可以只靠一個數字的座標來表示。看看圖 3.12 左側的火車，它有可能反轉成右邊那台面向另一邊的樣子嗎？任何玩過火車模型的人都知道這是行不通的。也可以換個場景想像真實的火車，只要火車還在鐵軌上行駛，就不可能做到。除非將火車從鐵軌上拿起來，移動到更高一階的空間維度中，也就是在半空中掉頭，然後再放回鐵軌上，擺放成另一個方向。火車模型的玩家會建議我們採用另外兩種讓火車調頭的方法，一個是利用轉車盤，另一個則是利用更精巧的設備，如圖 3.13 所示的環狀鐵軌。火車經過

圖 3.12　在單一鐵軌上，左邊這台火車無法反轉成右邊的樣子。

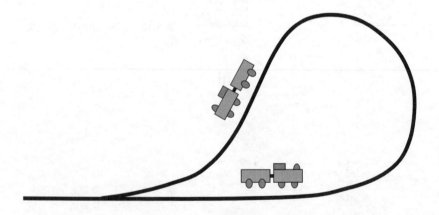

圖 3.13　環狀鐵軌可使火車調頭，其作用相當於將火車提升到二度空間。

這個迴路之後，就會調過頭來面向另一邊。這些方法之所以有用，都是因為他們將整套系統提升到二度空間運作，而不只是一度空間。一旦做了這些改變，火車的座標便無法僅用一個數字來表示，而必須變成平面座標，好比說距原點北方與東方各多少距離之處。[20]

若是這種提升空間維度的旋轉技巧可以用在一度與二度空間的系統上，那是否也可以用在我們的雙手上？在更高一維的空間旋轉後，右手是否會和左手達到完全一致的狀態呢？答案無疑是肯定的。只要將右手拿到第四度空間旋轉，再放下來，它就可以變成左手，這也許類似鏡子作用的原理。[21]

但這件事跟康德以及絕對空間的爭論有什麼關係？重點並不在於我們左右手的不一致足以證明空間的絕對性，而是這個發現嚴重動搖萊布尼茲和其他人的論點——他們認為空間只能透過物體之間的關係來描述。如果相對主義者是錯的，而又沒有其他可能的替代理論出現，那麼絕對空間的主張似乎很有可能是正確的。

若是空間真如萊布尼茲以及其他相對主義者所主張的，只能以物體之間的相互關係來描述，那麼不同的物體則要靠其組成物之間不同的關係來區分。比方說，我的右手和小孩的右手有所不同，在於我食指指尖到指關節的距離較長，其他指頭也是如此。不過這個原因並不能拿來解釋左右手的不同。我們雙手的每個關節、每段長度都一樣，但依舊是不同的兩隻手；右手手套就是無法戴在左手上，而右腳的鞋子也不能給左腳穿，它們不可能像福特（Ford Madox Ford）在他的小說《好兵》（*The Good Soldier*）裡所描寫的，兩者相合，有如「鬆緊自如、舒適又合手的手套」。康德無可

避免地做出下列結論：左右手之間勢必存在著某種可以比較的東西，而那一定是空間本身，「我們所考慮的……讓事情變得很明朗，其間差異，真正的差異存在於我們身體的組成，而這勢必與『絕對且原本的空間』有關」。即使是空無一物的空間，也一定存在某些絕對的架構，足以解釋左右手的不同。[22]

　　康德的論點衍生出一個相當有趣的問題，是否有可能將原本存在於三度空間的左手移到四度空間旋轉，然後再放回三度空間的世界，使得左手變成右手。若真能如此，那麼康德的絕對空間論述就會有潛在的問題。不過這作法只是理論上可行。我們所居住的世界是一個三度空間的世界，沒有任何確切的證據可以支持四度空間的存在，況且我們可以非常確定還沒有人在四度空間旋轉過。若真有其人，應該很容易分辨出來，因為他們不僅左右手顛倒過來，心臟也會移到右側，連體內所有的胺基酸都會由左旋變成右旋，而醣分子則從右旋變成左旋，他們會立刻引人注目，也無法融入地球上的生活。[23]

　　當然，哲學主張絕不會簡單到讓哲學家們沒有機會逐一檢視其假設、推論與含意，他們理所當然會去做這些事，那是哲學家的工作。哲學就是要去找出隱藏在看似簡單世界裡的複雜故事，因此不必然會對原本思考問題的人有所幫助，正如山繆·巴特勒（Samuel Butler）說的：哲學「就像是在和稀泥」。曾有過數十篇的學術文章針對康德的左右論述做過討論，其中至少還有一本專書，但時至今日，這問題依舊和 1768 年時一樣，還是一團謎。康德並沒有解決任何問題。幾年之後，他自己也推翻了當初所提的絕對空間之主

張，但也駁斥其他相對空間的論點，並且提出「第三種可能」，一種先驗觀點──他認為空間是由人類心智所創造的，而非被動地被觀察。因此，原則上空間可以是任何形式，只是人類將它創造成三維的尺度。行文至此，已不需要再更進一步鑽研博大精深的哲學文獻對康德想法的討論，倒是該想想這些論點的含意對於我們所要討論的問題，也就是「身體的左右側為何如此不同」這件事有無幫助。[24]

　　考慮「如何與外星人溝通」這件不可思議也不切實際的事情，其實可以幫助我們了解左右手的某些問題，雖然這種作法似乎有點迂迴。如果和 ET 講電話，我們要如何解釋左與右的不同呢？當然康德並沒有在他 1768 年的文章中直接討論這個問題，不過他的確有提到和 ET 討論雙手和手套時，會遭遇嚴重的困難。多年來為《科學美國人》（*Scientific American*）寫「數學遊戲」專欄的馬丁‧葛登能（Martin Gardner）把這個難題稱做「奧茲瑪問題」[譯4]，這是關於如何以廣播的方式和遙遠行星上的外星智慧生物溝通：

有辦法以任何通訊訊號的形式傳遞「左」的意思嗎？針對這個問題，我們或可請求我們的外星聽眾從事任何實驗，不過有個但書：**我們和他們所能共同觀察到的物體或結構，都不能是不對稱的**（加強語氣是葛登能原文所有）。

想要更了解問題的所在，可以想像我們只能藉由廣播系統，和一艘由火星人駕駛的太空船溝通。按照我們的口頭描述，火星人做了一

雙對稱的手套，這時如果我們要他選出其中的右手手套，有可能辦
到嗎？一般人都覺得不可能（至少在 1957 年以前是如此，其餘的
我們留待第六章再談）。至於要解釋為何不可能，就要再回到康德
的論點，也就是左右手的差異「無法言喻」。不論是廣播訊號、書
寫文字、摩斯密碼或是二進制位元，基本上都是一維的訊息，不足
以描述手套之間的差異。這問題雖然可藉由某種程度的比較來解
決，比方說在地球上和人類講電話時，可以說「將手套平放在前
方，手掌面朝下，手指部分朝外，那麼大拇指靠近你心臟那側的，
就是右手手套」。但以心臟為參考點違反了奧茲瑪問題的規定，因
為心臟是傳話與受話雙方都擁有的不對稱構造。既然我們不確定火
星人的心臟在哪一側，甚至不知道他們到底有沒有心臟，這方法當
然不能解決奧茲瑪問題。葛登能也詳細描述其他聽來不錯的主意，
像是利用南北磁極、流經電纜的電流所引發的電磁感應、右旋與左
旋胺基酸、晶體的偏光方向與行星旋轉方向等，但這些統統都違反
規定，每一種方法的先決條件都是要了解左右各自為哪一側的情況
下才可使用。康德很明確地指出：「相似或相同但不全等物體（比
方說，兩個對稱的螺旋）之間的差異是無法概念化的。」哲學家強
納生・貝涅特（Jonathan Bennet）更進一步說明我們思考的極限在
哪裡：「左右的含意只能經由某種形式展現，而無法講述出來。」
偏偏在奧茲瑪問題中只能講述，而無法展現。[25]

　　這些關於左右差異的討論都相當有趣，也成為那些偏好以哲學
角度思考者的一項消遣，但這是否能幫助華生醫師釐清心臟位於人
體左側的成因呢？以資訊傳遞這點來看，發育中的胎兒就像太空船

中的火星人一樣，能夠接收到的訊息相當有限，但到了某個階段，
必須知道哪一側為左，哪一側為右。絕大多數人的心臟都位在左
側，我們有理由相信，在某種程度上這是受到遺傳機制調控的；也
就是說，基因必須告知發育中的身體要將心臟擺在哪裡，確定讓心
臟在左側發育，而不是右側。在太空船中的「胎兒」，其實是在母
親的子宮內旋轉，和外面世界的溝通非常有限。大多數指導身體排
列的資訊早就存在於胎兒內部的遺傳物質，也就是 DNA 裡。但
DNA 就像是摩斯密碼、其他語言，或任何一種形式的序列，都是
屬於一度空間的資訊。因此光是靠 DNA 本身的資訊，並不能提供
足夠的訊息給發育中的胎兒，確切告知心臟的生長位置。這當然不
是一個實證科學的問題，而是邏輯上的必要條件，也正是康德在
1768 年的那篇文章中所指陳的。

　　邏輯上的必要條件與不可能性都必須講究，但絕大多數的我們
心臟都位在左側，則是不爭的事實，肯定有某種訊號告知心臟這個
訊息，問題是如何做到的？並不是只靠 DNA 本身（這也就是為什
麼我很謹慎地以「某種程度上這是受到遺傳機制調控的」來形
容）。「某種程度上」意味著 DNA 只是其中一部分的答案，必定
還有其他機制也參與調控，而這項機制的本質最終只能「經由某種
形式展現，而無法講述出來」。

　　相信生命體一切重要的訊息都已包含在基因密碼內，而且只有
基因承載了這樣訊息的人，勢必會質疑我前述的說法。單是靠基因
並沒有辦法決定心臟偏左的現象，這還牽涉到超基因資訊（extra-
genetic information），廣義來說，也就是供胚胎發育的環境。目前

有許多研究嘗試以殘留下來的 DNA 重新培育長毛象與其他已滅絕的動物，或是保存瀕危及接近滅絕物種，他們的研究方法正好可以用來說明癥結所在。若是僅以 DNA 序列來進行測試，由電腦虛擬所有基因的運作，那麼可能只有一半的機率，那些所重建出的長毛象心臟會在左側。當然動物學家不會只把 DNA 放在試管內就進行重建的工作，DNA 只有在適當的環境中，才能發展成生物體，而那個環境（也就是母體子宮內的受精卵）相當複雜。因此那些嘗試要再生長毛象的研究人員，會將他們小心取得的 DNA 注入長毛象近親，可能是某種大象的卵內，然後期望存在於卵內某處的複合生化物質與其他細胞胞器間的訊息，能夠協助長毛象的心臟在左側發育。[26]

要解答身體如何將心臟放置在左側是很困難的，我們將在第五章討論它。在此之前，我們必須思考為何有這麼多人會為「左」與「右」所困擾，使得它們成為日常生活用語中最令人困惑，同時也是字義最混亂的字。

譯注

譯1　右利者表示慣用右手的人，而左利者則表示慣用左手的人，也就是一般所謂的左撇子。

譯2　哥尼斯堡橋問題是由十八世紀的數學家歐拉（Leonhard Euler）提出的。哥尼斯堡有兩座島、七座橋。歐拉的問題就是以怎樣的路徑可

以走遍全城的橋，但每座都只能經過一次？

譯3　在歐幾里得《幾何原本》中，證明兩個三角形全等的方式與目前我們所用的方法不一樣。他是將三角形「移動」到另一三角形上，若三頂點重合，表示它們全等。

譯4　「奧茲瑪問題」（The Ozma Problem）是由「奧茲瑪計畫」延伸而來。電波天文學家弗蘭克・德瑞克（Frank Drake）在 1960 年發起以通訊電波「尋找外星智慧」（SETI）的計畫。他將此計畫稱為「奧茲瑪計畫」，這是借用弗蘭克・鮑姆（Frank Lyman Baum）所著的《綠野仙蹤》（*Wonderful Wizard of Oz*）一書中奧茲國公主的名字。

第 4 章

麥稈與乾草、矛與盾、右與左

俄羅斯帝國軍（Russian Imperial Army）招收到的農村士兵都未受過教育，分不清左右，連行軍齊步走都成問題，因此負責訓練的軍官只好規定他們將一束麥稈綁在右腳踝，再將一束乾草綁在左腳踝，然後將口號改成「麥稈、乾草、麥稈、乾草、麥稈、乾草」。這種左右不清的問題，即使在訓練有素的羅馬軍隊也難以克服，他們只得將口號中的右改成「矛」，左改成「盾」。[1]

　　文盲並不是唯一對左右感到困擾的人。德國詩人席勒（Schiller）也曾在信中跟朋友抱怨過：「一整個早上我都無法弄清楚哪邊是左，哪邊是右。」就連教育程度很高的人，有時也需要藉助其他輔助品來分辨左右。物理學家理查・費曼（Richard Feynman）是靠左手背上的痣來區分左右，而佛洛伊德的方法相信許多人都覺得很熟悉：

我不知道其他人在分辨自己的左右側與別人的左右側時，是否都沒有問題。但對我而言（年輕時），要確定自己的右邊在哪裡其實滿費功夫的。沒有感官知覺提供線索給我，所以我習慣立刻以右手寫點東西，來做一下確認。

這方法可說是「以形達意」的雙關語，在英語世界尤其好用，因為英文的「右」（right）與「寫」（write）是同音字，拼法不同但發音一樣。[2]

　　在科技社會中，區分左右是非常基本的，否則我們如何將「球形關節的右端裝在故障儀器的最左邊呢」？同樣地，即使是簡單地

區辨左右方向，也經常要用到左與右（「不要走進左邊那個劍齒虎住的洞穴！」）。然而，左與右卻常常讓人感到困擾，珍‧艾琪生（Jean Aitchison）就指出：「左右混淆可能是最常說溜嘴的語義錯誤，緊追在後的第二名則是昨天、今天與明天之間的誤用。」[3]

　　要說明左與右各自的含意，當然首要條件是語言中有代表它們的文字。另一項更精細的需求，則是我們的大腦結構必須是不對稱的。有了這兩項條件，我們才有辦法學習如何適當地運用這兩個字。讓我們先詳細研究一下這兩個字本身。「左」與「右」的字源從何而來？英文是印歐語系的一支，這個語言家族裡有許多代表左右的字，如表 4.1 所示。

表4.1　印歐語系中代表「左」與「右」的字。

	右	左
古希臘文	δεξιός	ἀριστερός, εὐώνυμος, σκαιός, λαιός
希臘文	δεξιός	ἀριστερός, ζερβός
邁錫尼文	de-ki-si-wo	（不詳）
拉丁文	dexter	sinister, laevus, scaevus
義大利文	destro	slnlstro
法文	droit	gauche
西班牙文	diestro. derecho	izquierdo, siniestro
葡萄牙文	direito	canhoto
羅馬尼亞語	drept	stîng
古愛爾蘭文	dess	clē, tūath
愛爾蘭文	deas	clē, (tūath)
威爾斯語	de, deheu	aswy, chwith
布列塔尼語（現代）	dehou	kleiz
哥德語	taihswa	hleiduma
古挪威語（古冰島語）	hœgri	vinstri
丹麥語	højre	venstre

瑞典語	högre	vänster
挪威語	høgre	venstre
古英文	swīþra	winestra
中古英文	riht, swither	lift. luft
荷蘭語	recht	linker
古高地德文	zeso	winistar, slinc
中古高地德文	zese, reht	winster, linc
現代德文	recht-	link-
立陶宛語	dešinas	kairias
列托語	labs	kreiss
古教會斯拉夫語	desn	šuj , lěv
塞爾維亞—克羅埃西亞語	desni	lijevi
捷克語	pravý	levý
波蘭語	prawy	lewy
俄文	pravyj (desnoj)	levyj
梵文	daksina-	savya-, vāma
古波斯文（阿維斯陀語）	dašina-	haoya-, vairyastāra-
甲型吐火羅文	pāci	śālyās
乙型吐火羅文（龜茲語）	śwālyai	saiwai
盧維語	išarwili-	ipala-
西臺文	kunna-	GÙB-la-
阿卡德語	imnu, imittu	šumēlu
烏加里特語	ymn	(u)sm'al
希伯來文	yamin	šemo'l
阿拉伯文	yamîne	šimâl
阿爾巴尼亞語	djathtë	majtë
亞美尼亞語	aǰ	jax

　　表中的許多字都很相似，比方說捷克文與波蘭文的「右」分別
是「pravý」與「prawy」，而義大利文與拉丁文代表「左」的字則
分別為「sinistro」與「sinister」；這些雷同不是巧合，捷克與波蘭
的地理位置相當靠近，而義大利文本來就是拉丁文的現代版。這也
就是我們將它們稱為語言家族的原因，這些語言就像具有血緣關係
的親戚，彼此的長相因而有相似之處。話雖如此，但其中也有些字

一點都不像。它們真的彼此相關嗎？[4]

　　語言學最具貢獻的成就之一便是發展出研究各語言之間遠近關係的方法，這才使得語言學家得以重建古印歐語[譯1]，也就是表中多數語言的老祖先。十八世紀末時，威廉‧瓊斯爵士（Sir William Jones）首度提出各語言之間彼此相關的論點；他是當時英屬印度首都加爾各答的地方行政官。瓊斯在那裡學會了梵文，也就是約在西元前 1000 年用來書寫《吠陀經》（Vedas）的古印度語。他對這套語言「完美的結構」感到驚豔不已。任何一個被拉丁文詞形、語尾變化搞到頭大，又還要面對更加繁複之希臘文的人，對瓊斯描述的「比希臘文美好、比拉丁文豐富」的梵文一定會心嚮往之。不過真正讓瓊斯感到驚豔的並不是梵文的語言美學。1786 年，他斷定梵文和拉丁文與希臘文之間有很深厚的淵源，「不論是動詞字根，還是文法規則，都讓人難以相信它們是隨機產生的；這其間的關係如此深厚，任何一個檢視過這三種語言的學者都會相信它們源自一套語言系統，只不過那套系統可能早已消失了」。[5]

　　瓊斯的確有先見之明，而且他認為語言有共同來源的直覺也相當準確，雖然現代語言相當分歧，乍看之下並不吻合這樣的說法。早在 1822 年，格林兄弟蒐集編纂他們那舉世著名的童話時，就體認到這其中的關係。他們發現在一種語言中的發音，經過系統性地修正後，便成為其他語言的發音。格林法則（Grimm's law）便是描述在梵文與拉丁文中以 /p/ 這個發音開頭的字，對應到日耳曼語系[譯2]中，則多為 /f/ 發音開頭的字（所以，「父親」一詞在拉丁文中為「pater」，在英文中為「father」；而「魚」這個字在拉丁文中

為「piscis」，在英文中則為「fish」）。還有其他許多類似的法則。這個發現的意義深遠，也顯示出印歐語系之間的關聯。[6]

　　當然，除了單字的發音之外，還要考慮文法、語型，以及其他一連串相關的細節。同理，除了現代語言外，也需要檢視各語言的來源。現代英文是由中古英文（Middle English）演變而來，與盎格魯─弗里西語（Anglo-Frisian）[譯3]、哥德語（Gothic）、日耳曼語系東支有關，自然也和日耳曼語以及印歐語系脫不了干係。此外，考古學家在土耳其的波加士科伊（Boğazköy）發掘到的楔形文字中找到西臺文（Hittite），而在中國新疆沙漠舊絲路挖掘到的手稿上，也發現甲型與乙型的吐火羅文（Tocharian）。這些新發現，就像語言學家羅勃・畢基司（Robert Beekes）所形容的，還是「一大團謎」，而且很不幸地，目前連一點解謎的線索也沒有。[7]

　　這些研究的成果是重建出一套西元前 3000 年在歐洲盛行的語言，今天在地球上有一半的人所使用的語言都是從這套語言衍生而來。古印歐人居住的區域頗具爭議，但從其字彙中可看出一些端倪。他們有表示海或大型內陸湖的「*mori*」，代表船的「*neh₂us*」，這顯示他們已經有航行的活動；而「*snoigʷʰos*」這個字有雪的意思，意味著他們居住地的氣候相當嚴酷（字前的星號表示這個字是重建的，是一個假設出來的字，而 h_2 與 g^{wh} 則是語言學家所創的符號，用來代表古代的發音）。古印歐語的起源地可能就是南高加索、北美索不達米亞、安納托力亞（Anatolia），以及南俄羅斯這四處當中的某個地方。[8]

　　古印歐語的字彙如此豐富，理所當然應該會有對應於「左」與

「右」的字彙。很難想像任何一套語言會沒有這兩個字，否則要如何說清楚狩獵時或農業活動中的方向，也很難教導器具的使用或是討論戰術吧？參照表 4.1 就會發現，「左」與「右」在各類語言之間存有某種程度的相似性，足以顯示出這些字的起源相同，然而證據並不完全支持這樣的觀察。古印歐語中的確有一個代表「右」的字，雖然各界專家對於一些詳盡的細節還有爭議，連拼法也有許多種，不過大概就是「*deks(i)-*」、「*t'ekʰ-s-*」或「*deksinos / *deksiwos / *deksiteros*」之類的字。一看就知道這些重建字背後有很高的同質性。但奇怪的是，幾乎無法在古印歐語中重建出「左」的對應字。在最近一次的全面重建計畫中，甘克瑞立茲（T. V. Gamkrelidze）和伊凡諾夫（V. V. Ivanov）非常堅決地表示：「大家都有了一定的共識，認為代表『右』的字是「*t'ekʰ-s-*」，但相較於此，要重建出『左』的原始字根本不可能。」「不可能」是一個相當重的字眼，不過當它出自兩位畢生致力於重建古印歐語的專家口中時，就必須嚴正以待。[9]

　　何以古印歐語系裡只有代表「右」的字眼，卻無代表「左」的單字呢？語言系統中的形容詞與副詞多半是成雙成對，正反意義並存；比方說有熱的物質，就會有不熱的或是冷的物質，以此類推。若是古印歐民族的確有一個代表右的字，就表示他們已經具有「左」與「右」的概念，換言之，勢必也會有一個字來代表「左」。究竟是什麼原因造成他們的語言中沒有代表「左」的字出現呢？甘克瑞立茲和伊凡諾夫說得很清楚：「這個原因……勢必出自於印歐民族中『左』的象徵意義，以及各族方言中的禁忌與替代

用語。」這和赫茲在他那本《右手優勢》一書的觀點並無二致：
「（在印歐語系中）『右』僅由一個單字代表，而使用這個字的區
域廣泛且相當穩定，但是『左』的概念卻是由數個不同的字來表
達。」這個現象意味著多數印歐語系語言中，代表「左」的字比代
表「右」的多；比方說拉丁語中就有「sinister」和較古老的「aevus」
兩個字。而最直接的證據是在當代各類代表「左」的字彙中，找不
出一個共同起源——因為這其間的「突變種」太多，不是新造字便
是外來語，自然彼此之間幾乎找不到相似性。這算是赫茲主張「右
手優勢」象徵意義的佐證，而各地普遍出現「左」的替代字眼，顯
見這個字本身已被污名化。即使在英文中，也無法回溯「左」的文
字譜系，在當代用語中，根本找不到盎格魯薩克遜語言中「winstre」
（左）的衍生字。[10]

　　「左」與「右」在語言學中不對等的位階也可以從語言學家所
謂的「標記」（marked）現象看出一二。在字的前方標記一個表示
否定的字首 un-（不），意味著標記字是由未標記的一般字衍生而
來；「happy」（快樂）與「unhappy」（不快樂）就是一例。未標
記的字彙多半是常用字，在語言學上較為古老，通常也比較中性
（這裡的中性可用下面兩個問句來說明：「他快樂嗎？」這個問句
只帶有詢問語氣，但是「他不快樂嗎？」這個問句本身卻已暗示著
他真的很不快樂）。從語言學的角度來看，代表「左」的字彙多半
是標記字，而代表「右」的字則被視為基本字（norm）；而
「左」的定義為「不是右的」。右成了常態，左卻是異常的，甚至
是污名化的。[11]

　　在結束「左」與「右」字源的討論之前，還有一個問題也相當
值得探討：何以在英文中，對「right」（右、正確）的定義是「左
的相反」及「錯誤的相反」，而且還包含責任、期待和義務等意
涵？這些不同意義間是否存在著某些關聯呢？答案似乎是否定的。
當然還是有人認為這些含義間有著某種連結，但大多數的人都覺得
這只不過是巧合而已。古印歐語的「*h₃regtos*」這個字表示「剛
好、適當，或是正確」，但這顯然和古印歐語的「*deks(i)-*」（右）
沒有關聯。「*h₃regtos*」也衍生出一系列的字彙，其中多半都是由
拉丁文中表示「帶領、引導與統治」的動詞「regere」變化而成，
從而產生了一組字彙，其中還包含許多印歐語系裡表示「國王或統
治者」的字。「右」只有在日耳曼語才碰巧出現兩種意義，一般稱
做語意逆轉（reverse semantic shift）。若是「right」這個單字本身
所代表的諸多意涵皆為不同義字，那麼推測「right」這個單字源於
英國人多半用右手書寫（write）的這件事也就說不通了，況且在其
他的歐洲語系裡也沒有出現這種同音的雙關語（不過這種同音的關
係依舊不失為幫助孩子們區分左右手的方法）。[12]

　　既然可以正確地重建出古印歐語，難免有些讀者會想問：是否
有可能重建更古老的語言，找出古印歐語的祖先型語言？這種想法
頗具爭議。丹麥的語言學家侯格・沛得森（Holger Pederson）曾於
1903 年指出印歐語和閃語、烏拉爾語、阿爾泰語[譯4]、愛斯基摩—
阿留申語（Eskimo-Aleut）之間的相似性，並推測這些語言全都是
從他所謂的諾斯特拉提克（Nostratic）語系衍生而來。從那時候
起，這個觀念時而受到熱烈討論，時而被遺忘，目前又再度成為研

究的課題之一。語言學家試著重建這套語言，不過尚未發現和
「左」與「右」相對應的字。[13]

　　左右的觀念既然如此重要，又可以回溯到人類語言歷史的早
期，很難相信多數的我們區分左右的能力還是很差。在討論這個問
題之前，讓我們先做一個小小的記憶實驗：圖 4.1 是英國郵票，哪
一個所顯示的女王肖像是正確的？圖 4.2 的兩個華盛頓像，哪一個
才是印在一元美鈔上的？最後一題，圖 4.3 是近年來最引人注目的
海爾波普彗星（Comet Hale-Bopp），它在 1997 年造訪地球，很多
人還記憶猶新，但你記得它是從哪個方向飛過天際嗎？這三個問題
的答案都在本條注腳裡。[14]

　　如果你答不上來，不要緊，你有不少的同伴。在海爾波普彗星

圖 4.1　哪一張郵票顯示的英國女王肖像是正確的？

圖 4.2　哪一個華盛頓像，才是印在一元美鈔上的？

圖 4.3　1997 年 3 月 28 日在英格蘭漢普夏的錢德勒灘（Chandler's Ford, Hampshire）所拍攝到的海爾波普彗星。兩張照片中，有一張是彗星正確的行進方向，另一張則左右顛倒。你能看出哪一張是正確的嗎？

走後約六個月，牛津學生做了一項調查，發現在看過彗星的人當中，只有六成記得它是往右還是往左運行，而且接受這項調查的多數人看過這顆彗星的次數都落在二到九次之間，有些甚至更多。[15]

　　我們是如何學會使用「左」、「右」這兩個字？為什麼還是會有人左右不分？這就跟學習其他多數事物一樣，成人可以正確無誤地從事某項活動，並看著孩童先是犯錯，後來才慢慢發展出克服的技巧。孩童能夠完全了解左與右的概念是在童年晚期的階段，塞巴斯汀・富克斯（Sebastian Foulkes）的小說《戰地有心人》（*Charlotte Gray*）裡，命運乖舛的七歲孩子安卓剛好可作為小孩分不清左右的寫照：「當他跑到那條路口，喘著氣，猶豫了一會兒。左轉還是右轉……，他還太小，分不清其中的差別，只知道學校就在通往山頂的那條路上。」小熊維尼的熊腦袋也永遠無法搞定這件事，「維尼看著他的兩隻爪子。他知道有一隻是右爪，他也知道，一旦決定哪隻是右爪後，剩下的那隻就是左爪。但他就是記不住一

開始要如何決定。」就像其他分不清左右的人一樣，小熊維尼在閱
讀上也發生問題：「小熊維尼小心翼翼地唸了紙條兩次，第一次從
左到右，為了怕遺漏什麼訊息，又由右到左唸了一次。」孩童對
左、右的知識可以從圖 4.4 的測驗來做更系統性的檢驗。[16]

圖 4.4　由桑雅‧歐芙蒂（Sonja Ofte）與肯尼斯‧哈格道（Kenneth Hugdal）所發展
出的兒童與青少年左右認知測試。圖中各個人物的右手是哪一隻？因為當中有面向與背
向觀察者的，還有將手臂交叉的，所以一定要完全明白左右的本質，才會全部答對。

　　今日的兒童心理學主要是由瑞士心理學家皮亞傑（Jean
Piaget）發展出來，他在 1928 年就發表過兒童如何發展左、右觀念
的研究。他從最簡單的問題開始：「告訴我，你的右手是哪一隻，
左手呢？哪一隻是我的右腳？左腳呢？」五、六歲的孩子幾乎都可
以答對，但這並不表示他們了解左右的不同。兒童心理學家就像一
般的心理學家一樣經驗豐富，對任何問題都不會善罷干休，時常懷
疑兒童表現出看似高難度的技巧其實並沒有這麼複雜。因此皮亞傑

又問了另一套和前面的問題很相似的題組，他坐在孩童的對面，問道：「我的右手是哪一隻？左手呢？哪一隻是我的右腳？左腳呢？」多數答對第一組問題的五歲孩子都無法正確回答第二組問題，這表示五歲的幼童並不完全了解左右的意義。事實上，一直要到滿七歲時，他們才能正確回答第二組問題。[17]

　　接下來的測驗，皮亞傑設計得有點複雜。研究者隔著桌子坐在孩童對面，桌上擺有一枝鉛筆與一枚銅板。銅板在孩童的左方，而鉛筆在孩童的右方。然後皮亞傑問道：「鉛筆在硬幣的右邊還是左邊？硬幣是在鉛筆的右邊還是左邊？」雖然這組問題的難度和之前那組差不多，但孩童要再長半年，也就是七歲半時才能正確回答這組問題。

　　接下來的問題是最關鍵的，雖然連皮亞傑自己在一開始設計實驗時都沒有意識到它的重要性，之後才說這是一個先導實驗。「這是在實驗結束後我們才想到的，應該要讓孩子在回答完硬幣是在鉛筆的左邊後，繞到桌子的另一邊，然後多問一個問題：『那現在硬幣是在鉛筆的左邊還是右邊？』」這道問題的確比之前的更為困難，孩童通常要到九歲才能正確地回答。一個名叫比（Pi）的小男孩剛好七歲半，他的回答可以讓我們明白到底哪裡出了差錯：

「硬幣是在鉛筆的左邊還是右邊？」

「左邊。」

「那鉛筆在哪一邊？」

「右邊。」

（比繞到桌子的另一邊，和研究者坐在一起，硬幣和鉛筆的位置維
持不變。）

「那現在硬幣是在鉛筆的左邊還是右邊？」

「左邊。」

「確定嗎？」

「確定。」

「那鉛筆呢？」

「右邊。」

「你怎麼知道的？」

「很簡單啊，我記住它們原本的位置了。」

比的自信讓人很訝異，雖然這種錯誤與自信本來就是這個年紀的孩
子會有的。他誤將左右當成是物體固定的特性，而不會隨觀察位置
改變而變動。[18]

　　在另一組稍做修正的測試中，研究人員發現即便到了九歲，兒
童依舊無法確切掌握左右的意涵。這次研究人員放了三樣東西在桌
上，筆在左邊，鑰匙擺在中間，硬幣則在右邊。同樣地，研究者坐
在兒童對面問問題：「鉛筆是在鑰匙的左邊還是右邊？那硬幣呢？
鑰匙是在硬幣的左邊還是右邊？那鉛筆呢？硬幣是在鉛筆的左邊還
是右邊？那鑰匙呢？」就算是成人，這些問題聽起來也會令人感到
一頭霧水，更何況僅靠想像這個場景，但孩子眼前就是這些物品。
不過，他們要到九歲半或十歲才能正確地回答。而當兒童繞到桌子
的另一側，依舊能正確回答所有的問題時，就表示他們終於了解左

右的意義。

　　為何兒童需要這麼久的時間來理解左右的意義？又為什麼他們會那麼難以掌控這個概念？要達到完全了解，必須具備三種獨立的技巧：首先要認識左右，然後是在腦中進行旋轉，最後是以不同的觀點看世界。皮亞傑發現，兒童在發展左右認知時需要歷經三個階段。兒童在第一個階段只能以自己為中心來區分左右，這是皮亞傑所謂的「自我中心觀」（egocentrism），兒童會從自己的角度看世界，但無法考慮他人眼中的世界。這不是道德缺陷或是自私，而是一個認知的問題；他們缺乏從其他角度看待問題的能力。左與右對兒童而言是絕對的，他們只會根據自己的左右，來決定世界其他所有事物的左右。稍微注意一下，就可以了解這種過程。當問及東西是否「靠左」（to the left）時，孩子的回答通常都是「在左邊」（on the left）；原本代表相對位置的字彙被替換成絕對位置的用語。[19]

　　到了第二個階段，兒童變得比較社會化，了解自己所看到的左右邊不必然是他人眼中的左右邊，這時他們可以分得出自己的左腳和別人的左腳。不過要到第三階段，他們才能將左右看成是物體間的關係，而不是物體本身的特性。他們明白在自己眼中，鑰匙這類物品可以是同時位於硬幣的左邊與鉛筆的右邊，而在別人眼中則恰好相反。只有到了這個階段，才算真正達到完全了解的程度，皮亞傑稱之為「完全客觀」（complete objectivity）。

　　絕大多數的孩童到了十二歲時，就可以輕易判別左右，但還是有許多人為左右所產生的問題困擾一輩子。在看這些資料之前，請

先回答一個簡單的問題，你只要從下列五個選項中挑一個即可：

作為一個成人，當要立刻辨別左右時，我 ＿＿＿ 感到困難。

　　□ 總是　□ 常常　□ 偶爾　□ 很少　□ 從未

勞倫・哈瑞斯（Lauren Harris）把這個問題拿去問了密西根州立大學的 364 名教授，其中有 2% 回答「總是」，6% 選擇「常常」，11% 選擇「偶爾」，36% 是「很少」，而選擇「從未」的則有54%。這結果讓人挺意外的，很難想像有五分之一的大學教授會選擇「總是」、「常常」或「偶爾」。這不是唯一的調查，在其他職業社群裡也做過類似的研究，醫生的結果與大學教授雷同，另一項針對大學畢業生，以及門薩（Mensa）與英代爾（Intertel）這類所謂國際高智商協會成員的調查，結果也是如此。某些人就是特別容易對左右感到困擾。在所有的研究中，女性與左撇子感到困擾的比例偏高。下面這位神經科的左撇子醫生就是典型的案例：

大約是在小學三年級的時候，我第一次感到自己搞不清楚左右，連依照簡單的指示，在某一頁的右邊或左邊做些什麼的這類事情都無法辦到。為了要確定我自己的左右邊，我只好先寫些東西，以確定自己的左手是哪一隻，然後再以此為參考點……現在我〔三十三歲〕還是要想一下，才能確定左右。若是太過專注於某件事、疲累，或是喝了些酒，我仍舊會弄錯。不過我的方向感毫無問題。

莎士比亞也像這位神經學家一樣，發現酒精會嚴重干擾判斷左右的能力。在《奧賽羅》（*Othello*）中的卡西歐[譯5]為了要證明自己並未喝醉，便說：「紳士們，別認為我醉了……看！這是我的右手，這是我的左手。」[20]

　　即使是那些宣稱自己沒有左右困擾的人，在實驗室接受測試時還是會出問題。實驗室進行的測試就類似圖 4.5，受試者必須立刻大聲說出圖中每個手勢是往上指或往下指。然後是圖 4.6，要大聲說出圖中的每個手勢是往右還是往左。想要完成第二項測試，多數人需要比第一項測試再多一半的時間才行。接下來是測試中最困難的部分，再看看圖 4.6，並大聲說出圖中的每隻手是左手還是右

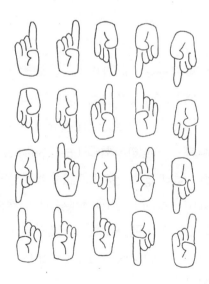

圖 4.5　左右混淆的手勢測試。此為對照組，受試者必須說出每個手勢是往上指或往下指。

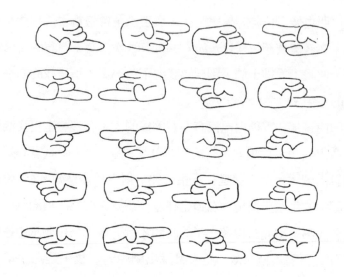

圖 4.6　左右混淆的手勢測試。此為實驗組，受試者必須說出每個手勢是往右還是往左。

手。這問題的難度要高很多，而且與上一題判斷左右指向的手勢相比，通常受試者所需的時間要多出 2.5 倍。[21]

　　即便是成人，區分左右的能力也比區分上下差。心理學家將其成因分成兩種來解釋，一是知覺編碼（perceptual encoding），另一是言語標籤（verbal labeling）。當我們試著要區分兩樣物品時，我們會先「看看」其中之差別（這是知覺階段），然後再描述這些差異（這是標籤化的階段）。區分左右的全部歷程可以藉由特殊設計的實驗一一呈現出來。一般最典型的實驗便是要受試者區分上下左右指向的箭號，像是「∧」、「∨」、「＞」、「＜」等。這些符號會在受試者前面閃過，出現時間約為十分之一秒，受試者要回答

出指向是上下左右中的哪一種。一般而言，要判斷左右的時間都比
判斷上下來得長，就跟之前的手勢實驗一樣。剛剛這個實驗，受試
者必須要看出差異，並且描述出來。不過，在另一項一般稱為「說
／不說」（Go／No Go）的實驗設計中，只要出現某兩種箭號（比
方「上」或「右」）其中任一，受試者便要說「走」，而在出現剩
下兩種符號（比方「下」或「左」）之一時，則不說話。如此一
來，受試者只需看出差異，而不用描述。透過這樣一個精心設計的
實驗，可以比較判別左右符號與上下符號的差別，結果和之前的測
試有了明顯的差異。如今受試者判別左右符號的速度和正確性都與
判別上下符號時相同，左右不再比上下困難。既然這個實驗剔除了
言語標籤這部分，讓受試者只需以知覺編碼來反應外來刺激，那就
表示左右的問題一定是出在言語標籤的過程中。[22]

　　一定有某些因素讓「左」與「右」比「上」與「下」、「在上
面」與「在下面」，或是「前面」與「後面」更難運用。要決定一
樣東西是否在另一樣的上面，我們只需要知道何謂「上」、何謂
「下」就夠了。這很容易，只要將一個東西拿到半空中，然後放
手──東西掉落的方向就是「下」，因為地心引力會讓所有的東西
往下，而不會往上。同樣地，要認識「遠」與「近」或「前」與
「後」也不難。我們可以碰到物體的前方，也就是比較近的地方，
但無法碰到它的後面，那是離我們比較遠的所在。那麼「左」與
「右」呢？我們又回到康德的問題──在空間中，沒有像重力或是
手臂長度這類參考資料告訴我們哪一邊是左，哪一邊是右，因此左
與右的運用比較困難。

耐人尋味的是，即使在類似「上」與「下」這種成對的詞彙中，人們也不能完全對等地運用。受試者說出在上的物體要比在下的來得快。「在上面」是未經標示的描述，而「在下面」則是標示過的，其意涵是表示「不在上面」，所以大腦需要多花些時間來思考。有一項很直接的實驗可以用來測試「左」與「右」哪一個是標記字。同樣的訊號在螢幕上快速閃過，受試者每次可以看到一個寫有「左」或「右」這兩個字的小方塊，方塊旁會有一個小點，受試者必須說出小點與字的關係是否正確。若小點的位置就是文字所描述的，就回答「正確」。下面是所顯示的訊號與正確答案：

● 左　　　右 ●　　　左 ●　　　● 右
「正確」　「正確」　　「錯誤」　　「錯誤」

受試者在這個測試的反應時間也不一樣，當訊號為「右」時，受試者的反應時間比訊號為「左」時短了十分之一秒，這意味著「右」為非標記字，而「左」為標記字。如果你做了上面的測試，會發現還有另一種測試的方法，也就是將原本站在受試者角度（以受試者為中心）所定義的左右改成相對於方塊（以物體為中心）的左右，那麼答案就會與之前的不一樣，如下：

● 左　　　右 ●　　　左 ●　　　● 右
「錯誤」　「錯誤」　　「正確」　　「正確」

整體而言，受試者在這組實驗中的反應慢了六分之一秒，可以推知以受試者的角度來描述左右，比起站在物體的角度要來得自然，或是比較好學。這符合皮亞傑在兒童身上的發現，他們會先以自己的觀點來描述左右，然後才能以物體的角度來描述左右。這些實驗不

盡相同，但都有類似的結果：對「右」的反應要比「左」來得快，也支持「右」為非標記字，而「左」為標記字的假設。[23]

如果你是個左撇子，你可能會想：對慣用左手的人來說，「右」也是非標記字嗎？或許這次「左」才是非標記字。不幸的是，這些實驗都只針對右利者做測試。雖然研究者表示他們也有左利的受試者，但這方面的研究報告似乎從未發表過，所以很遺憾地，目前我們還不知道答案是什麼，不過將來肯定會水落石出。

在這項實驗中還剩一項可供操作的變因。既然發現左右的問題似乎與語言編碼有關，可以將方塊中的文字換成指向左或右的箭號，就如下圖所示。果然，受試者對右箭號與左箭號的反應沒有差別，這就表示問題純粹來自於「左」與「右」這兩個字本身。

● ←	→ ●	← ●	● →
「正確」	「正確」	「錯誤」	「錯誤」

難以分辨左右的現象相當明顯，不僅兒童會遭遇這個問題，許多成人終其一生也無法完全克服。在人類社會是如此，那麼其他動物又如何呢？牠們能分辨左右嗎？在回答這個問題之前，必須先確定「區分左右」的意義為何。當貓因為有蒼蠅停在身上而去搔左耳時，並不代表牠知道左耳與右耳的差別，那只是牠剛好討厭發生在這一側的外在刺激，而起了反應。真正區分左右是需要對鏡像對稱的刺激產生刻意的、非對稱性的反應。以之前的實驗為例，看到箭號指向右或是左，以及「＞」與「＜」等符號時，必須說出「右」或「左」作為反應；又或者是對刻意的、非對稱性的刺激產生的鏡像對稱反應，像是聽到「右」或「左」的訊息時，必須向右轉或向

左轉。動物有辦法做到這些嗎？不用細想就覺得不大可能，就算牠
們真的有這種能力，要做到也一定相當困難。研究人員曾對章魚、
金魚、鴿子、老鼠、兔子、小白鼠、貓、狗、猴子、黑猩猩做過測
試，絕大多數都沒有區分左右的能力。所以說，雖然人類不是這方
面的專家，但和動物比起來還是好很多。這很有可能是因為人類的
大腦構造是不對稱的，但動物是對稱的。奧地利物理學家恩斯特·
馬赫是第一個洞悉此現象的人。他認為一個對稱的大腦無法區分不
對稱的刺激，也無法做出不對稱的反應。[24]

　　麥克·柯貝里斯（Michael Corballis）和伊凡·畢爾（Ivan
Beale）將馬赫的觀點應用在心理學中。首先想像一具完全對稱的
機械，比方說一架設為自動領航模式的飛機，它會對發生在左邊或
右邊的狀況做反應，像是出現側風時，會將方向舵或左或右地轉
動。這台機器跟耳朵上有蒼蠅的貓一樣，儘管反應敏捷，並不表示
它能區分左右。再試想一具完全對稱的機械，可以是一架自動領航
飛機，也可以是一顆完全對稱的大腦，能夠在不對稱的刺激訊號
下，做出不對稱的反應，比方說當前面出現「p」這個字母時，就
會向左轉，那如果出現的刺激是和「p」呈鏡像對稱的「q」呢？這
台機器必定會做出鏡像對稱的反應，向右轉。要了解這其中原因，
可以想像字母「p」與這架飛機在鏡子中的鏡像，之前已經提過這
架飛機是完全對稱的，所以在鏡子的另一側並不會有任何的改變，
但是作為刺激訊號的「p」卻會變成「q」，因此飛機的反應也隨之
逆轉，從向左轉改成向右轉。若非如此，那就表示飛機在一開始就
不是完全對稱的。最後再將整個理論反過來想，若機器能夠對非鏡

像對稱的刺激產生不同的轉向，比方說左轉以「＋」表示，而右轉是「＊」，就表示這台機器是不對稱的。只有不對稱的機器或大腦，才有可能區分左右。[25]

馬赫的觀念雖然只能藉由假想實驗來傳達，但對於理解左右的差別甚有助益，就像是康德的主張一樣，彰顯出對稱性系統的侷限。既然多數動物的大腦幾乎是對稱的，那自然就無法區分左右。在少數情況下，動物的確可以經由學習來區分左右，不過那只是靠著聰明的伎倆。某些鴿子經過訓練後，就會區分鏡像對稱的符號，像是「／」與「＼」。不過鴿子的作法是將頭傾斜 45 度，所以在牠們眼中，「／」與「＼」已經變成「｜」與「—」。如此一來就不再是鏡像對稱的符號，自然可以分得出來。鴿子就是靠著歪頭斜腦，讓自己的大腦變得不對稱。若實驗者改以眼罩遮住鴿子的一隻眼睛，也會達到同樣的效果。

馬赫的理論解釋了為何某些成人也會有分不清左右的困難。在擁有不對稱大腦的人類身上，區分左右的能力應該比那些只有對稱大腦的動物來得好；而左利者的大腦較右利者對稱些，女人的大腦則較男人對稱，這或許可以解釋為何某些人比較容易混淆左右。不論是成人或孩童，若是有高度偏用左手或右手的情形，那麼區分左右的能力也較一般人好；至於那些因為半身不遂或是麻痺等因素而造成身體兩側嚴重不對稱的人，也比較會區分左右。所以對任何有區分左右困難的人而言，最簡單的解決方法就是讓自己的身體變得更加不對稱。紐約家事法庭的一位法官就曾描述過如何處理這個困擾他很久的問題：

我只有靠結婚戒指或是手腕上的錶，才能區分左右。我告訴妻子，我們的婚姻一定會天長地久，因為如果我脫下結婚戒指，我連回家的路都找不到。開車時我會將錶繫得緊一點，以便當某人告訴我要左轉時，我知道該往哪一邊轉。在機場時也是如此，你知道那裡到處都是標誌，提行李要往左，搭計程車要往右，一會兒往前，一會兒往上，一會兒又要往下，在這種地方我一定會將手錶繫緊點。[26]

到目前為止，我們所討論的左右困擾都是程度輕微的案例，僅限於一般的正常成人，他們依舊可以分清楚左右，只是要比其他人多費點功夫而已。但在腦部受損的人身上，這個問題就變得非常嚴重。維也納的神經學家喬瑟夫‧葛斯特曼（Josef Gerstmann）於 1920 年代首度描述出這個症狀，因此，後來這種無法辨識左右的病症就叫做「葛斯特曼症」（Gerstmann's syndrome）。葛斯特曼症有四種不同症狀：無法書寫（agraphia）、無法計數或做簡單的數學運算（acalculia）、無法辨認手指（finger agnosia）、左右混淆（left-right disorientation）。這種病的症狀真的很詭異，英國神經學家麥當勞‧奎奇利（MacDonald Critchley）形容這種病「概括所有意想不到與難以置信的現象」，其怪異的程度讓許多人都懷疑是否真有這種病存在。有些神經學家認為，這些症狀只是許多病症碰巧發生在一起所造成，而不是一種病症，但經過時間的考驗後，葛斯特曼症還是為人所接受。這主要是因為此病症都與大腦一個特殊的區域受損有關——左半腦頂葉的「角回」（angular gyrus）。發現大腦有一小塊區域專司辨別左右等特定能力，這事曾掀起一陣騷動，不過

這對王爾德（Oscar Wilde）而言倒不是什麼新鮮事。據說他曾批判過「在某些珍珠似的腦細胞中探索人類思想與熱情，並因而感到莫名愉悅的那些人」。[27]

H.P. 是葛斯特曼症的典型例子。他的教育程度良好，擁有文學學位，在瑞士日內瓦的一家保險公司上班。五十九歲那年，他去看急診，並向醫生表示他會突然出現無法書寫、計算，或是按電話的數字鍵盤的症狀。經過腦部斷層掃描後，醫生發現他因為缺氧而造成角回下方一小塊白質區域受損，除此之外，他幾乎很正常。但經過仔細檢查後，發現到葛斯特曼症的其他症狀，尤其是左右混淆的問題。之所以鑑定出他罹患此病，是因為他不僅在判別自己與他人的左右邊時經常出錯，而且所需的時間也相當長。他完成一道問題約需十分鐘，而一般人僅需四十秒左右。他的書寫也變得很糟，他自承就跟初學寫字的小孩寫的一樣糟，而且他也分不清英文字母中的「b」、「d」與「p」、「q」。[28]

神經科學家最關心的問題當然是葛斯特曼症的這四種奇怪症狀是否由單一的缺陷所造成。有人推測這是起因於空間認知的問題，進而影響到病人眼中左右的空間組織，與物體旋轉或移動時所造成的改變。這種問題可以經由特別設計過的測驗，來鑑定病人心智旋轉的能力，確定他是否可以想像物體旋轉到新位置時的改變。這種左右差異的視覺缺陷是否足以解釋其他症狀呢？不無可能。最容易解釋的就是無法書寫這一項，因為寫字是有既定的方向（在英文中只能是由左往右），而左右混淆勢必會嚴重影響書寫能力。

無法計數或演算似乎就比較難解釋了。不過，在了解計數與區

分左右之間的關係有多密切以後，你就不會這麼想了。在一般的阿拉伯數字中，最左邊的數字表示位數最大，好比是百位數或千位數，而靠右邊的則為比較小的位數，如十位數或個位數。一旦喪失判別左右的能力，自然無法進行任何形式的心算。左與右還與「數字形式」[譯6]有關，這是十九世紀時高爾頓爵士（Sir Francis Galton）率先提出的概念，像是一張數字的心靈地圖。大約每七個人裡，就有一個人說自己有數字形式。它的形式有可能相當複雜，像是圖4.7 所示。雖然大部分的情況是數字排在一直線上，依序由左往右漸增。圖 4.7 特別的地方在於它出自一個左半腦頂葉角回受傷的病人，就跟葛斯特曼症患者損傷的區域一樣，其中數字形式消失了。

最後一個症狀也是與數學能力有關：無法辨別手指。也許學數數時，我們會從數手指開始並不是巧合（而十個數字與十進位演算法也有其原因）。我們的手指也是藉由計數來命名與區分的，如食指（第一指）、中指（第二指）[譯7]，以此類推。只要算數能力出了差錯，勢必會影響到辨別手指的能力。這也是為什麼當手的姿勢改變時，我們數手指的方法也會隨之改變：雙手手心朝下時，兩隻拇指便落在中間，我會由內而外地數手指，而第四指（小指）會落在外

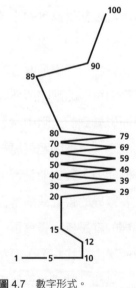

圖 4.7　數字形式。

側；雙手手心朝上時，拇指則位於最外面，我會由外往內數。數手指的方向會隨著手的旋轉而改變，這正是葛斯特曼症患者無法做到的。[29]

　　葛斯特曼症的問題在於無法「認識」左右，有些病人的症狀則相反，他們無法看出物體和其鏡像的差別。R.J. 是一位六十一歲的老人，他因為中風而造成左右頂葉受損。在一次實驗中，研究人員給他看了兩張互為鏡像的圖，並且將兩張圖重疊在一起，以便顯示出這兩張圖無法完全吻合，也就是展示出它們之間結構上的差異。縱使如此，R.J. 說：「從你所示範的過程來看，我知道它們理應是不同的……，但當我一張一張單獨看時，它們看起來就是一模一樣。」R.J. 甚至沒有辦法在圖 4.8 這種組合中，挑出不一樣的圖案。R.J. 並不是視力不好或缺乏鑑別力。如果這三隻熊都面向同一側，但是有一隻的頭和其他熊不一樣，就像圖 4.9 所顯示的，R.J. 可以毫無困難地指出頭部的不同。

　　對 R.J. 而言，圖 4.9 中，熊頭的變化讓牠成為一隻不一樣的熊，而不是和其他兩隻「一模一樣」。就這點而言，他說對了一半，因為從某個角度來看，圖 4.8 的三隻熊都是一樣的。一隻熊不

圖 4.8　三隻熊當中哪一隻和其他不一樣？

圖 4.9　三隻熊當中哪一隻和其他不一樣？

論面左還是面右，都還是同一隻，R.J. 的視覺系統知道這一點。但是，「知道」不論從哪一個角度看物體都是同樣的物體，和「明白」這些角度會看到不同的景象完全是兩回事；R.J. 只知道前者，卻不知有後者，而且他大腦的某部分能夠認識物體，卻不認識它的左右，即使是在有需要的情況下也是如此。[30]

　　左右混淆是很普遍的現象，即使是專業的科學家或藝術家也難以倖免。身兼解剖學家與外科醫生的弗萊德瑞克・伍德・瓊斯（Frederick Wood Jones）就發現幾幅繪畫中讓人「匪夷所思的異常構圖」，構圖者企圖將左右混在一起（圖 4.10）。最有名的一幅畫是提許百英（Tischbein）所繪的歌德肖像（圖 4.11），它在德國法蘭克福的地位就像巴黎的蒙娜麗莎一樣。但這幅肖像有點問題，不符合人體結構，左腿過長，也許是因為左右對調的關係。無論如何，大家公認右腿的下半部接的是左腳。

　　科學家也好不到哪裡去，眾所皆知，原子內的中子都是左旋的，但幾年前《科學美國人》還發行過一份勘誤公告，表示之前誤將中子描述為右旋。最常見的錯誤則是發生在當今最有名的分子 DNA 上頭。發現其結構的華生（James Watson）與克立克（Francis

圖 4.10 （a）右腳長在左腿上。（b）左右腿的腳掌顛倒過來。（c）長在左臂上的右手。

圖 4.11 提許百英所繪的歌德肖像，右腿上似乎接著左腳。

Crick）還因此獲得 1962 年的諾貝爾獎，雙螺旋幾乎成為現代科學
的記號，到處都看得見。DNA 一般都是右手螺旋（雖然也有發現
少數左旋的變異種），也就是說，它們旋轉的方式就跟一般的螺絲
釘一樣。即便如此，錯誤還是層出不窮。湯姆・許奈得（Tom
Schneider）建立了一個專門收集「左旋 DNA」的錯誤圖像網站。
他收集了上百個例子，多數都來自於科學期刊，這其中有許多都是
出現在廣告頁上，所以或許我們可以很善良地揣測科學家們並沒有
看到出版前的完稿。不過這並不足以解釋所有的錯誤，至少就無法
解釋 2000 年《自然》（*Nature*）期刊社論的錯誤，文中提到某些
線索「讓華生與克立克推論出 DNA 左旋的雙螺旋結構」；更別提
《自然》是當初 DNA 結構第一次發表的園地。事實上，華生本人
在他 1978 年所編寫的教科書《基因分子生物學》（*Molecular
Biology of the Gene*）裡，插圖中就有六種不同版本的左旋 DNA。而
1990 年美國學術期刊《科學》（*Science*）所印製的美國科學協會
（American Association of Science）會員回函上，引用了一句華生的
話：「我每週都要讀《科學》！」並附上一張左旋 DNA 的插圖。
不過這當中最糟糕的，也許是 1998 年華生的《雙螺旋》（*The
Double Helix*）再版時，封面與封底的 DNA 圖像也都是左旋的。這
恐怕和華生本身是左撇子不無關聯。[31]

　　左右相當令人困擾，而大自然造物的過程也發展出制衡之道，
讓我們有顆位在左側的心臟，雖然偶爾也有例外的情形。下面兩章
的主題便是要討論身體內部左傾或右傾的原由。

譯注

譯 1　印歐語系所包含的語言東起印度，經伊朗高原、小亞細亞，再到整個歐洲及南北美洲。印歐語系的研究可說是現代語言學研究的基礎，而所謂的古印歐語（proto-Indo-European），則是經由比較分析的方法重建而成。

譯 2　日耳曼人是歐洲的古代民族之一。西元前五世紀起，以部落集團的形式分布在北海和波羅的海周圍的北歐地區，之後則散布到歐洲其他地區。目前除了拉丁民族所屬的南歐、希臘、法、西、葡外，其他從中歐的奧地利、瑞士、捷克、德國等，到北歐、丹麥、挪威、瑞典，以及西歐國家與英國等地，多為日耳曼人後裔。

譯 3　弗里西語的使用地區為荷蘭與德西。

譯 4　閃語（Semitic）包括希伯來語、阿拉伯語等；烏拉爾語（Uralic）包括芬蘭、愛沙尼亞、匈牙利，以及北歐等地區所使用的語言；阿爾泰語（Altaic）則包括土耳其語、維吾爾語、蒙古語、滿語等語言。

譯 5　卡西歐（Cassio）為奧塞羅的副官。奧塞羅聽信讒言，認定他的妻子黛緹和卡西歐暗通款曲，最後親手悶死了黛緹。

譯 6　數字形式（number forms）是指在某些人的腦中，自然數（也就是正整數）會以一個形狀呈現出來。

譯 7　英文的拇指為 thumb，而食指為 first finger，中指為 second finger，以此類推。

第 5 章

龍之心

　　華格納的連環歌劇《尼布龍根的指環》（*Der Ring Des Nibelungen*）共包含四部。在第三部〈齊格菲〉（Siegfried）的第二幕中，該劇的英雄齊格菲知道自己必須除去巨龍法夫納。那時他已鑄造出神劍諾諾銅，正和鐵匠迷魅討論要如何屠龍。迷魅告訴他法夫納的鱗尾擺動奇快，有一張血盆大口，而且——

毒液
會從嘴裡噴出，
只要沾到一滴，
就會屍骨無存。

齊格菲盤算著如何攻擊，並詢問迷魅：「這畜生有心臟嗎？」迷魅答道：「有顆無情殘酷的心。」齊格菲接著問：

那這顆心
如同一般，
也在胸腔的左側嗎？

迷魅直接回答：

當然，龍的心
就跟人一樣。

這些話對齊格菲來說已經足夠。當晚「法夫納一邊咆哮，一邊迅速地捲起牠的尾巴，昂然而立，豎起上半身，奮力往齊格菲壓去，這樣一來剛好暴露出牠的胸腔。齊格菲趕忙找出心臟的所在，一劍插進牠體內」。就這樣，法夫納死了。[1]

這一幕有許多值得思考的地方，以這一章的主題來考量，問題當然是龍之心真的在左側嗎？而又為什麼胸腔左側是人類與許多動物心臟「一般」的所在？思考心臟不對稱的問題迫使我們去探索更基本的問題，去探究為何有這麼多的器官是對稱的。我們很自動地假想龍的外型也差不多是左右兩側呈鏡像對稱，身上有一對前腳與一對後腳，頭上一對眼睛也是左右對稱，這就是一般對龍的想像。所謂的「差不多」指的到底是身體兩側完全一樣，還只是相像而已，若真的不完全一樣，又是什麼原因造成的，會有何影響？[2]

〈齊格菲〉的原著劇本，一如以往是由華格納親自執筆，當中其實並沒有「左」這個字，只提到心臟的位置就跟人類與其他野獸一般。英文譯者跟多數人一樣，認為只要是野獸，即使是在神話故事裡的野獸，心臟都會出現在左側。同樣地，在《表沃夫》[譯1]這篇盎格魯薩克遜的史詩中，無名氏作者也很自然地將巨龍格蘭戴爾描寫成慣用右手的怪獸。人類對心臟位置的興趣可以追溯到史前時代，如果你相信博羅—衛康（Burroughs-Wellcome）藥廠於 1920 年代推出之心臟藥廣告的話（圖 5.1）。廣告裡有一頭穴居人畫的大象或長毛象，並特別標示出心臟的位置（雖然這顆心看起來很糟糕，像是從某張情人卡上移過來的）。可以想見勇敢的獵人圍坐在火堆旁，推敲這顆最重要的器官到底位在哪裡，就像齊格菲和迷魅

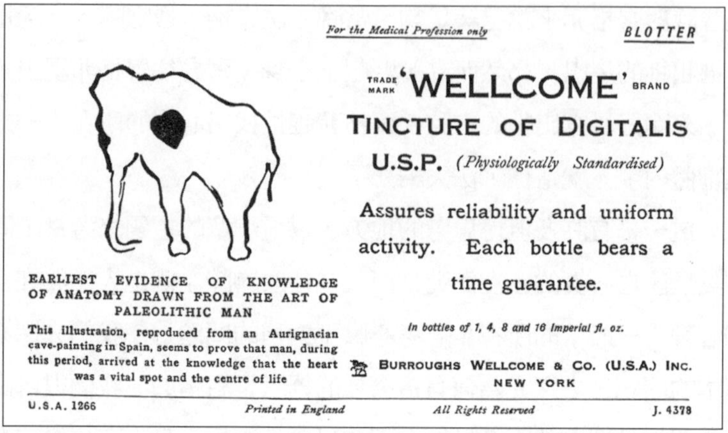

圖 5.1 博羅—衛康藥廠於 1926 年推出的強心劑廣告。這張看起來像是大象或長毛象的圖案附有一段文字說明：「從舊石器時代藝術中發現的古老解剖學知識證據。這張由法國考古學家亨利‧步日耶（Henri Breuil）所繪製的圖案，描摹的是在西班牙平達爾（Pindal）發現的舊石器時代後期的洞穴壁畫，似乎顯示那個時代的人已經知道心臟是相當關鍵的器官，生命的泉源。」

一樣。從這圖來看，難以確定他們是否知道心臟位在左側，不過我直覺認為，經常宰殺動物的原始人應當知道心臟在哪裡。[3]

　　許多我們熟悉的動物，包括貓、狗、牛、羊、馬等哺乳類，鳥類、鱷魚和蛇等爬蟲類，青蛙與蟾蜍所屬的兩生類，以及各式魚類，一律都是心臟偏左。不僅心臟是不對稱的，與其有關的整套循環系統也是如此。歐斯伯‧西特威爾爵士（Sir Osbert Sitwell）形容這套精密的網絡是「我們體內一株纖細的紅樹（scarlet tree）」。靜脈將血液帶回心臟，而動脈則將血液再送往全身。圖 5.2 這張堪稱是藝術品的醫學圖像，展現出整套血管系統。要建造一個心臟位於左側的身體，就像要設計一台汽車一樣麻煩，一旦決定為左駕，

所有的裝備都要隨之調整，不管是出自於
必要或只是沒其他地方可擺，每個零件都
有其合適的一側。同樣地，在脊椎動物的
身體裡，不僅心臟偏左，其他許多器官也
都呈不對稱的排列，多數的描述以人體為
主，但在其他脊椎動物身上亦然。[4]

　　在胸腔裡，相較於三片肺葉的右肺，
左肺因為受到心臟的壓迫而小了許多，也
只有兩片肺葉。將血液帶離心臟的主動
脈，會先向上往左彎曲，再穿過橫隔膜下
行至腹腔。在圖 5.2，腹腔中最明顯的器
官就是那對腎臟，通常左邊那顆會比右邊
的稍微高一點，也比較大，而腹腔中最大
的器官肝臟則是位於右側，膽囊也是，另
一側則為相形之下小很多的脾臟，就位於
左腎的上方。有些器官在此圖中看不到，
像是位於左側的胃、右側的胰臟，以及在
其前端右彎的十二指腸。纏繞的小腸雖然
乍看之下是不規則的排列，無法確定是否

右　　　　　　　　　左

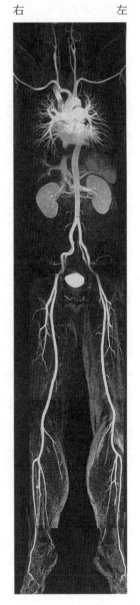

圖 5.2　一名身體健康的志願者接受核磁共振的血管造影術
所得之動脈血管系統影像。經由某種反差試劑，使動脈系
統全都變成白色。圖片中央清楚可見的是膀胱，反差試劑
也是從這裡開始收集。

有固定的位置，但其實它有一個很明顯的不對稱構造，小腸的末端
是在腹腔右下方的盲腸處，附有闌尾。接下來則是從腹腔右側上
行，繞過腹腔頂端，從左側下至乙狀結腸處的結腸，最後進入直腸
與肛門——這是消化道中除了嘴巴、喉嚨、食道之外，位於中央且
左右對稱的部分。男人的兩顆睪丸也是不對稱的，右邊的通常位置
比較高也較大，這多少透露出要將這些橢圓形器官塞進大腿頂端殘
留的詭異空間裡有多麻煩。在少數幾篇討論這種側向問題的文獻
中，喬伊斯（James Joyce）在他的小說《尤里西斯》（*Ulysses*）中討
論男人該如何「穿著」時，拐彎抹角地抱怨著陰囊的不對稱問題：

若瀚：你的小老弟感覺如何？
布隆：歪了。很奇怪，全都擠到右邊去，我猜大概那邊比較重。我
的裁縫師麥西亞說，右邊比左邊重了百萬分之一。

腹腔臟器的不對稱排列讓外科醫生特別關心疼痛是發生在哪一側。
如果是在右邊的髂骨窩（下腹的兩側），可能就是盲腸炎；如果是
左側，則有可能是乙狀結腸突出；若是在右側肋骨下方，可能是膽
囊有問題，以此類推。事實上，有一些疾病只會發生在成對器官當
中的一個。最經典的例子就是精索靜脈曲張，脹大的靜脈像是一團
義大利細麵捆住睪丸，可能會造成不孕；這種症狀幾乎都只發生在
左側。[5]

　　對任何稍具生物學知識的人來說，上述的器官排列只能算是陳
腐的常識，讓我們常忘了生物的構造竟是如此的特別。這種不對稱

的排列主要出現在脊椎動物，其他生物的心臟並不是在左側，也沒有不對稱的血管系統。以蚯蚓為例，好幾個體節都有心臟，位置則是在正中央；而其他像是昆蟲與甲殼類這類無脊椎動物，心臟本身就是對稱的，而且剛好置中。果蠅這個遺傳學實驗的最佳材料幾乎從頭到腳都是對稱的（唯一的例外是牠在發育時陰莖會順時針旋轉）。由於我們太過熟悉和人類身體結構相像的這些大型脊椎動物，所以不覺得有顆偏左的心臟是多麼奇怪的事。這種特徵是何時演化出來的？如何造成？又為什麼會如此？

　　關於「為什麼」的部分答案牽涉到液體流動的方式、體型變大所造成的問題，以及內骨骼系統。脊椎動物和其他動物不一樣之處，就是擁有一副堅硬的內骨骼。微小的動物，尤其是水生的，並不需要骨骼。想想阿米巴原蟲那一團原生質就可以理解。生物一旦到陸地生活，又長到一定大小，自然需要有支撐物來對抗無所不在的地心引力。蚯蚓這類簡單的生物靠著水管系骨骼（hydrostatic skeleton）就可以搞定，這套管狀系統可以幫浦水分，維持牠們的體型，就像彈力堡[譯2]或氣球一樣。但對大型動物而言，一套堅硬的骨骼系統是必須的。而昆蟲與甲殼類動物則有所謂的外骨骼，也就是由幾丁質構成的堅硬外殼，其肌肉組織也會連附於外骨骼上。在某種程度之內，這套方法很管用，但隨著身體的成長，必須得要固定地換殼。

　　在他於 1928 年發表的著名文章〈論正確的大小〉（On Being the Right Size）中，哈丁（J. B. S. Haldane）指出體型變大會帶來更現實的問題，因為相形之下，要將氧氣輸送到身體各部位會變得更

困難。部分的解決方案就是仰賴內骨骼系統;從恐龍、鯨魚到大象,所有地球上體型最大的動物體內都有內骨骼。脊椎動物身上最明顯的特徵就是由一系列脊椎骨所形成的脊柱(backbone),也因此,這類動物才被稱為脊椎動物。脊柱會沿著另一種更原始的骨骼形式發展成形,那種骨骼叫做脊索(notochord),是由胚胎發育初期一段硬質棒狀物所形成的。脊索不僅出現在脊椎動物身上,其他像是海鞘這種比脊椎動物更原始的生物也有;牠們和脊椎動物合在一起,便構成了脊索動物門。內骨骼系統讓脊椎動物得以長成更龐大的身軀,起初是水中的魚,然後登陸,演化出兩生類、爬蟲類、鳥類與哺乳類。而這些動物有許多肌肉附在骨骼上,讓牠們從事各類運動,這樣又需要一顆更大、更有效率的心臟來提供血源。[6]

雖然理論上,一顆對稱且置中的心臟也可以是很有效率的,但實際操作起來,不對稱的位向更加有效率。心臟是一台幫浦液體的機器。幫浦速率達到一定時,就要開始考慮流體力學,也就是液體流動方式的限制。不穩定又無規律的亂流是一定要避免的,因為這不僅浪費能量,也會損害紅血球,造成血栓。血液流經心臟時會進入一連串的螺旋,好讓進出心臟的血液不至於相衝突。既然是螺旋,自然就有方向性,可以是左旋,也可以是右旋,心臟無可避免地成為不對稱的器官。這種論點雖然大致解釋了心臟不對稱的特別原因,卻無法說明既然心臟不論是偏左或偏右都可以滿足流體力學的需求,為何心臟會固定偏向身體的某一側?要了解為何心臟偏左,我們必須檢視脊椎動物的遠祖,找出身體不對稱的起源。[7]

長久以來,科學家都不清楚脊椎動物的化石起源。從志留紀

（Silurian，約四億三千萬年前）以降，發現了許多脊椎動物演化晚期的化石，而奧陶紀（Ordovician，約四億八千萬年前）的標本則較少，再更早之前的化石紀錄則幾乎付之闕如。近年來在中國發現了許多五億五千萬年前左右的化石，是現今發現最古老的脊椎動物標本。這些標本雖然具有脊椎動物的主要特徵：頭骨、鰓裂、鰭條，以及一顆大心臟，但牠們也相當原始，連上下顎都沒有，就像少數現生的脊椎動物[譯3]一樣。這些早期的脊椎動物是從哪兒演化來的？這是一個複雜又帶有技術性的故事，在這裡我只能點到為止。就算說這整個故事都還在進行中，我想也不為過吧，一些細節勢必在幾年後會有所更動。[8]

　　早期生物可能是從單細胞開始，然後變成多細胞生物，像是海綿。接下來發展口部與神經系統，形成以底部附著在岩石上的生物，從流經體腔的水體吸取食物，並在中空的體腔內進行消化，最後將無法消化的殘渣由口吐出。然後，演化到某個時候，也就到了本章所關心的重點步驟，生物體不再只是靜靜地立在岩石上，等待食物上門，牠們會往一側躺下，開始在海底岩石上蠕動，主動地尋找食物。附著在岩石上時，生物呈現輻射對稱，像個錫罐或瓶子，只能分出頂部和底部，但橫切面是圓形的，沒有所謂的前後左右。一旦牠們躺在海床上，舊有的頂部轉變成身體新的前面，而底部則為後面，前面還有一張嘴；地心引力也讓這生物發展出新的頂部與底部（圖 5.3），一旦有了頂部、底部與前後，就很可能會形成左右側，畢竟左右就是在前後軸與上下軸建立之後，才得以定義出來。不過在這個時期，身體的左右側構造完全一樣，生物體是完全

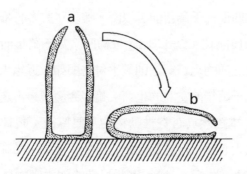

圖 5.3　傑佛瑞斯所謂的「側化」（pleurothetism）過程。輻射對稱的生物往一側躺下，向前爬動，身體轉變為兩側對稱。

兩側對稱的，因此被歸為兩側對稱類的動物。

　　早期兩側對稱動物最簡單的後代就是扁蟲，其他後代則是包含蚯蚓在內的各式蟲類，螃蟹、龍蝦、昆蟲、蜘蛛與已滅絕的三葉蟲等節肢動物，牡蠣、蛞蝓、蝸牛、烏賊、章魚等軟體動物，當然還有脊椎動物在內。不過光就字面來解釋，恐怕會有曲解「兩側對稱」這名詞的可能，因為現今我們在人類與其他脊椎動物身上看到的兩側對稱，和在早期的兩側對稱動物或是現生的蟲類身上看到的對稱已經很不一樣了。[9]

　　討論到這裡，有件事要特別留意，那就是關於描述動物的一些技術性名詞。想像一條狗，鼻子所在之處稱為「前端」（anterior），尾巴所在的後方則為「後端」（posterior），由這兩端可以決定出狗身體的前後軸。在下方的腿與肚子為「腹側」（ventral），而最上面的脊柱部分則為「背側」（dorsal），這兩部

分就決定出和前後軸垂直的背腹軸。至於立體空間的第三維度，也就是身體的左右軸，則是在前後、背腹都確定之後才會出現，也都和這兩個軸以直角相交。不論是魚、青蛙、蛇、蝙蝠或是樹懶，多數的動物都可以用這些名詞來描述。雖然使用前面、後面、上面、下面這些日常用語似乎更為容易，但要描述我們自己的身體時卻會有問題。當人類首次以兩腳直立站起來，整個身體等於是做了九十度的旋轉，只有頭例外，依舊附在頸部頂端朝向前方。所以「朝前」的部分在人體為腹部，但到了狗身上則是前端，「上方」對人類而言是胸腹腔的前端，對狗而言則是背部，因此雖然「前端」、「後端」、「腹側」、「背側」這些名詞看起來有點怪，為了不必要的混淆，我還是寧願使用它們。

　　古生物學這門學問遭遇到的問題細數不盡。標本稀少，彼此之間的距離又遠，在岩石深處經過上億年掩埋的化石，多半都是不完整的、扭曲的或是碎裂的，軟體組織幾乎很少保存下來，發現到的化石通常也只是生物演化的中間型，並不一定就是生物的共同祖先，還有其他種種問題。畢生致力於脊椎動物起源研究的倫敦自然歷史博物館古生物學家迪克·傑佛瑞斯（Dick Jefferies）曾形容過這一團讓人費思量的證據所帶來的混亂：「（這）就像是填字遊戲，如果有足夠的資訊吻合這些複雜的化石，我希望能解出正確的答案。每一個論點都是假定的，但若彼此相契合，我希望最終的結果就是正確的。」要解開這整個故事裡的謎團與曲折，就需要有填字遊戲玩家的心態，或是對於棋盤遊戲中那句「前進」感到痴迷不已的態度。[10]

　　傑佛瑞斯將他的研究結果彙整成一個既精闢又驚人的理論，引
起相當的爭議，但目前似乎也沒有其他理論足以解釋這許多令人費
解的現象。傑佛瑞斯主要的洞見在於：現生的半索動物頭盤蟲
（*Cephalodiscus*）和靴頭海果（*Cothurnocystis*）這個屬於角狀動物的
微小化石種之間存有很密切的親源關係（見圖 5.4）。

　　頭盤蟲的身體相當對稱，但靴頭海果卻展現出高度的不對稱。
長有口和兩根棘的那一端，就是靴頭海果的頭部所在，雖然這樣一
來牠似乎是倒著走，由尾巴開始先移動。長久以來，傑佛瑞斯一直
試著去重建靴頭海果的行動模式，推測牠會抽起堅硬但長有肌肉的
長尾巴，伸長拉緊後，鑽進土中固定住，然後將自己拉到新的位
置。

　　一開始，傑佛瑞斯只是靠著用厚紙板與橡皮筋做出的精美尾巴
模型來進行簡要的推測，但 1995 年沃特・舒坎普（Wouter
Südkamp）在德國的採石場發現了一塊重要的板岩，可以作為傑佛
瑞斯推論的佐證。這塊板岩的年代約是三億九千萬年前，面積約
0.3 平方公尺，上面至少有四塊法冠海果（*Rhenocystis*）的化石；這
種海果是靴頭海果的近源種。板岩上有兩隻海果留下了清楚的移動
痕跡，而這些痕跡支持傑佛瑞斯的倒退移動假設，見圖 5.5。[11]

　　靴頭海果最讓人不解之處在於牠不對稱的身體。若牠真是從兩
側對稱類生物演化過來的，究竟發生了什麼事讓牠變成這副模樣？
傑佛瑞斯的想法其實只是依據簡約原則而來，但內容極度豐富，他
稱之為「右傾化」（dexiothetism）[譯4]。他假設靴頭海果的祖先只
是捲曲到右側，並以不同的方式蠕動；換句話說，身體原本的左右

頭盤蟲

靴頭海果

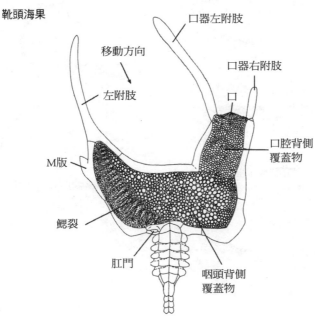

圖 5.4　現生的頭盤蟲和早已滅絕的靴頭海果的身體構造。

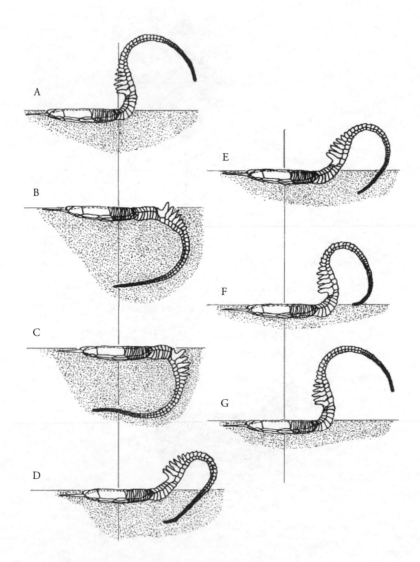

圖 5.5 重建出法冠海果的運動模式,這種海果是靴頭海果的近源種。

側變為背側與腹側，而原本的背腹側則成為新的右側與左側。圖
5.6 是傑佛瑞斯用來描述這個過程的圖示，而圖 5.7 則顯示出左、
右、背、腹是如何重新排列的。[12]

　　向右倒下必定會帶來許多不便，身體在右邊的開口會更深陷入
土裡，最好能夠封起來。同樣地，右邊的觸手只能捕捉到泥土，消
失掉或許還比較好。不對稱的手腳會帶給要蠕動、走路、奔跑、游
泳，或是飛行的動物很多麻煩，無可避免地會造成原地打轉的下
場。因此百萬年來，靴頭海果的子孫們逐漸失去「靴」的特徵，而
變得光滑、對稱，也更加趨近流線型；至少在外觀上多半是如此，
畢竟外部的對稱性攸關生死。至於內部的不對稱排列則是另一回

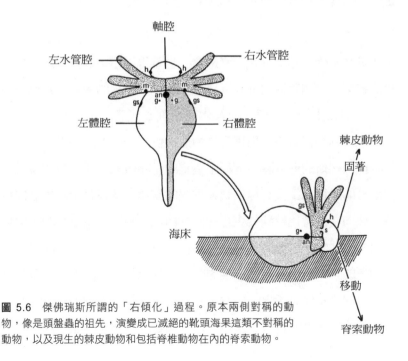

圖 5.6　傑佛瑞斯所謂的「右傾化」過程。原本兩側對稱的動
物，像是頭盤蟲的祖先，演變成已滅絕的靴頭海果這類不對稱的
動物，以及現生的棘皮動物和包括脊椎動物在內的脊索動物。

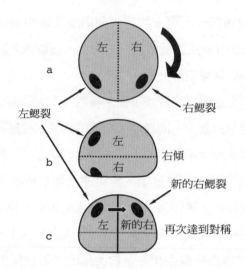

圖 5.7　顯示傑佛瑞斯理論中的左右側如何轉變成腹側與背側。

事，既然不受實際的外在因素影響，也就得以繼續保持靴頭海果子孫的特徵。兩側對稱的外表就這樣覆蓋住不對稱的內在。我們是靴頭海果那類生物的子孫，而傑佛瑞斯則為我們心臟在左、肝臟在右，以及其他器官不對稱排列的情形提供了一種理論基礎。[13]

　　傑佛瑞斯的理論誠然解釋了謎樣的化石證據，並且說明身體如何變形的過程，卻沒有提供讓人信服的證據，解釋靴頭海果身體捲曲、傾向右側會比較利於生存。向右傾倒的優點一定是有的，但隨之而來的缺點似乎更多，因此，到目前為止就算說沒有人能提出這個問題的答案也不為過。仔細想想，生物能夠如此劇烈地改變身體構造，的確是匪夷所思，所幸，我們有一個絕佳的例子可以說明這種劇烈的變化真的會發生。這個例子與建立身體新的左右側有關，

也顯示出傑佛瑞斯的理論在原則上不必然是錯的。這過程並不是發生在什麼不知名的怪獸身上，實際上多數人都曾在餐桌上見過牠，那就是比目魚（或稱鰈魚）。

生物持續在尋找新的生態區位（ecological niche），可能是之前未被其他生物開發過，或是更容易生活的地方。比目魚發現平躺在海床上，偽裝成一片沙的好處很多，但要把自己變得完全平坦可不是件容易的事，尤其對魚類這種一出生就是細長的生物而言更是如此。若是慢慢修改基因，要讓魚的體型變得扁平也不是不可能，魟與鯊類就做到了，但比目魚採取另一種截然不同的途徑。牠們的方式相當離奇，稱得上是一種水平思考[譯5]，因為牠們直接旋轉自己的身體，然後平躺在海底。牠們還需要重新調整眼睛的位置，讓雙眼都朝上。畢竟留一隻眼睛面向海床的泥沙並沒有什麼用處，還可能會帶來一堆麻煩。所以比目魚要移動一隻眼睛到另一側，好讓雙眼都在身體的同一邊。最神奇的是，比目魚並不是在過去的演化過程中做到這一點，每一隻比目魚在發育初期都會重複這個步驟。

剛孵化的小比目魚看起來跟其他初生的魚類一樣（圖 5.8），而且一雙眼睛也是一隻在右，一隻在左。當幼比目魚生長到約一公分左右時，其中一隻眼睛上方的軟骨會消失，讓眼睛爬過頭部頂端，移到另一側，整個頭顱也在這個過程中扭轉。身體其他部位也跟著起了變化，最明顯的是上下兩側的顏色起了變化，如此一來不論是俯瞰還是仰視，都不易察覺出偽裝過的比目魚。比目魚顯示了動物可以大幅進行身體重組，將左右側改變成背腹側。如果這在生物發育期間的幾天內就可以完成，當然也可能在百萬年來的生物演

圖 5.8　比目魚發育的五個時期。在第一個時期裡，
比目魚的雙眼還在頭的兩側。但隨著魚的成長，其中
一隻眼睛會沿著頭部外側移動，最後兩隻眼睛位於同
一側。另一個值得注意的點是，在第一個時期裡，小
魚游泳的方式還是一般的直立式游法，但最後這個時
期的比目魚則是平躺在海底，並以這個姿勢游動。

化過程中發生。[14]

　　所以，動物體制的演化有三個不同的階段：第一階段是最簡單
的輻射對稱，第二階段則為兩側對稱，器官以中線為準，左右對稱
地排列，到了第三階段就發展出脊椎動物的特色，也就是兩側對稱
的外表包裹著不對稱的臟器。也許現在該是時候，應稍微回顧齊格
菲所關心的問題。龍之心確切的位置到底在哪裡？真的會在左側
嗎？選左的勝算似乎大得多。任何像龍一樣大的動物都會需要內骨
骼，也就可以確定牠應當是脊椎動物的一種，擁有骨骼系統、頭
顱、四肢等性狀。而且既然所有的脊椎動物體內都是不對稱的，巨
龍法夫特應當也是如此，有一顆在左側的心臟。

　　巨大的演化圖像一路從輻射對稱、兩側對稱，發展到內部不對

稱的體制。這故事栩栩如生，但卻幾乎沒有說明形成之機制；我們
還是不知道發育中的生物是如何達到以兩側對稱的外部特徵（如手
腳）覆蓋在不對稱的心、肺、肝等各式臟器上。胚胎中的某種物質
會讓牠們在發展出兩隻相同手臂的同時，也生成不同的肺葉。對胚
胎而言，比較簡單的工作是建立兩側對稱的構造，比方說發展出幾
乎互為鏡像的左右手。

　　以發生遺傳學（developmental genetics）的角度來看，要做出左
右手這類互為鏡像對稱的兩部分，要比做出非鏡像對稱的部位，比
方說左右手臂的末端都長出右手掌，要來得容易。其中奧妙就在
於，用同一套指令就可以同時做出左手與右手。想像兩個人在格林
威治的皇家天文台舊館，背對背站在那條本初子午線譯6上，一個
面東，一個面西。時間剛好是格林威治標準時間的正午，所以太陽
在南方天空，他們兩人手上拿著一包麵粉，邊走邊灑，因此會在身
後留下一條白線。假設此時發出一套指令：

離開子午線走兩步，不要灑麵粉，

轉彎，朝北走兩步，灑下一道麵粉，

轉彎，再離開子午線走兩步，灑下一道麵粉，

轉彎，朝北走兩步，灑下一道麵粉，

轉一圈，朝南走兩步，不要灑麵粉，

再朝南走兩步，灑下一道麵粉，

轉彎，朝子午線走兩步，灑下一道麵粉，

再朝子午線走最後兩步，不要灑麵粉。

兩個人最後應該會碰在一起，而且這次是臉對臉。在偏東的地上應該會出現一個大大的「d」，而另一邊則寫成大大的「b」；靠一組指令就可做出兩個鏡像對稱的產物。現在，想想看什麼樣的指令可以讓人在格林威治子午線的東西兩邊都寫出「b」來？要做到這點，若不是給兩個人不同的指令，便是要將原本以格林威治子午線為基準的指令（朝子午線走）改成絕對的方向座標（朝東方走）。不論是哪一種，都會讓指令複雜化。相比之下，要製造鏡像對稱的產物就容易許多，兩個人都不需要管左右側（或是東西側，在這個例子中，左右向與東西向都是一樣的），只要知道太陽的方位（南方），與起始線（子午線）就好了。

　　胚胎學研究的證據顯示，左右手的發育過程與上述方法並無二致。當然，在三度空間的情況下會複雜許多，但是只要胚胎知道哪裡找得到前後軸與腹背軸（即前後與上下），就像是在格林威治模式中的南北向與中線（也就是子午線），自然就可以發展出鏡像對稱的手與腳。要證明發育系統真是如此作用的最有力證據來自於實驗，通常以雞胚當材料，在施用藥物或經由其他操作後，胚胎會產生各種缺陷，從手、手臂到爪等各類嚴重的畸形，但從來沒有出現過左右兩邊都長出右手臂的例子。人類這邊也是類似的狀況，雖然偶爾也有發生畸形的案例，有時甚至會嚴重到四肢殘缺，但就是沒有出現兩隻左手臂的情形。在口語溝通中，用「兩隻手都是左手」（have two left hands）來形容人笨手笨腳也許是很好的比喻，但那絕不是胚胎學上的事實。[15]

　　對於思考生物左右側發展的幾個層面來說，格林威治模式是很

好用的類比，因為它有一些執行上的限制。之所以選擇格林威治皇家天文台舊館這個地方，是因為那裡的子午線是用一條很長的銅線所標示，遊客會打開雙腳，一腳踏在東半球，一腳踏在西半球，在那裡拍照留念。想像一下，如果這項工作移到幾百公尺外的格林威治公園會是怎樣的局面？那裡沒有一條直線，走動的兩個人不是一次走兩步就夠了，而是要走十幾步；他們接到遠離或朝向子午線的指令時，也沒有任何明確的標示供參考，因為在那裡是看不到子午線的，而南北向也只能靠太陽的位置來約略判斷；況且地面又不是完全平整的……這些林林總總的問題放在一起，當然很容易出錯，甚至有可能在指令結束時讓其中某個人走到子午線的另一邊去。這件工作在天文台可以進行得順利，是因為地上有一條清楚的線，讓兩個人都可以正確地行走。銅質的子午線就像是中線一樣，將世界分成兩半。胚胎也需要知道中線確切的所在。器官發育若是在離中線較遠的地方還不打緊，通常不會有什麼嚴重的錯誤發生，但在中線附近，有許多需要精準協調的工作正在進行，對於要適當組織內部的胚胎而言，確切的左右界線確實是相當關鍵的資訊。這情況有點像是冷戰時的東西德邊界，如果是兩邊的境內各自弄錯疆界，縮短或延長了幾百公尺的距離並沒有什麼大不了，但若這樣的錯誤發生在東西德的交界上，事情可就沒那麼簡單了，搞不好還會造成毀滅性的戰爭。

　　一直到最近幾年，在胚胎發生過程中，調控中線的分子機制才開始受到關注。長久以來，研究人員臆測一定有某種物質參與中線的特化，這是因為曾發生過一些罕見且駭人的致命性畸形，影響到

胚胎在中線上的器官或是靠近中線的成對器官的發育，像是鼻子與雙眼。其中一種嚴重的缺陷是「獨眼畸胎」（cyclops），這個名稱出自荷馬作品《奧德賽》中的獨眼巨人，其症狀是眼睛發育畸形，而且長在頭部中央，有時也長在眉心或鼻子上，通常還伴隨有其他足以致命的畸形特徵。另一種較不嚴重的畸形是「猴樣頭」（cebocephaly），其鼻子只有一個小的圓型鼻孔；還有另一種「全前腦症」（holoprosencephaly）的案例，患者臉部與大腦的發育受到嚴重干擾，臉部特徵幾乎無法辨認。1996 年時，對這些病症的了解有了突破性的進展，科學家發現有一種蛋白質對胚胎中線的建立相當關鍵，這個蛋白質有個怪異的名字，叫做「音速小子」（Sonic hedgehog）。在「剔除」[譯7]這個基因的小鼠胚胎上發生了許多問題，這些畸形全都胎死腹中。小鼠胚胎最早的畸形出現在前腦，兩片腦葉不再繼續分開，反而融成一體；一雙眼睛也是如此，最後在頭部中央形成一個獨眼的器官遺痕。雖然以目前的資料要說明音速小子的實際功能，以及它和其他物質之間的交互作用還言之過早，但可以確定出主要的模式——左與右的分野一定是依據某樣標的，即使成對的器官也不例外，而這標的就是中線，中線一定要清楚地標示出來，這樣細胞才能知道何去何從。胚胎發生時若不知道左邊停右邊行的道理，肯定會引起大災難。[16]

心臟這顆身體最不對稱的器官也要依靠一條明確的中線才能發育。剛開始，心臟是位於胚胎中間的管狀構造，之後會向一邊扭轉，變得不對稱。形成中間管狀構造的細胞來自於中線的左右兩側，因此在癒合成一個中線器官時應該先找到彼此。要做到這一

點，必須借助一種叫做「相距千里」（miles apart）的蛋白質，這類蛋白質在斑馬魚中做過詳盡的研究。斑馬魚由於身體近乎透明，可以直接觀察發育的情況，是胚胎發生學家鍾愛的材料。若是「相距千里」沒有發揮作用，那原本只會長出一條心管的魚，最後會長出兩個獨立的心臟。這種絕對致死的現象稱為「雙心症」（cardia bifida）。[17]

　　對稱性對於註定要成對或對稱的事物而言是好事一件，但對於要發展成不對稱的事物而言卻是災難一椿。人體太過對稱的毛病稱為「器官異構缺陷」（isomerism defect）。在正常人體內，心、脾、胃都在左側，而肝與膽囊都在右側，偶爾會出現華生爵士（見第一章）所描述的約翰・瑞德和蘇珊・萊特這種內臟逆位的例子，他們的心、脾、胃長在右側，而肝與膽囊則到了左側。在多數的例子中，內臟完全逆位只會造成與一般人相反的身體，並不會危害個人的健康，這是因為所有的部分都逆轉了，因此身體依舊是不對稱的，全部的功能都不會受到損害。但是還有一類人出現罕見的器官異構缺陷症狀（圖 5.9），他們的器官比一般人都還要對稱，因此會威脅到心肺功能。身體出現器官異構的人，沒有明顯的左右側，不是有兩個右側，就是有兩個左側。在右側器官異構（right isomerism）的例子中，右肺與左肺都有三片肺葉，兩邊都像普通的右肺一樣，心臟則有兩個右心耳，原本是在左側的脾臟則消失了，肝臟則位於正中央；若為男性，睪丸會變得一樣高，而不是一般右側較高的情形。左側器官異構（left isomerism）則相反過來，右肺與左肺都為兩片肺葉，兩邊都像普通的左肺一樣，心臟則有兩個左

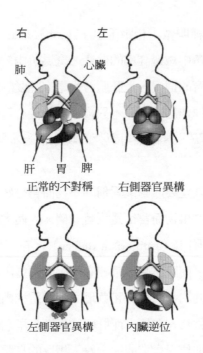

圖 5.9　正常的心肺與器官排列是左右不對稱的。

心耳,而和右側器官異構相比,脾臟變成兩個。不論是哪一種,心臟的幫浦作用都有嚴重的問題,造成功能失常。打個比方,將車子由右駕完全改裝成左駕,並不會有什麼大問題,但試想左駕的車由兩個右半部拼成時,會沒有方向盤、踏板與排檔桿;反過來,若是以兩個左半部來拼裝一台左駕的車時,則會有兩個方向盤、兩對踏板與兩付排檔桿,這樣的車當然也好不到哪裡去。[18]

　　再回到格林威治公園,讓我們進一步思考寫出「b」與「d」的方法可能會出什麼樣的差錯。試想從直昇機上拍一張這兩個巨型字

母的照片，將照片掃描到電腦內，在軟體中將「b」剪下，左右翻轉，然後覆蓋在「d」的上頭，圖形會剛好吻合嗎？應該是不大可能，頂多只是部分吻合而已。雖然下達的指令讓人覺得「b」與「d」應該是剛好互為鏡像對稱（如果是用電腦程式來做，當然是如此），但真實世界的運作並不像公式或演算一樣，拿著麵粉袋的人只是血肉之軀，他們的雙腳長度不一定相同，步伐大小有所差異，反應時間不會一致，灑麵粉的時機也不同，諸如此類的原因都會讓所寫出來的「b」與「d」只是近似鏡像對稱而已。有許多方法讓這兩個字母更為相似，像是改用一對身高相同、步伐一致的雙胞胎，並且訓練他們以標準的流程來灑麵粉。再想像另一種極端的情況，找兩個身高迥異，做事馬虎又急躁，其中一個還在聽隨身聽的一組人，在作業進行中很不幸地還有陣陣強風將麵粉刮走，如此一來，雖然指令還是一樣，「b」與「d」勢必會變得很不同。但正如羅勃‧彭斯的詩句所言：「人也罷，鼠也罷，最如意的安排也不免常出意外！」（The best-laid schemes o'mice an men / Gang aft a-gley.）譯8

　　實際上，無論牙齒、眼睛、手臂與雙腳，我們身上任何成對的部位都不是完全一樣的，左右兩側並不是完全互為鏡像對稱。照一下鏡子，看看你上排最前方的兩顆前齒，也就是門牙，它們一樣寬嗎？乍看之下似乎如此，但若是用測徑器或就教於牙科醫生，會發現其中一顆比另一顆略大。有些人是右前齒比左前齒寬一毫米，有些則是相反。若收集上百個人的資料，然後畫出一張顯示不同門牙寬度的曲線圖，會發現兩件事。第一，這會是一個鐘形曲線，就像

生物學中觀察到的多數特徵一樣：多數人的差異都很小，只有少數人的差異稍大，而出現差異很大的人數最少。更重要的是，在一個較大的族群內，幾乎有剛好一半的人是右前齒較寬，而另一半則是左前齒較寬。控制左右前齒發育的 DNA 與過程都是相同的，為何不會製造出互為鏡像對稱的門牙呢？[19]

其中原因就與無法在格林威治公園寫出互為鏡像對稱的「b」與「d」一樣。要製造手臂、腳或牙齒的指令都編碼在基因中，身體兩側的細胞都含有一套相同的指令複本。但世事難料，同樣的指令不一定會做出相同的產品。形成身體兩側的細胞要在殘酷的各類生物性風暴中求生存，它們會遭遇到冷、熱、病毒入侵、毒性化學物質、X光、背景輻射，偶爾還會有宇宙射線的干擾；凡此種種，沒有一個發育中的生物逃得過。細胞分裂的過程儘管是可靠的，但不見得不會出錯，而偶爾出現的錯誤會讓身體兩側的部分細胞變得不同。一旦兩側之間開始出現些微的差距，發育中的身體就無法移除它們，因為身體兩側並沒有相互溝通的機制。問題並不在於兩側之間是否會不一樣，而是差異的程度有多大。我們稱左右之間的差異為「變動型不對稱性」（fluctuating asymmetry），這是因為科學家發現，即使父母的門牙都是右邊那顆較大，但小孩右側門牙較大的比例依舊和左側門牙較大的比例一樣，這表示不對稱的特徵在傳給下一代時是隨機變動的。[20]

細胞發育時的環境變異是造成「變動型不對稱性」的原因，它被稱為「生物性雜音」（biological noise）。細胞的環境一部分來自外在世界，主要就是鄰近的其他細胞；任何一個細胞內的環境會針

對某個特殊基因，而在其周遭產生大量的化學物質，這也是靠其他
基因所生成的。若是細胞內的環境如同預期，也就是處在良好的
「發生穩定度」（developmental stability）下，那麼基因的作用就會
比較一致，也不會出錯。生物若是能夠將體內的環境維持在緩衝機
制良好的情況，那麼在身體兩側不同細胞中的相同基因，其作用便
會一致。換句話說，發生穩定度越高，生物體的手臂、雙腿、雙
眼、牙齒都會比較對稱。再回到格林威治公園的模式，試想有兩組
灑麵粉的人，一組是弱不經風的瘦子，另一組則是體格魁梧的硬
漢。如果有干擾者試圖破壞他們的工作，瘦子的工作自然比較容易
受阻；相對而言，擁有穩定力量，也比較能應付外在干擾的硬漢這
組可能比較有機會完成這項工作。換言之，後面這組就是緩衝機制
良好的情況。[21]

　　「變動型不對稱性」等於是「發生穩定度」的指標，遭受到的
環境干擾較少或緩衝機制比較好的個體，就會比較對稱。低度的變
動型不對稱性，尤其是四肢與顏面部分，應該可以代表整體的生物
性品質，事實也是如此。外表比較對稱的人智商通常比較高，記憶
力好，不易受到藥物傷害；同樣地，純種賽馬的變動型不對稱性越
低，比賽的成績就越好。個體能夠達到高度對稱，是因為胚胎發育
時受到較少的環境壓力，因此發生穩定度比較高，他們的後代也可
能遺傳到這樣的特徵，所以這種能夠產下生物性適應力較好子代的
特徵，會讓這些個體更容易吸引到性伴侶。既然對稱性的特徵如此
明顯，勢必可以作為性吸引與性擇的基礎。[22]

　　人類之間的性吸引主要是靠外表，也就是所謂的美貌，但美貌

的定義從來就難以釐清，不過有個主題一直反覆出現。西特威爾在
他的自傳《左手右手》中提到祖母露西亞・杭琴生（Lousia Hely-
Hutchinson）：「從小到大，她都是眾人公認的美女。她的五官就
像是用鷹形模子打出來的一樣，**既對稱**又突出。」（強調語氣是本
書作者另外附加）顏面的特徵很多，美麗的臉龐也可以有很多種，
比方說西特威爾家族的鷹勾鼻。而在露西亞的例子中，恐怕自吹自
擂的成分多一些。不過，要證明臉部的對稱性是美麗與否的關鍵可
不是件容易的事，必需考量各類特徵，光是鼻型的變化就很多，而
且還受到基因調控。研究遺傳組成完全相同的雙胞胎則多少可以克
服這類困難。雙胞胎雖然很像，但因為受到變動型不對稱性的影
響，很少會長得一模一樣，因此研究雙胞胎之間哪一個比較有吸引
力時，可以去除基因的影響。結果發現在這種誰比較有吸引力的調
查中，多數人的選擇都是雙胞胎中外型比較對稱的那個。

　　經由電腦模擬也可測試對稱的重要性。請從圖 5.10 的兩張照
片中選出一張比較吸引你的。雖然是同一個人，左邊那張有一些臉
部常出現的不對稱特徵，而右邊那張則完全對稱。多數人會選擇右
邊那張照片，這似乎代表著臉部的對稱和臉部的美有關係。但對稱
性真的會增加性交的機會嗎？在許多有茸角或觸角的動物中，角形
較對稱的個體似乎交配的成功率比較大，不過這之間只是存有相關
性而已。安德斯・波普・穆勒（Anders Pape Moller）的蒼燕實驗提
供了更有力的證據。他用剪刀與膠帶改變蒼燕的尾羽長度，讓它變
得更對稱或更不對稱。結果發現，燕子的尾羽越長、越對稱，尋覓
配偶的時間就越短，交配的成功率也就大增。這表示對稱性可以是

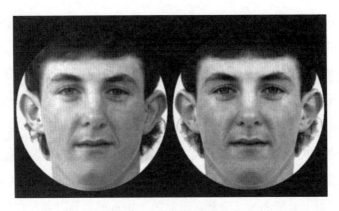

圖 5.10　左邊是正常的照片，而右邊那張則經過電腦處理，變得比較對稱。

發生穩定度的良好指標，而且也和性交的成功有相關。[23]

　　以格林威治模式來製造左右手，會發現要做出鏡像對稱的器官其實一點問題也沒有，只是很難做出完全一樣的鏡像對稱。那如果要製造的是本章開頭所探討的心臟呢？有辦法做出一顆只位於身體某一側，而且本身又不對稱的器官嗎？若還是要用格林威治模式來做，那唯一的辦法就是修改指令，明確地指出左右（或往東與往西），比較東邊的那位要做出「b」的人所接受的指令就會變成：「如果你是在格林威治的東側，離開子午線走兩步，不要灑麵粉；如果你是在格林威治的東側，轉彎，朝北走兩步，灑下一道麵粉。」諸如此類的，然後繼續完成。當然，如果他們知道自己是身在格林威治的東側或西側，也一樣可以完成，問題是他們怎麼會知道？我們又再度碰到第三章所發現的難題，所有的一切最終都回到奧茲瑪問題。除非有某種習俗、某種標準、某種量度，或是某種標

示，不然就沒有辦法區分左右（或是東西向）。那發育中的胚胎到
底是如何將心臟擺在左側的呢？一定有什麼辦法可以分出來。出乎
意外的是，多數二十世紀的胚胎學家對這個問題並不感興趣，倒是
在十九世紀晚期與二十世紀初期有兩項奠定古典實驗胚胎學的實
驗，其中包含了心臟位置與身體兩側的問題。

　　個體的生命一開始都只是由精卵結合形成的單一細胞。細胞不
斷分裂後，構成由數百萬個細胞組成的動物。人類的受精卵很小，
直徑只有 0.1 毫米，又深藏在母體內，相當不容易研究。在其他某
些動物身上就簡單許多，雞蛋一生出來，就可以輕易研究雞胚的發
育。十七世紀的湯瑪斯・布朗寧爵士是第一個從事這項研究的人。
他移去蛋殼，觀察到「在小卵斑（cicatricula）或是微小黯淡的圈圈
裡，生命如何成形」。到了十九世紀末，胚胎學家最常研究的生物
則是青蛙、蟾蜍與蠑螈等兩生類。牠們會將受精卵排放在水中，也
就是眾所皆知的產卵。每個卵中間的小黑點便是胚胎的所在，而圍
繞它的透明膠狀物則提供營養，直到胚胎長大，破卵而出、成為蝌
蚪為止。以顯微鏡來觀察這些卵，可以清楚看到它從單細胞分裂成
兩個，然後四個，第三次的分裂會垂直於前兩次的分裂面，將胚胎
二等分，變成八個細胞，然後再一直分裂下去（圖 5.11）。大約一
天的時間，就會出現類似蝌蚪外型的胚胎，跳動中的心臟已是不對
稱的，腸道旋轉的方向則是逆時針的（圖 5.12）。[24]

　　十九世紀晚期的人們並不清楚單細胞如何發育出成體中的不同
器官，也不知道細胞如何分別形成左右側。1885 年時，動物學家
歐格斯特・威斯曼（August Weismann）比較了兩種在當時看起來

圖 5.11　非洲爪蟾（*Xenopus*）胚胎的細胞分裂初期。

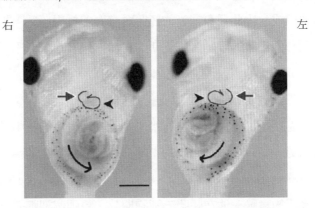

圖 5.12　左圖是從胚胎下方往上看（腹面觀）的正常蝌蚪，心臟向右捲曲，而腸道則是逆時針方向旋轉。右圖則是內臟逆位的蝌蚪，心臟向左捲曲，而腸道則是順時針方向旋轉。

都是可行的可能解釋。第一個是「鑲嵌理論」（mosaic theory），它假定細胞分裂時，遺傳物質也隨之區分開來，在二細胞時期，一個細胞只含有負責生成身體左半部的遺傳訊息，而另一個則含有右半部的。隨著每一次的分裂，子細胞的遺傳物質越來越有限，到最後，肝臟就只有生成肝細胞的遺傳物質。另一個相對的理論是「調控理論」（regulation），它主張分裂出的細胞會得到一份整套遺傳物質的複製版，所以細胞是靠著與其鄰居的交互作用，來決定形成心臟、大腦或肝臟。1888 年時，開創實驗胚胎學的科學家之一，

威廉・羅克斯（Wilhelm Roux）描述過一個重要的實驗，它似乎足
以支持鑲嵌理論。羅克斯以蛙卵為實驗材料，他取了二細胞期的胚
胎，費盡千辛萬苦，以熱針刺進其中一個細胞，使之壞死，那接下
來胚胎會如何發育呢？根據鑲嵌理論，殘存的那個細胞只含有一半
的遺傳組成，因此只有一半的胚胎會發育；相對於此，調控理論則
會預測一個完整的胚胎。羅克斯的實驗結果看起來似乎很清楚（見
圖 5.13），正如鑲嵌理論所預測的，只有一半的胚胎發育。

　　羅克斯的實驗看似足以支持鑲嵌理論，實際上本身卻大有問
題。羅克斯犯了一個關鍵性的錯誤，他將活生生的細胞當成「沒有
生命的另一半……像是腐爛的一團細胞，依舊附在胚胎上」。三年
後，也就是 1891 年時，漢斯・杜里舒（Hans Driesch）進行了一項
比較高明的實驗。他在胚胎二細胞期時，將兩個細胞完全分開，並
觀察這兩個細胞的發展。若根據羅克斯的實驗結果，應該會看到一
個發展成左半部，一個發展成右半部的情況，杜里舒自己也「相信
應該會看到按照羅克斯效應所影響的全部特徵」。但結果並非如

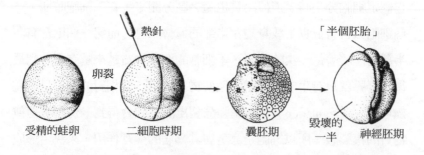

圖 5.13　羅克斯所進行的實驗。他以熱針刺進其中一個細胞，使得胚胎有一半壞死。

此。「結果並不如預期，胚胎還是維持原本的發育過程。隔天清晨，我在盤子裡看到的是完整的原腸胚，唯一的差異只是體型比一般的小一點。」這表示每個細胞都含有生成個體的完整遺傳訊息。一個世紀後，由一個體細胞複製出的桃莉羊，再度證實了調控理論的主張：每個細胞都含有生成完整個體的所有遺傳訊息。[25]

　　這類實驗的成果之一是促使人們去研究如何分離發育中的胚胎細胞，其中最典型的一項精密操作是由漢斯・施培曼（Hans Spemann）於 1935 年發展出來的技術。施培曼是第一個獲得諾貝爾獎的胚胎學家（圖 5.14）。1897 年，施培曼開始以蠑螈胚胎進行一系列的實驗。他從自己初生幼子身上拔下一根纖細的頭髮，打成一個寬鬆的結，套在胚胎上，輕輕地拉緊，使細胞完全分離，或者讓它們以一條窄縫（isthmus）相

圖 5.14　漢斯・施培曼（Hans Spemann, 1869-1941）。

連。結果後面這種不完全分開的胚胎會發育成連體雙胞胎（'Siamese' twins），兩個身體中有部分會結合在一起。其中比較特別的是圖 5.15 的例子，牠們的尾巴癒合在一起，但是頭部分開，而且各自有獨立的心臟。

　　施培曼的一個博士生赫曼・法爾肯貝格（Hermann Falkenberg）以這種束緊胚胎的方法來研究連體蠑螈的胚胎，並探討在這種情況下，心臟是位於左側還是右側。不過他像赫茲一樣，於一次世界大

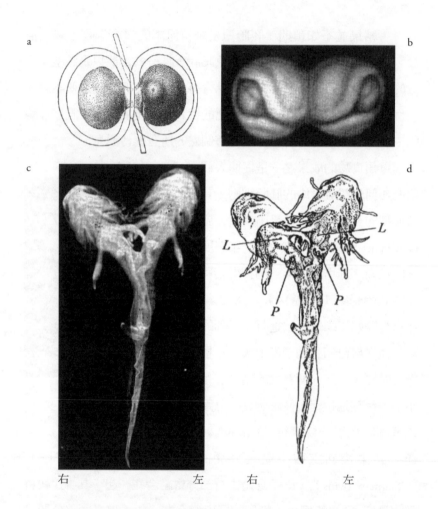

a

b

c

d

L   L

P P

右   左   右   左

圖 5.15　施培曼和法爾肯貝格的連體蠑螈胚胎實驗。（a）圖是利用一根纖細的頭髮，
套在胚胎上，輕輕地拉緊，但不將細胞完全分開。（b）圖是發育至神經胚時期的連體
嬰，已經出現將來會形成腦與脊柱的神經摺層。（c）圖是施培曼和法爾肯貝格於 1919
年所拍攝的原版連體蠑螈照片。（d）圖是 1934 年赫胥黎與迪畢爾依據照片所繪製的
圖，右邊那隻連體蠑螈為內臟逆位（請注意，在本圖中是靠左的那隻，因為照片是從蠑
螈腹部上方所拍攝的）。其中 L 表示肝臟，正常狀況下應位於右側，P 則為身體中央的
胰臟。

戰期間喪生，來不及看到自己的成果發表出來。在索默（Somme）
戰役中，法爾肯貝格於 1916 年 9 月 5 日在帶領德軍夜襲貝羅依沙
特略（Belloy en Sauterre）時陣亡。1919 年，施培曼發表了他的遺
作，這項實驗結果震驚了學界。雖然兩隻蠑螈分別有顆看似正常的
心臟，但有將近一半的連體蠑螈樣本有問題：左邊蠑螈的心臟都在
一般正常的位置，也就是左手邊，但右邊蠑螈的心臟卻長錯位置
（在右手邊），和左邊蠑螈的心臟互為鏡像對稱。不論是什麼引起
了這種逆轉，都和鑲嵌理論無關，因為當頭髮完全拉緊，將胚胎分
成兩部分時，這兩半都會發育成心臟在左側的正常蠑螈。這表示這
兩顆部分分開的胚胎之間存在有某種交互作用。[26]

　　一次大戰結束後翌年，實驗胚胎學變得相當熱門，許多研究者
著手研發羅克斯與施培曼的技術。當時英國王室中繼承有亨利八世
血脈的二王子愛德華・坦特蒙親王（Lord Edward Tantamount）便
是一例。原本除了大王子外，其餘的王子通常都會被送入軍隊，但
坦特蒙親王的大哥有殘疾，因此愛德華必須接下王室的政治責任。
然而不論是王室生活還是其他活動，他絲毫不感興趣。但是在
1887 年 4 月18 日的午後，他的生活卻完全改觀了。他那年三十
歲，正在翻閱一本季刊。當讀到法國的生理學家克勞德・伯納
（Claude Bernard）的一句話，「凡是生物都遵循大自然的和諧，
達到彼此互為依存的境界」，突然間，愛德華明白自己想要做什麼
了，他要成為一名生物學家。他開始研讀生物學，並於隔年前往柏
林，師事神經與肌肉生理學家杜・博瓦雷蒙（Du Bois-Reymond）。
雖然起步很晚，坦特蒙很快就有了一番作為。在 1897 年於多倫多

舉辦的英國科學協進會年會上,他發表的滲透壓研究引起許多人注意,其中包括一位非常年輕的加拿大女子。她和當時四十歲的坦特蒙交換了許多意見。不到一年,她就成為坦特蒙夫人,隨後他們一起回到倫敦。當坦特蒙夫人在倫敦經營最具規模的一間沙龍時,愛德華則在他皮卡地里華廈頂樓的私人實驗室繼續進行研究。

1922 年,坦特蒙和他的助理艾里居(Illidge)開始進入實驗胚胎學令人振奮的新領域。他們將蠑螈胚胎剛發育出的尾芽,移植到身體的其他部位,看看它是否會繼續發育成尾巴,還是長成其他構造,比方說一隻腿。胚胎學是生物學中最神奇的一門學問,探討構成受精卵的單細胞如何成長、分裂,形成身體中的器官與組織,卻不會像癌症細胞那樣無止盡的分裂。正如坦特蒙所形容的,「每當想到這件事時,就覺得能夠生長成一個固定的外型,實在很不可思議」。顯然這過程背後有其控制與影響的機制,讓身體的兩側發展得如此不同。一個夜晚,坦特蒙家的宴會正熱鬧地舉行著,坦特蒙和艾里居則一如以往地心不在焉。「『我們的蝌蚪怎麼樣了?』坦特蒙問艾里居,『那些施以不對稱處理的。』他們有一窩從卵孵化出來的蝌蚪,一側施以高溫處理,一邊則是低溫。」這些縝密的洞見由正在實驗的科學家口中說出,是很不尋常的,現在該是好好介紹坦特蒙的底細的時候。他其實算是個異類,就像是阿道斯·赫胥黎在《針鋒相對》(*Point Counter Point*)[譯9]這部小說中塑造出來的科學家一樣。此書對於當時奢華生活的描寫,與薩克萊(W. M. Thackerary)的《浮華世界》(*Vanity Fair*)不相上下。[27]

赫胥黎於 1928 年 10 月發表這部小說,旋即成為暢銷書。小說

的情節並不是非常引人入勝，但帶有許多科學觀念的啟發，從達爾文、巴斯德、馬赫、康德、赫克爾（Ernest Haeckel）、牛頓、蒙特（Mond）、法拉第，到伯納與杜·博瓦雷蒙都納入其中。赫胥黎之所以有如此能耐，與他的家世背景不無關聯：他的祖父是英國著名的生物學家湯瑪斯·赫胥黎，而哥哥朱利安·赫胥黎也在 1920年代成為一名實驗胚胎學家，研究蠑螈胚胎，還與蓋文·迪畢爾（Gavin de Beer）在 1934 年時共同出版了《實驗胚胎學精要》（*The Elements of Experimental Embryology*）這本巨著。[28]

　　雖然有赫胥黎與迪畢爾等胚胎學家的努力，但在接下來的半個世紀，這個領域並沒有多大的進展，而且也只有少數的胚胎學家對胚胎如何區分左右側的問題有興趣。這些理論性議題重新浮上檯面時，竟然是在心理學這個讓人意想不到的領域。在二次大戰期間與戰後，人們逐漸對大腦兩半球的差異感興趣。到了 1960 年代，這個問題突然變得熱門起來。心理學家開始探討是何種生物學機制造成大腦兩半球在心理層面的差異，以及這些差異又是如何發展出來的。不過，那時依舊缺乏實驗證據來確定生物體內區分左右的機制。到了 1976 年，有兩篇研究報告又再一次開啟了這領域的研究，而且這兩篇報告還相互印證彼此的論點；其中一篇是在實驗室老鼠身上的發現，另一篇則是關於罕見遺傳性疾病的病人。[29]

　　自 1929 年起，在美國緬因州巴爾港（Bar Harbor）的傑克生實驗室（Jackson Laboratory）便專門培育帶有罕見遺傳疾病的老鼠。1959 年時，有兩名研究員曾描述過內臟顛倒的突變老鼠。造成這個突變的基因叫做 *iv*，是「反向的內臟」（inverted viscera）的英文

縮寫，簡稱為反向基因。1971 年，第一隻內臟反向基因突變鼠，
簡稱反向鼠[譯10]產下十隻小老鼠，解剖學家威廉・萊頓（William
Layton）便著手進行雜交實驗。到了 1976 年，他已從原先那十隻
老鼠繁衍出 441 隻，另外還有 507 隻是 1959 年初期一項研究中的
實驗對象。要確定新生小老鼠的心臟位於哪一側，有一個很簡單的
方法——在出生二十四小時後，當牠們的胃裝滿乳汁時，在嬰兒鼠
透明的粉紅色肚皮上可以看到一個白色的球狀物。正常老鼠的胃會
出現在右邊，若是小白球出現在左邊，就表示這隻老鼠內臟逆轉，
是所謂的「內臟逆位」。萊頓仔細研究這些特別老鼠的譜系，發現
牠們的雙親都是反向鼠；換言之，牠們身上帶有一對反向基因
（iv），一個來自父方，一個來自母方，是所謂的「同型合子」
（homozygote）。在 948 隻反向鼠中，幾乎有一半，更精確一點來
說，有 50.8% 的老鼠的心臟在右側，其餘則在左側。50% 的比例
意味著心臟在左或在右完全是隨機的。萊頓也指出，這和施培曼等
其他研究者的發現一樣，在連體蛙、連體蠑螈與連體鱒魚的研究
中，位於右手邊的胚胎，其內臟逆位比例也是 50%。[30]

發表於 1976 年的另一篇重要報告則是來自瑞典籍的醫學研究
者畢瓊・阿弗茲列斯（Björn Afzelius），他那時正在看顧卡他古納
綜合病徵（Kartagener's syndrome）患者。這種病雖然通常在童年時
就可診斷出來，但有些也可能遲至中年才病發。在倫敦就有一名四
十八歲的男子，一連咳了四個月的大量綠痰，才被發現患有此症。
在獲得住院許可的前兩天，該名男子的左胸因為急性肺炎，吸氣時
覺得很痛。多年來，他每天都可咳出一杯份量的痰，不過他每天都

抽二十根香菸，這也使得症狀難以改善。這並不是他第一次肺部發生感染，他同時也有嚴重的鼻竇炎問題。以 X 光檢查時，發現不僅他的心臟在右側，所有其他的臟器也都逆轉過來，看來又多了一位內臟逆位的例子。除了一般對肺炎病人所執行的檢測外，醫生還做了一個相當詭異的要求，請病人提供精液樣本。但就診斷病情的觀點來看，這的確是明智之舉，因為在顯微鏡下看不到精子有任何活動——這是典型的卡他古納綜合病徵，有支氣管擴張（產生大量的痰）所造成的不尋常複合症狀、鼻竇炎與內臟逆位。此外，男性患者通常都不孕，但女性患者則不受影響。[31]

　　任何看似集合了一堆古怪症狀的疾病，一定是由某些深層的因素造成這些症狀併發。阿弗茲列斯推測，支氣管擴張（肺部累積大量的痰）與鼻竇炎這兩項都是纖毛出了問題。肺部的支氣管與鼻竇內部都覆蓋有纖毛，這些細微的短毛會規律地擺動，將身體內部各類的殘渣往上排出，避免堆積在體內，造成發炎反應。若是纖毛失去功能，身體就會出狀況。阿弗茲列斯以電子顯微鏡觀察由卡他古納綜合病徵患者身上取得的纖毛。正常的纖毛有所謂的「九加二」結構，在其中間有兩根微細的管子，周圍則環繞有九根（見圖5.16），這些管子稱為「微管」（microtubule）。在那九根微管的某一側附有動力蛋白臂（dynein arm），任何會產生運動的細胞內都能找到這種動力蛋白。阿弗茲列斯發現，卡他古納綜合病徵患者的異常纖毛上沒有這種動力蛋白臂。因為纖毛不會動，肺部與鼻竇就累積了許多垃圾，導致發炎；而男性患者不孕的原因，也是因為精子尾巴的「九加二」結構沒有動力蛋白，精子無法游動，就不能

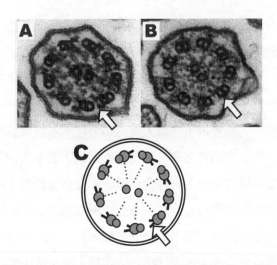

圖 5.16　（A）為人類正常纖毛的橫切面。（B）的纖毛則是取自患有類似卡他古納綜合病徵的病人，病人有纖毛初級運動困難的問題。（C）圖顯示「九加二」結構的排列。在圖（A）與圖（C）中，箭頭指著動力蛋白的位置，而圖（B）中的箭頭則標示出動力蛋白原本應出現的位置——病人因為缺乏動力蛋白，所以纖毛不會擺動。圖中的纖毛是由底部往上拍攝，此時動力蛋白臂呈順時針排列。

受精。[32]

　　纖毛異常的說法漂亮地解釋了卡他古納綜合病徵的多數症狀，那內臟逆位也與其相干嗎？纖毛跟心臟的位置有什麼關係呢？有條線索也許可以說明：在卡他古納綜合病徵患者的兄弟姊妹中，會有出現支氣管擴張、鼻竇炎、男性不孕等症狀的人，但心臟的位置卻是在正常的左邊；似乎除了內臟逆位這項症狀之外，也有其他全部的症狀。換句話說，真正的症狀應該是：支氣管擴張、鼻竇炎、不孕與心臟隨機排列，有一半的病人心臟位置在右，另一半在左，50% 的比例再度出現。也許纖毛正常運作可以確保心臟位於左

側。當纖毛無法擺動，心臟出現在左側或右側的機率就相同。這是
阿弗茲列斯當初在他的研究報告中所做的推測，但這套理論還是有
些問題。先不要說沒有人可以想得出纖毛如何決定心臟位置的機
制，更麻煩的是，有另一種與此相關的疾病，波里尼西亞支氣管擴
張症（Polynesian bronchiectasis）也出現支氣管擴張、鼻竇炎與異常
的纖毛，但卻沒有內臟逆位的症狀。萊頓的反向鼠則是完全相反過
來，出現了內臟逆位，卻沒有纖毛異常的問題；而在人類的例子
中，也有只出現內臟逆位，但卻沒有卡他古納綜合病徵其他的症
狀。說到這裡，纖毛理論似乎走進死胡同，而且幾乎被這個領域裡
的所有人揚棄，偶爾被提出來討論，也只因為它是側向問題眾多奇
特現象中的一個。[33]

　　到了 1980 年代，生物學家再度對造成心臟偏左的原因感興
趣，但卻苦於沒有具體的生物模式可以進行實驗分析。到了 1980
年代末期，奈格爾‧布朗（Nigel Brown）與李維斯‧沃伯特
（Lewis Wolpert）的合作研究改變了當時的局勢。首先，他們確認
了很久以前的一個奇怪發現：以高劑量的安賜他明
（acetazolamide，或稱乙醯偶氮胺）這類藥物處理時，鼠胚會長出
畸形的腳，而且幾乎整個身體的右半部都會受到影響。接下來，布
朗與沃伯特在反向鼠身上操作，結果相當耐人尋味，因為受影響部
位變成了左半部。這表示基於某種原因，這個簡單的化學物質可以
分辨心臟在身體的哪一側，也就意味著體內存在有相當簡單的標示
或指標。這會是什麼呢？布朗與沃伯特提出了一個理論模式，說明
胚胎如何區分左右。以哲學層面來看，這個模式跟兩百年前康德的

說法一樣，必須借助某種共有的標示，才得以區分左右。不過，布
朗與沃伯特還將這個觀念轉化成比較實際的語言，讓生物學家了
解，也願意進一步去探究。說得具體一點，他們提出了所謂的「F
分子」，這些分子是按照身體的前後與腹背軸來排列，如此一來，
這個本身不對稱的分子就可以標示出左右。於此同時，布朗於
1991 年 2 月向席巴基金會提議舉辦一場會議，來研究討論這個議
題，與會人士是從各領域精心挑選出的一小群科學家。這場會議由
沃伯特主持，為期三天，雖然會議名稱是「生物不對稱性與偏手
性」，但也許改為「二十九位科學家一同探索『F 分子』」會更切
題。回想起來，那場會議的確讓左右不對稱的深奧問題變得更標準
化、容易處理，而且有趣了起來，讓生物學家願意參與解決。在經
過幾乎毫無進展的半個世紀後，從 1990 年代開始，多了分子生物
學這項利器，科學家突然間又向前邁進了一大步。[34]

　　哈佛大學克立夫・泰賓實驗室（Cliff Tabin's laboratory）的麥
克・李文（Mike Levin）研究團隊在 1995 年所發表的一項實驗，算
是真正啟動了這個領域的研究。他們發表的研究報告檢視了雞胚的
心臟發育過程，特別著重在心臟和其他器官尚未成形，整個胚胎看
起來還是左右對稱的階段。這時期的雞胚大約是產卵後的第十六個
小時，相當於十五天大的人類胚胎。此時雞胚已經有一個小脊，也
就是原線或原條（primitive streak）。在原線前端有一個稱為亨生氏
結（Hensen's node）的構造，它會慢慢地向末端移動。留在結後方
的細胞最後會分化為頭部，而結前方的直條中線管狀構造則會形成
心臟。起初這些構造都是左右對稱的，不過在管狀構造向右突出

後，心臟會產生偏左的微小位移，科學家稱為「突凸」
（jogging），這是心臟偏左的第一個可見特徵（圖 5.17）。在胚胎
完成最後的整體布局之前，還會有一連串複雜的扭轉，直到心臟進
入胸腔左側，並且可以感受到心臟向左跳動的節拍。李文和他的研
究夥伴還發現「音速小子」等某些蛋白質在胚胎早期的分布並不均
勻。圖 5.18 顯示出胚胎心臟尚未發育前的時期，大黑點代表「音
速小子」出現的區域，很明顯可看出這個蛋白質只分布在左側，右
側幾乎沒有。[35]

　　誠然這個實驗能夠充分證實音速小子在胚胎左側的表現遠大於
右側，但光靠這個結果還是不能解決生物科學研究長久以來「相關
性（correlation）無法決定因果性（causation）」的難題，也就是
說，不能從音速小子蛋白質只出現在左側就斷定它會造成胚胎左右
不對稱的發育。不過，李文實驗的設計過人之處，就在於它可以擺
脫這種質疑。他們的研究人員在亨生氏結右側植入一小團會製造音
速小子的細胞，隔天再觀察對胚胎有何影響，結果心臟的發育依舊
正常，但卻不在原本應該出現的左側，而位移至右側。這是生物學
史上第一次利用放置化學物質來決定動物心臟左右位置的實驗。將
這團細胞放在胚胎右側，心臟便長在右側，放在左側，心臟就在左
側。此後，一系列參與胚胎左右定位的訊號分子陸續被發現，「音
速小子」只不過是其中之一而已。李文的研究過程說完了，但是整
個胚胎發育的故事還少了一項關鍵部分：究竟亨生氏結的左右側是
如何建立的？[36]

　　就在李文及其他科學家正在找出訊號分子的同時，耶魯大學亞

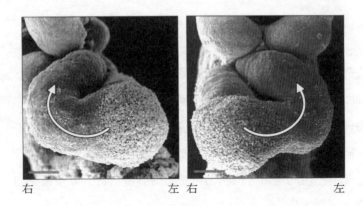

圖 5.17　九天大鼠胚胎的局部影像，這個區域最後將會發育成臉部。在最上方的兩個大球團是摺痕頂端，隨後將會癒合，形成頭部與大腦。在其下方的則是一條心管。左圖顯示出心管正向右移動，這個胚胎的心臟將會正常的發展，位於身體左側。右圖則顯示出一個左右完全相反的胚胎，當中心管朝著胚胎左側移動。

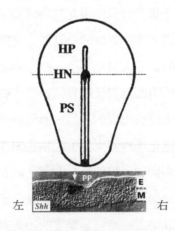

圖 5.18　雞胚內左右不對稱的表現。上圖為雞胚的示意圖，HP 表示頭化的過程（head process），HN 則為亨生氏結，PS 代表原條。下圖則是胚胎在亨生氏結處的橫切面，切線的位置在上圖中以虛線表示。PP 代表亨生氏結的原窩（primitive pit），E 表示外層的外胚層，M 表示內部的中胚層。胚胎用音速小子基因的探針染過色，結果在胚胎表層中線左側的地方被染出了一個黑色的大圓點。

瑟‧候維奇實驗室（Arthur Horwich's laboratory）的瑪蒂娜‧布魯克那（Martina Brueckner）與她的研究夥伴則試著在反向鼠身上找出有缺陷的基因，希望藉此了解其形成機制。這項尋找基因的研究曠日廢時，簡言之，就是候維奇所說的「冗長乏味的工作」。他們花了六年的時間才找到該基因，最後在 1997 年發表它的基因序列。布魯克那的研究團隊將反向基因（*iv*）所製造的蛋白質命名為「左右動力蛋白」（left-right dynein）。動力蛋白是細胞的動力分子，之前在卡他古納綜合病徵的病例中就發現它們的異常會造成心臟異位。不過，科學家還不是很清楚它們的真正功能，唯一能夠確定的是，左右動力蛋白與肺部及靜脈竇纖毛的生成無關，因為在反向鼠身上，這些動力蛋白都是正常的。那麼，左右動力蛋白究竟如何造成胚胎的左右分化呢？許多理論紛紛出爐。有些人推測這些分子的作用就像布朗和沃伯特所提的 F 分子一樣，功能類似幫浦，會將胚胎中的化學物質從左側運送到右側，造成胚胎左右的差異。不過這似乎和實際情況完全不同。就某方面來說，這個過程遠比他們所提出的要簡單許多，而且比較貼近二十五年前阿弗茲列斯的說法。反向鼠的纖毛其實是不正常的，只是這種異常狀態之前沒有人觀察到，也和卡他古納綜合病徵病例中發現的不一樣。[37]

　　最關鍵的一項發現是由東京大學的廣川信隆研究團隊完成的。他們的研究以和動力蛋白類似的運動蛋白（kinesin）為主，這種蛋白好比分子級的汽車，會在微管上滑行，在細胞間運輸各類分子。有一種特別的運動蛋白是由數個更小的蛋白質所組成，其中兩個是 KIF3A 與 KIF3B。廣川的研究團隊想要知道這兩種蛋白在發育中所

扮演的角色，因此分別做出剔除這兩種基因的基因轉殖鼠。結果發
現這兩種蛋白質都很重要，因為不論是哪一種出了問題，鼠胚都會
出現各類的畸形，並且在還沒出生前就夭折。讓人意外的是，有一
半的鼠胚其心臟都長錯了位置，出現在右側；在造成內臟逆位的基
因名單上又多了兩項。根據前人的實驗，亨生氏結對左右軸的決定
有關鍵性的影響，而運動蛋白則與建構纖毛這類組織有關，因此廣
川在電子顯微鏡下仔細檢查這一部分。圖 5.19 為亨生氏結，底部
有一個類似三角形的小凹陷是由約二十個細胞所組成的，每個細胞
都帶有「單纖毛」譯11。[38]

　　雖然和當初在卡他古納綜合病徵所發現的有缺陷的纖毛有些關
係，但單纖毛有點不一樣，它沒有一般的「九加二」構造，而是缺
少了中間的管狀構造，變成「九加零」。多數的生物學家認為單纖
毛的功能與纖毛不同，也不會動。廣川很驚訝地發現，在基因剔除

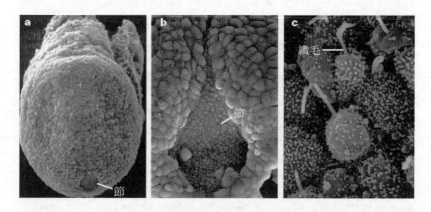

圖 5.19　三種放大倍率下的亨生氏結。（a）為整個胚胎，結位於底部。（b）結部的
放大圖。（c）為倍率更大的圖，結底部的單纖毛清楚可見。

的老鼠身上，亨生氏結上完全都沒有單纖毛。不過真正讓人震驚的是，當他檢視正常的鼠胚時，發現牠的單纖毛其實會擺動。它們不僅會動，而且運動方式和一般纖毛那種類似鞭子前後抽動的方式不同，它們是像螺旋槳一樣，以順時針方向轉動。這項發現改變了所有和左右不對稱有關的討論。布朗和沃伯特想要尋找的「F 分子」根本就不是一個分子，而是更大的東西：一個細胞胞器，甚至在光學顯微鏡下都觀察得到。而且因為它只以一個方向轉動，又固定在亨生氏結的底部，也就是相對固定於生物體的中線與上下端（背腹軸），因此原則上它可以充當一個明顯的標示，告知生物體哪一側是右，哪一側是左。怎麼說呢？[39]

　　研究者可以透過顯微鏡看到單纖毛轉動，但是胚胎身上的其他細胞可做不到這一點，那麼單纖毛如何才能告知胚胎的其他部位何處為左，何處為右呢？這是廣川團隊最後一項驚人的發現。他們滴了一些微小的螢光塑膠珠至亨生氏結上，結果發現這些珠子從結的右邊快速地被噴射到左邊去，而且只有由右至左的方向。顯然那裡有一道很強的渦流，單纖毛會將任何由亨生氏結分泌出的訊號分子輸送到左側，然後引發一連串其他的訊號分子產生，比方說音速小子。如果這真的會發生在一般老鼠身上，那表示 KIF3A 與 KIF3B 基因突變鼠身上一定會出問題，因為這些老鼠的亨生氏結沒有纖毛，所以亨生氏結分泌出的訊號分子會大致均勻地分布在左右側。這裡的「大致均勻」就像之前所討論的變動型不對稱的情形一樣，意味著會有一半的老鼠因為左側的分子濃度稍高一點，所以心臟便位於左側，而另一半則因為右側的濃度稍高，就發育成內臟逆位。

雖然反向鼠也有 50% 的機率發生內臟逆位，但似乎不能用類似的
解釋來說明，因為在顯微鏡下，牠們的亨生氏結上的確長有纖毛。
不過這些纖毛雖然看起來完全正常，卻不會動，「就像被凍住了一
樣」，所以就和發生在 KIF3A 與 KIF3B 基因突變鼠身上的機制一
樣，出現心臟隨機生長在左右側的情況。[40]

　　亨生氏結上的單纖毛似乎解釋了大部分的問題，成就了一個完
善的故事，但到了 1992 年，又出現了一個大問題。一群在休士頓
貝勒醫學院（Baylor College of Medicine）的研究人員將一個新基因
打入老鼠的基因組中，這種方式有點像是亂槍打鳥，碰運氣的嘗
試。由保羅‧歐佛畢（Paul Overbeek）帶領的研究團隊一定剛好將
基因插在一個很重要的基因上，因為這些畸形的老鼠都非常短命，
更奇怪的是，這些老鼠每一隻都是心臟在右側。不像是反向鼠只有
50% 的機率會發生內臟逆位，這裡是 100%。這個新的突變有一個
容易和 *iv* 混淆的名字，叫做 *inv*，是胚胎倒轉（inversion of
embryonic turning）的英文縮寫。至於 *inv* 是如何作用的，則完全是
一團謎。從施培曼的時代開始，研究人員一直相信，不論是多嚴重
地干擾心臟發育，不管是基因突變、創傷或是任何原因，最多也只
會有一半的機率出現內臟逆位，似乎不可能超越這條界線，但 *inv*
做到了。[41]

　　從旋轉的單纖毛這點來推測，也許胚胎倒轉鼠（*inv* mouse）的
單纖毛是以反方向旋轉的，雖然這個可能性微乎其微。果不其然，
當廣川的研究團隊檢視這些胚胎倒轉鼠的單纖毛時，發現它們的轉
速（每分鐘約 600 轉）與旋轉方向都和正常老鼠一樣，雖然如此，

但有一點不同，流經亨生氏結的液體出了狀況。迅速流過亨生氏結的塑膠珠其流速並不穩定，看起來像是有亂流干擾的樣子。或許要正常流過亨生氏結不僅要靠單纖毛旋轉，結本身也要呈現適當的三角形狀。在胚胎倒轉鼠上，亨生氏結較一般正常老鼠的小而細長，因此擾亂了向左流動的液體，但儘管流動變慢，方向依舊是向左，而不是向右，這還是無法解釋為何胚胎倒轉鼠的心臟全部都出現在右側，於是廣川的團隊提出了一個精彩的模型來解釋。[42]

　　廣川的模型大部分是左右對稱的（圖 5.20），結的兩側細胞都會分泌一種訊號分子，而在結的底板則布滿接受這種訊號的受器。剛分泌出的訊號分子還處於非活化狀態，必須要靠亨生氏結的液體活化它們；過了幾秒鐘，訊號分子就會失去活力，然後衰敗，所以訊號分子真正有作用的時間只有幾秒鐘而已。在這關鍵的幾秒鐘內，這些尚未被活化的分子一般都會隨著液體流到左側，所以只有當它們前往左側時，才處於活化的狀態。一經活化，亨生氏結左側的受器會偵測到，並引發一系列的訊號作用，讓心臟位於左側。在胚胎倒轉鼠身上，訊號分子一開始也是未活化的，這些分子流經充滿亂流的亨生氏結，移動速度變慢，因此在還沒到達中線時，也就是還在右側時就已經被活化，然後引起了一系列不同訊號分子的作用，使得胚胎倒轉鼠的心臟在右，和正常的不同。圖 5.20 圖示出四種狀況，比較正常老鼠、KIF3A 或 KIF3B 基因突變鼠、反向鼠與胚胎倒轉鼠的不同。[43]

　　這是一個相當精細的模式，解釋了正常老鼠如何讓心臟長在左邊的機制，同時也顯示出其他各種出錯的可能。我之所以喜好這個

模式的另一個理由是，它不僅解釋了多數科學家所發現的現象，也
非常有生物學的感覺，而不只是一大堆的 DNA 序列而已。廣川的
研究團隊以顯微鏡檢視了極細微的部分，並將他們所見與其他的生
化和遺傳研究結合在一起。目前這還只是一個新的理論，而且許多
生物學家才開始進行一系列的細部研究。其中一項重要議題是關於
青蛙、魚類、老鼠與人類之間的差異，試圖釐清亨生氏結流在不同

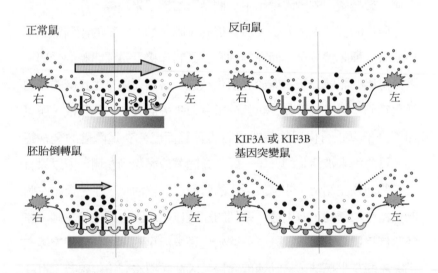

圖 5.20 圖示出亨生氏結流在正常鼠、KIF3A 或 KIF3B 基因突變鼠、反向鼠與胚胎倒轉
鼠的四種狀況。左右兩邊的星狀符號代表分泌訊號分子的細胞，會分泌出尚未被活化的
分子（小灰點），然後轉變成活化的分子（大黑點），最後又失去作用（小白點）。在
正常鼠與胚胎倒轉鼠身上，單纖毛都會旋轉；在反向鼠的圖示中，單纖毛則不會動；而
在 KIF3A 或 KIF3B 基因突變鼠這組，則沒有單纖毛。正常鼠圖示中的大型左箭號表示以
直線行進、快速向左流的液體；而在胚胎倒轉鼠的圖中，流速較慢也較弱（以小型左箭
號表示）；在 KIF3A 或 KIF3B 基因突變鼠與反向鼠這兩組，亨生氏結流僅靠擴散而已，
以小的虛線箭頭表示。位在亨生氏結杯狀底部的受器會偵測到訊號分子，偵測的範圍以
圖示下方的橫條顯示。在正常老鼠中，左側的濃度最高；胚胎倒轉鼠則是右側最高；而
KIF3A 或 KIF3B 基因突變鼠與反向鼠這兩組，則是中間最高。

生物中，是否真的都扮演關鍵性的角色。不論這是否可以套用在局部或全部的物種上，光是亨生氏結如何演變出這種精細又複雜的方式來執行調控機制，就是相當困難的演化問題。這些問題都很難解決，因為化石胚胎很少發現，更不可能找到任何關於它們單纖毛旋轉的證據。另一個大問題是，為何單纖毛以順時針的方向旋轉，會造成亨生氏結流由右往左移動？這個問題倒是有答案，就某種層面來說算是簡單明瞭。想必巴斯德一定很了解，因為構成我們身體基本構造的胺基酸都是左旋的，而任何由不對稱物件所構成的運動構造，都會朝一特定方向旋轉。當然，這個答案又延伸出更深一層的問題：為什麼我們體內的蛋白質幾乎都是由 L 型胺基酸構成？L 代表左旋（laveo- or left-handed）。在下一章，我們將著重於探討生物界與物理界這種普遍的不對稱性。[44]

譯注

譯 1　《表沃夫》（*Beowulf*）是目前已知最古老的英國文學作品，年代約為十世紀左右，作者則不可考。故事描寫六世紀時，一名勇敢的斯堪地那維亞士兵表沃夫的探險故事。主要任務為除掉巨龍格蘭戴爾（Grendel），同時也反諷人類因為帶有歧視異族與異文化的心態，而招致殺戮與毀滅。

譯 2　遊樂場中一種充氣的大型兒童遊樂設施。

譯 3　如盲鰻、七星鰻等無顎綱的原始魚類。

譯 4　傑佛瑞斯將這類動物命名為右傾動物（Dexiothetes）。「dexios」與英文的「right」相通，而「thetikos」則有「適合躺下」（suitable for lying down）之意。

譯 5　傳統思考的方式是垂直思考（vertical thinking），也就是一步接一步、往前推進的邏輯思考，以逐步推演來辨別對錯。而所謂的水平思考法（lateral thinking）則是以跳躍方式，探索組合各種構想的可能性，其特色是不連續的、發散的思維模式。

譯 6　格林威治子午線即是經度零度的位置。1884 年在美國華盛頓舉行了國際子午線會議。會中確定將地球以格林威治天文台分為東西兩半球，同時，全球時間時區的度量也以格林威治為基準。

譯 7　基因剔除（knock out）是當代遺傳學的利器之一。先行破壞胚胎幹細胞中欲探討的基因，再利用胚胎轉植技術，將胚胎注入母體，生產之後便可以獲得基因剔除的轉殖（transgeneic）動物。這套方法最常使用的動物就是小鼠（mice）。

譯 8　羅勃·彭斯（Robert Burns）是蘇格蘭民族詩人，此句出自於〈寫給小鼠〉（To a Mouse）一詩。彭斯的詩作在英語世界中可說是家喻戶曉。世界各地的蘇格蘭人為了紀念他，特別選在每年 1 月 25 日的彭斯冥誕，舉辦「彭斯之夜」（Burns Night），朗讀他的詩句。

譯 9　阿道斯·赫胥黎（Aldous Huxley, 1894-1963）以《美麗新世界》（*Brave New World*）一書成名。《針鋒相對》是他早期發表的短篇小說，諷刺現代人空虛的生活與虛假的藉口。

譯 10　內臟反向基因突變鼠（*iv* mouse）係指其身上的反向基因發生突變，並不一定表示牠們的內臟已經逆轉過來。

譯 11　因為每個細胞都只帶有一根纖毛，故稱為單纖毛（monocilium），也叫做初級纖毛（primary cilia）。

第 6 章

醜陋的毒蟾蜍

　　《愛麗絲鏡中奇遇》（*Through the Looking Glass*）的故事中，有
一幕算是兒童文學的經典場景，愛麗絲抱著她的黑貓凱蒂望向鏡
子，打量著裡頭的「鏡屋」。這與她家的畫室很像，只是有些小地
方不一樣，比方說「這裡有看起來像是書本的東西，但是文字的走
向卻反了過來」。當她終於穿過鏡子，走入鏡中世界，發現到這裡
的運行規則和原本的世界很不一樣，比方說紅皇后為了要保持靜
止，必須不斷地加速跑步，而記憶同時包含了未發生與已發生的
事，還有每個人必須在早餐前相信六件不可思議的事。不過最奇怪
的部分是，路易斯・卡洛爾（Lewis Carroll）在愛麗絲走進鏡子前
安排的一個插曲，愛麗絲問凱蒂想不想住在鏡中屋，並且思忖著那
裡是否有牛奶給貓咪喝，懷疑「也許鏡中世界的牛奶不適合飲
用」。毫無疑問，鏡中的牛奶一定不適合，至少和鏡子這一側世界
所喝的不一樣。要了解箇中原因，我們必須回到巴斯德的基本發
現，卡洛爾可能也很清楚這一點，分子可以是左旋的，也可以是互
為鏡像對稱的右旋，雖然生物體製造出來的通常只有其中一種，但
鏡屋中的生物體組成分子一定和尋常世界很不一樣。[1]

　　直接了當地說，牛奶是一種複合物，其組成有富含能量的脂
肪、酪蛋白這類的蛋白質，還有乳醣等碳水化合物。雖然同樣的考
量也適用於乳醣或其他分子，但要理解卡洛爾的問題，最簡單的方
法是從蛋白質下手。蛋白質是由更簡單的胺基酸分子所構成的長
鏈，胺基酸一端是由一個氮原子與兩個氫原子所構成的胺基
（$-NH_2$），另一端則是一個碳原子、一個氫原子和兩個氧原子所
構成的羧基（$-COOH$）。胺基可以和另一個胺基酸的羧基結合，

形成幾十個、幾百個，或是幾千個胺基酸的複合分子。胺基酸鏈短
的分子稱之為「胜肽」（或是縮氨酸，peptide），長一點的則是
「多胜肽」（polypeptide），最長的則是蛋白質[譯1]。承載遺傳訊息
的 DNA 會如何表現，幾乎全由胜肽與蛋白質的胺基酸序列所決
定，這些蛋白質之後會形成肌肉、血球細胞、牙齒與免疫系統的重
要部分，還有些會扮演傳遞訊息的功能，比方說胰島素。另一些蛋
白質則形成酵素，負責進行生化反應，會分解、重組其他的分子，
並將它們轉化成其他分子。少了胺基酸，地球上根本不會有生命出
現。[2]

　　就像我們體內多數的分子一樣，胺基酸的作用主要是由碳元素
的化學性質所決定。每個原子的價性，也就是能夠和其他原子形成
化學鍵的數量都不一樣；碳的價性是四，就表示可以和其他的四個
原子形成鍵結。不同的原子有不同的價性，氫是一價，氧是二價，
氮則是三價。碳原子可以和四個氫原子鍵結，而由於氫本身只能形
成一個鍵結，所以這個分子已無法再和其他原子鍵結。它的分子式
為 CH_4，也就是甲烷氣，是暖氣或烹調用的天然瓦斯之主成分。
它的結構式可以簡單圖示如下：

　　這種圖示方法很方便，傳統上都是這樣表示分子的。不過這方

法有個嚴重的缺點，那就是分子是立體而非扁平的。甲烷四個氫分子的排列類似金字塔三角錐的四個頂點，是一個四面體構造；在三度空間中，看起來比較像是下圖所表示的樣子，右下方的兩隻腳一隻往外指出紙面，一隻則往內指入紙面，跟三腳架的腳一樣：

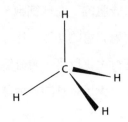

　　在每一個胺基酸的中心都是碳原子，然後有四種不同的化學組成會附於其上：一個胺基、一個羧基、一個氫原子，以及一個「其他」，通常稱之為「R」。就是這個「R」讓每種胺基酸有不同的性質，丙胺酸（alanine）的「R」是甲基（CH_3-）；在甲硫胺酸（methionine）中，R 則是由一串複雜的原子所構成，其中還有硫（S）在內，分子式為 $CH_3-S-CH_2-CH_2-$；苯丙胺酸（phenylalanine）則有一個由碳形成的環。目前這些細節還不是很重要，重點是如果附在碳上的四個化學分子都不一樣，那表示這些分子在碳原子上的排列方式會有兩種。以三度空間的表示方法來呈現，最容易理解。

　　即使這些圖像只是粗略地呈現一個立體的分子，還是能明顯看出它們互為鏡像對稱。改用其他方法，則可以更清楚看出分子排列的兩種形式，圖 6.1 是電腦模擬纈胺酸（valine）分子的兩種立體構造，圖 6.2 則是舊型的「球—棒」分子模型。鏡像分子特別之處在於不論如何旋轉，都沒有辦法將左邊的左旋纈胺酸或左旋丙胺酸擺成右邊的右旋纈胺酸或右旋丙胺酸。每個胺基酸都會有兩種型，一是 L 型（或稱左旋），另一是 D 型（或稱右旋），這就跟巴斯德所發現的酒石酸（見第一章）一樣，一種會將偏振光往左旋轉，一種會將偏振光往右旋轉，這兩種不同型的胺基酸分子被稱為「立體異構物」或是「鏡像異構物」（enantiomers），也被形容為「具有對掌性的」（chiral）譯2。[3]

　　「對掌性」這個概念是由物理學家威廉・湯普生爵士（Sir William Thomson）引入，用來描述互為鏡像的兩個物體；他後來

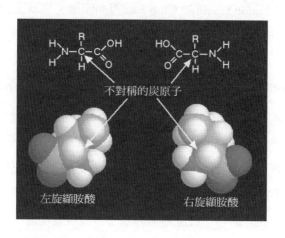

圖 6.1　右旋與左旋纈胺酸分子中的原子排列及立體構造。

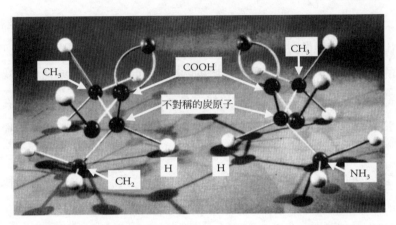

圖 6.2 理查‧費曼講授左旋丙胺酸（左）與右旋丙胺酸（右）差異時所使用的「球一棒」分子模型，原作中並沒有文字注解。雖然分子模型本身是對稱的，但加上注解之後的照片則變得不對稱。

受封為克耳文勛爵（Lord Kelvin）^{譯3}，因此，由他所定出的絕對溫度被稱為克氏溫標（°K）。1883 年 5 月 16 日，他在牛津大學的初級科學會（Junior Scientific Club）教授晶體學。克耳文的課向來以艱深晦澀出名，這堂課也不例外。幾天前在皇家機構（Royal Institution）時，他還問過愛爾佛史東勛爵（Lord Alverstone）對他之前講授的另一堂課有何感想，「我希望你覺得我的課還算有趣。」愛爾佛史東勛爵回答道：「我親愛的克耳文勛爵，我確信假設我們聽得懂的話，我們肯定會覺得很有趣。」牛津講座的授課內容付印後共有四十一頁，寫到第三十五頁時，克耳文連他原先想要表達的一半概念都還沒完成，但又怕他的讀者已經興味索然，畢竟他已耗盡他們的耐心，於是勉強再寫了五頁後就作罷，以「憐憫之心就此打住」，打消了原本想要向他那些可憐學生徹底說明對掌性

幾何學的念頭。最後，克耳文只在講座講義的一個注腳中說明了對掌性，但除非他授課時會提到注腳——這一點，連經驗豐富的學者都很難做到——不然學生大概很難了解他到底在說些什麼，畢竟這是第一次在英文中出現這個字眼。「任何幾何形體或是點的組合若是透過平面鏡所呈現出來的影像……無法和其本身重疊，就是帶有『對掌性』。」我們的左右手就是對掌性物體，因為右手的鏡像無法直接和本體重疊，而圖 6.1 與 6.2 中的胺基酸也是如此。[4]

　　雖然多數的天然碳化物都是對掌性的，但並非全都如此，酒精就是一個例外。其分子式為 CH_3-CH_2-OH，一個碳上面附有兩個氫原子，另一個碳上面附有三個氫原子。這可以回答奧登（W. H. Auden）在小說中的問題。書中主角鰷夫昆特在紐約貝特利附近的航運公司工作，他是一個右利者。當他看著吧台後方的鏡子時，想到一個成人版的「愛麗絲在鏡前會問的問題」，他問鏡中的自己：「你左手上拿著的酒是怎樣的味道？」鏡中酒和一般的酒一樣，會讓人喝醉，因為酒精分子並不具有對掌性，但味道又是另一回事。多數的生物性分子都是立體異構物，會有左旋與右旋兩種，而其性質也不盡相同，一個很有名的例子就是香芹酮（carvone）：右旋香芹酮聞起來像是綠薄荷，而左旋香芹酮則有葛縷子的味道。其他像是 α-水芹烯（α-phellandrene）也是如此，一型有桉樹的味道，另一型則像是茴香。許多書上也會介紹檸檬精油（limonene），據說一型有檸檬味，另一型有橘子味。「同分異構物與對掌性分子，聖克萊門教堂的鐘聲說」[譯4]是很可愛的聯想，可惜是錯的，那是因為在合成左旋與右旋兩種異構物時有混入雜質。橘子與檸檬實際上

都只會生成右旋檸檬精油，不含雜質時，聞起來有橘香。左旋檸檬
精油則是在薄荷油中發現的，純的左旋檸檬精油帶有松香。一般而
言，因為我們的嗅覺系統可以偵測出分子的立體構造，所以左旋與
右旋異構物的味道聞起來不一樣。鼻腔中的鼻黏膜上長有受器，可
以和這些分子結合，就像鎖與鑰匙一樣。如果兩個分子的構形不
同，就會和不同的受器結合，產生不同的嗅覺。既然立體異構物在
三度空間的構造不同，聞起來自然就不一樣，也就是說，鏡中酒一
定別有一番風味。[5]

不僅嗅覺是如此作用的，甲狀腺分泌的甲狀腺素等荷爾蒙也是
如此。這些化學分子分泌出來後，由血液輸送到遠方的細胞，進行
生理調控，而它們作用的方式也是和細胞表面的受器結合。就像鼻
腔中的受器一樣，其他細胞上的受器也能辨認分子的立體構形，而
且通常都只能辨認出對掌性分子的其中一型。這就和日常生活中的
門鎖一樣，鑰匙通常是對掌性的，因此和其呈鏡像對稱的鑰匙無法
將門打開。天然的甲狀腺素是左旋的，右旋的並沒有功能，所以缺
乏甲狀腺素的黏液水腫症病患必須服用左旋的甲狀腺素，右旋是沒
有療效的。[6]

就像荷爾蒙與其他天然的化學物質一樣，多數的日常用藥都是
對掌性的，其兩型立體異構物的療效不同，用來治療急性氣喘發作
的舒喘寧（salbutamol）就是一例。雖然一般的對掌性藥物只有其
中一型有效，但過去藥廠生產的舒喘寧或是其他藥物都同時包含左
旋與右旋兩型，這是因為多數藥物都是經由化學合成的，就跟
1840 年代巴斯德發現的工業製酒石酸一樣，也都是消旋酒石酸，

右旋型與左旋型各占一半；相對於此，微生物所產生的天然酒石酸在酒精完全揮發後，就只剩下右旋的酒石酸。所以病人服用的藥物並不是純粹的藥，其中一半混有另一型的立體異構物，這主要是因為過去缺乏可以只生成一型立體異構物的化學技術。

　　實際上，藥廠正致力生產只含有一種立體異構物的藥品，這一部分歸因於管理藥品的政府單位也很關心藥物組成中只有一半具療效，另一半可能帶來更多副作用的情況。普寧卡因（bupivacaine）是牙醫用的麻醉劑利多卡因（lignocaine）的長效版，在手術之前由靜脈注射至病人體內，局部麻醉手或腳。一般說來這沒有什麼危險性，不過在 1979 年卻發生幾起因為這種麻醉藥而導致心跳停止的案例，而這正是由該麻醉藥中無療效的右旋型分子所引起的，真正作用的左旋型並不會有這種副作用。為了保護病人，後來就研發出左旋普寧卡因。不過藥廠之所以要研發單一的立體異構物來取代原有的混合型藥物，檯面下真正的理由是基於商業考量。因為原先申請的專利若是外消旋的混合型藥物，則可搶在其他藥廠研發出藥物之前，以純化後的立體異構物延長其專利權。不過這種策略偶爾也會出錯，百憂解（Prozac）的發現便是一例，該廠商只註冊了外消旋的混合型藥物，卻沒有註冊其鏡像異構物，這表示到最後他們必須和分離出有療效的立體異構物的藥廠協定專利權。[7]

　　近年來，已經有許多單一的立體異構物藥物問世。據估計，在前一百大藥物中，有近五成都只含有具有療效的特定型異構物，這都要歸功於合成化學的革命性突破，讓許多製藥廠得以生產單一的立體異構物。當中運用的技術與生物性酵素的作用頗為類似：研究

人員在觸媒上製造出裂縫或是小洞，只有左旋或右旋其中的一種可
以附著在上面，因此也只有其中一種會進行化學反應（圖 6.3）。
2001 年的諾貝爾化學獎就是頒給研發出這方法的三人：威廉‧諾
爾斯（William Knowles）、野依良治和貝利‧夏普里斯（Barry
Sharpless）。[8]

　　選擇性製藥法雖然很有用，但並非萬靈丹，惡名昭彰的沙利竇
邁（Thalidomide）就是在這種神話下出現的藥物。剛推出時是用
來作為產婦鎮定劑，一般相信右旋型的有催眠效果且沒有危險性，

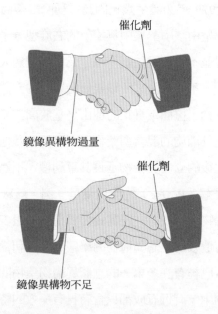

圖 6.3 對掌性催化反應的基本原理。催化劑以右邊的那隻手代表，上圖的右手與下圖
的左手比起來，與催化劑較吻合，也較自然，合在一起後，能階也比較低，所以右手型
的產物會比左手型的多。

左旋型的沙利竇邁則對發育中的胎兒有嚴重的副作用。這想法其實有邏輯上的謬誤。許多化學物質一開始各自成左旋或右旋，但並不是每一種都會繼續維持這樣的狀態，有些的確是如此，但某些像是沙利竇邁的藥物，本身穩定性低，經由消旋反應（racemisation）會轉換成另一型的立體異構物。病人在服下右旋的沙利竇邁後，在六到十二小時內，血液中就可偵測到左旋的沙利竇邁，這是藥物起了消旋反應之故。除非能避免消旋反應發生，否則右旋的沙利竇邁跟原本的混合型沙利竇邁一樣危險。[9]

　　短短岔開胺基酸的話題後，現在是再回到它們身上的時候，檢視它們形成蛋白質的過程。蛋白質中的每個胺基酸都是由三個一組的 DNA 所決定，DNA 共有四種鹼基：胞嘧啶、鳥糞嘌呤、腺嘌呤，以及胸腺嘧啶（分別以英文縮寫 C、G、A 和 T 表示）。這四種可以隨機組成三個編碼的 DNA；換句話說，一共會有四乘四乘四種可能，也就是六十四種的組合，而這些編碼便負責製造出構成生物體的二十種胺基酸。蛋白質合成的第一步是要先複製 DNA 的序列，生成 RNA；之後核醣體會沿著這條 RNA 移動，並停在每組編碼上；此時「轉移 RNA」會帶來特定編碼所對應的胺基酸，將它附在正在成型的胺基酸長鏈上，一邊解讀 RNA 上的密碼，一邊加上胺基酸，直到整條蛋白質完成。每次加在蛋白質上的胺基酸都是左旋的，整套遺傳密碼與轉譯機制也是配合左旋胺基酸設計的，就目前所知，地球上所有的生物都是如此。這樣高度依賴左旋胺基酸的特性當然是生物學中的基本問題，但其答案卻超過生物學的範圍，遠在我們的太陽系外，而同時又必須深入次原子的物理層級。

胺基酸並不是唯一具有不對稱性的生化物質，構成我們身體的醣類也是如此。生物體內的葡萄醣也僅有一種形式，不過這次是右旋的。當然，這個令人費解的現象也非常需要一個合理的解釋。[10]

如果我們的身體全是由左旋胺基酸與右旋醣類所組成，那由右旋胺基酸與左旋醣類所組成的生物會是如何？這樣一個「右旋生物」是否和一般的「左旋生物」一樣呢？雖然現在我們還不太可能回答這些問題，但已經有技術可以用右旋胺基酸合成出胜肽、多胜肽，甚至是蛋白質。若這蛋白質剛好是酵素，那麼右旋酵素的立體結構就會是一般左旋酵素的鏡像，它應該會與右旋胺基酸發生作用，而不是左旋胺基酸，就好比是鏡中的鎖只能用鏡像的鑰匙打開一樣。研究人員已經利用人類免疫不全症病毒（HIV）的蛋白酶做過測試，而結果一如預期，這個酵素完全顛倒過來，而且這種鏡像的右旋酵素將右旋胜肽分解成小片段的能力，就跟左旋酵素分解左旋胜肽的能力一樣。這似乎可以證明我們所認知的一切在鏡中生物身上也可以成立，只要這些生物一直待在鏡中世界，飲用鏡中牛奶之類的食物。[11]

雖然我們的身體完全是由左旋胺基酸所組成，但右旋胺基酸也是自然界中的一部分，而且常常有助於許多生物性反應的進行。自發的消旋反應使得右旋胺基酸無所不在。當年巴斯德在加熱右旋酒石酸晶體時，就發現以 170°C 加熱六小時後，它們就會轉變成消旋酒石酸；也就是右旋與左旋各半的情況。天然的左旋胺基酸也會發生消旋反應，轉化成左右參半的混合狀態。尚未成為蛋白質的單一胺基酸最容易發生這種反應，而加熱蛋白質時，其中的胺基酸也會

起變化。消旋反應對蛋白質而言可能會是一場災難，因為右旋胺基酸的立體結構和左旋胺基酸不同，會改變蛋白質的整個構形，使其無法再和其他蛋白質結合。細胞通常會避免「蛋白質疲勞」（protein fatigue），這跟一般的金屬疲勞[譯5]有點類似——細胞中的核醣體所含有的胺基酸皆為左旋，會持續地合成新的蛋白質來取代舊有的或衰敗的蛋白質。不過並不是所有部位皆如此，身體中的某些蛋白質，諸如牙齒的齒質與眼球的水晶體，因為是器官的物理性構造，所以是永久不變的，這些部位也就不可避免地會累積右旋胺基酸。

　　壽命短暫的紅血球則面臨另一種問題，這些攜帶氧氣的細胞極度活躍，但卻無法汰換老舊的蛋白質，因為紅血球細胞內並沒有合成蛋白質所需的構造，如細胞核或是核醣體等。紅血球一旦生成，內部就備有它一生所需的所有蛋白質，蛋白質疲勞的現象會使得錯誤逐漸累積，但沒有方法可以取代這些錯誤與老舊的蛋白質。這就好比是老舊的太空站，太空人只能用站裡所能找到的材料修補，因為所有的部分都無法更換，這艘太空船最後終將因為累積太多問題而災難性地墜毀。雖然紅血球的壽命不長，以人體為例，大概是一百二十天，但卻是研究「蛋白質疲勞」的好材料。在前四十天，紅血球中約有 1% 的左旋天冬胺酸（aspartic acid）會轉變成右旋，這樣的衰敗速度相當驚人。所幸，多數胺基酸不會這麼快就起了消旋反應，尤其是在成為蛋白質的一部分後。大部分胺基酸的消旋反應都相當緩慢，慢到足以當作估計生物標本年齡的「分子時鐘」。長期的胺基酸消旋反應可以在阿爾卑斯山冰人奧茨（Ötzi）身上觀察

到。他是在 1991 年 9 月於阿爾卑斯山的蒂羅林（Tyrolean）冰河中
發現的。以放射性碳定年法估計，應是五千年前的人類，約是在西
元前 3350 年到前 3100 年之間。他頭髮中的羥脯胺酸
（hydroxyproline）有 37% 都轉變為右旋型的胺基酸，這可以和其
他年代取得的頭髮樣本做比較：在三千年前的樣本為 31%，一千
年前的樣本為 19%，而現代人的頭髮樣本只有 4%。[12]

　　蛋白質是活性相當強的分子，若是注射到體內，可能和毒素或
毒液一樣危險。比較輕微的例子是食用新鮮鳳梨後，口腔會因為鳳
梨蛋白（bromelain）分解掉嘴唇和舌頭表面而產生刺痛感。你吃鳳
梨的同時，鳳梨也在吃你。蛋白質可能是有危險的，但也是身體所
必需的；它既是能量的來源，也是九種必需胺基酸的來源，比方
說，我們身體無法自行合成的苯丙胺酸就需要從外界取得，也就是
我們必須攝取蛋白質。由於小腸會分泌大量的特殊酵素，像是胰蛋
白（trypsin）、胃蛋白（pepsin）、彈性蛋白（elastase）等，它們統
稱為蛋白酶（protease），會將我們所攝取的蛋白質分解成胺基
酸，大幅降低食用蛋白質的風險。在吸收這些蛋白質之前，危險的
食用蛋白質都已被中和為安全無毒的胺基酸，進入血液。就像所有
的酵素一樣，蛋白酶作用的方式也是要辨認特有的立體結構。以胰
蛋白為例，它會在離胺酸（lysine）與精胺酸（arginine）處切斷蛋
白質。不過多數的生化課本並沒有提到一件事：胰蛋白只會辨認左
旋的離胺酸與精胺酸。當胰蛋白碰到的是右旋的離胺酸與精胺酸時
又會如何呢？答案很簡單，什麼事都不會發生。這就像是把右腳的
鞋穿到左腳上，或是將鏡中的鑰匙拿來開現實世界的門鎖一樣，都

是行不通的。身體無法消化含有右旋胺基酸的蛋白質或多胜肽。服用右旋胺基酸後，這些胺基酸在體內絲毫不會改變，會直接從尿液或糞便中排出。這就是為什麼鏡中世界的牛奶不適合飲用，其中的右旋酪蛋白與其他右旋蛋白質無法分解，會直接排出體外，搞不好還會引起腹瀉的副作用。[13]

　　若蛋白酶無法順利將含有右旋胺基酸的蛋白質化成小分子，便可能會埋下病因，有的極可能會造成嚴重後果，比方說阿茲海默症病患的大腦就累積了相當大量的澱粉樣蛋白（amyloid）。研究結果意外地發現，澱粉樣蛋白中含有右旋的絲胺酸（D-serine），為了要確定它的作用，研究人員從澱粉樣蛋白的中間複製出一段長十一個胺基酸的胜肽，在其中插入與病人身上相同的右旋絲胺酸，或是一般正常的左旋絲胺酸。結果發現不論插入的是哪一種胺基酸，澱粉樣蛋白都會毒害腦細胞，只是帶有左旋絲胺酸的會被大腦的蛋白酶移除，但右旋的卻不會。阿茲海默症的成因可能是左旋絲胺酸自發地發生消旋反應，變成右旋型，慢慢地堆積在大腦，損害腦細胞。[14]

　　雖然含有右旋胺基酸的蛋白質無法在腸道中消化掉，但在血液中卻會發現右旋的胺基酸[譯6]，這其中有些是從食物（尤其是熟食）中來的，有些則是寄居在腸道中的細菌所製造出來的（目前已發現飼養在無菌環境中的老鼠，體內的右旋胺基酸含量較低）。不論這些右旋胺基酸來自何方，它們已名列不受歡迎的名單上，尤其自 1940 年代發現右旋的絲胺酸與天門冬胺酸（aspartate）會損害腎臟，並導致老鼠成長的遲緩。不過身體本身似乎也有解決方案。

1935 年時，日後以克氏循環（Krebs cycle）贏得諾貝爾獎的漢斯·克伯斯（Hans Krebs）發現了一種他所謂的「右旋胺基酸氧化酶」（D-amino acid oxidase），大量出現在腎臟，中和了麻煩的右旋胺基酸，將它們由尿液排出。之後一直到 1990 年代，在右旋胺基酸的研究上都沒有特別的進展。到了 1984 年，日本東海大學醫學院的橋本篤司研究團隊發現了老鼠大腦有高量的右旋絲胺酸，接下來又發現了右旋天門冬胺酸。這兩種胺基酸似乎都不是由自發性消旋反應或是老鼠的飲食中得來的，實驗之後又在大腦發現了一個新的酵素「絲胺酸消旋酶」（serine racemase），它會將一般的左旋絲胺酸轉為刺激性的右旋絲胺酸。更有趣的是，出現右旋絲胺酸與絲胺酸消旋酶的地方，同時也存有之前發現的右旋胺基酸氧化酶，顯然這種酵素具有某種功能，而且對於移除右旋絲胺酸的效果特別好。如果大腦具有製造與分解右旋絲胺酸的酵素，而且有大量的右旋絲胺酸出現在海馬腦區與大腦皮質，那表示右旋絲胺酸一定有其特別的功能。雖然目前還不是很清楚，但右旋絲胺酸似乎會調控近年來在神經傳導系統研究中最熱門的 NMDA [譯7]，這部分牽涉到記憶、學習、癲癇與其他各式疾病，還有中風之後大腦的保護機制。至於為何是由右旋胺基酸擔任如此重要的神經傳導物質，目前都還在臆測的階段。[15]

　　到目前為止所討論的右旋胺基酸，有的是在大腦生成的自由型胺基酸，有的是因為自發性消旋反應所造成的錯誤產物，這些都沒有與傳統認為「高等動物的蛋白質是由左旋胺基酸所構成」的想法有所抵觸。分子生物學的「中心法則」（central dogma）描述 DNA

生成負責製造蛋白質的 RNA，這一貫的過程限制了其中必然的因果關係，因為 DNA 的編碼只對應左旋胺基酸，而轉移 RNA 也只攜帶左旋胺基酸，所以生成的蛋白質一定是左旋。這點毫無疑問是不變的，但也別忘了蛋白質並不會一直保持在一開始生成的狀態。如果生命發現，在某種蛋白質中以右旋胺基酸取代原本的左旋胺基酸會更加有用，那生物學中也沒有什麼機制會阻止這個情況發生。事實上，在細菌與蕈類中，這種現象相當普遍，它們的許多蛋白質都含有右旋胺基酸。[16]

　　細菌的細胞壁具有保護作用，能維持菌體內部的溫度與濕度。構成這些細胞壁的胺基酸通常也很特殊，包括不在遺傳編碼內的其他種左旋胺基酸，以及多種右旋胺基酸，像是右旋丙胺酸、右旋天冬胺酸、右旋麩胺酸（D-glutamic acid）與右旋苯丙胺酸。其優點可能是其他生物體內用來分解蛋白質的酵素無法消化這些構成細胞壁的胺基酸，細菌因此可以獲得保護，然而當細菌穿上幾乎無法分解的細胞壁去感染其他微生物時，微生物也演化出新的防禦機制，製造出抑制細菌生長的化學物質，最為人所熟悉的便是黴菌製造出的盤尼西林。亞歷山大・弗萊明（Alexander Fleming）於 1928 年發現在培養皿上長有黴菌菌落的周圍都長不出細菌，這是因為盤尼西林具有能夠抑制細菌細胞壁生成的能力；換句話說，它讓細胞壁中的右旋胺基酸失去防禦功能。[17]

　　對於細菌這類簡單的原核生物，製造含有右旋胺基酸的蛋白質是稀鬆平常的事，通常是為了產生某種防禦效果。那多細胞的真核生物呢？這群包含植物、動物，當然還有我們人類在內的生物又是

如何呢？關於這件事，有人提出一個清楚的法則。艾爾頓‧邁斯特
（Alton Meister）於 1965 年出版了一本關於胺基酸的權威之作，當
中寫道：「目前尚未發現任何決定性的證據，可以支持動植物會自
行合成右旋胺基酸。」1962 年，維托里歐‧伊爾斯帕莫（Vittorio
Erspamer）在南美青蛙皮膚上發現了一種叫做「非薩拉命」
（physalaemin）的胜肽，能夠刺激平滑肌，產生強烈的反應。雖說
這類純粹的意外發現常會激發許多更偉大的發現，然而在此之後的
三十年，世人只見到這位研究人員在兩棲類表皮上尋找具有生物活
性胜肽所付出的努力。對伊爾斯帕莫而言，這是出於勤奮，也是為
了要轉移喪女之痛。他在發表的研究報告中曾簡要地提到自己的生
平，這在科學文章中算是異數。伊爾斯帕莫描述了他這輩子的工作
「所得的結果，遠遠超過了前人最大膽的假設。研究生活像是一場
耐力賽，讓時間飛逝而過，這也是他在面對失去摯愛的十八歲女
兒，瑪麗亞‧露易莎時，唯一能夠安撫創痛的慰藉」。[18]

伊爾斯帕莫的研究激發許多科學家去鑽研他所分離出來的這段
難解、怪異卻又饒富趣味的胜肽。到了 1990 年代，又因而出現了
兩篇重要的回顧文獻，均是由藥理學家勞倫斯‧拉撒若（Lawrence
Lazarus）所寫，題目皆引用了莎士比亞的作品，歌頌著青蛙與蟾
蜍，讚美牠們在文化史、民俗醫療、語言、文學，當然還有藥學上
的貢獻。其中有一篇文章的標題來自下面這段《皆大歡喜》（*As
You Like It*）中的片段（第二幕，第一景）：

逆境也有它的好處，

就像醜陋的毒蟾蜍，

頭上卻頂著珍貴的珠寶一樣；

這樣的生活處境，遠離了塵囂，

聽到樹林的低語，見到河流的智慧之書，

發現隱藏在小石頭中的啟示，

領略萬物的益處。

對拉撒若而言，這段話要稍微做點修改，珍貴的珠寶應是蟾蜍的皮膚；而在逆境中的伊爾斯帕莫則從居住在樹上的兩棲類身上開啟了藥理學，並在流水與石頭下的青蛙與蟾蜍身上發現藥物之書。目前從兩棲類皮膚上發現到的生物性胜肽已經有上百種，而且還在持續增加中。不過，在此我們只關心其中一類的複合物，也就是德摩分（dermorphins）和戴爾多分（deltorphins），通稱為「鴉片胜肽」（opioid peptides）。[19]

　　1981 年時首度發現德摩分，因而推翻了邁斯特於 1965 年宣稱動植物中沒有右旋胺基酸的主張，此後陸續發現許多含有右旋胺基酸的物質。德摩分與戴爾多分都含有七個胺基酸，而且第二個位置不是右旋丙胺酸，就是右旋苯丙胺酸。右旋的胺基酸似乎扮演著重要的角色，因為當以左旋型取代時，胜肽就完全失去活性。在胜肽鏈上，右旋胺基酸協助形成一個尖形的扭結，就像鑰匙一樣，可以開啟許多生物性的門鎖。[20]

　　德摩分與戴爾多分之所以被歸類為鴉片胜肽，是因為它們在大腦的作用就跟天然鴉片一樣，類似嗎啡和海洛英。實際上，德摩分

的效力是嗎啡的一千倍,是腦部神經傳導物質安克啡林
(enkephalin)的一萬倍。德摩分與戴爾多分也可以製成嗎啡的替
代物,作為非成癮性的止痛藥,而且不會影響身體鎮靜狀態或產生
腸胃的副作用。一段簡單的胜肽鏈就可取代鴉片帶來的歡愉,當然
還是有造成藥物濫用的可能。實際上,由於接觸後所引發的亢奮或
憂鬱反應,人們早已知道蟾蜍的表皮上含有威力強大的心理作用物
質。據傳聞,澳洲的吸毒者會舔甘蔗蟾蜍(或稱海蟾蜍,*Bufo
marinus*)乾燥後的表皮,在美國則是將蘇羅蘭沙漠蟾蜍(*Bufo
alvarius*)乾燥的表皮拿來熏;《新聞週刊》(*Newsweek*)曾撰文描
寫這種「像是老祖父的迷幻劑,效果出奇;相形之下,LSD[譯8]不過
只是一杯牛奶而已」。這些算不上是什麼新聞,在傳統的薩滿[譯9]
儀式中,亞馬遜上游盆地的麥西斯族[譯10]會在傷口上放置雙色葉蛙
(*Phyllomedusa bicolor*)乾皮的分泌物來引發幻覺。[21]

　　到目前為止,兩棲類表皮是脊椎動物中唯一發現有右旋胺基酸
的地方,不過一般相信其他動物身上一定也會有。除了脊椎動物之
外,許多動物都使用右旋胺基酸。比方說行動遲緩、色彩繽紛的芋
螺屬海蝸牛,牠們是技巧高超的獵殺高手,會以看起來很美味的觸
手當作誘餌,誘食游動快速的魚類。在其觸手內附有拋棄式的魚叉
狀牙齒,會在魚體內注入大量毒素,使其立即麻痺與抽搐,再以觸
手纏繞,然後吞食。毒液的高毒性成分中,有一段由九個胺基酸所
組成的胜肽康崔分(contryphan),在正中間的位置為右旋色胺酸
(D-tryptophan);這和在德摩分與戴爾多分胜肽中發現的右旋胺
基酸不同,位置也不一樣,顯示右旋蛋白質的種類變化比之前推測

的還要繁複。最後一個關於右旋胺基酸蛋白質的例子是在漏斗網蛛（*Agelenopsis aperta*）身上發現的，牠同樣是以毒液麻痺獵物。在牠們毒液蛋白質鏈的末端是右旋絲胺酸，會使蛋白質呈長扁的針狀，抑制腦部鈣離子通道的運作，從而阻斷神經間的傳導，會造成相當嚴重的後果。不過，發現這種毒液蛋白相當令人振奮，因為這是第一次人們得以知道右旋胺基酸是如何產生的。有一種名為「胜肽異構酶」（peptide isomerase）的酵素會將蛋白質序列中原本的左旋絲胺酸直接轉變為右旋絲胺酸，這種酵素和胰蛋白酶（trypsin）這類常見的蛋白質切除酵素（protein-cutting enzyme）很類似，這顯示一如以往地，生物在演化過程中會利用已存在的資源，而非發展全新的技術，來創造新的特徵，這項發現同時也意味著許多動物性蛋白都可能含有右旋胺基酸。[22]

　　雖然在細菌、蜘蛛、蝸牛、青蛙、蟾蜍到人的大腦都發現了右旋胺基酸，不過這只是反應出它們罕見的事實，讓人對「為何地球上的生命幾乎皆是以左旋胺基酸與右旋醣類所組成」的基本問題更加著迷。這其實含有兩個獨立的命題，一個很容易，一個則很困難。容易的問題是關於「為何胺基酸與醣類都擁有相同的對掌性」（也就是胺基酸都為左旋，而醣類都為右旋）。理由很簡單明瞭，因為要建構任何東西，即使建材本身是不對稱的，使用相同的建材也比使用不同型的材料要容易得多。RNA 和 DNA 便是很好的例子，它們都是由含有一個醣分子的核酸所組成；RNA 含有的是核醣，DNA 則是去氧核醣，就像其他的醣類一樣，它們也是右旋的。DNA 的鏡像可以輕易地由左旋的去氧核醣建構出來，而且應

該也可以作用。但要合成一段同時含有右旋與左旋醣類的穩定分子，幾乎辦不到。對 DNA 而言，穩定性是正常運作的基本條件，同質對掌性（homochirality）也很重要，也就是所有的組成分子必須具有同樣的偏手性（handedness）。胺基酸也是如此，構成蛋白質的胺基酸若全部都是同一型的，也會使得蛋白質較穩定。以上是關於容易部分的回答，困難的部分則是「為何生命是由左旋胺基酸與右旋醣類所組成，而不是反過來的情況」。[23]

有一個流行的理論主張，左旋胺基酸與右旋醣類的優勢根本無法解釋，因為是機率造成這種狀況，除此之外，別無其他。遺傳學家哈丁、生化學家萊斯里・歐格爾（Leslie Orgel）與物理學家莫瑞・葛爾曼（Murray Gell-Mann）一致認為地球上第一個生物使用左旋胺基酸完全是個意外；當然也有可能是另一種情況。只是意外一旦發生之後，左旋胺基酸與右旋醣類就固定下來，成為生命中完全不會變異的部分，這是一場無法改變的意外，所有的後代子孫都會繼承這項特徵，不斷傳承。試想以丟硬幣來決定兩個比賽者的優先權，誰先開始的可能性是一樣的，然而許多微小的因素讓硬幣的某一面朝上，比方說人頭，而這樣的結果勢必會影響接下來的競賽。硬幣的人頭那一面並沒有什麼特別，也許另一天朝上的會是尾巴那一面，重點是一旦決定了第一個，剩下來的部分就會跟著變動。生命的競賽和此有些差異，地球上的生命只玩了一輪，而且這首輪還在持續進行中。將一切歸諸機率固然是相當誘人而且簡單的想法，但有越來越多的科學家不認為這足以解釋地球生命中的左旋胺基酸優勢，接下來我們將討論讓這些科學家產生質疑的原因，其

中有部分來自距離地球數百萬英里遠的地方。[24]

地球生命起源的環境和現生生命所依賴的環境差異很大。人們很自然地會去假想那是一個有利的環境，充滿柔軟、脆弱的核酸、醣類與胺基酸等聚合體，還有一些嘗試如何達到自我複製的細胞膜——也就是達爾文形容的「充滿各種阿摩尼亞與磷酸的溫暖小池塘，還有光、熱、電等能量存在著」。然而到了二十世紀，研究人員則認為地球早期是一個比較有害的環境。哈丁設想出一個很熱的世界，有滂沱大雨將山上的化學物質沖刷到海中，形成「黏稠的熱湯」。在 1950 年代，生化學家史坦利・米勒（Stanley Miller）以電擊通過充滿甲烷、阿摩尼亞、氫氣與水蒸氣的混合氣體，模擬地球早期環境。即便如此，這樣的環境可能還是太過健康。化學家威廉・伯納（William Bonner）描述過「在地球剛形成的前七億年左右，曾受到許多彗星與流星襲擊。它們多半都比哈雷彗星還要大。有些撞擊所造成的能量足以將海洋蒸發，形成帶有岩石蒸氣的大氣層，同時將地球從表面到幾十公尺深的地方消毒得一乾二淨」。對於某些精密的化學反應或是實驗生物學來說，這樣的環境顯然不很理想，除了一片波浪拍岸的溫暖海灘之外，很難想像還會有什麼東西出現。然而，複雜的生命的確就是在這樣的世界中開始演化出來，並且使用含有右旋醣類的 DNA 作為遺傳密碼，而體內複雜的酵素則是由左旋胺基酸所構成。[25]

如果機率無法充分解釋左旋胺基酸或右旋醣類之優勢，那麼一定是基於某種原因，讓生命選擇左旋胺基酸，而非右旋胺基酸，而這又引發了另外兩個問題：一個是要探究左旋胺基酸何以比右旋來

得好,另一個則是要問,這樣一個也許相當微小的差距,為何會造成整個生物界幾乎都沒有右旋胺基酸的蹤影。多數的思考都環繞在左旋胺基酸優於右旋胺基酸這方面,這伴隨著一個模糊的希望,以及一些空泛的臆測,結果凡是與理論有關的論點都站不住腳。所有這些理論都得面對一道共同的難題,那就是究竟要有多少左旋胺基酸才足夠形成優勢。這麼小的分子勢必會被地球早期的混沌所吞沒。另外有許多理論都考慮地球本身的不對性,可能是磁場或石英晶體,或是重力場,但最後不論是在理論上或實證上,或是兼而有之的情況下,這些全都被推翻了。所以任何可行的理論都不應再侷限於地球本身,而應往物質內部的原子層級探索,或是往外延伸到太空深處。[26]

物理學家稱呼左右對稱性為「宇稱」(parity),而且一直假設宇宙是左右對稱的;或者用他們的術語來說,宇宙是宇稱守恆的。對物理學家而言,「偶性宇稱」(even parity)代表物體的構形經過鏡子反射後不會有所改變,而「奇性宇稱」(odd parity)則是在鏡子中會相反過來。葡萄酒開瓶器是奇性宇稱的,因為原本的右牙螺旋在鏡子中會變為左牙螺旋,但酒杯則是偶性宇稱的,鏡裡鏡外都是一個樣。用諾貝爾物理獎得主布萊基特勛爵(Lord Patrick Blackett)的話來說,宇稱守恆(conservation of parity)意味著「大自然的五金行中永遠儲存著等量的右牙與左牙螺旋的葡萄酒開瓶器」。試想一場撞球比賽,我們無法由球的運動來判斷哪邊是真的撞球桌,哪邊又只是鏡子反射出的影像,因為不論是在鏡中還是在真實世界,在每一次敲桿後,球都會依據物理定律移動。但這可不

是人類日常生活的寫照，想像一個右利的朋友打開了一瓶葡萄酒，然後坐下來讀《時代》雜誌。這幅景象的鏡像會有許多不同，葡萄酒開瓶器會變為左牙螺旋，轉的方向也變為逆時針，倒酒的手變成了左手，而報紙的文字也都顛倒過來。日常生活的宇稱一點也不守恆，人類的五金行不會儲存等量的右牙與左牙螺旋的葡萄酒開瓶器，而人類本身也是左右不對稱的，同時還會將這項特性反應在他所能觸及的所有事物上。不過，宇稱似乎是適用於物理學上的，就像楊振寧在他的諾貝爾獎得獎演說中提到的：「物理定律總是顯現出左右之間完全的對稱性。」不過，在 1957 年 1 月發生了一件讓人興奮的事，後來布萊基特勛爵形容它是「近代物理史上最稀奇、最令人激動的事件」。那就是吳健雄在華盛頓特區進行了一項實驗，只花了四十八小時，就推翻了多數物理學家的預期，證實宇稱不守恆。[27]

其實，宇稱守恆的觀念並沒有那麼的愚蠢。物理學區分出四種不同形式的自然力：電磁力、強作用力、弱作用力[譯11]與萬有引力，除了弱作用力外的其他三種力都顯示出宇稱守恆。李政道與楊振寧這兩名華裔美籍物理學家於 1956 年 10 月發表了一篇論文，假設宇稱守恆在弱作用力上不會成立，並提出一項可供測試的實驗。雖然因為他們在先前的實驗結果中發現了異常狀況，所以這項提案非常精確，但那時依舊有許多人懷疑他們的論點。要說服美國國家標準局進行實驗相當困難，因為該局的理論學家認為，到頭來還是會證明宇稱守恆，做實驗不過是浪費時間而已。他們並不是唯一這樣想的人，事後令科學家後悔不已的經典理論性評論中，有一份出

自諾貝爾獎得主、理論物理學家沃夫岡‧庖立（Wolfgang Pauli）之手。他從蘇黎世發函表示：「我拒絕相信上帝是個軟弱的左撇子，而且我已經準備好高額的賭注，相信實驗結果一定是對稱的。」沒有人知道庖立到底押了多少籌碼，不過如果他真的有下注，應該一毛都拿不回來。[28]

這場實驗是利用放射性元素鈷六十，它會進行貝他衰變（beta decay），釋放出一個電子，以及一個比較不好理解的次原子層級粒子，物理學家稱之為「微中子」。鈷原子的旋轉方式與地球的旋轉方式類似，都是繞著自轉軸轉，所以也可以說它有南北極，當然，這完全是人類自己想出來的說法。若是鈷原子在一個強大的電磁場中被冷卻到絕對零度，它們會成直線排列，並向同一個方向旋轉（比方說，若是由上往下看，會是順時針旋轉）。它們會繼續放出電子，而關鍵就在於是從哪個方向放出。若宇稱守恆，那麼答案應當會是「從南北兩極平均地射出」；若非如此，則由鏡中觀察這個實驗時，當會和實際狀況不一樣，就像葡萄酒開瓶器一樣，表示這套系統是奇性宇稱。結果正是如此，電子從南極射出的數目多於北極，這意味著宇稱不守恆。最後發現電子是左旋的。庖立形容這項實驗「非常戲劇性」，而實驗結果在幾天之內就傳遍全球的物理學界。諾貝爾獎委員會也和庖立一樣，認知到李政道與楊振寧的成就，就在同年（1957）頒給他們諾貝爾獎。[29]

1979 年諾貝爾獎得主、巴基斯坦籍的物理學家艾伯達司‧薩拉姆（Abdus Salam）對李政道與楊振寧的發現曾做過一個很好的闡釋，讓大眾也可以了解其重要性。他向一位古典主義的朋友解釋為

何這個發現如此振奮人心：

我問他，是否有任何經典名著曾出現過只有左眼的巨人？他承認獨眼巨人曾被描述過，還給了我一串例子，但這些巨人（就像荷馬作品《奧德賽》中的獨眼巨人一樣）的眼睛都位於頭部中央。在我看來，物理學家的發現就是，太空是個眼睛稍微偏左的巨人。

宇稱不守恆現象[譯12]衍生出各式理論，有的甚至拿它來解釋為何宇宙中左旋的星系多於右旋的星系，它也可以用來解決第三章的奧茲瑪問題，告訴一個身在外太空深處的外星人哪一隻才是左手手套。答案很直接，只要他有設備可以觀察一大群電子的旋轉，多數的電子都是左旋；或者，更好的方式是去觀察一些微中子，每個微中子都是向左旋轉──正如同物理學家奧圖・弗利胥（Otto Frisch）所形容的，微中子的運行就像是從刻有左旋來福線的槍管中射擊出來的旋轉子彈一樣。一旦大家都認定微中子旋轉的方向就是往左，自然就有辦法描述哪一隻手套是左手手套。在康德於 1768 年發表文章近兩百年後，奧茲瑪問題終於在 1957 年解開了。[30]

　　不過真正的挑戰是，能否以弱作用力的不對稱性來解釋生物界中左旋胺基酸與右旋醣類的優勢？在吳健雄的實驗後不久，哈丁便指出巴斯德曾推測生命的不對稱性可能反映著宇宙本身的不對稱性，這會是最終的答案嗎？次原子層級粒子的偏手性會與胺基酸及醣類的偏手性有關嗎？許多理論物理學家與化學家都是這樣推測的，也有許多研究人員試著以實驗去證實這一點，但都不大成

功——不是因為這種作用太小無法發現，就是實驗結果無法被其他實驗者重複。不過，只要考慮問題本身所涉及的尺度，就不難理解要解決它為何如此困難。[31]

　　自 1957 年以來，理論的重點轉向了，從右旋與左旋胺基酸的鏡像對稱，轉移到它們非完全鏡像的事實，也就是電子並不互為鏡像，而多半都是向左旋。正是因為如此，左旋與右旋胺基酸的物理性質會有些許差異，右旋胺基酸比較不穩定，較易被分解。這現象應當能解釋為何到最後左旋胺基酸多於右旋。若是這個過程因為某些因素而被放大，那麼生物體內可能就只含有左旋胺基酸。這個理論相當迷人，許多理論學家都很認真地看待它，他們演算出的結果證明左旋胺基酸較多，但多出的比例極小——約為十的十七次方（10^{17}）分之一。要了解這到底有多小，可以想像：地球的圓周為四萬公里，若是把地球放大十的十七次方分之一，那麼周長會增加多少？答案大約是半毫米的百萬分之一，或是四埃（$4A° = 4 \times 10^{-10}$），相當於幾個原子的直徑，也就是差異極度微小之意。如此看來，似乎很難相信這樣小的差異會引起任何實質上的生物性作用。[32]

　　重點是，這樣微小的效果需要被放大，其中的一個可能性是「正向回饋」（positive feedback），在擴音器前擺放麥克風或電吉他時，就可以感受到這個現象。麥克風偵測到微弱的訊號後，擴音器就會將它放大，接著麥克風便從擴音器那裡偵測到較大的聲音，而擴音器又將這個聲音放大；不斷循環，一會兒就可製造出震耳欲聾的聲響，達到整個系統的最大音量。在化學系統中也有類似的現象，可以將原本些微的差異不斷放大。其中一個可能性是，在一些

初期的化學反應中，右旋的化學物質會抑制左旋物質的作用，反之亦然；兩者之間一點點微小的濃度差異都會被放大，直到一方完全勝出，另一方消失殆盡。兩者之間一開始存在的十的十七次方分之一的微小濃度差異，到最後應當也足以讓一方成為優勢。曾經有實驗模擬出這樣的化學系統，顯示這種機制真的可以將微小的差異透過宇稱不守恆原理放大。[33]

　　如果弱作用力造成的微小差異真的是造成今日左旋胺基酸優勢的原因，有可能測試或證實這樣的理論嗎？的確是有個辦法，不過出乎意料地，並不是在地球上進行。任何一個根據弱作用力發展的理論都會有個相當清楚的預測，意即整個宇宙都是用相同的物理定律，也就是宇稱在宇宙中也不守恆。這表示不論是在哪裡，左旋胺基酸都應該比較多。換言之，生命（或者至少是胺基酸）在宇宙的任何一個角落都是差不多的狀況。根據這點，研究人員於 1960 年代提出了「巴斯德探針」（Pasteur probe），一種以光學反應搜尋外星生命的太空探針。[34]

　　誠然，科學理論必須做出預測，但若這些預測無法被測試，也只是空談而已。所以，如果沒有機會得到其他世界的胺基酸，關於它們的種種推論似乎就沒有多大意義。但事實上並非如此。許多太空深處的物質不斷地被流星帶到地球，它們不會在大氣層中完全被燒盡，而是墜落到地球表面成為碎裂的隕石。多數的隕石都是一塊含鐵及各類礦物質的固體，並不會特別引起生物學家的興趣，但也有些例外，比方說含碳的球形隕石。1969 年 9 月 28 日上午 11 時，有一顆這樣的隕石掉落在澳洲維多利亞的莫奇森（Murchison）。這塊隕石碎裂了一地，碎片遍及方圓五平方英里（約為十三平方公里）。研究人員立刻意識到它的重要性，因為這些碎片主要是由「炭黑色的物質」所組成，還帶有一股強烈的有機物質的味道，聞起來像是變性酒精。之後，這些碎片被收集起來，進行更徹底的研究。不久就發現這塊有 3% 成分是碳的隕石富含胺基酸。這當然有可能是隕石撞擊地球後受到的污染，畢竟地球上的生物體內富含胺基酸。不過這項可能性很快就被去除，因為研究人員在隕石內部也有同樣的發現，同時還找到從未出現在地球生物體內的胺基酸，像是甲基丙胺酸（methylalanine）、肌胺酸（sarcosine）與甲基正纈胺酸（methylnorvaline）。最初做的檢驗顯示這些胺基酸似乎都是外消旋，混有一半的左旋型與一半的右旋型，但這次取得的樣本甚少，而且分析的儀器不甚可靠。之後的研究則發現這塊莫奇森隕石的左旋胺基酸含量明顯較右旋多，以白胺酸（leucine）為例，左旋的比例高達 97%。這是第一次出現強有力的證據，支持左旋胺基酸在地球之外的其他地方也占有優勢，可惜的是碳質球粒隕石很稀少，之前於 1950 年掉落在美國肯塔基州的莫瑞（Murray）隕石，後來也發現是左旋胺基酸較多的情況。2000 年 1 月 18 日，又有一顆較大的含碳球形隕石掉落在加拿大北邊英屬哥倫比亞的泰蓋旭湖（Tagish Lake）。科學家很快就從冰凍的湖中將它的碎片收集起來，並且立即低溫冷凍，以利後續科學研究的進行，不久之後就可揭曉胺基酸分析的結果。[35]

多數關於左旋胺基酸優勢的理論都是依據皮耶・居里（Pierre Curie）所提出的原則，他和妻子瑪麗（Marie）因為發現放射性而

同獲諾貝爾獎。居里認為「不對稱性不會由對稱性衍生出來」。既然除了弱作用力，其他所有的物理定律都是對稱的，那麼弱作用力應該就是值得探究的部分。但這種想法忽略了宇宙尺度極大的事實。假設在宇宙局部存有不對稱性，可能在另一處會發現與之相反的不對稱性，那麼物理定律就還是對稱的，因為即使在某個區域對胺基酸的作用並不對稱，但整體來看，宇宙還是對稱的。當論及宇宙時，「局部」可能是很大的範圍，這也是威廉・伯納理論的基礎。伯納是史丹佛大學的化學家，他認為圓偏振光（circularly polarized light）是造成地球上左旋胺基酸優勢的主因。會被偏振的太陽眼鏡片所阻擋的一般偏振光波，只能向上或向下行進，但圓偏振光波卻是以螺旋方式行進，可以是順時針（向右），或是逆時針（向左）。這點對解釋為何左旋胺基酸過剩或許有所幫助，因為圓偏振光與不同對掌性分子的作用效果也不同，它會使得其中一型的立體異構物壓過另一型。但若要以此解釋左旋胺基酸過剩的原因，必須先找到大量圓偏振光的來源。伯納認為在中子星附近最容易發現圓偏振光。在超新星爆炸後，會形成這些密度高的中子星，在我們的銀河系中也經常出現，過去幾千年來就發現了三個。[36]

　　中子星都很小，但密度奇高，質量和我們的太陽差不多，直徑卻只有二十到三十公里，跟一座小型城市差不多大。它們也有一個相當強大的磁場，而快速自轉後的旋轉磁場製造出巨大的電場，讓行星電子進行繞核的圓周運動，並放出輻射，其中部分的輻射就是圓偏振光。在行星赤道以上，光會向一邊偏振，比方說順時針；而在赤道以下，光則向另一邊偏振，以逆時針方向行進。在太空深處

充滿分子雲，凍結在星際間矽酸鹽塵埃的顆粒表面，而在中子星區
域的顆粒則不斷受到圓偏振光的衝擊，使得水、阿摩尼亞、甲烷與
二氧化碳，及其他冰層中的簡單分子形成胺基酸。在中子星的某個
半球，它們將是左旋型的，而另一半球則以右旋型居多。這些星塵
逐漸凝結，形成一大團岩石，受著萬有引力的影響，在星系間移
動，最後成為彗星或流星，來到我們所居住的太陽系。如果它們來
自中子星的某一側，就會充滿左旋胺基酸，若是剛好來自另一半，
則會充滿右旋胺基酸。這和之前探討的左旋胺基酸形成理論不同。
根據宇稱不守恆的理論，宇宙中到處都是左旋胺基酸，但偏振光理
論則主張只有來自中子星某一部分的隕石，才會充滿左旋胺基酸
（來自其他部分的則富含右旋胺基酸）。這兩個理論之間有著微妙
的區別，但只有當我們能夠分析彗星或是來自宇宙其他地區的胺基
酸時，才有意義。[37]

在我們所居住的這部分宇宙，隕石可能是包含著左旋胺基酸
的，但理論上，這和我們身體內充滿左旋胺基酸這件事並沒有直接
的關係。地球距任何一個中子星的距離都非常遙遠，自然不會受到
圓偏振光的影響，在表面產生大量左旋胺基酸。對伯納而言，唯一
的解釋就是地球上的左旋胺基酸是由隕石帶來的。雖然這個解釋乍
看之下有點誇張，但也不是沒有道理。首先，這並不代表隕石帶來
的是一個已成形的生命，只是裝滿左旋胺基酸而已（也許這很難令
人置信，但不要忘記地球上多數的金與鉑元素也是這樣來到地球
的）。其次，至今依舊不確定地球早期的環境有辦法讓簡單的化學
物質形成胺基酸，所以這種天降胺基酸的說法也不無可能。地球一

形成，就有為數眾多的隕石撞擊地球，其中最嚴重的一次發生在六千五百萬年前的墨西哥，恐龍因而滅絕。這些隕石帶來的胺基酸在撞擊地球之後又是如何呢？如果它們只是溶解在高溫的大海中，就會被稀釋，淡化到無法形成生命，是不是有可能生命並非始於海洋，而是在地球的岩石裡？[38]

　　近年來，重要的生物性發現要算是「極端微生物」（extremophiles）這類細菌。它們熱愛對我們而言算是極端而無法忍受的環境，像是在沸騰熱泉中發現的「嗜熱菌」（hyperthermophiles）、在幾近永凍的南極海冰中發現的「嗜冷菌」（psychrophiles）、在埃及與非洲鹼性的碳酸氫鈉湖泊裡發現的「嗜鹼菌」（alkaliphiles）、在硫酸中發現的「嗜酸菌」（acidophiles），以及在鹽湖中發現的「嗜鹽菌」（halophiles）。雖然把這些當作是自然界中的異類比較容易理解，但古爾德（Stephen Jay Gould）強調，這類存在於岩石深處的大量生物，可能比地球上其他所有的生物都還重要。分子遺傳研究定序出這些生物的基因組，並且和其他細菌與真核的多細胞生物比較，結果相當令人驚訝。它們和一般的細菌很不一樣，比所有的生物都接近生命演化樹的「樹根」，這表示它們是另一群生物，古老的一群「古生菌」（archaea）。古生菌和多細胞生物之間的親緣關係也可能比一般細菌還接近，也就是說，人類和古生菌的演化關係比和皮膚上或大腸內的細菌要接近。這聽起來匪夷所思，但它們的確和地球上的其他生物分享一項關鍵的共通性──都是使用相同的遺傳密碼，而且蛋白質也都是由左旋胺基酸所組成，這是目前所知地球生物合成蛋白質的唯一模式。有趣的

是，古生菌不像一般細菌，它們的細胞內有右旋胺基酸，尤其是右旋絲胺酸，這種胺基酸也大量出現在老鼠與人類等哺乳類的大腦，算是我們和這種古生菌擁有相同祖先的一種佐證。[39]

地球的岩層中若真有這麼多生物，也許生命源自陸地，而非海洋。這個主張乍聽之下有點荒誕，但反覆思考這個問題後，就覺得這想法也不無可能。岩層是一個溫暖的環境，有硫化氫與硝酸鹽等分子提供的充沛能量，而且岩層內部有許多微小的空間相連，不受到海洋或氣候的干擾；在那裡，可以形成高濃度的特殊化學分子，有機體也可以嘗試發展出解決各種新陳代謝與生殖問題的方案，可說是一個製造新生命的理想試管。唯有在複雜的生化系統得以運作的情況下，生命才可能擴充其範圍，進入充滿危險的環境——地球表面。這個理論也提供另一種途徑來解釋左旋胺基酸的優勢。當含有左旋胺基酸的隕石撞擊地球後，撞擊力會將混有大量含碳化合物的化學物質帶進溫暖岩層的深處。既然生命的先驅物質是左旋胺基酸，從其中演化出的生物完全採用左旋胺基酸，也是意料中事。[40]

林林總總介紹了這麼多的推測與理論，有一件事是可以確定的：左旋胺基酸支配著地球生命的特性，偶爾發現的例外，只是更凸顯它們的優勢而已。至於解釋左旋胺基酸優勢成因的理論則還有待補強，但純粹是由機率引起的講法，目前看起來似乎是不大可能了，而其中牽涉的機制也不再只侷限於地球上。隕石所帶來的證據顯示出，宇宙中有相當大的範圍是以不對稱的方式在演進，而這造成物理與化學層次上的偏手性。圓偏振光可以讓宇宙的某個部分產生帶有特定偏手性的胺基酸，如果剛巧地球就在生成左旋胺基酸的

影響範圍內，那麼撞擊地球的隕石及地球上生命的主要成分當然就是左旋胺基酸。那麼，宇稱不守恆現象與弱作用力的不對稱性又扮演著什麼角色呢？這會和左旋胺基酸的優勢有關聯嗎？目前依舊有許多人想要以此建立物理學與生物學的連結，支持這理論的狂熱份子似乎還不會就此罷手。其中的一個可能性是在星系分子雲間的寒荒中，宇稱不守恆會和圓偏振光相互作用，也許會造成其他難以理解的現象，比方說「磁掌效應」譯13，兩種作用的整體效應造成了左旋胺基酸的優勢。

　　這些論點讀起來也許天馬行空，但不要忘了科學家想要解決的這個生物學問題有多大，它可是從巴斯德時代延續至今的問題，也該想想弱作用力不對稱理論與圓偏振光效應理論所做出的不同預測。弱作用力理論強調整個宇宙都是左旋胺基酸占優勢，而圓偏振光理論則預測一半的宇宙是左旋胺基酸過剩，另一半則是以右旋胺基酸為主。必須要想辦法確定宇宙各處胺基酸的對掌性；不僅是我們的太陽系，還要包括分布在遙遠宇宙中的分子雲。若為左旋與右旋各一半的狀態，那就表示弱作用力並不是影響地球上不對稱性的原因；若都是左旋，則表示弱作用力就是正解。若是有四分之三是左旋，那兩個理論可能都有部分是對的。現階段並沒有方法可以確定太陽系內的胺基酸是左旋還是右旋，不過這情況不久後就會改觀。「尋找外星同掌性分子」（Search for Extra-terrestrial Homo-chirality, SETH）計畫正在生產小型的多功能儀器，可以評估太空來的化學物質之偏手性，這項計畫可能會比「尋找外星智慧」（Search for Extra-terrestrial Intelligence, SETI）計畫更早得到結果。

天文學的進展也讓我們有機會得知其他巨大分子雲內胺基酸的對掌性，屆時我們將會知道關於生命起源這個大問題中的一項解答。[41]

　　這一章檢視了生物學與物理學中最小層級的偏手性，接下來將回到我們的感官尺度，討論對人類而言最顯而易見的不對稱性，探討造成我們慣用左手或右手的真正原因。

譯注

譯1　化學上，通常稱含有五十個以上胺基酸分子的為蛋白質，低於五十的則為多胜肽；胜肽與多胜肽之間則無明顯區分，一般稱含有兩個到數十個胺基酸的為胜肽。

譯2　「chiral」在拉丁文中為「手掌」之意，此名詞又常譯作「螺旋性」、「對稱性」或是「手徵性」。

譯3　威廉‧湯普生於 1866 年受封為爵士，到了 1892 年又晉升為克耳文男爵（Baron Kelvin of Largs），藉此表揚他對物理學及工程學的貢獻。除了測量出絕對溫度外，克耳文對於熱力學第二定律、熱力學、電磁學的數學分析、水力學與地球科學等均有貢獻，而他所研發的海底電纜更讓英國控制當時的電報系統，稱霸全球。

譯4　此句改編自英國家喻戶曉的兒歌〈橘子與檸檬〉（Oranges and Lemons），原句是「橘子與檸檬，聖克萊門教堂的鐘聲說」。此歌謠可能是倫敦的孩子們配合當地教堂鐘聲所編成的。

譯5　金屬疲勞是指在反覆施加的應力循環下，金屬失去原本性能的一種現象。

譯 6　理論上只有消化過的食物，才會轉變成小分子，經由腸道黏膜吸收後進入血管。

譯 7　海馬腦區的神經細胞外膜有一種特別的受體蛋白質，它是專門用來管理學習與記憶工作。這種蛋白質叫做 NMDA（N-methyl-D-aspartate）。

譯 8　LSD 的全名是麥色酸二乙醯胺（Lysergic Acid Diethylamide），在臺灣又叫做搖腳丸。LSD 會引發服用者感官的錯覺，產生快感，時間變慢，沒有肉體上的限制，及錯綜的感覺扭曲。

譯 9　薩滿（shaman）泛指遍及歐亞大陸、美澳等地的民間信仰。他們相信萬物均有靈性，世界是由一股看不見的力量所支配。

譯 10　麥西斯族（Matses）居住在祕魯與巴西邊界的叢林中，是一個半游牧式的小部族，主要以漁獵和採集營生。

譯 11　強作用力（strong force）係指原子核之間的鍵結，力量強大。而弱作用力（weak force）係指基本粒子發生原子核衰變的作用力。

譯 12　宇稱守恆主要是根植於宇宙左右對稱的想法，並應用在所有的物理系統上。在 1957 年以前，物理學家普遍相信只要反應左右完全對稱，並不會影響物理反應的結果。宇稱的概念則是由量子物理學家所引進，應用在描述原子變化時的波動方程式，表示原子變化前後宇稱守恆。但是後來發現，這種守恆定律並不適用於原子間的弱作用力上。

譯 13　磁掌效應（magnetochiral effect）係指光平行通過磁場時，掌性介質所吸收到的去向與返向光波會不一樣。

第 7 章

靈活與笨拙

1839 年時達爾文尚未成名。三年前，也就是 1836 年 10 月，他才剛完成小獵犬號的五年探險之旅。在那次旅程中，他體悟出天擇與演化的觀念，並以此為基礎，完成了《物種原始》（*The Origin of Species*）。如今他打算安頓下來。1839 年 1 月，他娶了表妹愛瑪·魏居伍德（Emma Wedgwood），他的第一個孩子威廉誕生於 1839 年 12 月 27 日（圖 7.1）。達爾文顯然是個寵溺孩子的父親，這點從他在書信中對威廉的描寫可以窺見：

他是結合美貌與智慧的天才。他是如此迷人，讓我無法假裝謙遜。我不能接受任何對他的美好的懷疑，不過我們至今還沒遇到這樣的情況。

他是個迷人的小傢伙，我從來沒想過一個五個月大的嬰孩會具有這麼多特質：我想你將發現，我是一個多麼狂熱的父親。

達爾文一共育有十個孩子，不過瑪麗在三週大時就夭折，另一個查爾斯則在十八個月大死去，長女安妮則在十歲時因為腸胃炎病逝。心理分析學家、也是達爾文的傳記作者約翰·鮑比（John Bowlby）認為，

圖7.1　達爾文與其子威廉的銀版相片，攝於1842年8月23日，當時威廉兩歲八個月大，達爾文則是三十三歲。

安妮之死是達爾文「心中永遠無法抹滅的悲痛」。達爾文在安妮死後十三年寫道：「這世上再也沒有比失去她更痛苦的事。」命運對個人的捉弄與傳染性疾病的無常，彷彿反映在這一個維多利亞時代的英格蘭家庭中，其餘的七個孩子則順利成長，活到相當的年歲，分別於六十七、七十五、七十七、七十七、七十九、八十四與九十三歲辭世。[1]

　　早在威廉出世之前，達爾文就思索過孩童發育與演化之間的關聯，並在他的科學日誌中草草寫下「嬰孩的自然史」（Natural history of babies）這樣一個標題，還列出幾個需要回答的問題。威廉出生後，達爾文將他的發育過程記錄在一本筆記中：「第一週，打呵欠，會像老人一樣伸展自己的身體；主要是四肢的上半部在活動；打嗝、打噴嚏。」還有一些可愛的紀錄，描述威廉（又暱稱為「嘟弟」或「何弟嘟弟先生」）一歲時所發明的語彙，比方說「mum」代表食物，並很快推而廣之，以「shu mum」表示糖，「black shu mum」表示甘草。[2]

　　達爾文不只是觀察而已，威廉四歲半時，他還做了個實驗：

我靠近他的臉，發出很大的鼾聲，這讓他認真了起來，變得害怕，突然間就哭了。這很有趣，因為之前我曾對著他發出各種奇怪的聲音或是扮鬼臉，但他總是把它們當作是笑話。我又重複做了這實驗。

「我又重複做了這實驗。」這句話巧妙反映出達爾文集父親、自然

學家與實驗科學家多重身分的心態。想必小嘟弟後來又被奶媽與母親的驚人之舉嚇哭過幾次。[3]

就跟他的多數詳細筆記與想法一樣，達爾文直到多年之後才發表他的想法。1877年，達爾文在甫創刊的哲學與心理學期刊《心智》（*Mind*）上讀到泰尼（Hippolyte Adolphe Taine）描述孩童語言發展的文章後，他回頭去整理自己當年留下的筆記，最後寫出在他所有科學著作中最具個人色彩的作品，題為〈一個嬰兒的傳記式描寫〉（A biographical sketch of an infant）。這時威廉都已經三十七歲，在南安普頓當銀行職員。此時孩童發展的研究還在起步階段，達爾文的紀錄是當時少數對一個嬰兒的系統性觀察，這對此領域的開展有相當幫助。[4]

威廉十一週大時，達爾文研究了他的偏手性，並在筆記上寫下：

現在十一週大，用右手拿奶瓶。餵奶時有時是以右手臂抱著，有時是左手臂。他沒有用左手拿奶瓶，即使當奶瓶放在左邊時也是。這孩子並沒有進行任何使用手臂的練習。

還不滿十二週的某一天，用右手握住凱薩琳的手指，並放到嘴巴裡。

剛滿十二週的那天與隔天，用左手握住奶瓶，就跟之前用右手做的一樣，這表示他的右手至少領先左手一週。之所以說「至少」，是因為我不十分確定自己所觀察到的，是否就是他第一次用右手的時候。

這些粗略的評論、想法與觀察最後被整理出來，成為一篇科學論文：

七十七天大時，他會以右手握住奶瓶（餵奶時也是），不論奶媽是用左手，還是右手抱他都是如此。儘管我試著讓他用左手握奶瓶，但要到一週後，他才做得到，可見右手的發育領先了左手一週。

根據這樣的觀察，達爾文認為他的兒子應該是個右利者。但事情並非如此，他在這篇文章後面提到：「然而，後來我發現這個嬰孩是個左利者，這無疑是遺傳自他的祖父、母親與某個舅舅。」達爾文在其他地方也一再表示，「眾所皆知，這是由遺傳造成的」。[5]

　　達爾文之所以會在孩子這麼小的時候就關心起他的慣用手，當然是有原因的。他自己本身是右利者，但妻子愛瑪與威廉的祖父則是左利者，雖然我們不確定這裡所指的究竟是祖父還是外祖父，不過外公約書亞・魏居伍德二世的可能性比爺爺羅伯・達爾文要大些。無論如何，這都是一個左利人口眾多的家族。在達爾文的所有孩子中，有八個都活到可以確定慣用手的年紀，而當中有兩個是左利者。這個比例就是雙親分別為左利與右利時，孩子出現左利的典型比例。[6]

　　達爾文對偏手性的興趣，尤其是對自己孩子的偏手性，在今日看來也並非不尋常。我從 1970 年代開始從事偏手性的研究，父母最常問的問題之一便是，何時他們可以得知孩子是左利還是右利？不過，最常被問到的問題也許是「左利有多普遍？」讓我們就從這

一點開始討論，但請你先完成以下這份簡單的偏手性問卷調查：

你主要是用哪一隻手完成下列工作？ 請在左或右當中選一個。	
書寫	左／右
畫畫	左／右
丟球	左／右
刷牙	左／右
拿剪刀	左／右
拿刀（沒用叉子時）	左／右
拿湯匙	左／右
拿杯子	左／右
使用電視遙控器	左／右
開飲料罐（有拉環的）	左／右

雖然這不是最複雜或最精密的偏手性問卷調查，但已足夠達到這個
目標，而且近來已被邁斯翠屋博物館（Vestry House Museum）的奈
格爾・賽德勒（Nigel Sadler）拿來調查北倫敦沃聖森林（Waltham
Forest）近三千名學童的偏手性，那是一項規模相當龐大而且具有
代表性的抽樣調查。[7]

　　要計算這份問卷很簡單，算出你選擇左的次數，這數值應該是
介於零（若你是一個高度的右利者）到十（若你是一個高度的左利
者）之間。看看圖 7.2 就可以知道自己和他人之間的差別。先看主
圖的 X 軸，代表使用左手的次數，數字從十排到零，Y 軸是每一項
選左的人數比例，很明顯地，大約有三分之二的人不使用左手從事
這些活動，被歸類成高度右利。由於他們所占的比例過高，所以很
難看出其他部分的比例關係。為了要凸顯這些次要的部分，又在圖
中做了一個小圖，放大了主圖中選用左手與中間值的部分。

　　結果這部分呈現一個 J 形曲線，右邊最高（高度右利），然後

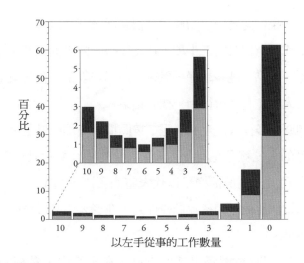

圖 7.2　北倫敦沃聖森林學童偏手性的研究（奈格爾‧賽德勒未發表的資料）。男性與女性之間的比例以深淺區分：淺灰色為男性，深灰色為女性。比較「0」與「10」這兩個直條，可以明顯地看出，左利的男性較多；在「10」的直條中，淺灰色的部分多於深灰色，而在「0」的直條中，深灰只比淺灰多出一點。

一直減少到中間時幾乎為零，接著又開始攀升到左邊（高度左利）。在高度左利與右利之間的是中間型，若是他們使用左手的次數在六到九之間，就稱為低度左利，若是介於一到四次，則為低度右利。至於得到五分，那些一半的活動用左手，一半用右手的 1% 人口又是怎麼回事呢？難道他們兩隻手都一樣靈活嗎？恐怕不是。當追加進行另一份更精密、更仔細的問卷調查後，發現多數人還是會偏用某一隻手；換句話說，他們不是低度左利，就是低度右利。雖然的確有人宣稱自己是雙手都很靈活，但當他們在實驗室接受比較嚴格的測試時，還是會顯現出偏用左手或右手的傾向。除非有人認真苦練，也許是為了娛樂助興，不然幾乎沒有人可以雙手書寫得

一樣好。如果你認為自己的雙手都很靈活，那試試圖 7.3 的練習。
先用鬧鐘或計時器設定三十秒，在這段時間內用細字筆在每一個圈
圈中畫上一個點，越多越好，然後再換另一隻手。在這項測試中，
幾乎沒有人的左右手會得到一樣的結果。

那到底有多少人是左利者呢？按照慣例，那些以左手完成一半
以上活動的人就算是左利者。沃聖森林的調查顯示只有不到 11%
的人是左利者，這份抽樣足以代表整個英國，甚至西方世界的概
況；不過這個比例，稍後我們會提到，在老人族群或是世界的其他
地方會更低。[8]

圖 7.2 同時也顯示出其他訊息。在男性中，左利的比例是

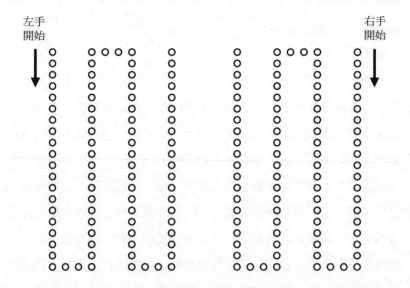

圖 7.3 譚普立（S. M. Tapley）與布萊登（M. P. Bryden）設計的偏手性測試。在三十
秒內盡可能地在圈圈中畫點，先試一隻手，然後再換另一隻手。

11.6%，但女性則只有 8.6%，也就是說男人中左利的情形比女人常
見，這結果和其他研究相類似。整體而言，男性左利與女性左利的
比例約為五比四。這並不是多大的差距，但卻是普遍存在的事實，
而且也反映出左利的重要生物機制。達爾文家族就透露出這種性別
差異的線索，在八名男性中有三名左利（38%），而在六名女性中
有一名左利（17%）。[9]

　　認為性與偏手性有關的概念可回溯到心理學。佛洛伊德在
1897 年與 1898 年時曾與懷赫姆・弗立斯（Wilhelm Fliess）通信討
論這個概念，雖然他們的討論主要著重在弗立斯提出的「雙 B 」
（Bi-Bi）理論，即雙性戀（bisexuality）與雙側性（bilaterality）的
關聯。弗立斯認為潛伏的左利傾向與潛伏的同性戀傾向有關。在現
代，這個想法有過一段錯綜複雜的歷史。整體而言，左利的比例在
男同性戀中較男異性戀稍高，不過要解釋這份資料並不容易，因為
美國在 1920 年代到 1970 年代，「左利」成了稱呼「同性戀」的俚
語。在經由外科手術變性的族群中，左利也比較多，同樣地，在性
別認知混淆的美國孩童中，也是左利者比較多。現階段還不清楚這
些現象的成因，尤其是還要考慮統計上左利男性比女性高的這部分
因素，不過可以確定的一點是，這中間存有某種模式，等待我們去
解釋。[10]

　　圖 7.2 還顯示了另外一件事。仔細看看在零分、一分到四分的
右利者，超過三分之二的右利是高度右利。但在左利這部分則沒有
那麼極端，比較一下十分到六分的左利者，當中只有三分之一是高
度左利，也就是說，右利者的偏手性較左利者強烈。這部分要歸因

於左利者居住在一個「右利的世界」，所有的器物用品都是依據右
利者的需要設計的，從微波爐、電腦鍵盤到鋼琴都是如此，自然而
然，左利者學會適應右利的世界，常常使用到右手，雖然他們並非
天生如此。這點也許可以解釋圖 7.2 的一部分，但並不是完整的解
釋，因為在十項問題中只有一道（剪刀那題）提到的物品是專為右
利者設計的。

　　一個全面的解答其實更有趣，反映出許多的左利者以及一些右
利者，實際上沒有特定的慣用手，可能在從事某些活動時偏用某隻
手，而其他技能活動則是另一隻手。我在十二歲參加夏令營時，就
發現自己正是如此。有人教我如何使用手握型的短斧，由於我是右
利，自然就用右手拿著。然後我再學如何用長斧，這時有人問我：
「你是左撇子嗎？」因為在下砍之前，我都將斧頭放在我的左肩上。
對我而言，這是最自然的方式。圖 7.2 中，得分介於一到九之間的
許多右利者與左利者，都在慣用手上展現出類似的不一致性。[11]

　　大約是從十五年前，研究人員才開始嚴肅看待這個議題，探討
為何有許多人沒有特定的慣用手。引發這股研究風潮的，主要是加
拿大安大略省圭爾夫大學（Uni. of Guelph）的麥克‧彼得斯
（Michael Peters）的研究。麥克發現在三分之一的左利者中，會偏
好以左手寫字，但是以右手丟球，而且右手丟得比較準。後來又發
現在右利者中，有 2%–3% 的人，會以右手寫字，但偏好以左手丟
球。雖然這是研究上的新發現，但有人早已記錄過這樣的現象，比
方先驅的性學家哈弗洛克‧伊利斯（Havelock Ellis）在他的自傳中
就說過：「除了丟石頭或丟球外，我做什麼事都是用右手。……我

從來沒用過右手丟球，而且……我也沒有以左手寫過字。」[12]

　　雖然到目前為止我們都是以「偏手性」這個詞來討論，但有些研究者認為使用「單邊性」（sidedeness）的概念可能更貼切，因為除了左右手之外，其他許多行為層面似乎也都展現出對於某一邊的偏好，從手臂、腿、眼、耳朵到腳都是如此，其中有些不對稱與偏手性有關，但並非每項都是。[13]

　　偏腳性（footedness）與偏手性有相關，慣用右手的人多半也慣用右腳，而慣用左手的則偏用左腳。要測試偏腳性的方法很直接，只要請受試者在球門前踢顆足球就會知道，踢球的腳就是慣用腳。職業足球員的偏腳性則是以他們碰觸足球的次數來判斷，球員以慣用腳來踢球的比例高達 85%，而且幾乎沒有人是平均地使用左右腳。換句話說，就算是專業球員，也不是左右腳都可以靈活運用的。他們就跟其他普通人一樣，有 20% 的人慣用左腳，這比10% 的左利者要多，這表示許多右利者具有「跨側性」（cross-lateral），用右手寫字，但以左腳踢球。[14]

　　耳朵的慣用主要是從接聽電話時來判斷，約有六成的人偏用右耳，四成的人偏用左耳；右利者多用右耳，而左利者偏用左耳。雖然過去對慣用耳的研究甚少，但隨著行動電話日益普及，這個情況也將有所改觀。

　　相較於對慣用耳的忽略，用眼的差別倒是被徹底研究過。要知道你的慣用眼是右眼還是左眼，只要將你的手臂伸長，指向遠方的一個小物體，這時閉上一隻眼，如果你的手指還指著物體，那睜開的這隻眼就是你的慣用眼；如果你睜開的是非慣用眼，手指會偏離

該物體。這是眼睛的「視覺優勢」，一隻眼睛看物體的視覺會優於另一隻。「偏眼性」（eyedness）還可以用一個簡單的問題來確認，只要問受試者是用哪一隻眼睛來看鑰匙孔或是顯微鏡便可以明白。大約有七成的人偏用右眼，三成的人偏用左眼。雖然左利者中用左眼的人較多，右利者中用右眼的較多，然而還是有許多人展現出跨側性，用身體這一側的手寫字，但用另一側的眼睛看世界，這種習慣會造成什麼影響，目前仍未有定論。在 1920 年代，山繆‧歐頓（Samuel Orton）認為跨側性優勢（cross-dominance）會造成閱讀障礙，引起識字困難症（dyslexia），有不少人支持這個理論，但相關證據還很薄弱。[15]

人還有許多其他的側性，像是多數人都會用右邊的牙齒來咀嚼，但許多這種偏用某一側的特性並不特別引起大家的興趣。不過我對其中的兩種著迷了好一陣子，因為這些行為是如此的瑣碎、平凡而且毫無意義：一個是合掌，另一個是交叉手臂。要看出合掌的不同，只要立刻雙手互握，讓手指相互交錯在一起即可。哪一隻手的拇指在上面，左手還是右手？現在試試看另一種合掌的方式，你會發現自己稍微遲疑了一下，而且覺得手指之間似乎不大能密合。第一次本能性的合掌比較容易，也較自然。合掌的行為似乎不是習得的，實際上若沒有特別提出來，多數人不會注意到自己的習慣，而且這個行為很小的時候就有，如圖 7.4 所示。這是我女兒法蘭西絲卡六週大的照片，她自發性地做出合掌的動作。在英國，約有六成的人合掌時，左手拇指會在上，不論是左利還是右利族群，都是這個比例。有趣的是，一路往東調查，從歐洲、亞洲到大洋洲，便

會發現這個比例也漸次下滑，到了新幾內亞東邊的所羅門群島時，左手姆指在上的比例只剩下三成。更奇妙的是，合掌的行為似乎是家族性的，雖然並不是很明顯；但通常合掌時左手在上的夫妻比右手在上的夫妻更有機會生育出左手在上的下一代。[16]

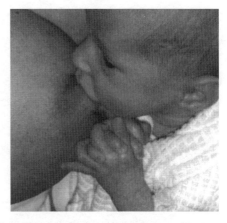

圖 7.4　法蘭西絲卡六週大時自發性地做出合掌的動作。

　　交叉手臂是另一項可以自己測試出的側性。迅速地將伸直的手臂在胸前交叉，看看是左手腕在右手腕上，還是右手腕在左手腕上方？現在試著顛倒過來。每當我在課堂上讓學生做練習時，總是會引發一陣哄堂大笑，因為有許多人直接在胸前旋轉手臂，轉了一圈又回到原來的樣子，還是同一隻手腕在上方。要將「錯」的那隻手腕放在上方會有點困難，需要思考一下，而且會覺得有點彆扭。在英國，約有六成的人是左手腕在上方，這個比例在右利與左利的族群中是一樣的，而且不論合掌時是左拇指在上還是右拇指在上，也都是這個比例。這表示慣用手、合掌與交叉雙臂之間對於左右的偏用並無關聯。不對稱的特徵不勝枚舉，比方說有五分之一的人會抖動自己的耳朵，而只會抖動其中一隻耳朵的人當中，會抖左耳的人數是會抖右耳的兩倍。這些現象真是相當不可思議，但為何會產生這樣的不對稱特徵，至今完

全是個謎。[17]

　　不過，偏手性的確需要解釋，多數科學家將研究重點放在行為上的不對稱性，這麼做是有許多緣由的。首先，和其他的不對稱特徵相比，這是當中最極端的，大幅偏離了「變動型不對稱性」隨機差異造成的性狀各半之混合比例。再者，要取得大量的可靠資料也很容易，只要藉由簡單的問卷調查或是觀看人群，不論是真實生活或是照片都可以做到。因此，可試著探究多數右利與少數左利的現象出現的時間點、形成機制與原因。

　　達爾文對威廉的偏手性極感興趣，然而即便在詳盡的觀察之後，還是下了錯誤的結論。那麼，究竟在何時才可能確定孩子的偏手性呢？小孩的偏手性不易研究，尤其是一、兩歲的時候。實際上，在成長的階段似乎有一段模糊的時期，對於手的偏好搖擺不定，今天是右手，明天又變成左手。模糊期結束的時間也有變異，通常要到十八個月大或是兩足歲時才能確定偏手性，而在那之後，一輩子都不會改變。[18]

　　既然孩童的偏手性要到兩歲時才會明確，研究人員因此認為沒有必要去調查嬰孩在那之前的偏手性，但這樣的假設卻被貝爾法斯特（Belfast）的女王大學（Queen's University）的彼得・海波（Peter Hepper）所推翻了。他是一名胎兒行為專家。利用超音波掃描，他發現腹中的胎兒就像嬰孩一樣，會吸吮大拇指，而且他們在十二週大時就會這麼做了。海波檢查過上百個胎兒，發現其中有超過九成的胎兒會吸吮右手拇指。由於大腦皮質的不對稱特徵也大概是在這個時期出現，海波自然會把這兩點聯想在一起，假設大腦的不對稱

是造成胎兒吸吮右手拇指的主因。等到後來他檢視了十週大的胎兒，發現這時候他們雖然不會吸吮拇指，卻會揮動手臂與腿。他觀察了胎兒左右手腳運動的情形，看看其中是否有差異。結果有85% 的胎兒移動的都是右手臂。這一點意味著他之前推測大腦的不對稱發育早於肢體的想法並不正確，因為在這時期，腦中的神經元尚未連接到脊椎神經，所以這些早期的不對稱行為似乎是由脊椎神經或是肢體本身所造成的，也就顯示出偏手性並不是由大腦皮質所控制，可能是由神經系統比較下游的層級所負責。不過，目前依舊不知道這個過程是如何進行的，也不確定到底是位在哪個部位。[19]

達爾文對威廉的偏手性一直很感興趣，因為他懷疑威廉也會是左利者。威廉的母親是個左利者，而且「眾所皆知，這是由遺傳造成的」。倘若這真的是「眾所皆知」，也不會是來自於任何系統性的科學研究，純粹是軼事與非正式觀察所累積的印象。時至今日，這方面依舊存有許多爭議，一些科學家並不認為偏手性是遺傳造成的，不過大家一致同意，偏手性會受到家族影響。不久前，我才和已故的菲爾・布萊登（Phil Bryden）一起回顧過所有科學文獻中的這類研究，這些研究總共檢視了超過七萬名孩童的雙親，當中有都是右利的，都是左利的，或像達爾文家那樣，夫妻兩人一個是左利，一個是右利。結果顯示雙親都是右利者，孩子有 9.5% 的機率是左利；混合型的夫妻則有 19.5% 的機率；而夫妻皆是左利時，機率上升到 26.1%。

這些數字帶有許多資訊。不論是右利還是左利，即使夫婦兩個都是右利者，也會生出左利的小孩，而兩個左利者也會生出右利

的。實際上，多數的左利夫妻生下的孩子都是右利者，四個裡有三個都是如此；當然，左利夫妻還是比右利夫妻容易生下左利小孩。更精確一點來說，如果雙親中有一位左利者，生下左利小孩的機率會比雙親都是右利的增加 2.05 倍；若是雙親皆為左利，則會增加 2.75 倍。即使發現這些倍數關係，還是找不出偏手性在家族間流傳的實際模式。在我們自己所進行的一項大型研究中，半數的左利者出生在沒有左利者的家庭中。[20]

　　不過，左利在家族間流傳似乎也是不爭的事實，這會是遺傳造成的嗎？未必如此。許多東西都不是透過基因傳給下一代的，最簡單的例子就是財富。若是你的父母很有錢，通常你的經濟狀況也會很寬裕，但是並沒有財富基因這種東西；你的錢是來自於文化遺產，生物學家概括地將其納入「環境」因子這部分。那麼，左利有可能也是受到環境的作用嗎？心理學的幾個古老概念之一，就是主張偏手性是文化造成的，受到來自於同儕與老師的社會壓力，或是經由模仿雙親與奶媽的行為而習得。在西元前四世紀時，哲學家柏拉圖就強調過此一想法：

就是因為愚蠢的奶媽和母親們，我們的雙手中才會有一隻變得像是廢物。原本這兩隻手與生俱來的自然能力幾乎是相當的，但因為我們使用它們的錯誤習慣，使得雙手變得不同。

柏拉圖的論點當然有一定的道理，畢竟我們模仿雙親，學會許多事情。看到一個孩子模仿左利的父親或母親而使用左手也沒什麼特

別，若是父母皆為左利，那可能性就更高了。至於左利父母多半還是生育出右利孩子的情況，可能只是反應出這個右利世界的強勢，學校、老師與社會對孩童成為右利者有著推波助瀾的強烈效果。不過在柏拉圖之後的半個世紀，亞里斯多德這位也許是史上最偉大的生物學家，提出了另一種理論。他認為偏手性是「自然」生成的，而這意味著，它是遺傳而來的：

比方說，如果一直用左手練習丟球，我們應該會變得雙手都很靈活。但無論我們如何努力去平衡這兩隻手，左手還是如此，而右手就是比左手來得靈活。改變使用習慣並不會破除這種自然的分野。

柏拉圖環境理論的缺陷，一如其他理論，是在細節上出了問題——包括邏輯與資料層面的細節。在邏輯這部分，十九世紀中葉時，查爾斯・貝爾爵士（Sir Charles Bell）認為左利者不論是否受到右利社會的壓力影響，都還是發展成左利者：「他們所見到、所接觸到的一切，都引導他們選用右手，然而，他們還是寧願用左手。」正如貝爾稍後所提出的觀點：若是左利者在強大的社會壓力下都沒有變成右利，那去強調右利者是因為社會壓力所造成的，也沒有多大意義；也許天生的因素才是決定慣用手的關鍵。至於資料方面的問題則來自於雙親皆為右利者，但祖父母中有一位是左利者的家庭。這種家庭產生左利小孩的機率比祖父母都是右利的情形高，孩子的左利顯然不是來自於學習右利的雙親，但若說祖父母的影響力超越了父母，造成孫子女的慣用手為左手，恐怕又太過牽強。比較有可能

的情形是，左利的祖父母帶有左利的基因，在兒女身上為隱性，但
到了孫子女身上卻變成顯性。[21]

　　不過環境作用的方式有很多種，而文化學習、社會壓力與教導
的結合只是其中一個面向；換句話說，除了基因以外，還有其他因
子會增加產生左利子代的可能性。當我開始從事這方面的研究時，
有個模糊的理論主張，出生時的腦部創傷與左利有關。分娩過程無
疑是很危險的，即使在產科醫學發達的時代也是如此，更不用說之
前的時代會是如何了。人類的頭部受到兩種相互矛盾的演化壓力，
一方面要盡量長大，以容納大幅擴張的大腦，另一方面又要盡量縮
小，以便通過母體的骨盆。胎兒的頭顱得要面對一場艱辛的旅程，
必須扭轉、滑動與調整自己，才能順利通過產道，因此柔軟易碎的
大腦有時會在此過程中受到損傷。

　　腦部創傷是如何造成人們比較容易成為左利者的呢？試想，每
個人本來都因為大腦的左半部會讓右手產生各式動作而成為右利
者，那麼胎兒在擠出骨盆腔時大腦受傷，會怎麼樣呢？若是右半腦
受損，因為正常的左半腦還是會控制右手的活動，所以不會對偏手
性造成任何影響；但若是左半腦受損，那右手就無法再正常運作，
而右腦便會接管這項工作，調控技術性的複雜動作。既然右腦控制
的是左手，自然就會變成左利。生產時的傷害（或是任何早期的腦
傷）會增加成為左利者的機率。這樣的理論是否也可以解釋為何左
利會在家族中流傳？比較講究的回答是有這樣的可能性。若是一名
婦女因為她的母親骨盆過小，在生產時弄傷了她的大腦，而成為一
個左利者，那麼她身上也可能帶有小骨盆的基因，所以她的孩子也

有可能因為她的小骨盆，在出生時受到輕微的腦傷，而變成一個左利者。[22]

　　這是一個巧妙的理論，而作為一個年輕的博士班研究生，我很幸運能夠去測試它。1958 年時，「英國國家兒童發展研究」（British National Child Development, NCDS）收集了從 3 月 3 日到 3 月 9 日所出生的每個小孩的詳細資料，這一共一萬六千名的孩童在七歲、十一歲、十六歲還會繼續被追蹤調查，而且會持續到他們成年之後。這份資料提供了現代社會心理研究最棒的資源，很幸運地，因為某個不知名的研究人員很有遠見地將關於偏手性的幾個問題也納入調查的範圍內，讓我得以研究這份資料。這份存放在艾薩斯大學（Uni. of Essex）ESRC 研究資料檔案館的資料顯示，生產過程和嬰孩之後是否會發育成左利者，之間並無任何關聯性。雖然以生產壓力來解釋偏手性是建構得很漂亮的理論，但證據還是推翻了它。最後，我只好再一次回頭思考基因造偏手性的可能。[23]

　　偏手性的遺傳理論一直存在一個既明顯又似乎無法克服的問題：雙胞胎。看看圖 7.5，那是我一雙女兒法蘭西絲卡和安娜在十四個月大時所拍的照片。照片左邊這個是法蘭西絲卡，她用左手拿湯匙，右邊這個是安娜，她則用右手拿湯匙。法蘭西絲卡和安娜是同卵雙胞胎，也就是由單一的受精卵發育而成，這意味著她們帶有的基因一模一樣。若是偏手性真的受遺傳調控，為何法蘭西絲卡和安娜沒有相同的慣用手？在同卵雙胞胎中，大約有五分之一會出現偏手性不一致的情形。不過即便同卵雙胞胎的慣用手不同，偏手性可能還是由遺傳調控。雖然乍聽之下這種主張似乎有點不合邏輯，

圖 7.5　法蘭西絲卡和安娜於十四個月大時所拍的照片。法蘭西絲卡用左手拿著湯匙，安娜則用右手拿湯匙。

但有兩件事情需要納入考慮。首先要了解的是，遺傳性的特徵在同卵雙胞胎身上不全然會一樣，環境還是會在各個層面造成差異，同卵雙胞胎只是比在遺傳組成上形同兄弟姊妹的異卵雙胞胎要來得相像而已。仔細分析過資料後會發現，同卵雙胞胎的偏手性相似度要比異卵雙胞胎高得多。[24]

　　另一件要考量的因素則是，如果偏手性真是遺傳而來，它是怎樣來調控的？是否存有一個機制讓同卵雙胞胎產生不同的偏手性？雖然在大多數的遺傳例子中，基因和性狀之間都有直接的關係，但偶爾也有例外，有時機率會扮演重要的角色。第五章提到的反向鼠就是一個例子。帶有一對正常的基因時，老鼠的心臟便會位於左邊，帶有一對反向基因時，就有一半的機率讓心臟在左，一半的機率心臟在右（即內臟逆位）。那帶有一對反向基因的同卵雙胞胎鼠會怎麼樣呢？顯然是一隻老鼠的心臟在左邊，一隻老鼠的心臟在右

邊。這其實也發生在人類的同卵雙胞胎身上；在罕見的例子中，雙胞胎的其中一個心臟位於右側（內臟逆位），另一個則位於正常的位置。所以，即便心臟的位置是受到遺傳調控的，不論是人還是老鼠，同卵雙胞胎的心臟都不見得會在同一側。這道理也適用在雙胞胎的偏手性上。[25]

　　所有從遺傳角度探討偏手性的理論模式都必須說明何以同卵雙胞胎會有不一致的表現，也要解釋為何右利夫妻會生下左利小孩，同時還要顧及為何四分之三的左利小孩其雙親都是右利的情形。回到我當博士生時，那時我覺得任何可行的偏手性遺傳模式都必須參考目前所知的遺傳性側向特徵。這類研究有詳細描述的不多，但晚近才被整理清楚的反向鼠例子似乎正是那時的我想尋找的，由此我提出了一個符合各方資料的人類偏手性遺傳的平行模式。也因此，我和一個基因，技術上來說是一個對偶基因（allele）奮戰了好久，我管它叫做 C（chance，機率）基因。有一對 C 基因時，會出現慣用手左右各半的機率。這不僅與老鼠中的反向基因運作的方式類似，也有「變動型不對稱性」的效果。這種效果在生物系統中，會影響所有的對稱性與不對稱性特徵（見第五章）。在我的模式中，除了 C 基因之外，還有一個 D（dextral，右旋）基因，當身上的兩個對偶基因都是 D 基因時，一定是右利。[26]

　　但還有一個問題沒有解決，若是個體的對偶基因一個是 D，一個是 C 時，會是怎樣的狀況呢？雖然在老鼠的例子中，兩個對偶基因中只有一個反向基因的情況和帶有兩個正常的對偶基因是相同的，也就是說反向基因是所謂的隱性基因，但偏手性的遺傳調控並

非如此。經由一些數學程式計算後發現，若 C 基因是隱性的，那這套模式就無法解釋大量家族偏手性的研究資料，但若是顯性的，情況也好不到哪裡去。不過，若是 C 基因與 D 基因都是附加性的，或是共顯性的（co-dominant），也就是說帶有一個 C 基因與一個 D 基因的個體，其性狀會介於兩個都是 C 或兩個都是 D 之間，那就可以符合家族研究以及雙胞胎的資料了。在這個模式中，帶有兩個 D 的個體（基因型為 DD）絕對不會是左利；而帶有兩個 C 基因的個體（基因型為 CC）則有一半的機率是左利，一半的機率是右利；至於帶有一個 C 及一個 D 基因的個體（基因型為 CD）則有四分之一的機率是左利。

雖然很直接，但這樣一個簡單的遺傳模式，足以解釋偏手性在家庭與雙胞胎中展現出的許多關鍵特徵。解釋同卵雙胞胎的偏手性問題變得很容易，只要套用反向鼠心臟位置的解釋模式即可。帶有 DD 基因型的雙胞胎當然沒什麼問題，反正 DD 的組合一定是右利，兩個雙胞胎都會慣用右手，全部帶有 DD 基因型的雙胞胎都是如此。但若雙胞胎的基因型是 CC，那麼兩者都有一半的機率會變成左利，這樣的機率是由所謂的「生物性噪音」——變動型不對稱性所造成；雙胞胎的偏手性是獨立事件，就跟兩個人分別擲硬幣一樣，互不相干。有四分之一的機率，兩個人都得到頭這一面；有四分之一的機率，都丟到另一面；另外一半的機率，則兩人剛好一正一反，就是這最後的一半機率，讓雙胞胎的偏手性不一致。不過 CC 基因型只是雙胞胎中的少數，最多的還是帶有 DC 基因型，這情形在數學計算上會變得較複雜，因為每一個都有四分之一的機率

為左利。也就是說帶有 *DC* 基因型的雙胞胎，會有三分之一的機率
是一個為左利，一個為右利。由於 *DD* 基因型的雙胞胎比 *DC* 基因
型多，而 *CC* 基因型最少，最後在同卵雙胞胎中便會出現約 10%–
12% 的機率是一個為左利，一個為右利。

　　接下來則要看看這個模型如何解釋家庭中的偏手性流傳問題，
尤其是要解決父母皆為右利時，為何會有左利小孩的例子，以及為
何左利夫妻小孩多數為右利的情形。右利夫妻所想到的都是他們自
己皆為 *DD* 基因型的狀況，所以當然會認為他們的孩子也得到 *D*
基因，而且一定是 *DD* 基因型。不過這種想法完全忽略掉 75% 的
DC 基因型與 50% 的 *CC* 基因型個體都是右利的事實。在整個右利
的族群中，多數都是 *DD* 基因型，但也有部分是 *DC* 基因型，和少
數的 *CC* 基因型。所以兩個右利的父母有可能都帶有 *C* 基因，也就
表示他們的孩子可能是 *DC* 基因型，甚至是 *CC* 基因型，而這兩種
基因型，都可能讓他們成為左利。所以右利者未必「血統純正」。
這個模式也可以反過來解釋左利父母生下右利小孩的情況，左利父
母的基因型一定不是 *DD*，但有可能是 *DC* 或 *CC* 這兩種，雙方都
是 *CC* 的狀況比較單純，父母都只帶有 *C* 基因，所以孩子一定也只
有 *C* 基因，而其基因型一定就是 *CC*，意味著有一半的機率會是左
利。不過這種都是 *CC* 的左利父母其實比較罕見，多數的還是帶有
DC 基因型，所以許多孩子都會得到 *D* 基因。若其基因型是 *DC*，
甚至是 *DD*，那就有很大的可能，甚至 100% 是右利。整體而言，
這類左利父母有可能生出左利的小孩，但其比例會遠低於雙親都是
CC 的五成機率。系統性地分析過這些數據後，發現左利父母生出

左利孩童的機率介於四分之一到三分之一之間。就像右利者一樣，左利者也不是血統純正的左利，只有小部分的子代會是左利，大部分則是右利。而當雙親中有一個是左利，一個是右利時，那情況就會介於上述兩者之間。[27]

雖然相對而言這個遺傳模式很直接明瞭，卻解釋了左利現象的兩個難題，一個是家庭中的遺傳不是很顯著，另一個則是同卵雙胞胎不一致的偏手性。在下一章，我們將用這套模式解釋偏手性與大腦中語言優勢間的關係。

行文至此，我很肯定人的慣用手是由其遺傳到的基因所決定，這似乎是解釋這些龐雜的資料最簡約的方式。除此之外，要將這些數據有條理地解釋清楚，的確是別無他法。當然，一個合適的模式不代表它就是一個正確的模式，在今天，唯一能夠證明偏手性是由基因調控的證據，就是在左利者與右利者身上，找到一段 DNA 序列，展現出系統性的差異。很意外地，並沒有多少人嚴正看待尋找這個基因的事情，幸好，還是有少數人正在從事這項工作，希望在不久的未來他們能夠成功地找到這個基因。[28]

遺傳模式有許多用途，但終究只能提供 DNA 的運作模式，卻無法說明這段基因序列究竟是如何造成左利或右利的特徵。從一段 DNA 序列到只能使用左手或右手書寫的過程中，勢必有重重的因果關係。在這一連串的調控中，某個過程造成左手與右手的分野，使得多數的我們終其一生只選用一隻手從事書寫這類高度技巧性的動作。這樣的概念有可能造成誤導，因為只要我們必須用到另一隻手，我們還是可以學會如何使用它。只要有足夠的動力，非慣用手

再加上可塑性高的大腦仍舊可以學會許多技巧性的活動。實際上在日常生活中，非慣用手還是相當有用的，它可以學會流暢地打字、彈鋼琴，並從事一系列雙手並用的技巧性活動，甚至當慣用手因為戰爭或意外受損時，能夠取而代之。詩人懷特曼（Walt Whitman）在美國內戰期間擔任護理員。戰爭結束後，他寫了一首名為〈士兵的左手書寫〉（Left-hand writing by soldiers）的短文，當中就描述了這樣的例子：

1866 年 4 月 30 日——以下要陳述的是一件重要的事實，由此可以判斷在這場剛結束的戰爭中，美國士兵的特質：一位紐約的紳士在戰爭結束後不久，突然想要收集在這場戰爭中失去右手的士兵們，學會用左手寫字後的書寫樣本……
我只看過其中一部分，多數都書寫得宜。全部都很棒。而其中幾乎所有傾斜的筆畫，都是逆向往後，而不再是往前。有一篇來自一個失去雙手的士兵，是以口含筆寫成的。

懷特曼筆下的士兵在別無選擇時會強迫自己使用非慣用手，但正常情況下，的確有某種力量引導我們使用優勢手。這裡我們必須釐清兩種不同但彼此相關的偏手性層面。右利可以有兩種不同的展現層次，將手平放在桌上，分別以右手食指和左手食指快速敲打桌面，右手會比較快，也比較有規律，這表示右手比左手更為靈巧。換個方式，放一根棒棒糖在我面前的桌上，我會用右手將它拿起。這件簡單的工作左手也可以勝任，但我還是用了右手：這是對使用右手

的偏好。靈巧與偏好之間有何關係呢？若是我的右手比較靈巧，自然我會偏好用右手，但右手之所以比較靈巧，可能是我偏好使用它，所以它有比較多練習的機會，正所謂熟能生巧。[29]

要弄清楚我們是因為特定的手比較靈巧才偏好使用它，還是因為偏好使用特定手而使之靈巧，可不是件容易的事，因為在多數人身上這兩者密不可分。不過我和同僚從自閉症孩童身上卻發現一條如何將偏好與靈巧分開的線索。我們先讓孩子做一系列簡單、不需要特殊技巧的動作，像是拿棒棒糖，以便測量他們對手的偏好。多數患有自閉症的孩童就像其他孩童一樣偏用右手。接下來再以標準的動作，測量他們每隻手的靈活度，他們必須盡快將一排球移到另一排的洞中，就像其他孩童一樣，每個自閉症的病童都有一隻手比較靈活，但和其他孩童不一樣的是，有一半的病童是右手靈活，另一半是左手靈活。在比較他們的偏好手以及手的靈活度之間的關聯時，赫然發現和其他孩童有很大的差異——這兩個特性在病童身上完全不相關，這或許可以告訴我們兩者之間孰先孰後。因為對右手的偏好遠勝於左手，所以多數孩童都是右利；靈活度的測試卻沒有顯示出這樣的優勢，他們一半是右手較靈活，一半則是左手，這顯示偏手性是從對右手的偏好開始，後來才使得右手比較靈活。這關係在自閉症病童身上則不存在，雖然他們偏用右手，卻沒有讓右手比較靈活。換句話說，偏好先於靈活度。[30]

靈活度與偏好的區別可以在手臂殘障的人身上發現。皮洛西尼（Pieroccini）於 1903 年描述了一個生來左手正常，但右手殘缺的女孩。雖然費盡心力教她使用左手書寫，但卻意外地失敗了，最後

只好教她將鉛筆固定在殘缺的右手上練習寫字，結果她馬上就學會
了。最近也有一個例子可以說明靈活度與偏好之間的微妙關係，研
究側向問題的專家麥克‧彼得斯描述了一個案例，這是他從事社福
工作的妻子安妮所接觸到的：[31]

有個先天右手殘障的女人，安妮形容她的右手像是蛙腳，手指都相
連在一起。她用左手書寫，但安妮觀察到她說話時是以右手比手
勢，整理頭髮或弄平裙子皺褶時也是用右手。當問及她的慣用手
時，這名案例表示她認為自己是個右利者，因為只要在可以做到的
範圍內，她都偏用右手。

偏手性的起因是對特定手的偏好，而不是因為手的靈活度，這或許
表示大腦的某部分與偏手性有關。大腦皮質負責進行許多技巧性的
複雜工作，所以多數人會推測偏用右手的特性應與左半部的大腦皮
質有關，但事實恐怕不是如此。只要拋開偏手性與皮質相關的可
能，自然就會去思考大腦中其他部位與偏手性的關係，比方說腦中
最原始的區域，腦幹，它位於大腦基部，連接脊髓與大腦，很有可
能是引起偏手性的區域。這個觀念奠基於實驗室老鼠的研究。假設
給牠們高劑量的安非他命，會引發一些典型的行為，像是不斷重複
整理爪子與修飾鬍鬚等動作，有些老鼠還會一直會轉圈圈。為了避
免牠們全部堵塞在籠子的角落中，會把牠們放在半圓形的碗中轉
圈，直到藥效退去為止。過了一陣子，研究人員發現有些老鼠是順
時針繞圈，有些是逆時針繞圈。仔細分析安非他命的作用機制後，

發現它會影響神經傳導物質多巴胺的濃度;正常老鼠的腦中,多巴胺在左腦與右腦的濃度有些許不同,安非他命會放大兩者的差異,使得某個半腦比較占優勢,而讓老鼠只向一個方向旋轉。[32]

施以安非他命的老鼠的轉圈圈傾向,可能與人類的「轉圈傾向」(turning tendencies)有關,這是一種固定方向轉圈的習性。1885年,恩斯特·馬赫「從一個退役的軍官那裡得知,每當深夜或是暴風雪時……部隊的行進會幾近繞圈……所以最後他們會回到原點,不過大家覺得自己是一直在向前走」。以前有些實驗會蒙住受試者的雙眼,看他們是否能直線行走,結果多數都做不到,而是繞了一個大圈,回到起點。這或許可以解釋為何那些設法在冬季暴風雪中出外求助的英雄,始終沒有回來,而當暴風雪結束後,通常會發現他們陳屍在不遠處。我最喜歡的一項早期研究是 1928 年由謝佛(A. A. Schaeffer)所設計的實驗。他蒙住受試者的雙眼,將他們放進車中,要求他們在美國堪薩斯州幾乎完全平坦的平原上直線前進,結果他們只是不斷地繞出巨大的圈(見圖 7.6e)。類似的情況也發生在蒙眼的湖中泳者身上(見圖 7.6d)。

現代研究則是在受試者的腰帶上放一個微小的運動偵測器,來確定其轉圈傾向。在一天的活動中,多數人往某一個方向轉的次數會多於往另一個方向。右利者傾向順時針轉,左利者則傾向逆時針轉。既然人和老鼠一樣,腦中的多巴胺濃度左右不同,這表示調控老鼠轉圈的機制可能和人類一樣。人類還有其他的轉圈傾向,最早出現的是頸部強直反射(tonic neck reflex):將新生兒平放,頭會自發地轉向一側;多數的新生兒都是向右轉。那麼偏手性有可能是

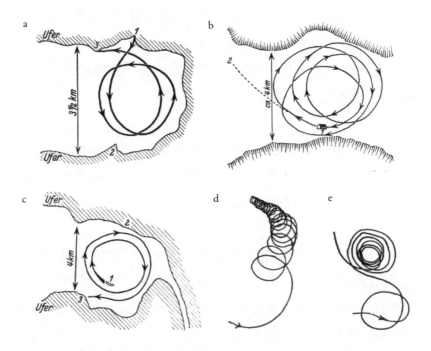

圖 7.6 人類與動物會循螺旋運動（轉圈傾向）的例子。（a）拖著雪橇的馬，在沒有馬車夫引導的情況下，讓牠在冰封的湖面上從「1」走到「2」的路線。（b）在大霧中，三個人設法從圖中間的穀倉走到「2」的路線。（c）在霧中，兩名漁夫設法從島「1」到地點「2」的路線。（d）湖中蒙眼的泳者。（e）堪薩斯平原上蒙眼駕車的路線。

一種轉圈傾向嗎？的確可能。坐在桌前，在正前方剛好手臂可及之處，擺上一杯水，手伸出去端起杯子。當你在做這個動作時，注意一下肩膀與上半身的肌肉，你會發現整個上半身隨之轉動。偏手性可能與原始的轉圈傾向有關，但其中機制目前還不清楚。[33]

　　不論偏手性源於手本身的靈活度或是人對手的偏好，都讓心理學家很感興趣。不僅是因為此現象本身饒富趣味，同時也關係到維

多利亞時代最偉大的發現──戴克斯與布羅卡發現多數人的語言區
位於左半腦。很難相信對偏手性極感興趣的達爾文竟然會對布羅卡
的發現無動於衷。1866 年，一名醫生渥特‧蒙克松（Walter
Moxon）就曾寫道：

我認為，形容布羅卡先生的發現是多年來醫學界最振奮人心的事
件，一點也不為過。喪失語言能力與右半部麻痺有關的發現，的確
引起了最熱烈，也是最廣泛的討論。

不過，達爾文似乎從未在他發表的著作或是私人通信中提過布羅卡
或是大腦功能區域化，這真是一大遺憾，因為任何對語言演化與大
腦優勢有興趣的人都非常看重達爾文在這方面的想法。大腦兩半球
的差異將是下一章的重點。[34]

第 8 章

左腦、右腦與整個大腦

　　這一章要介紹的兩位主角之前都曾登場過，一個是發現生物性
分子帶有掌性這個基本現象的巴斯德，另一個則是以哲學假想實驗
顯示，唯有不對稱性系統才能區分左右的馬赫。現在要請他們協助
我們了解大腦的不對稱性，不過這次並非要借助他們的理論或實
驗，而是因為在到達學術生涯高峰，各領風騷之際，他們都遭遇到
半腦嚴重受損的問題。圖 8.1 便有跡可尋，仔細看看巴斯德，右手
握著柺杖，左手的姿勢則是癱瘓病人所特有；而馬赫的照片中細節
更清楚，他的左手看起來怪怪的，實際上他正緊緊抓著柺杖的頭，
這支柺杖馬赫從不離手，即使到火葬時都還握在他手中。他的右手
則已不聽使喚，應該是由馬赫的愛妻路易絲（Ludovica）特別幫他
擺放的。另外一項輕微的異常在圖中也可看到，他右手邊的嘴角微
微下垂，可能是顏面局部麻痺所導致。[1]

圖 8.1　左圖是巴斯德攝於 1892 年夏天的照片，他那時六十九歲。右圖則是馬赫在七
十五歲左右的照片，拍攝日期是在 1913-1916 年之間。

　　1868 年 10 月 19 日，時年四十五歲的巴斯德在巴黎科學院有場演講。那天早上他已覺得身體怪怪的，左半身感到一陣陣的刺痛，不過在會議上，還是「以他慣有的平穩音調」大聲朗誦一篇由義大利科學家薩利比尼（Salimbeni）提出的桑蠶報告。他和同事一起步行回家，用過晚餐後，於九點上床就寢。不久他的狀況惡化了，稍早的症狀又出現，還伴隨有說話困難的問題，等到他的語言能力回復到可以求救時，他的左手臂與左腿都麻痺了。雖然這位病人是當代醫學巨擘，他的醫生群使用的依舊是流傳幾世紀的水蛭療法。出乎意料的是，治療後，他的病況的確有了改善，他的語言能力恢復了，不過麻痺的狀況變得更嚴重，在二十四小時之內，他的左半身完全無法動彈。不過他的言語能力回復了許多，巴斯德很想要談論科學並抱怨他的左手：「這就像是鉛塊，但願能將它砍掉。」巴斯德是腦出血，影響到他的右半腦，才導致左半身麻痺。之後的幾個月，他的左半身漸漸地可以產生一些動作，到了 1869 年 1 月，他又可以行走了，不過他的左手卻不復以往，所以之後他需要助手來幫他進行實驗。他的心智能力似乎完全沒有受到這場意外的影響，在之後的許多年仍然很有創造力，從事桑蠶、啤酒製造、炭疽菌與狂犬病疫苗的研究。[2]

　　1898 年 7 月，六十歲的馬赫也中風了，比巴斯德發病晚了十五年，後來他自己描述了中風的過程：

我當時在火車站。在完全沒有感受到任何異狀的情況下，突然間我發現右手與右腳完全麻痺了。麻痺的情況是間歇性的，所以有時我

可以相當正常地移動，但幾小時後，麻痺的情形變得持續且固定，我的右臉肌肉也受到影響，這使得我只能困難地以低音說話。

馬赫的長子盧迪維（Ludiwig）陪他一起回到維也納，在接受了一段相當長的治療後，卻沒有多大的改善。殘障總是相當麻煩的，馬赫的妻子路易絲幫他洗澡、更衣，並餵食三餐。他必須在有人協助時，才得以離開房子或花園，也幾乎不再旅行，但他並沒有因此停止工作。馬赫變成「計畫協調者」，他的兒子盧迪維則成了他的右手，在家用的實驗室做實驗，他們兩個人有時一做實驗就是好幾天。馬赫是個多產的學者，在中風之後依舊如此。他本是右利者，中風後連拿筆都有困難，但這並沒有阻止他繼續寫作。幾天後，他就會用左手使用打字機。接下來的十三年，他出版了六本書，有些是他自己的著作，有些則是回顧文集，另外還發表了十幾篇新文章。但授課則完全是另一回事，臉部肌肉麻痺後，公開講演對馬勒和他的聽眾而言都是一大折磨，他很快就放棄了這項工作。但馬赫這位永遠的哲學家與觀察家並不會停止觀察自己的麻痺情形：[3]

常常……我會興起用右手做些什麼事的念頭，但隨即明白這根本就是痴人說夢。在逼真的夢境中，我彈鋼琴、寫字，並因為做這些事竟是如此簡單而感到驚喜，然而緊接在後的卻是夢醒時分的失望。

表面上，這兩位腦部受傷的科學家並沒有告訴我們多少關於大腦兩側的資訊。在巴斯德中風前幾年，布羅卡找到讓人信服的證據，確

定語言區通常位於大腦左半球，但是左腦受損而右半部癱瘓的馬赫卻沒有出現語言困難的症狀，只是因為顏面肌肉麻痺而不易說話，但左半部癱瘓、右腦受損的巴斯德卻在中風一開始短暫喪失了語言能力。

　　和這兩個例子相比，大腦創傷還有其他細微與潛伏的情況，症狀來來去去，就像另一個十九世紀的知名病人，小說家渥特·史考特爵士（Sir Walter Scott）一樣。在 1826 年 1 月 5 日，五十四歲的他首次發現自己的症狀。他的日記開頭寫著：「這實在很嚇人。我不斷走路，直到十二點……然後坐下來開始工作。但讓我震驚害怕的是，我無法書寫，也拼不出任何一個字，只是寫下一個一個沒有意義的字母。」隔天，他注意到「症狀漸漸消失了」。到了 1829 年，閱讀與書寫的問題再度出現；在 1830 年 2 月 15 日，他連講話都有問題；在一週後，他才寫道：「安妮（史考特）會告訴你，上星期一，我突然變得很笨拙，這情況大概持續了五分鐘。我無法發聲，說不出想說的話。」這次的發作留下了後遺症，史考特留意到，從那時起他「說起話來就結結巴巴」。1831 年 4 月的那次發作，使得他「右臉有點變形，右眼則無法動彈」，這表示左半腦發生病變。1832 年初，在那不勒斯（Naples），他的病況轉劇，「那時（史考特的）大腦開始嚴重退化，他完全陷入自己的內在世界」。

　　1832 年 6 月，史考特即將結束一場疲憊的馬車旅程，準備返家。當他行經荷蘭靠近奈梅庚（Nijmegen）時，最嚴重的中風發作了。生命的終點將近，他希望能夠死在蘇格蘭亞伯斯福特

（Abbotsford）的老家。幾乎是在半昏睡的狀態下，他從倫敦搭船到紐海分（Newhaven），他的隨身醫護是年輕的華生醫生，本書一開頭所討論的瑞德就是他的病患。1832 年 9 月 21 日，史考特辭世，兩天後進行了遺體的大腦解剖。他的右腦看起來完全正常，左腦卻有嚴重的損傷，有三個區域囊化了，還有些部分出現軟化的情形。相較於巴斯德與馬赫只經歷一次嚴重的發作，史考特的症狀則是緩慢又多變，這顯示左腦受損不一定只會影響語言能力，也會造成書寫、閱讀與拼字障礙。實際上，病人可能出現任何語言方面的缺陷組合，當中最奇怪的也許是「有失讀症卻無失寫症」的情況，這種病人的書寫能力完全沒問題，但無法閱讀他們所寫出來的文章。[4]

　　史考特、巴斯德與馬赫之間病況的差異頗讓人費解，不過這在神經學與神經心理學中是很典型的案例。大腦大面積受傷的病人有時並不會出現任何明顯的精神性症狀，但局部微小的腦傷病人有時卻發生嚴重的病變。這點很重要，歷史分析的一大缺陷就是挾後見之明的優勢回顧過去，讓先人看起來似乎都成了蠢蛋，看不出我們輕易就能理解的事物。布羅卡和戴克斯發現，嚴重且持久語言障礙的病人多是左腦而非右腦有損害，這點毫無疑問是對的，但這不表示只要左腦受傷的病人就一定會出現語言障礙，也不表示出現語言問題的，尤其是像巴斯德這類只是短期語言障礙的病人，就不可能是右腦受傷。

　　我常被問到，為何在戴克斯與布羅卡之前，沒有任何一個聰明的醫生發現語言能力喪失和左半腦受傷的關聯。一個有趣的說法

是，在十九世紀中葉，讀寫能力的普遍推廣使得我們的大腦變得不對稱，所以在那之前自然發現不到什麼。這個想法很有趣，不過完全是謬論，因為有一些文盲病人在左半腦受傷後，也和識字的病人一樣喪失語言能力。

　　早在戴克斯和布羅卡之前，人們就已經發展出語言能力和特定大腦半球有關的概念。希波克拉底在西元前五世紀就注意到暫時無法言語後，會有癲癇發作，「伴隨手臂與右半身……麻痺」，但這其間的關聯並沒有人再繼續研究下去。這並不是醫生忽視病人喪失語言能力或是大腦部分受傷的情況，華生爵士在他 1871 年發行的第五版醫學教科書中，納入了他自己臨床筆記的部分內容，是關於語言能力喪失和左半腦受傷的關聯（他當然是因為史考特爵士臨終前的病情，而注意到這其中的關聯）。實際上，即使是小說家都注意到了右半部麻痺和語言能力喪失的關聯。在戴克斯於蒙彼利埃發表報告的四十年前，歌德在他 1796 年出版的《威廉‧麥斯特的學徒生涯》（ *Wilhelm Meister's Apprenticeship* ）中寫道：「我們都沒想到父親突然中風了。他的右半身僵痛，也無法再正常言語。」比較晚近的例子則是珍妮特‧溫特生（Jeanette Winterson）在她的小說《超對稱大統一場理論》（ *Gut Symmetries* ）中描寫道，「晚上大衛中風了。早上他的右半身麻掉了，他無法求救，他根本無法說話」。如果連歌德和溫特生都注意到右半身麻痺與喪失語言能力的關聯，為什麼戴克斯會是第一個「發現失語症患者多半都可能伴隨有右半身麻痺與左半腦損傷」的醫生呢？[5]

　　為了要弄清楚這段歷史，亞瑟‧班頓（Arthur Benton）清查了

三份過去的大腦疾病案例，分別由摩蓋尼（Morgagni）、包勞德（Bouillaud）與安兌爾（Andral）執筆，於 1761 年、1825 年與 1829-1840 年出版的。結果一共發現有四十六名病人出現特定半腦受傷，但其中只有一部分「無法言語」。下表顯示出各種組合。

表 8.1　大腦損傷與喪失語言能力。

	喪失語言能力	語言能力未喪失	喪失語言能力所占百分比
左側大腦受損	15	6	71% (15/21)
右側大腦受損	5	20	20% (5/25)
左側大腦受損所占百分比	75% (15/20)	29% (6/26)	

這份資料已足夠反映出其間的關係。雖然多數左半腦受傷的病人出現喪失語言能力的症狀（71%），但少數右半腦受傷的人（20%）也是如此。換個角度來解讀，四分之三的語言障礙病人有左腦損傷，這比隨機造成的五成要高。[6]

不幸的是，摩蓋尼、包勞德與安兌爾手上的數據並不像我們看到的這麼明顯，因為他們能夠分析的病人分別只有十人、二十五人與十一人。分析這麼小的樣本數，無法達到全部彙整後的分析結果，也產生不了任何統計上的顯著性差異。統計顯著性這個問題需要再多做一些說明。經過推算後發現，若是要達到 90% 確定性的顯著性差異，分析的樣本至少要有四十個。戴克斯是歷史上第一個能夠系統性分析大量病例的人。[7]

然而即使到了今日，這方面的研究還有部分問題尚未解決。

「語言能力喪失」涵蓋了各式定義不清的症狀，許多和左半腦控制的語言能力根本沒有關係。若是考量巴斯德與馬赫的案例，無法正常說話的馬赫可以算是語言能力喪失，但只是暫時出現這種症狀的巴斯德，也許就不符合。有鑑於此，神經學與神經心理學一直致力於定義與區分每個腦傷病人的詳細症狀。「失語」（speech-lessness）這個用語也有疑義，並不能區分症狀是發聲與咬字障礙，還是涉及到更廣泛的語言問題及其構成要項。經過詳細分析後，科學家已鑑定出許多不同的症狀，我們稍後將會討論其中的一部分。

　　在布羅卡時代，神經學家的處境不僅受到模糊的「失語」定義之困擾，腦傷的鑑定也是個問題。需要有明確且特定症狀，還有特定部位腦傷的病人；換句話說，就是需要類似下面這位於 1875 年在瑞士日內瓦市立醫院就醫的七十五歲老婦人，她的右手與右腳都麻痺了，而且幾乎完全不能說話。「無法說話，只能發出無意義的單音，像是『哎』、『啊』、『歐伊』、『哎巴巴』、『啊！巴、巴、薩薩亞』，有一天她講出『媽媽』。」這是她唯一說出的字。最後這名婦女死於肺炎，解剖她的大腦後，醫師非常驚訝地發現，只有在左半腦額葉附近有一小塊受傷的區域（圖 8.2）。她的症狀與受傷的區域和布羅卡報告的病例非常類似。目前這種症狀稱為「布羅卡失語症」（Broca's aphasia）。失語症表示喪失語言能力。[8]

　　不久後，醫學界就發現並不是所有的失語症都是布羅卡失語症，左腦損傷也會造成其他症狀。就跟許多時候一樣，在沒有想到病名之前，先靠詳細的臨床觀察將這些症狀記錄下來，比方說 1834 年都柏林的強納生·奧斯朋尼醫生（Dr. Jonathan Osborne）就

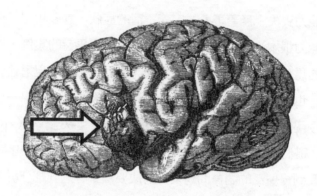

圖 8.2　患有右半身癱瘓與失語症的七十五歲瑞士老婦人的左半腦。腦的前方朝左。在大腦基部寬約三分之一處，也就是所謂的額葉位置，可以清楚見到「有點泛黃與軟化」的受損區域。

描述了一位三一學院的二十六歲的學者，他在一次中風後左腦就有了問題：

他可以說話，但很難理解他在說些什麼，雖然他的行動力沒有受到中風的影響，並且很容易能發出各種語音。當他抵達都柏林的旅館，他獨特的語言讓別人以為他是個外國人，而當他到學校拜訪朋友時，他無法向門房解釋他想說的話，只能用手指出他朋友住的房間。

奧斯朋尼讓他唸一段特定的文章，好幫他做系統性的檢查，結果發現他所發出的混亂字音很像是我們現今所知的「維尼克失語症」（Wernicke's aphasia），又稱「亂語失語症」（jargon aphasia）：

為了要確定並記錄他奇特的語言缺陷,我從醫學院的章程中選擇了一段,「在尚未正式就任之前,學院有權力決定是否要測驗任何一個實習的合格醫生,這點他們也應覺得是合宜的。」讓他大聲讀出,結果他唸成:「正在未尚前式就,之任學力有是院,否定要測任一權,何個習的驗,生格實醫合,這應他也們合點,覺得是的宜。」

雖然十分怪異,但這段話本身卻有獨特的詩意與美感,讓人聯想到喬伊斯(James Joyce)的《芬尼根守靈夜》(*Finnegans Wake*)。許多有語言問題的病人都會漸漸改善,這點也使得嘗試要了解這個缺陷的神經心理學家更為頭大,奧斯朋尼的病人在八個月後又做了一次檢查。[9]

又重複了之前提到的同一段醫學院章程,我唸了一遍之後,他接著唸:「在尚未整式九任之前,學院由權力決定是否要測演任何一個實習的合格醫生,這點他們也應覺得是合宜的。」最近他又重複我唸的這段章程,除了他老是把「權力」讀成「犬力」之外,其他地方都非常完美。

左腦傷害造成的另一類型語言問題也發生在一位都柏林病人身上。詹姆斯·法根(James Fagan)於 1832 年 3 月 17 日住進史蒂芬醫院,二十三歲,是一名製管匠,喝醉酒時和一名騎兵大打出手。騎兵用刀打破了他的頭,將他打得不省人事,頭骨碎裂,露出了大

腦。經過幾次手術後，法根於 4 月 15 日出院，康復許多，他的醫
生記錄道：

法根……可以……重新開始工作，繼續當他的製管匠。我於 1832
年 7 月 20 日為他再次診斷，他的健康狀況極佳，但他對文字的記
憶，不是文字所指涉的物體，卻出現極大的問題。他告訴我「他和
以前一樣知道每樣事物，但想不出它們的名稱」。我拿出一個鈕
釦，他笑了笑，並對我說：「我清楚得很，這是鈕、鈕、鈕──
喔！我說不出來，但就是這裡！」他指著自己外套上的鈕釦。

出院後，法根還是持續過著不規律的生活，常常喝醉。在 8 月 22
日，結束放蕩的一天後，「他的右手與右腿幾乎完全沒有力量，而
右半部的臉也明顯受到麻痺的影響」。兩天後，他原本傷口的膿瘡
消失了，又再度康復，雖然軟弱的右手與右腳顯示出左半腦已受到
損傷。他找不到語彙的嚴重問題，現在我們稱為「一般失語症」
（normal aphasia）或是「舉名不能症」（anomia）：[10]

他無法重複唸出適當的名稱，幾乎叫錯所有的東西，雖然他可以描
述它們的用途，比方說他把手錶說成門，書說成是菸斗，不勝枚舉
……不過當他用錯名稱時，他立即意識到自己的錯誤，而且會很焦
慮地去改正錯誤……他會以手指數到五，卻說不出「手指」這個
詞，雖然他試了很多次。他叫他的拇指「朋友」。每次想說「玉米
稀飯」時都會說成「白脫牛奶」，但馬上就知道自己說錯了，並且

說：「我知道這不是正確的名稱。」

雖然語言障礙和失語症種類繁多，不過其中有個共同點，它們都是因左半腦損傷所引起，而不是右半腦。神經心理學的一大課題便是要釐清什麼是左腦可以達成，但右腦做不到的事。目前已經確認出許多差異，但多數的情況都只是左腦具有的相對優勢，而非任何絕對的特質，也就是說左腦只是比右腦好，但右腦還是具有任何一種特定功能的能力。若是差異只是相對的，那就說不通為何布羅卡區（只有左半部）的損傷會造成語言能力幾乎完全喪失的症狀，所以研究人員便以大腦斷層尋找只有左腦負責的工作。語言中的語法或文法似乎主要只靠左半球，看看下面兩句英文，那一句有錯？

The boogles are blundling the bladget.
The boogles is blundling the bladget.

雖然這兩句話都沒有意義，是由一些無意義的字所組成，但很明顯可以看出第二句的文法有錯，主詞是複數型的「boogles」，不應該用單數型的動詞「is」。奈梅庚的彼得・英德夫萊（Peter Indefrey）與其同僚進行了一項實驗。他們讓受試者躺在大腦斷層掃描機中，判斷哪些句子出現文法錯誤，結果大腦的活動完全出現在左半球，而且明顯與布羅卡區重疊（見圖 8.3）。[11]

　　左腦損傷也可能造成其他與語言無關的活動障礙。在所謂的「失用症」（apraxia）或比較嚴謹的說法是「感覺失用症與運動性

失用症」（ideational and ideomotor apraxias），這類病人有做出技巧性或複雜動作的障礙。這並不是因為麻痺或無力所造成，而是由於控制四肢的能力受損。試想日常生活中用火柴點火這個簡單的動作，要全盤了解其中涵蓋的所有細微動作，最好的方法就是寫一個程式，讓機器人來從事這項工作。一隻手必須拿著火柴盒，盒子的方向必須是正確的；另一隻手拿火柴，必須握住正確的這一頭，然後以一定的力道劃向火柴盒。不可以太用力，否則火柴會斷掉，也不能太輕，這樣無法產生足夠的摩擦力點燃火柴。接下來，沿著火柴盒的邊緣加速劃一道。太慢的話，火還是會點不起來；太快的話，火柴會斷掉。最後，當火柴著火時，一定要迅速將火柴移開，不然火柴盒會跟著燒起來。失用症患者無法做到這件事，不是因為他們無法理解這個動作，就是由於他們無法將概念轉化成動作。1908 年時，基尼爾‧威爾森（Kinnier Wilson）以他的法國病人為

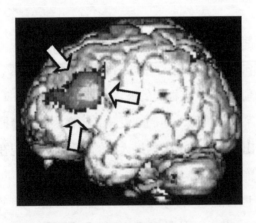

圖 8.3　箭頭指向左半腦處理文法（語法）的區域。

例，對這個症狀做了一個出色的總結：

我請她將右手舉直，但當她將手舉過上半身後，就把手放在左邊腋
肢窩下。她費盡心力要將手抬起來，卻徒勞無功。她悲哀地說著：
「我很清楚你要我做什麼，但我就是無法做到。」概括地說，這就
是當時的情況。

雖然失用症是由左腦損傷所引起，但通常左右手都會出問題，顯然
左腦一定處理著雙手從事複雜動作的指令。既然說話與書寫都牽涉
到快速、精細的協調動作，這意味著動作與語言之間有所連結，而
且都來自於左腦，因為這兩項都含有「文法上的」規則。描述點火
柴的句子是由不同的動作所組成，動作的「文字」就像是句子中的
文字，只有在合宜的次序排列中才有意義。可比較這兩句話：「次
序沒有意義錯誤的整句話會讓排列」與「錯誤的排列次序會讓整句
話沒有意義」。[12]

　　到目前為止，本章的重點都放在左半腦，畢竟這部分絕對與語
言和動作有關。如果你很好奇右半腦到底在做什麼，別著急，你有
一大群夥伴，許多神經學家也問了相同的問題。先驅者之一是英國
最偉大的神經學家休林斯・傑克生，他任職於倫敦的國立神經與神
經外科醫院（National Hospital for Neurology and Neurosurgery）。
1874 年，他提出「右腦主要是處理影像的再生，負責物體、地
方、人物等的認知活動」，其工作就是我們現在所謂的「非語言」
處理。[13]

　　作家與讀者都太過專注於文字，忽略了思想其實並不總是借助於語言，舉凡圖片、影像或三維的空間經常也會取而代之。試想一個立方體，它總共有幾個面？幾個角？若是將一面漆成黑色，其他漆成白色，黑色的面會和幾個白色的面相鄰？如果一隻螞蟻從一個角要沿著邊爬到最遠的對角，牠會經過幾個邊？這些問題都不是靠文字解決，而是以腦中浮現的立方體，一個「心智圖像」，在腦中旋轉，最後「看」出答案為何。文字只在問問題和回答時會用到，其餘的工作則是右腦所擅長的。[14]

　　右腦與所謂的感知（perception）過程有關──讓感官世界「有意義」。它所牽涉到的不僅是視覺，還包括觸覺、聽覺與味覺等。感知周遭事物的過程因為太過自然與迅速，所以只有在出錯時才會察覺。右腦受損會造成「視覺識別不能」（visual agnosia），病人無法理解所看到的事物。他們眼睛的功能正常，大腦低階層的視覺處理也沒問題，所以可以看到光、影、線條與球形，但卻無法將它們組合起來，組成一個各部分協調而有意義的圖案。圖 8.4 讓我們略微體會識別不能患者的世界，看看你能從中看出什麼？並請你留意一下「看」這個字的兩層意義。你應該可以看見黑色與白色的區域，除此之外，你還能看出其他東西嗎？這的確是某種圖案，但到底是什麼呢？即使是現在，你還是認不出來這是張名人的圖像，那是因為這張圖故意印成顛倒的。將書上下反轉過來，再看一次。這張圖故意設計成不易分辨，下面的一些線索可能有所幫助：這是一個男人……一個老人……滿頭白髮……正直視著照相機……他是一位科學家……二十世紀最知名的科學家……物理學家……。

圖 8.4　識別不能患者感知到的世界。

如果你還想不到，「相對」這個字應該會讓你想到答案。在某個時間點上，這些無意義的圖形突然間變得有組織、「有意義」起來，然後你「看」到愛因斯坦的圖像。如果你到現在還是無法看出來，那站遠一點，瞇起你的眼睛。[15]

　　識別不能患者的感官經驗與挫折感就是我們還沒認出愛因斯坦前的感覺，知道那裡有某樣東西，知道其他人都明白那是什麼，甚至知道它的組成，但就是看不出一整個畫面。奧立佛・薩克斯（Oliver Sacks）以他的病人，一個天才音樂家 P 博士，很傳神地描寫了識別不能病患：

「這是什麼？」我拿起一隻手套，問他。

「我可以確認一下嗎？」他問，將手套從我手中拿走，開始檢查它

……

「一個完整的表面，」最後他說，「整個包住，似乎有……」他遲
疑了一下，「五個向外突出的袋子，如果這是正確的用語。」

「是的，」我小心地說，「你已經給了我一段描述，現在告訴我它
是什麼。」

「一種裝東西的容器。」

「是的，」我小心地說，「那會裝些什麼？」

「裝它的內容物啊！」P博士笑著說，「有各種可能，它可以是零
錢包，拿來裝五種不同的銅板，它還可以是……」

我打斷了他的妄想，「它看起來眼熟嗎？你想它可能可以裝，或可
以套在你身上的某個部位嗎？」

他臉上沒有出現一絲明白的表情。

識別不能患者有時的確可以認出物體，但他們是靠許多精細的方
式，比方說在腦中重塑其外形。在圖 8.5 中，將所有的圖形相互重
疊，混淆外形，識別不能患者就無法判斷出圖中的物件。識別不能
患者也無法從特殊或非常態的角度辨認物體。即使是右腦受損的
人，也可以輕易認出圖 8.6a 的鋸子，但若擺成像圖 8.6b 的樣子，
就變得極度困難。[16]

　　這些圖形都是二度空間的，但真實世界卻是三度空間的，這為
右腦受損的患者帶來更多困難。生活本身就是三度空間的一大考
驗。你躺在床上，旁邊的桌上擺了一杯咖啡。你必須先搆到杯子，
拿起來，但不能弄灑，然後不斷將杯子傾斜，直到咖啡流入口中。

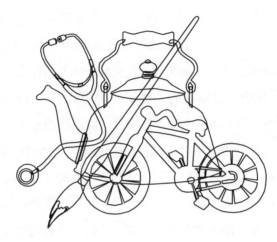

圖 8.5　1917 年，波普魯特（W. Poppelreuter）用這張物件相互重疊、導致外形混淆的圖，顯示出識別不能患者判斷這類物件的困難。

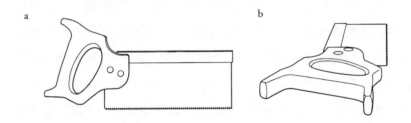

圖 8.6　從兩個角度看鋸子。（a）為一般標準的角度，（b）為特殊的角度，因為透視的原理，鋸子有一大部分被縮短了。識別不能患者很難辨認出按透視法縮短的物體。

你必須穿衣服，襯衫是件有趣的麻煩，兩條長圓管附在一個圓桶上。你要將兩手放進去，再將衣服拉到胸前，但襯衫看起來根本不是這麼一回事，它平放在椅子上，看不到任何管子，衣服前面似乎從中切成兩半，一半附有小小的圓形物，要把它們對齊塞進另一半

有一排裂縫的地方，誰有辦法穿上它？穿衣障礙——「穿衣失用症」（dressing apraxia）是很麻煩的殘障問題，讓人無法自立更生，但它卻常被忽略是一種病症。其實它是由右腦損傷所造成的，是一般患有各類行為障礙的「建構性失用症」（constructional apraxia）中的一種。雖然「穿衣失用症」與「建構性失用症」都是失用症，但和之前提到由左腦造成的「感覺失用症與運動性失用症」完全不同。失用症泛指任何形式的動作障礙，要了解左腦型與右腦型失用症的差異，最好的辦法就是去觀察大腦分裂的病人，他們的左右腦完全分開，兩個半腦之間的連結完全被切除。[17]

　　左右腦完全分離說起來很簡單，兩邊或許還有不同的個性，但實際上全然不是這麼一回事。兩個半腦通力合作之下，才創造出一個個體。兩半腦間有一大把的纖維相連，稱為「胼胝體」，如此左右半腦才能溝通與協調。即使是製造語言的過程也不例外，左半腦本來就不是獨自完成這項工作。若真的由左腦完全負責，那麼右腦病患的語言能力理當不會受損。事實上，他們的確可以正常說話，詞彙豐富，文法也沒有問題，但其語言能力並非完全正常，他們失去了說話的音樂性——韻律，也就是語調的抑揚頓挫，文字的速度與力度，這些表現情感與加重語氣的部分。沒有韻律的言語聽起來就像是答錄機中電腦合成的聲音。除了韻律之外，語言中還有許多部分要靠右腦，像是比喻、譏諷與幽默都是由右腦產生的。簡言之，語言這套豐富的溝通系統是要靠左右腦通力合作，才能成就，兩邊都有其獨特的貢獻。[18]

　　若是正常運作需要兩個半腦通力合作，那當它們不再相連時會

怎麼樣？只有在治療嚴重的癲癇病人時，神經外科醫生才會做這樣
的分割手術。那是因為一般的藥物無法讓發生在一個半腦的抽搐停
止，它會經由胼胝體傳到另一個半腦，引起更廣泛的抽搐。切除胼
胝體將大腦一分為二，可以防止抽搐在半腦間傳遞，所以在發作
時，病人依舊有意識，這種作法相當有幫助。神經學家對這些「裂
腦」（split-brain）病人極感興趣，想要知道他們的大腦是如何運作
的。第一位研究這類病人的羅傑・史培利（Roger Sperry）於 1981
年獲得諾貝爾獎。

　　1976 年，十五歲的 PS 接受了裂腦手術，以治療從兩歲起就一
直發作的癲癇。這種手術已被證實在改善癲癇症狀上有相當高的療
效。由於這項手術是實驗的一部分，他在手術前後被要求畫出兩個
簡單的立方體，一個用左手畫，一個用右手畫。圖 8.7 上半部的立
方體是他在手術前畫的，兩個都畫得很好；左邊的有點歪斜，但這
對右利者而言很正常。現在看看圖 8.7 的下半部，這兩個圖都沒有
之前畫得好，而且彼此之間差異很大。左手畫出來的那個很扭曲，
線條都沒有手術前畫出的直，也無法在直角的地方適當交會，不過
至少還看得出來是個立方體，但右邊的完全是另一回事。它的線條
比較直，比較講究，有形，而且交角處也密合得很好，但圖形一點
都不像是個立方體，空間感完全喪失。不論是左腦還是右腦，都無
法獨力畫出合宜的立方體。[19]

　　胼胝體將兩半球連結，形成一個完整的大腦。切斷胼胝體後，
每個半腦獨自作業，但都缺少了一套完整的認知工具。控制左手的
右腦理解三度空間，可以在一張紙上用線條表示立體物件，但他無

左手／手術前 右手／手術前

左手／手術後 右手／手術後

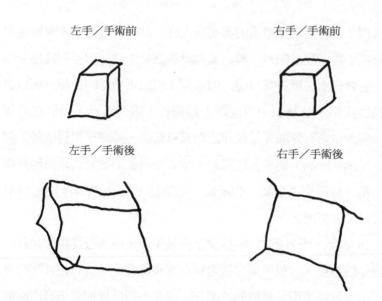

圖 8.7 研究人員請裂腦病患 PS 依照記憶畫出立方體，一個用左手畫，一個用右手畫。上排是手術前畫的，下排是他接受裂腦手術後畫的。

法畫得很好，無法將畫出的直線在適當的地方交會，就像是「感覺失用症」，失去讓手合宜運動的指示。控制右手的左半腦則完全相反，它知道如何讓右手畫出直線，且直線能夠在立方體直角處交會，但卻沒有三度空間或是透視的概念，或者說不知道直線投影在平面上的情景，所以畫出的立方體無法辨識；他的左腦像是個「建構性失用症」患者。PS 不僅是個裂腦患者，同時也可能表現出另外兩種不同的腦傷問題，一個是右腦損傷，一個是左腦損傷。雖然將左右腦分開討論是很誘人的作法，但它們實際上是兩個半腦，原本就設計在一起工作，成就一個柔軟、單一、整合型的完整大腦。[20]

　　有時只要一個簡單的問題，就可以看出合作無間的兩個半腦各
自有不同的運作途徑。下列問題就是一個很好的例子：「每個國家
都有國旗，尚比亞是個國家，請問尚比亞有國旗嗎？」這問題太過
直接，好像是什麼腦筋急轉彎，但其實這並沒有任何陷阱，而且你
心中早已想到答案：「有國旗。」不過比較不明顯的是，這類問題
其實有兩個獨立的部分，各自困惑著不同的半腦，就如同下面這個
實驗所顯示的。在這類實驗中，大腦的一半因為電擊而暫停運作，
這種處理是用來治療嚴重的心理病患。戴格林（V. L. Deglin）和基
斯勃尼（M. Kinsbourne）在聖彼得堡研究接受電擊治療的病患，問
了他們類似上述的尚比亞問題。在電擊前，他們都能輕易地回答出
來，但電擊之後的答案，則會因哪一個半腦受電擊，哪一個還在運
作而有所不同。在右半腦受電擊，只剩下左腦可以解決問題時，病
人回答的方式近乎冷血地極具邏輯性：「這裡寫著每個國家都有國
旗，而尚比亞是個國家，所以尚比亞有國旗。」這種答案像是《星
艦迷航記》中史巴克的發言，彷彿來自一部電腦或是一個機器人。
若電擊的是左半腦，而讓右腦來回答問題，則會得到完全不一樣的
反應：「我從沒去過尚比亞，對它的國旗一無所知。」雖然他所說
的可能是事實，但一點也沒有回答到這個基本上只是邏輯推理的問
題。根據問題開設的條件，答案必定是肯定的。右腦似乎缺乏合宜
的邏輯能力，所以會試著以日常生活的知識來解答。在這個例子
中，既然右腦不知道尚比亞，自然無法提供答案。
　　考慮另一個稍微有點變化的問題：「所有的猴子都會爬樹，豪
豬是隻猴子，牠會爬樹嗎？」這題目本身所提供的一個假設是錯誤

的，豪豬根本就不是猴子，不過這並不影響問題本身的邏輯結構。
若是所有的猴子都會爬樹，而豪豬是猴子，那牠就會爬樹。這類
「非現實句」（counterfactual）問題，左右半腦又會如何因應呢？
左半腦受到電擊，一名僅用右腦思考的患者很高傲地評論道：「豪
豬？牠怎麼可能會爬樹？牠不是猴子，牠全身長滿刺，像是刺蝟。
這問題有錯。」右腦認識豪豬，知道牠會做什麼，不會做什麼。而
右半腦受電擊，暫時只有左腦運作的患者則給了一個完全不同的回
答：「既然豪豬是猴子，那牠就會爬樹。」當實驗者解釋道：「但
你知道豪豬並不是猴子？」患者回答道：「卡片上就是這樣寫
的。」左腦有邏輯推理的能力，右腦則認識這個世界，兩個一起合
作，才會是一具超強的思考機械，只用其中一部分，結果不是太過
怪異，就是荒誕不經。[21]

　　豪豬問題的答案讓我們覺得幽默與古怪。幽默常牽涉到荒謬、
怪異與混淆兩種不同或互不相干的觀點，或是將兩種意義結合起
來，達到一語雙關的效果。兩個半腦似乎也有著不同的「幽默
感」，下面這個測試是用來研究左右腦分別受損的病人，給這些病
人看下列三句話，然後要求他們在幾個選項中選出一個結語：

新來的女傭被指控偷了主人的酒。她對主人說：「我會證明給你
看，主人，我的父母可都是老實的英格蘭人啊。」

右腦損傷，只有左腦正常運作的病人多半選擇下列的結語：

他說：「隨妳怎麼說。下次我再發現酒少了，妳就會被開除。」

很有邏輯，但絕對不有趣。左半腦損傷，而右半腦正常運作的患者則選了一個截然不同的答案。它在啞劇中看起來也許會很有趣，但實在算不上是適當的結語：

然後女傭看到一隻老鼠，就跳到主人的腿上去。

在這個例子中，真正符合左腦的邏輯與右腦的知識與幽默感的結語，應是含有兩種意義的「extraction」（榨酒、血統）這個字眼：[22]

他說：「我不在乎妳的英格蘭父母，倒是比較擔心妳那蘇格蘭的榨酒習慣。」

除了認知三度空間、擁有各項知識與幽默感外，右半腦還具有其他的功能，尤其是注意力，這在認知過程中相當關鍵，卻常常被忽略、遺忘或不受重視。無法集中注意力，心智運作會因為充滿各式無關緊要的垃圾資訊而癱瘓。多數發生在我們周遭的事務都很無趣，也不需要大腦高層次的處理，這部分是要保留給有趣、重要，甚至是危及生命時使用的。注意力讓我們忽略瑣碎的事物，而集中心力在工作上。比方說你現在坐的椅子正施力在你的屁股上，突然間你意識到了，而且有好一陣子你會忘不掉，你的屁股現在成了你思想的焦點，但剛才你壓根也沒想到它。這就是注意力。

當注意力出錯時，會有非常奇怪的症狀出現。小說家狄更斯
（Charles Dickens）就是一個例子，他臨終前五年的健康狀況一直
很不好。1866 年 2 月，距他辭世還有四年，五十四歲的他出現明
顯的心臟病徵兆，但最嚴重的問題要到三年後才發生。那天是
1869 年 4 月 23 日，在切斯特（Chester）舉辦的一場宣讀會中，疲
累的狄更斯注意到一些奇怪的症狀。他寫信給他的醫生法蘭克‧畢
爾德（Frank Beard），畢爾德請他趕快到倫敦，讓華生爵士檢查。
華生的報告清楚而具體：

上週五或上週六，在不尋常的發怒後，狄更斯發現自己頭暈目眩，
並且老是往後走，或有原地打轉的傾向……他對自己的左腳有種奇
怪的不安全感，好像他的腳後跟有什麼異狀，但他可以抬腳，也沒
有不良於行的狀況。他也提到左手和左手臂有點怪，除非他小心翼
翼地看著手，不然找不到該放手的地方。舉手至與頭部同高時感到
困難，梳頭也覺得有點笨拙，尤其是用左手時。

狄更斯的左半身出了嚴重的問題，這表示右半腦有狀況，華生很清
楚，「狄更斯處於左半身癱瘓，或是中風的邊緣」。到了 1870 年
6 月 8 日，他右腦的損害得到致命性的確認。晚餐時，他起身後就重
重地往左摔下，完全不省人事，隔天晚上六點過後，他就病逝了。[23]
　　狄更斯的病其實並不是那麼特別，倒是有個怪異的症狀在當時
（1868 年）的醫學文獻中未曾出現過。當狄更斯走路前往他的朋
友，也是他後來的傳記作者約翰‧福斯特（John Forster）家中時，

他發現「他只能讀出商店招牌的右半邊字母」。1870 年 3 月 21 日的那天，類似的情況又發生了：

他告訴我們當他散步過來時，走在牛津街上，同樣的情況再度發生，就像之前和我們共進晚餐時的狀況一樣。他一路上看著商家店招，但最多也只能讀出右半邊的字母。

狄更斯的病是「忽視性閱讀障礙」（neglect dyslexia），這種病的病人閱讀時會有下列兩種症狀之一：他們可能只會讀出字的右半部，尤其是正統用字，所以會將「DATE」（日期）讀成「ATE」（吃飯），「FRIGHT」（恐怖）讀成「RIGHT」（右邊），「TRAIN」（火車）讀成「RAIN」（雨），甚至會造成尷尬的場面，比方說男性在公共場合找廁所時會將「WOMEN」（女）讀成「MEN」（男）。另一種則是會讀出正確的長度，但左半部卻是猜出來的，比方說將「SAWMILL」（鋸木場）讀成「WIND-MILL」（風車），「CAKE」（蛋糕）讀成「MAKE」（建造），或者將「TOGETHER」（一起）讀成「WEATHER」（天氣）。[24]

　　忽視性閱讀障礙是包含更廣泛症狀的「忽視症」中的一種，也被稱做是「視覺忽視症」、「半忽視症」、「空間忽視症」、「單側忽視症」與「中度注意力渙散」。義大利的知名電影導演費里尼（Federico Fellini）也患有此種疾病，他曾以《大路》（*La strada*, 1954）、《卡比利亞之夜》（*Le notte de Cabiria*, 1957）、《八又二分之一》（*Otto e mezzo*, 1963），以及《阿瑪珂德》（*Amarcord*,

1973）等電影多次獲頒奧斯卡獎，同時也是個才華洋溢的畫家與漫畫家。1993 年 3 月，他前往洛杉磯領取第五個奧斯卡獎座，這次領的是終身成就獎。那時他已知道自己是個病人，同年 6 月，他在蘇黎世做了心導管繞道手術。他並不是個合作的病人，對留在瑞士感到很不耐煩，想回義大利，最後醫生雖然沒讓他回羅馬，倒是讓他回到出生地里米尼（Rimini）。他住在大旅館的套房內。8 月時，他妻子前去羅馬，突然間他在房間裡整個人垮掉，意識清醒，卻不能動彈，也無法打電話。他無助地躺在地上約四十五分鐘後，被一名女侍發現。在里米尼的醫院中，腦部電腦斷層掃描（圖 8.8）顯示他的右腦基部有一塊血栓，這是造成他左手與左腳麻痺的原因，也是讓他的餘生都在輪椅上度過的緣故。

　　費里尼轉到費拉若（Ferrara）的醫院做復健，他覺得這個過程既緩慢又讓人沮喪，雖然醫生一再地保證，但他「從醫生的眼中看出，他們不相信他會有……完全康復的一天」。那時，費里尼的妻子茱麗葉（Giulietta）也病得很重，被診斷出得到無法割除的腦瘤，她極力瞞著費里尼，但他還是知道了。那年的 10 月 30 日是他們結婚五十週年紀念日，費里尼說服醫生讓他回羅馬，好讓他慶祝結婚紀念日。在紀念日前兩週，他和茱麗葉兩個人自行外出享用一頓週日午餐，那個晚上，費里尼在醫院發生第二次中風，非常嚴重，讓他陷入昏迷，從此就再沒有醒過來。他在加護病房中被宣布腦死，但直到 10 月 31 日，也就是費里尼夫婦結婚五十週年慶翌日，其死訊才公諸於世。六個月後，茱麗葉於 1994 年 3 月 23 辭世。[25]

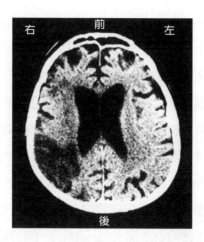

圖 8.8　電影導演費里尼中風一週後做的腦部電腦斷層掃描。在他的右腦基部有一塊楔形的深色區域，和左半腦相比，有很明顯的不同。這區域是大腦的顳葉與頂葉。

除了立即且明顯的麻痺症狀外，費里尼也有視覺忽視症的明顯徵兆。這種病好發於右腦中風的患者，是非常嚴重的殘障問題，事實上，病人忽視的程度是判斷他能否從這類中風康復的最好指標。恰如其名，忽視症患者會忽略、忽視這世界的一半，通常都是左半部。乍看之下，忽視左半部的世界似乎只是反映出右半腦負責身體的左半側與協調感知能力的事實，但情況並沒有那麼簡單，因為左半腦中風鮮少造成忽視右半部世界的情況。這意味著右腦負責我們的注意力。[26]

要測試是否患有忽視症很容易，只要給病人看下面這條橫線，並要求他們用鉛筆在中間的位置做一個記號。你也可以試試看。

忽視症患者做出的記號會往右偏許多，顯然是忽略了線條的左半部。費里尼正是如此。但他的外向人格特質、豐富的想像力，以及對繪畫的強烈欲望，使得他能添加一些額外的細節，如圖 8.9。[27]

　　患者也會忽視其他事物的左半部，比方說吃飯時只吃盤中右半部的食物，閱讀時只讀右邊那頁，只記得公共建築的右半邊，只洗右邊的臉，更衣時只穿右手與右腳的部分等等。不過，並不是每個病人都表現出所有的症狀，費里尼就沒有洗臉與更衣的問題。[28]

　　有些忽視症患者只會畫出物體的右半部，比方說圖 8.10 左邊的圖案，只畫出時鐘的右半部，也只加上一半的數字；相較之下，

圖 8.9　費里尼所做的兩次線段等分測驗。在做了中點的記號後，他忍不住在上面多加幾筆。在下面這個例子中，右邊的人說：「回到中點去。」但左邊的人則回答道：「別想！」

右邊的時鐘則將十二個數字盡量擠在右半部，使得數字都在錯誤的位置上。[29]

　　忽視症並不只是失去看見另一半世界的能力，就像只看到電視螢幕的半邊一樣。真正的問題出在注意力，既然注意力是集中在物體上，真正所忽視的就是每樣視覺物體的左半部，當然這牽涉到我們所謂的視覺物體是指什麼。圖 8.11 是一名五十九歲的右腦中風婦人所畫的，她照著插有兩朵花的花瓶畫畫，但她只畫出花和花瓶的半邊。她能畫出每樣物品的半邊，表示她知道這整個畫面中的每個部分，這也是為什麼忽視症如此吸引神經學家的原因。[30]

　　雖然一般相信忽視症患者並不了解自己的狀況，但費里尼絕不是如此，他甚至讓自己畫中的人物問：「左邊到哪裡去了？」（圖 8.12）

　　有人認為，也許是費里尼一輩子從事視覺藝術而扭轉了忽視症的症狀，但事實並非如此。一些患有忽視症的藝術家在病發後持續作畫，但他們所畫物體的左半部完全消失。圖 8.13 是英國畫家湯姆·格林謝爾德（Tom Greenshields）所繪製的肖像畫，即使作畫的

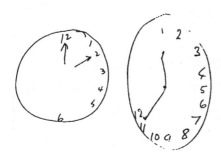

圖 8.10　要求一名忽視症患者描繪時鐘。左邊的時鐘是在他中風後不久畫的，鐘面上左半部的數字都不見了；右邊的時鐘則是在他稍微康復之後畫的，他將鐘面左邊的數字移到了右半部。

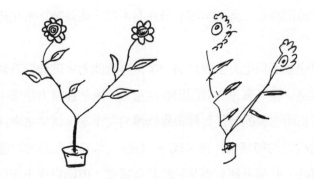

圖 8.11　要求一名忽視症患者描繪圖左邊的花，右邊是她所畫的。

圖 8.12　在中風約三或四週後，費里
尼自己畫的。顯然畫中人物就是他自
己，他問道：「左邊到哪裡去了？」

過程需要細心觀察，還是無法讓他留意到另一半的視覺空間。[31]

　　右腦的損傷也可能造成其他不尋常的症狀。「偏癱憎恨」
（misoplegia）的病患受到癱瘓的影響，而對麻痺的四肢產生強烈
的恨意。費里尼多少也有這種狀況，他形容自己癱瘓的左手臂「是

圖 8.13　英國畫家湯姆‧格林謝爾德所繪製的肖像畫。這是他在中風影響到右腦後所畫的作品。畫中的人物只有一半，而且完全是在紙的右半部，顯示出忽視症的症狀。

一束腫大的爛蘆筍」。在比較極端的例子中，病人甚至會對自己殘障的四肢暴力相向，或是辱罵它。在另一種「病覺缺失症」（anosognosia）中，病人並不承認有任何物理性的疾病存在，狄更斯就有類似的症狀；更極端一點的病人甚至不承認麻痺的四肢是自己的，有位於 1956 年在羅馬尼亞首都布加勒斯特（Bucharest）住院的婦人就是如此。七十三歲的她左半身出現癱瘓的症狀。她在住院前一天中風，當醫生要她伸出左手與左腳時，她卻以右手與右腳替代。最後，醫生指著她的左手問：「這是誰的手？」她回答道：

「隔壁床病人的。」她自覺需要再多做解釋，於是補充道：「我請
她把手放在我的肚子上，因為我覺得有點冷。」當醫生捏她的左手
時，她只說：「我覺得你在捏隔壁病人的手。」這名患者在一個月
後病逝，遺體解剖發現，受傷的部位是在右腦的頂葉，這個位置和
一般認為與忽視症和其他注意力疾病有關的區域相同。[32]

　　大腦側化的奇特之處在於能力或功能也隨之側化，而且常常看
不出明顯的緣由。吞嚥便是其中一種。「吞嚥困難症」
（dysphagia）是指吞嚥食物時有問題的病症，三分之一的半腦中風
病人都會出現這種症狀。費里尼也有吞嚥困難症，最明顯的證據發
生在羅馬的餐廳，當他與妻子茱麗葉一起用午餐時，也就是後來成
為他們最後一起用餐的那次。

在一邊大吃大喝、一邊高談闊論時，費里尼突然被食物噎住了，這
是因為一塊馬札瑞拉起司。中風損害了他的吞嚥能力，但在這享樂
的一刻，他完全忘了這回事。

多數人的吞嚥能力會由某個半腦所掌控，不過奇怪的是，有一半的
人是由右腦控制，一半的人則是由左腦控制。[33]

　　許多心理作用也是如此，正如喬瑟夫・黑里居（Joseph
Hellige）指出，「目前已發現許多……工作都顯示出不對稱性，要
將它們完整列出幾乎是不可能的」。我所能做的，也只是點到為止
地簡要介紹。味道就是受到左右腦兩側不同處理的其中一項，吸入
右鼻腔的氣味與味道會被判斷成是比較好的，而且隨即會由右腦處

理，而不是左腦；不過左腦在辨認味道上比較準確。右腦損傷會造成「美食症候群」（gourmand syndrome），亦即突然之間對美食極度著迷。右腦對生活中其他美好的事物也很重要，尤其是音樂，它會辨認並記得旋律，也會吟唱。節奏則是左腦的專長，因為它純然是高低音。所以音樂就像其他人類的複雜活動，要靠左右腦共同合作。右腦損傷後可能會出現音樂性幻想與音樂型癲癇（musicogenic epilepsy）──某段特別的音樂會引發反射性癲癇發作。甚至連性行為在大腦中也是區域化的：在巴黎有一項實驗，讓異性戀男人躺在正電子顯像（PET）掃描器中看色情片，然後分析他們的大腦活動。為了確定影片能夠引起性欲，他們還在受試者的陰莖裝上測量勃起的裝置。結果發現性欲引起右腦兩個區域的活動，這部分與動機有關，而在左腦也有一個區域牽涉到不自主的反應，就像其他的活動，性也要靠兩個半腦一起合作。[34]

　　大腦兩側的差異，也就是功能的不對稱性，出現在每個人身上，有時可以很簡單地顯示出來。看看圖 8.14，在兩條色塊之間，選出其中顏色較深的。這兩條的顏色其實一模一樣，話雖如此，但有四分之三的人認為上面那條較黑。這跟右腦受損的患者會忽視左邊空間的道理一樣，正常人則會過度誇大左邊空間，這個過程被稱為「假忽視」（pseudoneglect）。上面的色塊看起來較黑，是因為它的深色部分集中在左邊，會帶來更多心理層面的衝擊。即使是在標示線段中點的簡單工作中，也會出現假忽視，就像之前提到的那個測試。如果你想試試看，回到那一頁，拿尺來量你做的標記是否就在正中央。大概沒有這麼準，多數人的標記都會偏左一點，因為

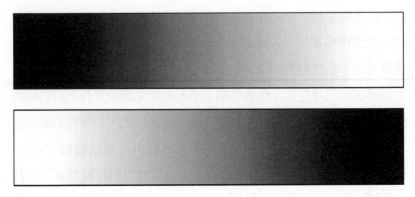

圖 8.14　上下兩條色塊哪一個顏色較深？

左邊比右邊更吸引目光，人們也因為比較不留意右邊，而容易撞倒這一邊的東西。「假忽視」可以解釋以下問題：為何圖畫中的平衡點會往左移？為何圖畫中的左前景看起來比較近？為什麼圖畫的主題通常就是畫中左前景所呈現的？以及為何演員上舞台時會不經意地從右邊進場？同樣的主題，在圖 8.15 中有另一種變化，這兩張臉哪一張看起來比較開心？這種由兩塊不相干的部分組合起來的臉稱做「假想臉」（chimeric）。對多數人而言，下面那張左半部是笑臉的看起來較為開心，這部分得歸因於右腦在情緒辨別的過程中參與甚多。[35]

　　1960 年代，科學界首次在沒有腦傷的人身上，以所謂的「雙聽」

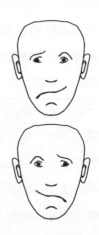

圖 8.15　直視兩張臉的鼻子，說出哪一張看起來比較開心，是上面的還是下面的？

（dichotic listening）法，證明語言區一般都是位於左半腦。受試者戴上一對立體聲耳機，但卻不是放出同樣片段的不同聲響版本（以達到音樂的立體聲效果），而是讓雙耳分別聽完全不同的片段，比方說讓右耳聽一段文字，左耳聽另一段。結果右耳聽到的訊息處理得較為準確，因為右耳主要是和左腦相連。[36]

　　故事進行到這裡似乎相當直接了當：左腦處理語言（包括說話、閱讀、書寫與拼音），也許它比較會處理這種快速、有次序的工作，而右腦則負責進行其他「非語言」的工作，擅長解讀視覺影像與三度空間所需的高度平行與全面的分析。儘管這故事似乎直接明瞭，它終究只是一個故事而已，就像其他的故事一樣，傳達許多關於我們自己的故事，以及我們聽這樣故事的需求，彷彿大腦的運作方式正如故事敘述的一樣。誠然，這則故事在許多普通心理學或是神經科學的教科書上出現過，也常常出現在科普書中。實際上正如羅倫・哈瑞斯（Lauren Harris）所指出的，這故事甚至是《美國大眾所知道的事》（*What Literate Americans Know*）這本書的「核心事實」。但這故事其實錯誤地假設每個人的大腦都是一樣的，事實絕非如此。就像本書之前所提，一成的左利者是由右腦，而不是左腦來控制他們的慣用手。大腦比上述這些簡潔的陳述要複雜許多，光是看語言系統就可以明白。[37]

　　在布羅卡宣布語言區位於左半腦的一兩年之內，他和其他研究者都發現這並非絕對的，大概有 5% 的比例，語言區是位在右半腦。其中一個例子是休林斯・傑克生於 1866 年 8 月描述過的一個案例：

上週五，我在醫院看癲癇與麻痺的門診。一名左半身癱瘓的病人有
嚴重的語言障礙。……這位可憐人哀嘆左半身的麻痺奪去他的一
切，因為他說他是個「左利者」。

若左利者是右利者的相反版本，而他們的語言區也從左半腦改到右
半腦，那麼這個想法也許可以讓大家覺得大腦多少還是有點對稱性
存在。自從布羅卡描述語言區主要是位於左半腦後，大腦對稱性的
概念幾乎完全崩解。[38]

　　這想法不錯，但根本上卻是錯的，然而它流傳了許多年，甚至
到今日，依舊有人接受這樣的想法，也許是因為在個人心理層面
上，對大腦對稱性的概念仍相當著迷的緣故。在布羅卡發表其發現
的幾年後，主流醫學與心理學教科書還把它寫成一個通則。心理學
的創始人威廉・詹姆斯（William James）在他所著的《心理學原
則》（*Principles of Psychology*）中很簡潔地寫道：「（語言區）位於
右利者的左半腦，但位於左利者的右半腦。」這樣廣泛流傳的「通
則」會很迅速地曲解科學文獻，因為發表出來的案例都符合這個通
則，每個新發現的病人似乎都在證實這個通則。雖然有些醫生注意
到例外的情形，尤其是右利者的部分，但這理論依舊因為受到各類
理論的支持，使得它難以被推翻，繼續流行多年。其中最強有力的
論點是假設這些病人並不真的是左利或右利。多數的右利者可以用
左手從事一些活動，而左利者也可以用右手來進行一些工作，所以
這是一個很有說服力的論點。語言區在左半腦的左利者被重新歸
類，因為他們是被強迫使用右手的，這使得他們的語言區轉移到另

一個半腦。這當中最難處理的，也許是語言區位於右半腦的右利者，其中有個解釋是他們的家族中一定有左利者，所以他們是「名譽上的左利者」。[39]

　　不過最令人難以接受的概念恐怕是「潛伏性左利」（latent left-handness）。有些人的語言區位在右半腦，用右手寫字與從事各項活動，而且沒有任何左利的親戚，但這個通則依舊堅持他們是左利者，因為他們是「潛伏性左利」。著名的蘇維埃神經心理學家亞歷山大・盧瑞亞（Alexandria Luria）將這個概念發揮的最淋漓盡致：

……要找出細微的左利徵兆是有可能的……潛伏性左利的「型態特徵」是有一隻大的左手掌，左手背上的靜脈系統特別發達，左手小指的指甲特別寬，臉右側的肌肉所形成的表情特別豐富……潛伏性左利的「功能特徵」也不少……受到潛伏性左利的高度影響……這個特質也會顯露出來，個體會換用左手……經詳細詢問後，發現右手優勢中也有反常的特徵……

相信藉由詢問、找尋細微的徵兆與不經意的特徵能夠揭示真相，這不禁讓人聯想到中世紀獵殺女巫時，按著《巫婆之錘》（*Malleus Maleficarum*）一書中編列的辨認特徵，挨家挨戶尋找女巫的場景。也許這個指甲有點大？這些靜脈很發達嗎？要找出這類「反常的特徵」很容易，每個人都可以是潛伏性左利。盧瑞亞在他的清單中也列出鑑別性的特徵，如合掌時左手拇指會在上方，以及慣用左眼等。但有六成的英國人合掌時，左手拇指會在上，又有三成的人是

慣用左眼，這意味著用這些標準來衡量時，多數英國人都成了潛伏
性左利。很明顯地，若是每個人都是潛伏性左利，那麼這個概念毫
無科學實用性。[40]

　　若是左利者和右利者的關係並不是鏡像對稱那麼簡單，那偏手
性與語言掌控區之間真正的關係又為何？二次大戰後，這其中的關
聯大半都被解開了，並且展現出有趣的數學模式，不過解釋起來可
是一點都不容易。這些數據可以用下面這個簡單的表來表示：

表 8.2　偏手性與語言掌控區之間的關係。

	左側語言區	右側語言區
右利者	～95	～5
左利者	～70	～30

有幾件事一定要說明清楚：首先，偏手性與語言掌控區之間絕對是
有關聯的。和左利者相比，右利者的語言區較有可能落在左腦；同
樣很清楚地，左利者並不是右利者的鏡像對稱，若真是如此，95%
的左利者的語言區都應該在右半腦，但實際上只有 30% 是如此。
所以，多數的左利者和多數的右利者一樣，語言區都在左半腦，不
過左利者語言區在右腦的機率還是比右利者多出五到六倍。這個統
計數據的呈現方式有個陷阱，既然在總人口數中，右利者是左利者
的八到九倍，那麼語言區位於右腦的人當中，其實是右利者占多
數。這些數據才是真正的難題，要了解大腦的側向，勢必要找到解
答。[41]

　　若是覺得偏手性與語言掌控區之間的關係似乎複雜難解，那就

需要想想「右腦處理過程」（right-hemisphere processes）。這些全
部都發生在右腦嗎？又一次，答案是否定的。偏手性、語言掌控區
與非語言區域化之間可能的組合關係一共有八種，每一種都出現在
人類族群中。不過這種說法其實過度簡化了真正的情況，因為我一
直把「語言掌控區」當成單一的區域，負責說話、閱讀、書寫、拼
字等所有的語言功能。但從腦傷病人那裡得到的證據顯示，這些能
力有的是在某一個半腦，其餘的則是在另一個半腦。讓我們再回到
華生爵士，不過這次是以他為病例。1882 年 10 月 22 日，九十歲
的華生中風了。他往左邊倒下，當他將舌頭拉出時，也是往左傾，
同時他的左臉也垮掉，因此他的醫生做出合宜的診斷，研判他右半
腦有血栓形成。眾人十分關心這位英國醫學界大老的病況，《英國
醫學期刊》（*British Medical Journal*）因此發行了病情報告的雙週
刊。華生並沒有失去語言能力，而且他還相當專業地研究起自己，
雖然「他說他自己也無法解釋這個症狀」。最令人匪夷所思的是，
雖然是右腦發生中風，「在寫信時，他卻連最簡單的字都拼不出
來」。拼字應該跟其他的語言功能一樣是由左腦負責，所以在右腦
中風後出現這種障礙實在很奇怪。最詭異的是，除此之外，其他的
語言功能都沒有問題。這個例子意謂著語言的某些功能落在某一個
半腦，而其他功能則在另一個半腦。[42]

　　大腦組織的複雜模式可以用前一章所提的偏手性遺傳模式來解
釋。還記得 D 與 C 這兩個基因吧，帶有兩個 D 基因的個體，其基
因型是 DD，一定是右利。在他們發育的早期，某種力量推動了大
腦，將運動控制中心放在左腦。語言能力的模式也是假定語言發展

中心經歷相同的作用，被推到左腦。所以 DD 基因型的個體，就跟教科書上的範例差不多，都是右利，而且語言區位於左腦。那基因型為 DC 和 CC 的個體又是如何？他們當中有許多是左利。就先從最容易的 CC 基因型個體開始談起吧。

　　CC 基因並不會影響運動中心在左右腦的定位，所以幾乎有一半的 CC 個體是左利，另一半則是右利，就像丟一個生物性硬幣，兩種可能都有，完全隨機決定。若 CC 基因對運動控制中心沒有影響，自然會去假設它對語言中心也沒有影響，也就是說位於左右腦的機率各半。到目前為止都沒有問題。推論到這裡，有個關鍵，如果完全是由機率來決定運動中樞和語言中樞是位於左腦還是右腦，那表示這兩種情況可能是兩個獨立事件，就像擲兩個銅板一樣，結果會變成四分之一的 CC 個體是左利，而且語言區在左腦；四分之一是左利，語言區在右腦；四分之一是右利，語言區在左腦；四分之一是右利，語言區在右腦。換言之，所有可能的組合都會出現。

　　至於 DC 基因型的個體，差不多也是同樣的狀況，只是這個族群中有四分之三是右利，四分之一是左利，而且語言區位置的比例也是如此，有四分之三在左腦，四分之一在右腦。同樣地，這也是兩個獨立事件，只是其中發生的機率不再是各半。現在我們可以計算三種基因型 DD、DC 和 CC 出現的機率，其中 CC 是最少的，DC 次之，最多的是 DD 型。結果很明顯，若有一成的人是左利，那麼有 8.7% 的右利者和 30% 的左利者，其語言區會落在右半腦，這和剛剛表中的數據相當符合。只有當這些數據脫離單純的計算後，科學家才相信數學模式產生了一些有用的資訊。1970 年代晚

期，當我第一次見到這些數據時感到非常興奮，而且從那時候起，我從未發現任何重大的理由可質疑或推翻這個基本模式，細節可能會再做調整，但中心思想依舊相當精采。[43]

　　統計數字有可能會誤導或不可靠，尤其是在反應語言區位於右腦的右利者比例上。雖然在表 8.2 中，這個比例是 5%，但也很有可能出現其他的數據。在長期追蹤的臨床資料中，這個比例只有 1%，但針對中風病人做的調查卻有 8%；而若是以正常人為受試者，進行比較不太可靠的雙聽測驗，比例可以高達 15%–20%。這個比例是整個推算過程的重點，若算出來的值大幅偏離 5%–10% 的話，那麼這個模式顯然就無法使用。在這個理論模式問世二十年後，新穎的技術最後才帶來這個準確的數值，而這也是我們最後又回到這裡的原因。[44]

　　神經外科醫生常常要在大腦深處進行一些手術，危險性高又相當困難。很早已前他們就體認到，如果知道語言區的確切位置，就可以避開這個區域，從另一側開刀。正如神經外科醫生詹姆斯・戈納（James Gardner）在 1940 年代所表示的：「要讓病人犧牲語言能力來切除腦瘤，實在算不上一件值得慶賀的成就。」然而要確定語言區究竟位於哪個半腦非常困難，半個世紀以來，唯一一個可靠的方法，是由一名年輕的日本神經外科醫生和田（Juhn Atsushi Wada）發展出來的。時間是在二次大戰剛結束後，那時他在北海道工作，生活條件相當嚴苛：

舊制序崩解了，到處充滿通貨膨脹、貧窮、營養不良的景象，身為

一名大學醫院的年輕值班醫生，我的晚餐只有一塊沒削皮的馬鈴薯，偶爾才會有一碗粥。

雖然從事的是腦部外科工作，但和田並沒有受過訓練，也沒有老師，他的技術都是從在波士頓當外科醫生的哥哥寄給他的教科書當中學到的。[45]

　　剛開始和田專注於一個困難的問題：患者有時病情惡化，轉變成發作後無法停止的「重積性癲癇」（status epilepticus），每一次發作都會引發另一次發作。和田懷疑是否可以麻醉某一個半腦來打破這個惡性循環，而作法就是將一般的麻醉藥注入運送血液至其中一個半腦的頸動脈。有一天，一個在當地美軍基地擔任廚師的日本男孩被送入醫院。一個喝醉的美國大兵告訴這男孩自己的槍法很準，可以打掉他頭上的帽子。他的槍法是不錯，但還不夠好，他不僅打掉了男孩的帽子，也打掉他頭顱的部分──男孩左腦的頭骨與上層都不見了。男孩需要開刀，但他卻處於重積性癲癇狀態中。除非他的抽搐能夠停止，否則無法進行任何手術，因此和田說服男孩與他的家人試用新的療法。他將安米妥鈉（sodium amytal）這種短效的巴必妥酸鹽類麻醉劑，透過一根長針插入脖子，注入左側的頸動脈。這方法雖然粗野，卻很有效。男孩馬上停止發作，右半身也處於暫時癱瘓的狀態，這表示左腦已被麻醉。此外，他完全靜默下來。過了十分鐘後，藥物逐漸退去，麻痺與靜默的狀態也解除了。和田的療法奏效了，由此也確定出男孩的語言中心是位於左腦。[46]

　　在接下來的幾年間，和田又測試了十五個病患，他們都是右

利,而且這次他更加有系統地找出每個案例在藥物注入左側頸動脈後失去語言能力,而注入右側頸動脈則毫無影響的情形。五年後,和田利用輪休的機會前往蒙特婁的神經研究所,在那裡他示範了他的麻醉技術。不消幾年,這就成為神經外科手術進行前的例行步驟了。[47]

和田的方法雖然在生物學上有點不可思議,但卻毫無紕漏,偶爾會出現一些複雜的狀況,但現代化的技術都可以克服。但對於想要確定語言區的心理學家而言,這方法有兩個問題:首先,這主要是在人的身上進行,而且是大腦受傷的人,如此一來要將它普遍施用在一般的族群上的難度甚高。其次,這方法顯然具有高度侵入性,無法用在大量的正常人身上,而那卻又是科學研究所必需的。雖然這些年來也發展出其他研究語言掌控區的技術,卻沒有一項方法能準確定出語言區的位置,和田試驗(Wada test)依舊是最佳利器。不過到了 1990 年代,「顱骨都卜勒超音波」(transcranial Doppler ultrasonography)這項新技術讓整個局勢改觀了。[48]

都卜勒超音波和婦產科用來觀察胎兒的一般超音波類似,但它多了一種功能:打進動脈的超音波束有部分會被血液中的血球反彈回來,如此一來可透過探針接收這些音波。至於「都卜勒」指的是「都卜勒位移」這種聲音現象,好比火車的鳴聲,當聲源朝向你移動時音調會偏高,遠離你時則會偏低;火車速度越快,鳴聲在來去之間的差異越明顯。血液中的血球也是如此,它們朝掃描器移動的速度越快,超音波的音調越高,這意味著可藉此方法測量動脈血流的速度。

　　在大腦邊緣擺上顱骨都卜勒超音波的探針，便可以測量大腦動脈的血流。有人形容它是「大腦用聽診器」。這方法不具侵入性，容易操作，而且似乎非常安全。德國穆斯特大學（Uni. of Münster）的柯內克特（Stefan Knecht）和他同僚將這台儀器用來測量腦中的語言活動。受試者坐在電腦螢幕前，螢幕上會隨機出現英文字母，比方說「T」，然後受試者在接下來的十五秒要安靜地想出以此為首的單字，越多越好。文字是由位於大腦兩側、耳朵上方的顳葉負責處理，這件工作對大腦來說並不容易。顱骨都卜勒超音波偵測到大腦中間的動脈會增加供應顳葉的血量。腦的兩側都有顳葉，如果只有一邊在負責造字，那血流量應該只有一側會增加。比較左右兩側動脈的血量，就有可能確定出受試者個人是由左腦還是右腦來掌控語言活動，而且這個技術所需的時間甚短、操作容易，相較之下也較便宜，又不具侵入性，因此可以在大量的受試者身上進行測試。

　　2000 年時，柯內克特和他同僚發表的兩篇重量級報告，就是使用上述方法在大量受試者身上測試的結果。在絕大多數的右利者中，都是左側的血流量增加，正如布羅卡所預測的。不過其中最有趣的是，有一小群的右利者血流量增加的地方是大腦右側，這表示他們的語言區偏右。在 204 個右利受試者中，有 12 個的語言區在大腦右側，非常接近遺傳模式預測出的 5.9%。在第二篇報告中，柯內克特和他同僚則測試了 122 名的左利者，其中有 29 個人（接近 24%）語言區偏右，這個數字也很接近遺傳模式中預測的 30%。[49]

　　這一章討論了大腦的左半腦和右半腦的各種差異。但為什麼它
們會不一樣呢？人類的右手優勢形成有多久了？為什麼還是會有左
利者的存在？而又是什麼造成大腦特化的演化？這些問題將是下一
章的重點。

第 9 章

基拉之子以笏

　　便雅憫人基拉之子以笏也許是史上第一個留名的左利者,他的
事蹟約是發生在西元前 1200 年:

以色列人託他送禮物給摩押王伊磯倫。以笏打了一把兩刃的劍,長
一肘,帶在右腿上衣服裡面。〈士師記〉三:15-16

以笏獻完禮物後,要求和伊磯倫密談:

王就從座位上站起來。以笏便伸左手,從右腿上拔出劍來,刺入王
的肚腹,連劍把都刺進去了。劍被肥肉夾住。〈士師記〉三:20-
22

以笏並不是唯一的左利者,〈士師記〉中也曾記載便雅憫人和以色
列人之間發生過一場艱苦的內戰:

便雅憫人從他們的各城裡出來,聚集到了基比亞,要與以色列人打
仗。那時便雅憫人從各城裡點出拿刀的,共有二萬六千;另外還有
基比亞人點出七百精兵。在眾軍之中有揀選的七百精兵,都是左手
便利的,能用機弦甩石打人,毫髮不差。〈士師記〉二十:14-16

要解釋這段經文並不容易,不過通常可以看成是:在 26,000 人
中,有 700 名精兵,這表示有 2.7% 是左利者,更嚴謹一點的講法
是,至少有 2.7% 的左利者。[1]

　　〈士師記〉可說是歷史上第一份提到左利普遍存在的文獻證
據，然而從那之後，一直到十九世紀晚期，似乎就沒有人再統計過
有多少人是左利的。沒有人質疑過多數人普遍為右利的想法，否則
在西元前四世紀的雅典就不會訂出這樣的法條：

雅典人受命於許多將軍的指令，其中一名將軍是菲拉寇司
（Philocles）。他最近說服人民通過一項法令，規定必須割去所有
戰俘的右手大拇指，讓他們無法再使用矛，但還是可以划槳。

然而人們也不曾懷疑過有一小群左利者的存在。荷馬、亞里斯多
德、柏拉圖與其他早期的希臘人顯然都曾在日常生活中碰見過左利
者，不過沒有任何文獻記載到底有多少比例的古人是慣用左手。倘
若我們想要了解偏手性，就必須要對過去左利者的數量有個大致概
念，如此才能夠整理出右利與左利的演化時間表，或許就能重建出
一部分人類族群演化為右利的過程與原因，以及偏手性和人類語言
之間的關係。而這就是本章的主題。[2]
　　1871 年倫敦聖喬治醫院的威廉・歐苟（William Ogle）醫生做
了一項左利比例的調查研究，這是第一批合乎統計原理的近代偏手
性研究。歐苟因為「無法找到任何關於偏手性的可靠統計數據」，
於是詢問了之後來找他看診的 2,000 名病人，調查他們是左利還是
右利。調查結果有 85 人，也就是 4.25% 的人表示自己是左利，這
個比例和一次大戰前所做的十幾篇調查的結果很接近，但這和當代
的研究結果，也就是第七章提到的 10% 的比例有一段落差，連它

的一半都不到。這麼大的差距顯然需要一個合理的解釋。[3]

　　1986 年進行了有史以來規模最大的偏手性調查。讓人頗為訝異的是，這項調查原本是研究人的嗅覺敏銳度。那時《國家地理雜誌》（*National Geographic*）刊出一篇關於嗅覺的文章，為了要解說這篇文章，還附上一張免回郵的「刮味卡」，讓讀者刮開密封處並嗅聞後，標明他們所認為的味道，並且勾選一些基本資料，包含年齡、性別，以及用哪隻手寫字。卡片回覆狀況非常踴躍，超過 110 萬名美國人，這麼大的樣本足以進行非常完美的統計分析。圖 9.1 是以左利的男女比例相對於出生年分所做的圖，跟多數的研究結果一樣，左利人口中男人比女人略多，但這項調查最引人注意的地方是，左利的比例在整個二十世紀不斷攀升。1910 年以前，約有 3% 的人是左利，這和三十年前歐茍的研究結果相近。不過，之後左利的比例逐年穩定增加，於二次世界大戰結束時達到高峰，那時女性約有 10%–11% 的左利，男性則為 13%。半個世紀內出現明顯地大幅增長，這背後一定有原因，但究竟是什麼呢？[4]

　　美國與西方世界的歷史資料都顯示，左利的比例比一百年前明顯增加。要研究這其中的差異並不容易，因為研究者判定偏手性的方法通常各不相同，有可能是人為因素造成這其中的差異。為了要解決這個問題，加拿大安大略省滑鐵盧大學（Uni. of Waterloo）的菲爾・布萊登（Phil Bryden）系統性地收集了相關資料；他和來自印度的馬哈拉杰・辛格（Maharaj Singh），以及日本的井田幸英共同合作，設計了一份簡單的問卷，分別在加拿大、印度與日本進行調查。之後，塔哈・阿密爾（Taha Amir）和我也用這份問卷在阿

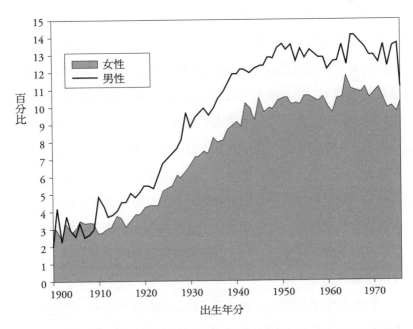

圖 9.1　二十世紀的左利比例變化。縱軸表示左利人數的百分比，男性以粗黑實線表示，女性則是灰色的區域。

拉伯聯合大公國做調查。結果相當驚人，在加拿大與英國，左利者的比例為 11.5%，但一進入亞洲，左利的比例就開始下降，在阿拉伯有 7.5%，到了印度降到 5.8%，而日本只剩下 4%。這種差異也不僅出現在亞洲，一項在非洲進行的調查廣泛地比較了各國的差異，發現在象牙海岸有 7.9%，而蘇丹則為 5.1%。就像是探討為何歷史上，歐洲與北美之間存有一段左利比例的差異，我們不禁要問：為何即使到了二十世紀末期，在歐洲、美洲、亞洲與非洲這些地理區之間會存有這麼大的左利比例差異？[5]

在生物學中，群體之間的差異若不是基因造成的，就是環境造成的。既然慣用手受到遺傳控制，那表示上述這些歷史與地理上的比例差異，可能是與左利有關的基因所造成的；也就是說 C 基因越多的地方，左利者越多。雖然這種說法的確有其可能性，不過多數的社會科學家會傾向以環境因子來解釋這個現象，比方說不同的社會環境。在右利的世界，左利者會面臨許多社會問題，這些問題在過去比現代多，非西方世界也可能比較嚴重，因為在那裡傳統束縛較大，還是會以具有象徵意義的右手進行特殊活動。所有的環境效應都可概略稱為「社會壓力」，會很有效地迫使天生左利的人在從事多數活動時轉變為右利，而在相關的研究與調查當中，他們都會被當成右利者。

要區分地理與歷史上的偏手性差異是由遺傳因子，還是社會壓力所造成並不容易，因為不論是 C 基因的頻率較低，還是各類型的社會壓力，都會造成左利者較少的結果，所以問題的癥結便是要找出區分遺傳因子與社會因子的方法。每次我和菲爾·布萊登見面時，總是會聊到這個問題。1996 年 7 月我到滑鐵盧大學拜訪他，那是菲爾猝死於蒙特婁一場研討會上的前一個月，菲爾和我領悟到要如何打破這個僵局。只要知道偏手性在家庭中流傳的模式，就可以區分出社會與遺傳的影響，而我們對菲爾蒐集的加拿大資料與印度資料都瞭若指掌。不過在解釋這些結果前，先讓我以假想的三個國家，「真掌國」（Euchiria）、「低基因國」（Lowgenia）與「高壓國」（Hipressia）來解釋這個理論。[6]

「真掌國」裡的左利者可以自由自在地做一個左利者，沒有任

何的社會壓力迫使他們要當右利者，而在那裡有剛好一成的人是左利者。偏手性的遺傳模式與第七章提到的一樣，所以偏手性在家族中的流傳維持在中等的程度。正如遺傳理論預測的，雙親皆為右利時，會有 7.8% 的機率產下左利小孩，而雙親不皆為右利時，則有 19.5% 的機率產下左利小孩。換言之，父母只要有一位為左利時，產下左利小孩的機會是雙親皆為右利的 2.5 倍。偏手性的遺傳完全是由基因庫中 20% 的 C 基因（亦即，10% 的兩倍）與 80% 的 D 基因來控制。

在「低基因國」裡，左利者和「真掌國」的人一樣，不會被強迫變為右利者，但是因為這裡 C 基因的頻率較低，所以左利者比較少，只有「真掌國」的一半。由於基因庫裡只有 10% 的 C 基因，所以「低基因國」的左利者比例只有 5%，而不似「真掌國」的 10%。這樣的推論似乎很自然，但偏手性在家庭中的流傳卻不是這樣簡單。雖然基本原則是一樣的，但結果卻出乎意料。當雙親都是右利時，有 3.8% 的機率產下左利小孩，接近「真掌國」的一半，然而雙親中有一人為左利時，則有 16% 的機率產下左利小孩，這和在「真掌國」所得到的機率相去無幾。結果變成父母中只要有一位為左利時，產下左利小孩的機會是雙親皆為右利的 4.2 倍，所以左利在「低基因國」家庭中的流傳比起在「真掌國」要強勢許多。當 C 基因減少時，左利在家族中的流傳變得較為強勢，雖然乍看之下有點矛盾，但這絕不是似是而非。

至於「高壓國」則不適合左利者居住。「高壓國」人不喜歡左利者，所以打從他們一出生，就強迫其行為舉止都要像是個右利

者。雖然承受相當大的社會壓力，到最後只有一半的左利者轉變為
右利。「高壓國」和「真掌國」的 C 基因比例一樣，基因庫中有
20% 的 C 基因，也就是說在沒有社會壓力的情況下，會有 10% 的
左利者，但是社會壓力迫使一半的左利變為右利，所以社會調查的
報告中只會發現 5% 的左利比例，這與「低基因國」的比例一樣。
不過，偏手性在家族中的流傳卻非常不同。當雙親都是右利時，有
4.5% 的機率產下左利小孩，然而雙親中有一人為左利時，則有
9.9% 的機率產下左利小孩。若雙親之一是左利，「高壓國」小孩
成為左利的可能性是右利雙親孩子的 2.2 倍。

　　和「真掌國」的 2.5 倍，與「低基因國」的 4.2 倍相比，左利
在「高壓國」家庭中的流傳比較弱勢，只有 2.2 倍。這是因為「高
壓國」左利者雖然受到社會壓力而和一般右利者的行為一樣，**但他
們身上還是帶有左利的基因**。許多雙親皆為右利的小孩，其實雙親
當中有人原本是左利，而且會將 C 基因繼續傳給子代。即使社會
壓力會造成一半天生左利的孩子變為右利，「高壓國」的右利雙親
產下左利小孩的機率還是比「低基因國」高（4.5% 比上 3.8%）。
「高壓國」的社會壓力也讓雙親中有一人為左利時，得到左利小孩
的機率比「低基因國」低（9.9% 比上 16%），「高壓國」家庭若
是雙親中有一個為左利，小孩成為左利的可能性是右利雙親孩子的
2.2 倍。這兩種效應合起來的作用，在「低基因國」與「高壓國」
其實很不一樣。現在我們知道區分左利比例偏低的方法，就像「低
基因國」與「高壓國」裡的情形，如果偏手性在家族中流傳的情形
很明顯，那答案就是該族群中左利基因較少，就像是在「低基因

國」；如果偏手性在家族中流傳的情形不明顯，那答案就是社會壓力，就像發生在「高壓國」裡的情形。[7]

　　找到區分遺傳因子與社會壓力的方法後，菲爾和我便著手檢驗印度與日本這些左利比例低的國家，分析他們是比較像「低基因國」還是「高壓國」。菲爾整理出印度與加拿大的資料，答案呼之欲出。在印度，左利者很少，但**在家族中的流傳卻很明顯**，所以印度比較像是「低基因國」。接下來分析了來自日本、阿拉伯聯合大公國的資料也得到相同的結果，而其他研究者收集到的象牙海岸與蘇丹的結果也是如此。這些國家的情形都比較接近「低基因國」。截至目前為止，我們還沒有找到哪一個地方出現「高壓國」的狀況。雖然這與社會科學家預測的結果相左，但結論很明顯：左利者在印度等國家較稀少的原因，是他們族群中的左利基因較少，而不是社會壓力較大。這個結果並不代表社會壓力就不重要，只是它作用的方式比我們在「高壓國」所做的粗略假設要細微很多、要了解這些社會壓力如何作用，我們需要回顧西歐與北美的歷史資料。[8]

　　若是過去的歷史代表一個國家，它會比較像是「高壓國」還是「低基因國」？西方家族偏手性的研究可以回溯到二十世紀初。1927 年，錢伯倫（H. D. Chamberlain）調查過一大批俄亥俄州立大學新生的偏手性，連帶問了他們兄弟姊妹的狀況。他們多數都是出生於 1900–1920 年之間，在 7,714 名學童中，有 368 位是左利，比例為 4.8%；與 1871 年歐苟的調查結果相似，也很接近《國家地理雜誌》1920 年以前出生的讀者回函的統計結果。不過我們必須謹慎地檢視家族資料，才能確定低比例的原因究竟來自基因還是社會

壓力。分析結果如下：雙親皆為右利時，孩子有 4.3% 的機率為左利，而父母中有一人為左利時，孩子則有 1.3% 的機率是左利，所以父母中有一人為左利時，孩子為左利的機會增加了 2.9 倍。錢伯倫的研究結果並不是特例，在另外五個針對 1939 年前出生的孩童之家庭調查，發現有 7.3% 的左利，而父母中有一人為左利時，孩子為左利的機率會增加 3.29 倍。相形之下，在 1955 年之後出生的左利為 13.3%，但父母中有一人為左利時，孩子為左利的機率只增加 1.64 倍。倘若現代的 1.64 倍代表的是「真掌國」的狀態，那麼之前得到的 3.29 應該代表的是「低基因國」，而不是「高壓國」。二十世紀初期左利比例較低的原因是 C 基因較少，而不是社會壓力，現代的印度和日本與一世紀前的西方世界處於相同的狀態。[9]

西方族群內的 C 基因到了二十世紀末似乎增加為世紀初期的兩倍，一定有什麼因素造成這項改變。基因在族群內的頻率增加，表示它們是較為成功的基因；若是減少，表示它們沒有那麼成功。而所謂的成功只意謂著一件事，就是讓個體產生更多的後代。所以我們必須知道右利者和左利者是否產生相同數量的孩子。幸運的話，我們可以從過去的研究中找到解答。在 1955 年以後才有新生孩童的家庭中，右利雙親平均有 2.49 個孩子，混合型的平均有 2.6 個孩子，而皆為左利的雙親則有 2.57 個孩子。這其中的差異很小，左利雙親的子代數量只是稍微多一點。不過在二十世紀前半葉，則又完全是另外一番光景。那時家庭人口普遍眾多，右利雙親平均有 3.1 個孩子，不過混合型的雙親平均只有 2.69 個孩子，而皆

為左利的雙親則僅為 2.32 個孩子。換句話說，右利夫妻比左利夫妻多出 34% 的子代，這是相當驚人的差距，足以影響到族群中與左利相關的基因比例。[10]

為何左利者的子代較少？這如何能與剛剛所下的結論吻合，說明歷史上與地理上左利的低比例都不是因為社會壓力？這要從之前所描述的「高壓國」談起，那裡的社會壓力都是**直接的**社會壓力，也就是迫使個體從左利轉變為右利的壓力，可能是個人在學校、家庭或是社會各處受到教訓或虐待所造成，這種壓力是直接作用在生為左利的個體上。不過，改變慣用手並不是容易的事，真正受到這種直接壓力而改變的左利者只是少數，這種結果並不讓人意外。但**間接的**社會壓力則微妙許多。

與直接的社會壓力相比，間接的社會壓力則作用於無形。可能是少許的流言、一些刻意中傷的譏刺話語，或是偶爾的嘲諷，只要在某些時機聽到這些，就會讓人們覺得自己被排斥、被孤立或是被藐視，演變到最後，這些人甚至可能被排除在擇偶的名單外。在前現代、前科技時代的小型社會中，這種壓力的效應可能相當大，尤其是在多數人的嫁娶對象都是方圓數十里內街坊鄰居的社會。間接社會壓力並不會讓人無法找到伴侶或生育後代，但有可能延緩這個過程；通常晚婚的人，孩子的數目也較少。這類效應在過去的作用可能較大，因為那時家庭人口比較多，而且生育管理成效不彰。上述這些可能都是間接社會壓力作用的方式，若是有證據可以顯示這在二十世紀初的西方世界有所作用，可想而知也會發生在二十一世紀初的低度開發國家。

　　雖然從圖 9.1 可以清楚看出二十世紀的左利比例有大幅變化，但在世紀末，左利的比例很明顯地停滯不前。族群中似乎有一個自然或是「適當」的左利比例。維多利亞時代的祖先們也許阻止左利者生育後代，但當這些壓力解除後，左利的比例只會回復到「適當」的程度，在族群中似乎有某種力量平衡著左利與右利的比例，10%–12% 為其穩定值。不過這帶來更多謎題，為什麼會有左利出現？而在族群的比例又是如何決定的？由此又衍生出更大的疑團，為何左利與右利演化的時間尺度遠超過一個世紀？這又是如何造成的？

　　想要知道一件事情的來龍去脈，當然要先知道事情發生的過程與時間，但當這牽涉到偏手性的歷史時，想要得到這些答案就沒那麼容易了。除了《舊約聖經》中那份關於左利以色列人不甚可靠的估計，在十九世紀前就沒有任何偏手性的文獻。不過，還是有其他類型的證據遺留下來，其中一種是藝術作品，許多畫中所描繪的人物都在從事各式各樣的活動。溫哥華的心理學家史坦・科倫（Stan Coren）與克萊兒・波賴克（Clare Porac）檢視了油畫、素描與雕像中的人物，看看他們使用哪一隻手從事丟標槍這類技巧性的動作。他們查閱了超過一千件的不同文化的作品，年代從西元前 3000 年開始。圖 9.2 顯示出這些作品中的人物絕大多數都是使用右手，但其中有 8% 的人是用左手，這個比例和現代研究的比例相當接近，而且五千年來沒有太大的變動，只有在十九世紀時似乎顯示出略微減少的趨勢。[11]

　　在許多器物中也可以發現偏手性造成的痕跡，圖 9.3 的銀湯匙

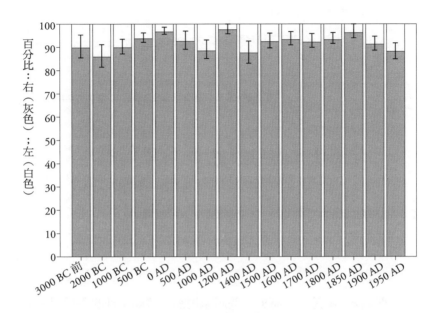

圖 9.2 五千年來，藝術作品中人物使用左右手的比例。灰色表示使用右手從事活動，白色部分表示用左手。誤差值為 95% 的信賴區間。

是「麥登豪寶物」（Mildenhall Treasure）之一，這批寶物屬於四世紀，羅馬統治英國的時代。1942 年時，一名沙福克郡（Suffolk）的農夫在耕種時比平常多挖了四英寸，所以發現了這批總共三十四件的寶物。要製作這把湯匙的柄，必須將金屬的一端固定，然後旋轉另一端。右利者會用左手固定，然後用右手順時針旋轉把柄，這是因為右前臂的肌肉比較有力之故。令人費解的是，這個金屬器具是用左手纏繞出來的。這把湯匙目前收藏在倫敦大英博物館的第四十九號展覽室，和其他羅馬與居爾特（Celtic）文物，以及歐洲銅器

刻有「PAPITTEDO VITAS」的湯匙，編號28

圖 9.3 收藏在倫敦大英博物館內的「麥登豪寶物」中的銀湯匙。

時代的器物一起展示。在西元前 1600 年到西元 400 年的陳設中，有許多項圈、項鍊、手鍊與一些居家用品，諸如水桶的手柄與叉子等，我發現其中有七十九件是左牙螺旋，而右牙螺旋只有八件，占全部比例的 10%，這些就是古代左利者所留下的證據。[12]

最早的左利者的證據還是來自於「冰人」奧茨。他的生存年代約為西元前 3200 年，死在義大利阿爾卑斯的高山上。死後身體掩埋於冰河中，他在那裡躺了五千年，直到 1991 年 9 月 19 日，冰河融化，剛好讓人發現他保存良好的遺體。在他隨身攜帶的物品中有些纏繞的粗繩，看得出來是右利者所做的，應該就是奧茨自己編成的（圖 3.3）。奧茨還帶了一把弓與一筒箭，其中兩支箭的箭頭是用石頭做成。箭尾的羽毛是以一條細繩纏繞箭柄而固定於其上。若是右利者來做，應該會是左牙螺旋，這與其中的一支箭吻合，但另一把則是右牙螺旋，可能出自一名左利者之手。[13]

　　石器也可以顯示出偏手性。在比利時的一個遺跡發現了各式各樣的工具，估計約為九千年前的產物。它們現在都處於「整修」的狀態，也就是將它們全部拼裝回去，成為一塊岩石，好確定它們分別來自於石頭的哪一部分。這塊石頭製成了數種工具，其中兩個是銳利的穿孔器。經過精密的顯微分析後，發現這些工具上有紋路，而且這些紋路顯示它們曾被逆時針旋轉過，這通常是由左利者所為。分析全部的器具之後，發現這個遺跡裡有 5% 的工具可能是由左利者所製造。[14]

　　至此，左利者留下的痕跡漸趨減少，不過還有一個地方可以提供證據，那就是英格蘭的罷克思古路（Boxgrove），它就在蘇薩克斯多恩（Sussex Downs）的南邊。五百年前，這裡是一片淡水沼澤，成群的犀牛與巨鹿生活於此。後來在這裡發現了約一百五十塊斧型石塊，是用來宰殺這些動物的。這塊區域保存得很好，其中三件斧頭上還留有敲擊動物後的殘渣碎屑，其中一件在右側留下 1,715 片非常濃密的碎屑，這表示敲打者可能是個左利。[15]

　　即使左利者的歷史悠久，但多數的人類還是右利，而且至少維持了兩百萬年以上，可以回溯到能人（*Homo habilis*）的時代，他們是現代智人種的前輩。一些跡象顯示能人可能也是右利的。能人就像現代人一樣，也會有食物卡在齒縫中的困擾，所以很早就發明出牙籤。從一顆一百五十萬年前的牙齒上所留下的磨損痕跡看來，顯然牙籤是用右手拿著。偶爾，骨骼也可以看出偏手性，只是它們比較不像頭顱，很少變成化石被保留下來，更不用說是左右成對、可以比較的骨頭。在肯亞的納里歐柯托米（Nariokotome）發現了一

具骨骸，生存年代約在一百六十萬年前，其兩邊的鎖骨都還在，可以看出肩膀到鎖骨之間強壯的三角肌的位置。右邊的肌肉比左邊的大，這項發現強烈暗示此人有一強壯的右臂，很有可能是個右利者。[16]

石器則比先人的骨骼保存得好的多，可說是人類文化開端難以抹滅的痕跡。奧登就體認到我們對這些沒有受到傳頌的發明者有所虧欠：

……這是多麼驚人的創舉。

應該要有碑石，應該要有頌歌，

紀念第一個拿起打火石的無名英雄，

紀念這打火石的第一片火花，

他忘卻了自己的晚餐……

少了他們，我們何以為繼？

這些器具也透露出打火者的偏手性。多數的右利者會用左手拿石頭，然後用右手拿著錘石將其一片一片地打下來。敲打的方式也透露出手朝岩心扭轉的運動，而脫落下來的碎屑上也有一淺薄但明確的紋路，足以讓人判斷敲打者的偏手性。人類學家尼可拉司·脫斯（Nicholas Toth）檢視過肯亞庫比弗拉（Koobi Fora）遺跡的這些碎片，大約是一百八十萬年前的。他發現這些碎片都出自右利者之手，這表示右利在當時也是主流。[17]

這些發現顯示我們早期的祖先也和我們一樣，多數都是右利，

那他們的祖先呢？這是要了解偏手性演化的關鍵問題，但目前仍在熱烈爭辯中。要得到解答，需要看看人類之外其他動物是否也有偏手性？概括而言，答案是肯定的，雖然只有人類族群是右利的。以貓為例，多數的貓要從罐頭中挖出食物來，會偏用某一隻爪，就像人類一樣，對特定的一隻爪有偏好。不過有一點貓和人不同，牠們一半偏用右爪，一半偏用左爪。這和近九成的人類偏用右手相比，有很大的差距；也就是說，人類才有所謂右利，但貓沒有。

人類的偏手性會在家族間流傳，但在動物身上似乎沒有這樣的情形。兩隻都使用左爪的貓，和兩隻都使用右爪的貓產下偏用左爪小貓的機率是一樣的。套用之前的基因模式來說明，情況就好比是所有的動物都帶有兩個 C 基因。我用「好比是」來形容，是因為 C 基因是一個無效的基因，對偏手性並沒有任何影響，完全由「變動型不對稱性」隨機決定。比較容易理解的說法還是用一段真正有作用的 DNA 序列來解釋。在這樣的情況下，右利與造成它的 D 基因是人類專有的特徵。[18]

不過這是比較簡單的講法。過去二十年來，研究人員發現動物使用牠們的左右手臂、腳、掌、翅膀、角、爪與鰭，或是其他四肢時，會展現出許多細微的不對稱性。這些行為肯定是偏手性，但比較具爭議的地方在於，牠們真的有所謂的右利嗎？以我們親緣關係最近的現生動物人猿為例，這些大猩猩的偏手性資料早已被詳細記錄過。這要感謝狄克・比爾尼（Dick Byrne）的研究，他花了很多時間觀察盧安達（Rwanda）山地大猩猩的攝食行為。當大猩猩要吃蕁麻葉時，牠們會用右手緊握住植物的基部，左手在底部附近輕

輕環繞，沿著莖向上滑動，將葉子集中成一把，然後用右手抓緊
（見圖 9.4 的流程圖）。若是左利大猩猩，整個程序就左右顛倒過
來。就像貓一樣，一半的大猩猩偏用右手，一半的大猩猩偏用左
手，牠們的確有偏手性，但卻沒有所謂的右利優勢。黑猩猩的情況
則不同，野外調查顯示，有一半的黑猩猩偏用右手，一半的黑猩猩
偏用左手，但在實驗室裡以許多精密嚴格的動作來測試牠們時，發
現有微小但顯著的趨勢，較多的黑猩猩會偏用右手，尤其是在從事
需要兩手合作的活動時，所以黑猩猩這個物種可能有右利的優勢存
在。但即使如此，右利者僅比左利者多一些而已，大概占有六成，

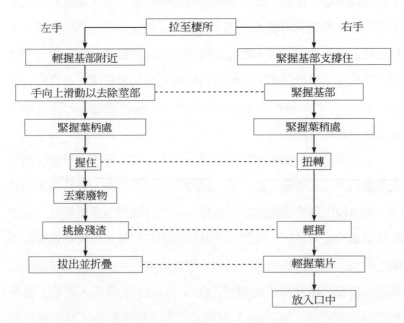

圖 9.4 右利的山地大猩猩使用左右手來吃蕁麻葉的過程。若是左利的山地大猩猩，則
左右手的工作會互換過來。

並不像人類中右利者與左利者之間有九比一的極端比例。[19]

　　黑猩猩和人類之間的親緣關係如此相近，難免讓人聯想到造成黑猩猩出現右利的因素可能和人類相同，也會臆測約莫在八百萬到一千萬年前，我們和黑猩猩可能擁有一右利的共同祖先。不過這兩個假設不見得會成立。也許真有一個右利的共同祖先，但同樣也可能在五十萬年前，和人類的演化早已分道揚鑣之後，黑猩猩族群才演化出右利；右利在這兩個物種之間也許互不相干，並沒有相同的演化起源。兩種相似的性狀並不一定代表是以同樣的方式、在同樣的時間演化出來的。兩億九千萬年前出現的蜥蜴可能是第一個用腳奔跑的動物，但這並不一定和人類以雙腳走路扯上任何關聯。蜥蜴的走路能力和人類是「同功」（analogue）不「同源」（homologue）。[20]

　　若黑猩猩是唯一一種在族群上展現出慣用手的不對稱性，那麼牠們族群的右利可能和人類的右利有關，但是在其他動物身上也發現其族群展現出行為上的不對稱，實驗室老鼠就是一個很好的例子。要測量牠們的偏手性也很直接了當。將美味的誘餌置於狹窄的試管內，固定在籠子的一側，老鼠必須用其中一隻爪子將食物取出，研究者便計算在五十次的取食動作中，使用右爪的次數。多數的老鼠都有個別偏好，長久以來的觀察結果一直顯示左右各半的比例，但當研究較多的品系之後，卻發現有些品系的確有右利的現象，雖然和黑猩猩一樣，只有 55%–60% 的比例偏好右爪。在許多動物中都發現到類似的現象，比方說座頭鯨會以某一個鰭拍打海面，而有四分之三的比例選用右鰭。黑猩猩、老鼠與座頭鯨都是哺

乳類,接下來則要介紹其他類動物族群中類似的不對稱行為。[21]

　　十二世紀初期,中國皇帝宋徽宗命令宮廷畫家描繪御花園中的孔雀。當徽宗看見畫中的孔雀是以右腳踏上花床時,他搖了搖頭,說:「孔雀往上爬時,都是先抬左腳的。」鸚鵡也有類似的行為,牠們都慣用左腳。有些種類的蟾蜍會展現固定的不對稱行為,多數的蟾蜍都會用右腳來移去吻部的物體,不過綠蟾和蔗蟾並不會這樣做。大肚魚(又稱食蚊魚)在有障礙物時,偏好往左繞行,許多其他種類的魚也都是如此。雖然有許多魚類和蟾蜍都顯示出這類的不對稱行為,但很多與牠們親緣關係相近的物種卻沒有這樣的行為,這意味著這類不對稱行為是因物種而異的。不對稱性也不僅限於現生物種,在兩億四千萬年前,南非卡魯(Karoo)的沖積平原上棲息著一種很像哺乳類的爬蟲動物,二齒獸(Diictodon),看起來像是披著蜥蜴皮的獵犬。牠挖出的地底通道呈現特殊的螺旋型,有些生痕化石被保留得很完整,其中最有名的就是「惡魔螺旋」(Devil's Corkscrew),就像一般的拔塞鑽一樣,這些通道也是右牙螺旋的,這表示二齒獸也有不對稱的特徵。目前已知最早的行為不對稱的生痕化石,可以追溯到三葉蟲的年代,大約是五億年前。許多化石標本上留有像是遭遇攻擊的痕跡,似乎是由牠們的掠食者所為。這些傷痕出現在三葉蟲右側的比例是左側的兩到三倍,不過這究竟是因為三葉蟲不對稱的行為,還是掠食者的行為所導致,就不得而知了。[22]

　　不對稱行為的詮釋困難重重,但若要推測各類動物的共同遠祖之不對稱結構,則是難上加難。有時這些特徵非常明顯,可以作為

種化（speciation）的基礎，像是之前在第五章提到的比目魚，達爾
文就說過「要特別注意牠們不對稱的身體」。比目魚有兩種橫躺於
海底的方式，一種是往左躺，一種是往右。最原始的一種比目魚在
這方面展現出變動型不對稱性，有一半是往右躺，一半是往左躺。
鰨科魚（soles）和鰈科魚（flounders）則固定倒向一邊，有些種類
是完全往右傾，有些則是完全往左傾。比目魚並不是唯一一種因為
不對稱特徵而種化的物種，海生的微小原生動物有孔蟲（fora-
minifera）也是如此。這些沉積在海床的化石常被生物學家與地質
學家用來定年，確定海底岩層的年代。有孔蟲的種類數以百計，多
半以殼的形狀作為分類的依據，其中一種厚壁新方球蟲
（*Neogloboquadrina pachyderma*）有右旋與左旋兩型，互為鏡像對
稱。以往認為這個物種在水溫較暖時會維持在一個型，當水溫冷
時，則轉到另一型，但在分子遺傳學問世後，這項觀念就被推翻
了。就像右傾與左傾的比目魚一樣，這兩種型的有孔蟲實際上是帶
有不同遺傳物質的兩個物種。[23]

　　動物形態結構的不對稱性探究不盡，這其中的多樣變化讓人嘆
為觀止。蝸牛殼多數是順時針旋轉，但偶爾也會出現逆時針的，可
能是因為性擇的緣故；雄性招潮蟹與槍蝦的一對螯中有一隻特別
大；寄居蟹在約八千萬年前就特化成兩種，一種寄居在右旋形的殼
中，一種則選擇左旋型；某些種類的蝴蝶，左前翅較右前翅大，使
得牠們繞圈飛行，增加吸引配偶的機會；蟋蟀的翅膀也不對稱，
「鳴唱」時左翅在右翅上方；貓頭鷹的耳朵位於不同的高度，如此
一來即使不轉頭也可以定位出聲源；最後一個例子是束帶蛇（又稱

大眼蛇），牠的陰莖並不像一般動物只有一個，而是有兩個「半陰莖」（hemipenises），右邊的較左邊大。[24]

　　物理學家拉塞福勛爵（Lord Rutherford）有一句名言：「科學有兩種，一種是物理學，一種是集郵。」收集不對稱的特徵也許很有趣，但科學的進展靠的是證實或推翻理論。為什麼在人類與動物身上都演化出偏手性來？至少有部分的答案早已存在於十八世紀的先驅經濟學家亞當・斯密（Adam Smith）的「分工」概念中。他以生產大頭針的過程為例，這件工作需要以手完成十八個不同的步驟，由一人從頭到尾獨立完成，每天只能做出二十支針；但經過專業分工之後，每個人只負責一到兩個步驟，斯密發現十個人可以生產出四萬八千支針，幾乎是原來個人生產量的五千倍。生產力增加的原因部分來自於「工人熟練度的提升勢必強化他工作的品質，而分工……必然大幅提升工人的熟練度」。只從事其中一項業務會比從事多項業務的表現要好得多。我們可以將「分工」的道理套用到雙手上。坦尚尼亞崗貝國家公園（Gombe National Park）中的黑猩猩正好可以闡明這項論點。黑猩猩會很仔細地將細枝或是小草插進白蟻窩內來「釣白蟻」。白蟻會攻擊入侵的外物，以上顎咬住這些細枝。若是將細枝慢慢拉出蟻巢，白蟻中的兵蟻都還附在其上，黑猩猩便可享用這些美食。十一月是釣白蟻的高峰期，黑猩猩每天會花上兩個小時來釣白蟻，這占了牠們尋覓重要食物來源時間的10%。有些黑猩猩會輪流使用兩隻手來釣，但多數的猩猩則會用一隻手專門來釣白蟻，正如斯密理論所預測的，這種黑猩猩的成效遠遠勝出，多了 36% 的白蟻量。專業分工提升效率，即使在雙手之

間也是如此，所以偏手性必然帶來好處。不過必須注意的是，不論是用哪一隻手，都會有同樣的效果。事實上，坦尚尼亞的黑猩猩一半使用左手，另一半使用右手。要解釋右利優勢，要比解釋偏手性複雜得多。[25]

右利最大的特徵就是斯密所說的「熟練度」。右手技巧性高，可以從事精密、快速的動作，製造出複雜的物件，好比是在大頭針製程中所需的。這大部分要歸因於控制右手運動的大腦，但還有一部分的原因我們幾乎完全忽略了，那就是手本身。手是一個不可思議的器官，少了它，人類的偏手性根本乏善可陳，恐怕只能做些和我們的親戚鯨魚用右鰭拍打海面一樣的行為。所以，現在要將手本身放回偏手性的討論中。

亞里斯多德將人類的手形容成「集合許多工具用途的一種工具」。其他動物的四肢長期演化下來，發展出專門用來攀爬、奔跑、飛行與游泳的功能，或者也有像是樹懶一樣，只用來掛在樹上而已，但人類並沒有如此的特化，人的雙手發展成可以從事一系列的活動。它是最完美的多功能器具，堪稱是四肢中的「瑞士刀」，可以用來解決各類問題，諸如打獵、奔跑、飛行、游泳等，還可以製造出機器來從事所有的工作。當然這樣的工具需要和能夠掌控它的大腦相連，才能發揮功能。不過要是沒有和這樣的手連在一起，大腦也是英雄無用武之地。大腦和雙手是一同演化而來的。[26]

十六世紀的詩人菲立普・雪梨爵士（Sir Philip Sidney）寫過一首怪誕的詩。詩裡描寫一群在人類尚未出現前，活在樂園裡的動物，牠們雖然過著完美的和諧生活，卻向諸神之王喬夫要求一個王

來統治牠們。每種動物必須捐獻出自己最好的部分給王，於是獅子出了心臟，大象獻上記憶力，鸚鵡給了舌頭，牛捐出眼睛，還有狐狸的狡猾，鷹的視力，最後再加上人猿獻出的「工具中的工具——手」。可想而知，結果是一場災難，新的國王就是人類，當然他統治了地球上的萬物，但卻並沒有帶給牠們福祉。這篇寓言將人類的手形容得很「生物正確」。在動物界中，就屬人猿與人類的手最為相近。圖 9.5 列出各種人猿與靈長類的手，包括長臂猿、紅毛猩猩、黑猩猩與大猩猩，這些手都有其長處，但沒有一個比得上人類的手，人類的手到底特別在哪裡呢？

　　圖 9.5 其實沒有辦法顯示出靈長類動物之間手真正的差異。除了蜘蛛猴與疣猴外，其他的靈長類都和人種一樣，有四隻指頭和一隻拇指。人類的雙手在基本構形上並沒有特殊之處，只算是脊椎動物中適應力強的前肢，真正獨到之處在於它的功能。將你的手平放在桌上，應該可以清楚看見五個指頭上的指甲。現在用大拇指的指腹去碰觸食指、中指、無名指與小指的指腹，這是只有人類才能做到的動作，稱為「對屈」（opposition）。當你在做這個動作時，仔細看看你的手指與拇指，你會發現拇指的指甲與其他的指甲正處於相對的位置，這表示在同一個時間你只能看到其中一面的指甲。會出現對屈的關係是因為在這個動作中拇指產生旋轉，這點只有人類做得到，而小指也做了某種程度的旋轉，這稱為「尺骨對屈」。可相對碰觸的拇指與小指讓人類的手擁有兩項重要的特質，一種是準確度，一種是握力。從拿起一根針、一顆蛋、揮動鎚子到轉開緊密的玻璃罐，都需要拇指與小指頭相對，好讓手掌握力確實發揮。

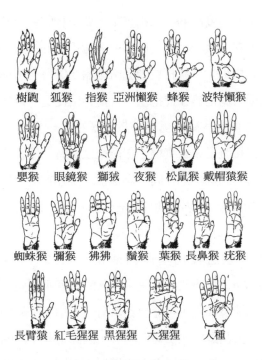

圖 9.5　不同靈長類的手。從狐猴到眼鏡猴是原猴類，從獅狨到蜘蛛猴是新世界猴，從獼猴到疣猴是舊世界猴，而從長臂猿到大猩猩是人猿。多數專家並不認為樹鼩是靈長類。

人猿可以撿起東西，卻無法像人類一樣準確、有力地控制物件。[27]

　　多數的靈長類擁有一雙可以進行抓握動作的手，這表示牠們的手指可以圍繞物體，緊緊握住。抓握能力對主要是在樹枝間移動的動物非常重要，實際上，許多靈長類連腳趾都有抓握能力，新世界猴甚至可以用尾巴抓住樹枝。但是手指的抓握能力並不足以使用工具，截去拇指的病人就是最好的證明。技巧性的動作同時要掌握準確度與力道。握筆時，要將鉛筆放在大拇指、食指與中指的指腹

間，形成一個準確度高的「三指夾」。要是物體較大時，比方說要
將螺旋蓋拴緊在大瓶子上時，就需要五個指頭的指腹一起排列好，
形成一個「五指夾」。錘打或挖掘時則需要掌握力道或是緊握，這
時四個手指從一側捲繞在握把上，大拇指則從另一側彎過去，如此
一來可以抓得更緊。關鍵處是在於整個指尖一直到小指這邊的排
列，會讓前臂和錘子成一直線。劍術家使劍時，手臂和劍會形成一
條直線，從肩膀到劍尖都在同一條線上，黑猩猩就無法做到這個姿
勢。牠在拿樹枝時，總是和前臂呈一個角度，無法很精準地使用
它。[28]

　　人類的手經過幾個階段的演化，三四百萬年前的南猿
（_Australopithecus_）和現代人類與黑猩猩的手就不相同，但其大拇指
倒是出乎意外地現代化，可能已經具有「三指夾」的功能。不過小
指就與人類相去甚遠，無法轉向掌心，因此這些早期的原人並不具
有「五指夾」的功能，無法有力的抓握，不可能以石頭敲打其他石
頭，做出任何工具（這與事實相符，人類學家從未發現南猿製造出
的石器）。然而三指夾在從事許多活動上已經占有許多優勢，甚至
可以丟擲一些小石頭。南猿的骨盆便是牠們會進行丟擲動作的證
據。丟擲的關鍵動作是向前邁出一步，快速旋轉骨盆，以便用整個
身體的重量來輔助丟擲動作，黑猩猩就無法做到這個動作，因為牠
們臀大肌連結骨盆的方式不同，但南猿臀大肌的排列則有可能讓牠
們進行過肩丟擲的動作。[29]

　　目前還不確定使用工具與拿重物時都必須仰賴的握力究竟是何
時演化出來的。手的完整化石紀錄幾乎付之闕如，目前唯一的發現

是直立人的手標本，在坦尚尼亞歐杜瓦伊峽谷（Olduvai Gorge）發現，距今一百七十五萬年前；牠們或許有握力，但證據並不充分。但是下一個手的化石證據則是距今只有短短五萬年的尼安德塔人，兩個化石紀錄之間則是一長段令人氣餒的空白。雖然缺少手的化石紀錄，但是由人類雙手所打造出的石器卻很多，保存得也很完整。手在這中間一定發生過什麼劇烈的改變，才有辦法創造出工具，因此可以推斷在兩百萬，甚至是兩百五十萬年前，手就具有「五指夾」與握力的能耐，變成一件精密的工具，能夠滿足技術性社會的各項需求。[30]

　　一件精密的工具自然需要精密的操控，知名解剖學家弗萊德瑞克・伍德・瓊斯（Frederic Wood Jones）說得好：「我們對人類萬能雙手的讚賞，其實是對完美大腦的讚賞，而不是那些骨頭、肌肉與關節。」事實上大腦與手相依相存，就如同小說家羅伯森・戴維斯（Robertson Davies）所言：「手對腦說的，其實就是腦對手所說的。」手與腦在演化的過程中不斷對話。三百萬年前左右，南猿的大腦約有 450 公克，但到了一百五十萬年前，直立人的腦已是南猿的兩倍重；五十萬年前，早期智人的大腦則達到 1300–1400 公克，和現代人相當接近。大腦的演化是了解偏手性的關鍵，光是靠手的演化無法解釋右利的存在，因為在人類的演化中，左右手之間並沒有任何結構上的顯著差異。右利一定是來自於大腦的演化。[31]

　　在兩百萬到三百萬年前，人類大腦一定已經不對稱了，那時當然已經有了左右兩個半腦，其間還有一大束神經纖維連結，也就是所謂的胼胝體。雖然胼胝體很大，運作速度也很快，但處理兩個半

腦間大量神經訊息傳遞的能力依舊有限。好比位於南北半球的兩個
公司要進行全球性的合作，兩邊都有超級電腦，但卻是用老舊的電
話線相連。這兩台電腦當然可以一起運作，但會盡量單獨作業，因
為兩者之間溝通的遲緩以及電話線有限的傳輸量，都使得兩邊的整
合變得困難。最好的解決方法就是讓兩台電腦分工，分別處理各自
的半個世界，高層次的工作分別於兩個系統獨自完成，比方說一個
負責生產，一邊負責零售，只有在需要對方特有的資料時，兩個系
統才進行溝通。如此一來，兩者之間就不需要強力的網絡功能。然
而這樣的系統會面臨到「停工」（lock-out）的風險，就像是早期
太空梭內有兩台電腦，在倒數計時後無法發射，因為兩台電腦都在
等待彼此的訊號。解決方法就是要讓一台電腦當「主人」，另一台
當「僕人」，所有工作都由一台電腦掌控，避免停工的情況。這也
許可以解釋為何隨著大腦增大，會出現功能區域化以及由一邊來主
導的情況，然而這依舊無法說明為何是由左半腦來控制右手以及語
言能力。

　　左右腦各自或是合在一起的功能所產生的某些差異，到最後勢
必造成大腦的區域化。心理學的入門書籍常常用一張表來比較兩個
半腦的處理類型，就像表 9.1。這些類型雖然大致總結了兩個半腦
的差異，但依舊非常抽象。大腦其實是由數以億計的神經元和相連
其間的突觸所組成。在發育期間，基因所能調控的就是確定大腦不
同區域神經元的數量與種類，以及神經元間相互連結的關係，包括
連結到周遭與遙遠區域的神經元。既然左右腦的功能不同，而這又
是遺傳所調控的，那最後勢必要分析比較低層的差異，探討神經元

表9.1　兩個半腦的處理類型。

左半腦	右半腦
言語	視覺—空間
符號	影像
分析的	整體的
理解力	直覺
連續的	同步的
系列的	平行的
收斂的	發散的
實際的	衝動的
抽象的	具體的
客觀的	主觀的
理性的	比喻的

和其間的連結。這類型的差異最後可能導致一個半腦比較擅長處理一系列的符號，也就較具分析性，可以處理高階的邏輯分析，而另一側則適合從事影像的平行處理，不過這類專化的過程不是光靠基因就設計得出來。[32]

　　兩個半腦之間的遺傳差異，其實只有神經的種類與運作方式而已。神經的運作主要是以時間取決，神經衝動會抵達神經元表面不同的點；若是抵達的時間過於分散，可能就此消散，若是足夠集中，便會讓神經產生一個新的衝動，刺激其他條神經。神經衝動的傳遞情況端視神經連結的網絡而定，會受到神經間的距離，以及神經的數量等因素影響。任何會影響神經傳遞的時間與神經細胞構形的因素，都會影響到這類處理模式的進行，就像是一台電腦的速度、硬體與記憶卡會決定這台電腦和人或其他電腦互動的真正時間。兩個半腦的反應時間有可能不一樣，墨爾本大學的麥克・尼寇斯（Mike Nicholls）特別設計出一系列近乎極簡抽象的實驗來證實

這項假設。他讓受試者聽一段四分之一秒的雜音,就像是收音機未調到頻道前的嘶嘶聲,並在這段雜音的中間插了一段僅有兩百分之一秒的空白,但受試者仍會注意到。將實驗改成分別給兩耳聽音時,就可比較兩個半腦的差別,結果右耳(也就是左腦)可以聽到再短 10%–15% 的空白部分,這顯示左腦似乎比右腦的運作速度稍快。類似的結果不僅是在空白聲音中的測試發現,用閃光或是手指輕觸也得到同樣的結果。[33]

反應時間對左腦所司的語言與說話能力非常關鍵,比方說 /b/ 與 /p/ 這兩個子音在「big」與「pig」中的發音不同。發「big」的音時,喉頭會比發「pig」的音要早二十分之一秒震動。這樣微小的差異,大腦必須聽得出來,也必須能夠製造出來。加拿大薩斯卡通大學(U. of Saskatoon)的羅林・艾力俄斯(Lorin Elias)也做過實驗,證明那些在尼寇斯實驗中右耳比較會聽出空白的人,他們的右耳也比較會區分 /b/ 與 /p/ 的不同。語言區位於左腦的主因,也許就是因為左腦的運作速度較快。時間不只影響到簡單的發音,在句子文法結構的理解上也很關鍵。請你大聲唸出下面這兩句話:

警長看見印地安人與牛仔注意到灌木叢中的馬群。
警長看見印地安人,牛仔注意到灌木叢中的馬群。

一個小小的逗號就讓整句話的意義不同,第一句話可以分解成「警長」看見「印地安人與牛仔」注意到「灌木叢中的馬群」;這表示印地安人與牛仔都注意到馬群。第二句話的分解方式則大不相同,

「警長看見印地安人」與「牛仔注意到灌木叢中的馬群」；表示只有牛仔注意到馬群。當大聲唸出時，或只是在心理默唸時，就會因為「印地安人」後面那個逗號所指示的停頓，而體會到這兩句話的不同文法結構。快速處理的能力對語言的幫助較大，因為一連串的聲音與文字可能含有許多種意義，能夠越快地篩選這些語彙，找出適當的含意，理解語言的效率也越高，這也是由左腦處理語言的理由之一。[34]

　　語言活動並不是唯一需要準確計時的工作，丟擲也是如此。在一項很精密的研究中，請專業運動員丟擲網球至標的區，並於丟擲期間監測他們手臂的每個關節；這個研究顯示出時間在丟擲動作中的角色。圖 9.6 顯示出一般右利的受試者分別使用右手與左手臂丟擲的狀況，右手臂肌肉比較順暢與協調，但左手臂則會出現較大、較突然的方向改變。雖然兩手臂的指尖都擺放在順勢丟擲出去的位點，但在擲球的瞬間卻有很大的差異。當標的在三公尺外時，只要差四千分之一秒，就會造成 250 公分的誤差，太早投會過高，太晚投會過低。對以石頭獵食的原始人而言，這代表的是飽餐一頓或是挨餓。用右手丟擲，在百分之一秒的丟擲時機內，有九成五的比例會在該時間內丟出，命中率有四成；用左手丟擲，在丟擲時機內丟出的百分比不到六成，這表示每次的命中率不到 15%。兩個半腦反應時間的差異也解釋了為何要由左腦來主導語言與運動技巧。[35]

　　雖然以高層次的行為（如語言）來解釋左右兩半腦的差異比較明顯，但這些差異終究是由較低層次的神經連結所造成。有幾項研究仔細檢視過左右半腦神經細胞的網絡連結，結果發現人類的左半

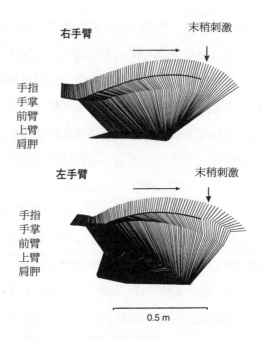

右手臂　　　　　　末稍刺激

手指
手掌
前臂
上臂
肩胛

左手臂　　　　　　末稍刺激

手指
手掌
前臂
上臂
肩胛

0.5 m

圖 9.6　右手與左手臂丟球的運動狀態。這是同一個受試者的紀錄。擲球點是在標示「末稍刺激」之處。

腦比右腦複雜，但在黑猩猩與猴子身上，這樣的差異很小，甚至根本不存在。目前要討論這種複雜度是否造成半腦處理速度的差異還言之過早，但的確不無可能。因此關鍵在於兩三百萬年前發生了什麼，造成左右腦演化的差異，使得右利被發展出來以及語言區側化？會有什麼新穎的基因牽涉其中，它又是從哪裡來的，如何運作？[36]

　　基因不是無中生有的，新的基因是一段 DNA 序列，而通常都是來自原本製造其他產物的基因。染色體常意外複製出一段基因序

列，因此會出現兩段完全相同的序列，擔負相同的功能。不過，所謂的突變指的是這種同功的情況並不會持續太久，稍後其中一段序列會漸漸地產生變化。若變得有害，那麼帶有這個突變基因的個體就會消失在族群中。有時突變也會是這些基因複本中的一個在作用上起了些微變化，可能是發育晚期才開始作用，或是辨認出不同的細胞類型，也或者是在不同的器官或組織中才會作用。影響左右不對稱的基因出人意料地稀少，在脊椎動物中，只有少數基因的完善資料。不對稱的特徵有上百種，但多數，甚至絕大部分可能都是次級的不對稱，也就是受到其他不對稱的性狀影響而改變；這其中最主要的，便是受到心臟的影響。想想之前提到束帶蛇右陰莖比左陰莖大這類奇特的不對稱特徵，其實這只是不對稱特徵的衍生而已，真正的原因是牠們右邊的睪丸比較大；這在包括人類的脊椎動物門中都是如此。不過那些心臟位於身體右側的內臟逆位者則是左邊的睪丸較大，這是人類心臟位置造成的次級不對稱特徵，蛇類無疑也是如此。[37]

　　脊椎動物中最重要的不對稱器官就是心臟，這是蛋白質一個接一個地引發出一系列的複雜反應所造成，最後讓早期心管的一側細胞成長得比另一側快。從那時起，心臟便位於身體偏左的位置。幾個基因的表現時間、組織的定位，以及它們製造心臟細胞的能力，就在這幾項因素一起作用之下，造就出這個顯而易見的結果。試想參與這個過程中的某個基因的複本，若是發生些許突變，不再作用於心管某側的細胞，而是作用在發育中的大腦，讓左邊的腦發育得比右邊的快，這也許就是在基因層面上造成右利與語言區偏左的全

部需求；大腦的些微結構因此改變，讓某部分運作得快些，或許還加上一些稍微有用的神經連結。至於剩下的部分就可謂一段歷史，我們的歷史，一段因為我們有了語言能力來連貫其中情節，而能夠述說的歷史。[38]

演化理論很容易產生，但卻難以驗證。史蒂夫・瓊斯（Steve Jones）就曾說過：「演化好比是雕像與鳥糞的關係，是一個非常簡便的平台，什麼未經消化的爛主意都可以丟上來。」一個有用的演化理論必須是可以測試的，所幸，現在討論的這個理論會是如此，或者至少將來可以測試。如果這理論是正確的，那麼一旦找到偏手性基因，就會發現它們應該很類似於決定脊椎動物心臟位向的基因。目前我們只能安分地等待這些基因被尋找出來。

在偏手性與大腦區域化的演化拼圖中，還缺了一塊重要的部分：左利者要如何納入這幅圖像？既然人類成為右利是受到 D 基因的演化，而現代的左利者又帶有一個或多個的 C 基因，那麼推斷左利就是由古老的基因（ur-）或是 C 基因所造成，似乎很合理。不過事實並非如此。若 D 基因負責加速其中一個半腦，負責言談、文法與精確控制工具的掌控，那沒有 D 基因的左利者不就無法說話，缺乏文法與控制工具的能力？這顯然是錯誤的主張。探討人類的左利演化需要一個更精細的觀點。首先必須區分負責現代人左利的 C 基因和古老的 C 基因（可以用 C^* 基因來表示）。就目前討論所及的偏手性，C^* 基因其實是一個虛無之物，只是一個空泛的密碼。當 D 基因突變出來，在語言與手的靈巧度上就壓倒性地贏過 C^* 基因，造成 C^* 基因在基因庫中迅速地減少並滅絕。所

以過去的人類族群中，每個人都帶有兩個 D 基因，而且都是右利。[39]

若是現代的 C 基因並不是古老的 C* 基因所遺留下來，那它一定來自別處，目前沒有任何直接的證據可以確定它的來源，但最有可能的解釋是在兩百萬年前，由 D 基因突變而來。 C 基因擁有 D 基因的反應時間優勢（不然它也早已滅絕），而且不再讓語言區與手靈活度的掌控侷限在左腦。不過從那時起，就像是現代世界，D 與 C 基因同時存在於族群中，這又帶來另一個重要的挑戰：如何去解釋 D 與 C 這兩個不同的基因會同時存在於族群內？

基因不斷地彼此競爭。遺傳理論顯示出，兩個基因中只要有一個比對手好一丁點，那麼這個適應力稍強的基因，在經過數百甚或數千個世代之後，無可避免地會將適應力較弱的基因毫不留情地除去。帶有語言優勢與手靈活度的新的 D 基因就是這樣把 C* 基因逼上滅絕之路。事實上，一個基因即使在適應力沒有比較好的情況下，也會除去其他基因。在兩個適應能力一樣的基因中，一定有一個基因會因為隨機漂變[譯1]而從基因庫中消失，這過程也許要經過幾千個世代，但在演化的尺度下，這只是一瞬間。所以，由兩個基因所造成不同類型的性狀，也就是多型性[譯2]，以遺傳學的角度來看是不穩定的。這裡埋下了一道難題：既然偏手性是多型性，為何五千年來族群中的左利者維持在相當穩定的比例？這時間可能甚至有十倍或百倍長久。既然 D 基因與 C 基因不受隨機漂變或兩者之間微小適應力的差距而消失，那麼勢必有什麼力量維持住基因庫中的這兩個基因。[40]

族群遺傳學發現有幾種模式可以讓多型性穩定或是「平衡」。一種是經由不斷產生新的突變來維持，好比是血友病的遺傳條件，但 C 基因太過普通，無法讓這個機制運作。平衡多型性最為人熟知的方式是透過一種所謂「異型合子優勢」（heterozygote advantage）來達成。分別帶有一個 D 基因與 C 基因的個體便是異型合子（在偏手性的例子中，指的是 DC 基因型的個體），會比帶有兩個 D 或是兩個 C 的基因有優勢。最經典的例子便是鐮刀型血球貧血症，帶有一個鐮刀型細胞基因和一個正常基因的個體，其適應力最強，因為他們的瘧疾抵抗力比沒有帶有鐮刀型細胞基因的個體強，又不會和帶有兩個鐮刀型細胞基因的個體一樣，發生嚴重的貧血問題。不過真正的挑戰是要解開，究竟是什麼因素平衡了 D 基因與 C 基因？若異型合子優勢真是造成這種現象的機制，那表示 DC 基因型的個體會比 DD 基因型或 CC 基因型的個體有優勢。[41]

我們現在就要進入正式的推理過程，雖然實驗資料所提供的幫助不大，但也不表示理論就隨我們建構。這理論必須要有科學意涵，並且要合乎我們對 D 基因與 C 基因的了解。這意味著我們不能接受左利者的適應力優於右利者這類的概念，因為之前已經確定現代的左利者和右利者擁有相同數目的子代。另一個可能會犯下的錯誤是混淆 C 基因和左利之間的關係：C 基因是使左利性狀可能出現的基因，而左利則表示行為的本身。還有聽起來有點違背常理的一點是，DC 基因型的個體比 DD 或 CC 基因型的個體適應力強，但平均而言，左利者並不會比右利者更具適應力。必須謹記，絕大多數的 DC 個體都是右利，而帶有 CC 的左利者適應力較弱。

　　要找尋 *C* 基因的優勢，尤其是在 *DC* 基因型的個體身上，最好是從 *C* 基因最顯著的特徵著手：它會讓大腦的功能區隨機化，不僅是在手的靈活度與語言區上（細節請見第八章），還包括一連串其他的大腦不對稱特徵，像是閱讀、書寫、視覺空間處理與情緒。雖然這似乎有點矛盾，但隨機化，至少是一小部分的隨機組成，有助於複雜系統的運作。接下來要提出的這個概念，我稱之為「隨機大腦變異理論」（theory of random cerebral variation）：假設人類的大腦不一而同，存有組織上的基本差異，而這些變異有時會讓大腦可以從事特別複雜的運作。這是一個特別的理論，因為一般理論都假設大腦基本上都是類似的，而差異主要是來自於病變或精神錯亂，但這理論頌揚變異與差異，並對於一般相信有些人的「想法不同」或是真的擁有「異於常人」的大腦提供解釋。[42]

　　若難以接受隨機化能夠帶來益處的概念，不妨想想生物學常常給予隨機變異的那些正面評價。達爾文天擇理論的中心思想便是隨機突變發生。雖然多數都是有害的，但天擇會選出有利的，並讓它們在族群中維持下來。就像是免疫系統中的免疫球蛋白，它們經由不同的基因型隨機組合，而產生少量種類繁雜的抗體。當中能和抗原結合的少數抗體，便會經由「純系選擇」（clonal selection）大量製造出來，以對抗感染。隨機行為可能也很重要，兔子要逃脫狐狸的追逐時，隨機地變換方向使得狐狸不易捉住牠。任何一種複雜的系統在組織化與隨機化之間，都存在一有趣的緊繃關係。複雜理論學家史圖特‧考夫曼（Stuart Kauffman）就曾經證明過，適當的隨機與渾沌會幫助複雜系統的運作。結凍的冰塊中，每一個水分子都

整齊畫一地排列著，不會產生任何移動。相較之下，水蒸氣則隨機
移動，分子快速地飛動著，根本不可能產生任何結構性的組織。在
這兩種極端之間則是液態的水，能夠運動與改變，卻也可以聚集與
組織在一起。生命本身就是產生在渾沌的邊緣，微小的變動累積成
巨大的變化，維持下來而沒有被摧毀。[43]

　　隨機可能帶來益處的概念有個重要的關鍵，那就是隨機的情況
不能過多，否則它會摧毀原本嘗試創造出來的東西。試想那些有時
會見到的遊戲機，當中有很多鋼珠，要讓它們滾到小洞裡去。動作
太大會讓鋼珠到處滾動，取代原本已經在洞裡的珠子，但那些還在
外面的鋼珠仍需要被推進洞裡去，這時最有效的方法便是輕輕推動
玩具機，產生些微的震動，使得那些還在外面的珠子滾到比較容易
推動的區域，又不至於讓原本在洞裡的珠子滾出來。在金屬鍛鍊中
也需要類似的適當隨機化。鍛鍊的過程就是加熱、冷卻與再加熱
（也就是加入隨機熱能），藉以強化金屬；緩慢的冷卻過程會形成
合宜的結晶排列。

　　若是 DC 與 CC 的個體在大腦發育時可以隨機地建構，相形之
下，DD 個體的大腦結構就像冰晶一樣固定。所有 DD 基因型個體
的大腦結構都是一樣的，他們的語言區（不論是說話、書寫、閱
讀）隨同精細運動的控制，以及實踐都位在左半腦，而視覺空間分
析、顏色與臉孔辨認、注意力，以及情緒則在右半腦。換句話說，
這種大腦正是一般教科書的標準範例。毫無疑問，這種建造大腦的
方式相當有效率，也許三分之二的人都擁有這樣一顆大腦。若將
DD 的個體當作是冰塊，那 CC 的個體就比較接近水蒸氣。大腦所

有的功能區隨機排列至左右腦，每一種分配到左腦或右腦的機率都是一樣的，這種比較激烈的重組恐怕不會有益處，或許可以用來解釋在許多識字困難、口吃、自閉症與精神分裂症患者身上常出現偏手性與大腦區域化異常的情況。也許語言的各類功能同時位於一個半腦，彼此相近時，會比分散在左右半腦，經由緩慢、效率不彰的胼胝體溝通要來得好。[44]

相較於現成的、一體通用的 DD 基因型個體的標準大腦，少數的 CC 個體會因為大腦混亂的組織而居於劣勢，那何以 DC 個體會優於 DD 和 CC 個體呢？關鍵在於 DC 個體只有四分之一的機率會發生各類型功能區異位的情況，也就是只有 25% 的機率會出現右腦控制慣用手及語言區，而左腦處理臉孔辨識或情緒。我們不確定腦中有多少個運作處理區，就先假設有十二個。在每個 DD 個體中，十二個在左右腦中有其固定的排列，但 CC 的個體則很不一樣，其中有六個會排列在一般的位置，另外六個則否，這可能造成運作效率低落，甚至無法完成需要的連結。DC 則不是如此隨機與反常，一般在十二個運作處理區中，會有九個都在原來的位置，而且有許多人可能只有一到兩個模組落在不同以往的區域；多數的模組都可照常運作，而少數反常的模組可能會帶來益處，而不是破壞。[45]

科學文獻中關於左利的討論有一不斷反覆的主題，強調在音樂、數學，或是視覺藝術上的天才，通常多是左利者。這些主張多半都是從少數的樣本或是統計偏差的資料所發展出來的謬論，但這並不表示這個概念本身完全沒有基礎，尤其是目前已經對於這些才

能如何產生有了初步的理論認知。大腦有可能真的會按字面上所形容的，以不一樣的方式思考。只要這些差異小到不足以破壞整體表現，就拿最簡單的例子來想，一個人有一個模組位於反常的區域，這會帶來什麼好處嗎？

答案當然要視模組的種類以及其位置而定。試想一個理解三度空間的模組由原本應該在右腦的位置改變到左腦，這時它和快速、準確、精準的手在同一區運作，也許對繪畫或是視覺藝術很有幫助，甚至是運動中的丟球項目；但也會有些缺點，可能比較容易迷路，或是在其他活動上顯得比較笨拙。但只要有一項的優點勝過其他方面所付出的代價，那這樣的大腦重組還是會對個體有利。還有其他可能的重組，比方說原本理解情緒的模組從右腦移到左腦，和其他負責言談、書寫的語言區在一起，那也可能成就一個文采很好的作家，或是出色的演員。再來一個例子，原本左腦處理的語言象徵模式改到了右腦，和處理三度空間的模組在一起，也許就特別擅長某些數學問題，比方說拓樸學。

雖然有利的模組組合比較有可能發生在左利者身上，或者更準確地說，是在 DC 的個體上，不管他們是左利還是右利，但這都不必然暗示著整個左利族群的技巧會比右利族群好。以寫歌的能力當個比方，原本右腦負責韻律的模組若出現在左腦，和其他與文字處理有關的模組在一起，或可增加寫歌的能力，而且這樣的組合在左利者中要比在右利者中多。但其他許多的大腦功能區重組也比較容易發生在左利者的大腦，大部分對寫歌並沒有幫助，有些還會減損這方面的能力，所以平均而言，左利者並沒有比右利者會寫歌。在

許多有才華的寫歌者中，也許左利者的比例的確偏高，但在寫歌很糟的一群人中，同樣也是左利者比例偏高的局面。隨機大腦變異理論並不是在討論左利者與右利者平均能力的理論，而是關於左利者中變異度增加的理論。第八章已經提過左利族群少數確定的特徵就是大腦功能區的變異，尤其是和語言有關的部分。

　　到目前為止，本書都集中在右利或左利的個體上。不過在人類社會中，個人並不是單獨生活的，而會有許多的社交互動。當左右是可以選擇時，人與人之間的交互作用就變得很重要，這將是下一章的主題。

譯注

譯1　隨機漂變（random drift）是隨機遺傳漂變（random genetic drift）的簡稱，是指族群中因為機率造成的基因頻率變化。在族群較小時，遺傳漂變的作用較強。

譯2　多型性（polymorphism）是因為控制一個性狀的基因由兩個以上的對偶基因所造成。以偏手性的例子來說，D 基因與 C 基因就互為對偶基因，會造成左利與右利這兩種偏手性類型。

第 10 章

三個割草的男人

　　1871 年時湯瑪斯・卡萊爾（Thomas Carlyle，圖 10.1）年逾七十六歲，對許多人而言他算是英國文壇老將了，稱霸英國文學評論界與思想界達四十年之久。1840 年 2 月，達爾文的妻子愛瑪・達爾文（Emma Darwin）在給她姑媽潔西的信中，提到這位聲望如日中天的評論家：

我和世上其他人一樣，一直都在閱讀卡萊爾的作品。他讓人驚嘆，卻又消磨人所有的耐心。他一直從事類似英國「憲章派」（Chartism）小冊子的寫作譯1。那裡面充滿同情、好感，但卻毫無章法。達爾文不斷閱讀並批評他的作品。與他相談如沐春風，他是如此自然，但他的文字卻完全是另外一回事。

卡萊爾的著作繁多，包括傳記、歷史、翻譯、講座、社會批評與大量的信件，他的觀點常常引起爭議，最極端的例子就是他那篇關於奴隸制度的文章，弄得連最堅定的支持者都離他遠去。1866 年，他最摯愛卻又常常粗暴相向的妻子珍・薇爾許・卡萊爾（Jane Welsh Carlyle）去世，結束他四十年來狂亂但有時稱得上是成功的婚姻生活。1871 年卡萊爾動筆寫《回憶錄》（Reminiscences），這本書充滿對妻子珍的讚頌，後來出版社在 1881 年卡萊爾逝世後三週將它付梓面市。卡萊爾的生活愁雲慘霧，他描述自己「現在處於這幾近空虛的世界，只是憂傷，不見天日」。他會如此憂鬱，一方面是因為失去了所有親近的人，另一方面則是因為他的健康日益惡化。他遭逢發生在作家身上最悲慘的經歷：無法再繼續寫作。[1]

圖 10.1　1857 年時，湯瑪斯・卡萊爾在他位於切恩道（Cheyne Walk）的隔音室中寫作。可以清楚看出他是一個右利者。

　　卡萊爾的右手變得「不聽使喚」，他寫起字來「非常不便與懊惱」。套用他在論憲章的文章中所說的：「看到……（一個）強壯的男人右手廢了，這不是件殘忍的事嗎？」1863 年的春天，手顫抖的狀況變得益發明顯；1869 年 3 月卡萊爾晉見維多利亞女王時，她也表示過關切。卡萊爾的傳記作家弗洛德（Froude）描述了他的症狀：

他的右手開始顫抖起來，使得他寫作困難，甚至可能無法再書寫。當他試著要動作時，肌肉產生痙攣，手臂不自主地抽搐。

雖然在一百三十年後的今天很難診斷他的病，但最有可能的解釋是
帕金森氏症。1870 年 5 月，卡萊爾在給他兄弟約翰的信中，將自
己的情況描寫得很清楚。信是用藍色的鉛筆寫成的，因為他已無法
再用鋼筆：

陰暗的、哀悼的、沉思的、靜默的，想著無法更改的過去，以及不
可避免、難以變動的未來……失去了寫字的能力，等於無法再靠我
唯一學過的技能自立更生。失去右手是多大的損失。

到了 1870 年 10 月，「最糟糕的事」發生了，他連喝一杯茶都有極
大的困難。1871 年 6 月初，他又再度提到「痛失」右手的事：
「天啊！天啊！要是還能使喚這隻手，我就可以繼續工作下去，然
而黑夜降臨，沒有人能工作。」之後，就在同一個月，他從弗洛德
那裡拿了一大箱的紙，他已無法再更動什麼，那是他的《回憶
錄》。[2]

    1871 年 6 月 15 日，卡萊爾出門進行晨間散步。他的樣貌與姿
態讓鄰居「不會錯認……緩慢地沿著雀兒喜（Chelsea）河岸走進城
裡，眼光朝向前方地面，一段充滿沉思的散步」。在他病況轉劇前
的夜晚，他在日記上寫著：「今早……出外散步，頭腦清醒，風和
日麗中帶有足夠的陰鬱。」在散步中，也許是受到不聽使喚的右手
的刺激，他轉而想到右利更廣泛的層面。這並不是第一次：「我常
常想到這個問題。」[3] 他在日記中記下「從未想得如此徹底……直
到那天早上」的想法：

他看見三個割草工人，其中一個用的是左手，試著要一起工作，但
這根本不可能，他見證了最簡單的一種不可能性，這是瀰漫整個人
類社會的「右手」特性所造成的分野。

在農業高度機械化的今天，這場景顯得很遙不可及。或許托爾斯泰
在《安娜‧卡列妮娜》中描寫的田園風景能幫助我們想像這幅畫
面。

……農人出現在眼前，有的穿著外套，有的穿著襯衫，一個接一個
排成一長條隊伍，每個人都兀自揮舞著大鐮刀。（雷文）數了一
下，共有四十二人……沒有什麼會間斷鐮刀割草的揮動聲。見到割
下來的草堆逐漸變大，草與花頭緩慢地、有節奏地落在鐮刀旁……
整群割草工人站成一小排……相互接觸時，他們的鐮刀還會琅璫作
響。

必須記住這嚇人的工具可是一把長長的鐮刀：他們告訴雷文「這就
像剃刀一樣尖銳」。一片彎曲的鋼片，有一側仔細地用磨刀石磨
過，長數英尺，在割草工人周圍大肆揮動著。要是有人的腳沒放
好，就可能造成嚴重的傷害。和一整隊人馬在田野中揮動鐮刀，維
持同步化是非常關鍵的，要是有人的動作顛倒，換句話說若有個人
是用左手的，勢必會引起災難。[4]

　　卡萊爾對割草工人的想法衍生出一連串關於人類互動中不同偏
手性造成的問題。若只有一個割草工人，當然就沒有問題，但當幾

個割草工人一起工作時，麻煩就來了。究竟是由什麼來決定社會互動的規範呢？而這又會帶來怎樣的問題呢？誠然左利者在餐桌上會遇到許多問題，光是喝湯這個動作就會造成一團混亂，左利者的左手肘會撞到坐在左邊的右利者的右手肘。[5]

只要有兩個人從事帶有方向性的工作時，其中一個人的做事方法勢必會影響到另一個人的表現。為了應付這種狀況，社會必然會發展出一套規範，也許是法律、規定、指導手冊，或是任何型式的禮儀。

通常解決偏手性問題最簡單的方式便是遵守日常生活的禮儀習俗，「當你遇到某人時，以右手相握」。這很容易，不論何時何地、遇到的是誰，你都可以這樣做，這不至於會造成任何人的不便。同樣地，「擺放餐具時刀子在右，叉子在左」，這也不難，而且讓每個人都知道刀叉的位置，雖然左利者會覺得有點不方便，但造成的麻煩很小，少有人抱怨。實際上，只有在普遍接受的規則發生更動時，大家才會意識到規則的存在。像是有人在橋牌桌上逆時針出牌，而不是依照慣例，按順時針的方向來。[6]

那像是割草這類更複雜的互動又是如何呢？接下來本章要探討這類議題，諸如人的書寫方向是由左到右，還是相反過來？駕車時是靠左還是靠右？左利運動員是否較占優勢？而左利的外科醫生是否比較吃虧？等等問題。

書寫

書寫是高度不對稱的。你現在在讀這本書時，視線在頁面上的

移動是由左往右的，結束後再換到下一行左邊，從頭開始。時間久了，這種閱讀方式變為居住在歐洲與北美的人的第二天性，難免會覺得這種閱讀方式是「自然的」或是「正確的」，但這其實只代表一個非常西方的世界觀。在地球上許多其他的地方，書寫方向並不是由左往右（朝右的），而是由右往左（朝左的），好比阿拉伯文、希伯文來，以及烏都語[譯2]，那為何英文是向右書寫的語言呢？

　　書寫行為似乎只在少許的區域演化出來，主要發生在兩個區域，一是在西元前 4000 年的埃及與幼發拉底河流域，另一個約是在西元前 2000 年或更早的中國。早期的文字剛開始是繪畫文字（pictographic），每個符號就是其所代表物體的圖畫（好比早期埃及的象形文字）。之後則變為表意的（ideographic），每個符號依舊代表一個字，但符號變為隨意的，這類語言系統可能會很沒有效率，因為必須學習每個符號，就像中文和日文一樣，學童要花上幾年的時間，才能學會閱讀一般文本九成內容所需的 1,000 個文字，要了解九成五的文本內容，則需要學會 2,400 個文字。[7]

　　書寫被稱做是「看得見的語言」，要能夠有效率地運用文字，必須使文字和說出來的話有所關聯。繪畫文字與表意文字都達不到這一點。能夠將聲音表現出來的第一套系統就是音節文字（syllabic script），每一個符號代表一個音（比方說 /ba/、/be/、/da/ 與 /de/等音）。既然語言含有各式發音，當然就需要很多符號來表示，所以埃蘭文[譯3]有 110 個音節符號，而蘇美語及阿卡德語[譯4]則有 600個。這些語言使用起來依舊不是很便利，也不夠有效率，但已經比

繪畫文字和表意文字好很多。現代化文字發展最重要的一步是和新型態的書寫方式一起出現的,最早的例子是西元前 1700 年左右,在西奈山(Sinai)薩拉比耶爾赫丁(Serabit al-Khadim)的綠松石礦脈中發現的,此後在許多地區也陸續發現。這份文字紀錄重要之處在於其中所含有的符號相當少,不到 30 個,這表示它們不是用來代表音節,因為那樣根本就不敷使用。它們是用來作為字母(alphabet)的,每個符號代表一個子音或母音,這正是「古西奈語」(proto-Sinaitic)與「古迦南語」(proto-Canaanite)的文字,從而衍生出世界上許多的文字,包含英文在內。[8]

　　音節文字有一大問題,在字母文字中更顯得嚴重,那就是書寫這些文字時必須有一清楚的次序。相對而言,繪畫文字可以按照任何一種舊有的次序擺放(且多數情況都是如此)。在字母文字中,「DOG」和「GOD」的差別端視這些字是由左而右地唸,還是由右而左地唸,顯然需要有某些系統來處理這問題。不過「古西奈語」與「古迦南語」中並沒有這樣一套系統,有些是由右至左書寫,有些則由左至右。如果只是讀一小句,並不會造成多大的問題,比方說「siht sa hcus」。但如果是下面這樣:「etisoppo eht ni sretho dna noitcerid eno ni secnetnes emos gnivah detrats ylmodnar eno fi ro segassap regnol rof.」讀起來的確十分惱人。想必很快就產生一股驅力讓書寫方向標準化,也就是所謂的「管化」(dcutus);而這也正是實際上發生的情況。到了西元前 1050 年,早期腓尼基語(Phoenician)就完全是由右往左書寫,之後的現代阿拉伯文及希伯來文也是如此。

　　文化慣性會讓語言的改變加倍困難。初期的選擇會持續好一陣子，就像現代打字機的 QWERTY 鍵盤譯5一樣，雖然排列方式既不合邏輯也不夠有效率，可能還是會繼續一段時日。然而英文字是直接由早期腓尼基語衍生出來，為何其讀法不是原來的由右向左，而變為由左向右呢？就像絕大部分的西方文明，這又要從希臘說起。基於某些因素，希臘人自西元前六世紀起，書寫方式便是由左至右。羅馬文字是從希臘而來，而所有西歐的文字又幾乎都是從羅馬而來，英文的寫法也變成由左至右。同樣地，承襲自西里爾語（Cyrillic）的現代斯拉夫語系，尤其是俄羅斯語這一支，也是由左至右書寫。這套語言是在第九世紀由聖西里爾（Saint Cyril）及聖麥佐迪（Saint Methodius）從希臘文發展出來的。

　　至於從早期腓尼基語到古典希臘文之間的五個世紀裡，究竟發生了什麼事？目前還沒有明確的證據。一般相信，古希臘文就像腓尼基語是由右至左的，但後來經歷了一段轉型期，最後就變成由左至右的寫法。可以確定的是，那段期間一定發生什麼逆轉語文寫法的事情，因為到了西元前四世紀末，希臘喜劇作家西奧基尼斯（Theognetos）已經在取笑「寫字左右顛倒」的人。問題在於變形期中如何決定出書寫形式，也就是希臘文中的「折行書」（boustrophedon），這是描述牛在田地中犁田的方式，牛會往一個方向走到底，轉彎，然後再走回來（圖 10.2）。就像喬伊斯在《芬尼根守靈夜》中的描寫：「鎮日都在翻土，向前又向後，就像公路上的牛一樣。」9

　　折行書可以有兩種體裁，如圖 10.3 所示，左邊的折行書是正

確的寫法，右邊則是捏造出來的假折行書。在多數的書寫文字中，不僅書寫的方向是不對稱的，每個字母也都是如此，那麼寫折行書時，要如何逆寫每個字母？是否就像假折行書中那樣，按一般方式書寫，還是像真折行書一樣，寫出鏡像對稱的字母？這兩種方法都有問題。英文中許多的小寫字都是不對稱的，大概只有一半是對稱的，若是折行書中反向的部分（由右至左）要寫出鏡像對稱的字母，那就會有 46 個字母，而不是 26 個。雖然閱讀鏡像對稱的字母出乎意料地容易，但要寫出它們又是另一回事。折行書無疑會加倍孩童學習寫字的困難，因為孩童在區分「b–d」與「p–q」這類互呈鏡像的字母已經有很大的問題，若要他們另外記住「b」在順向的那一排發的是 /b/ 的音，而反向時發的是 /d/ 的音，勢必會更添困擾。[10]

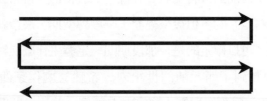

圖 10.2　折行書的書寫方式，就像牛犂田的路徑。

Boustrophedon　　　　　　**Boustrophedon**
uopǝɥdoɹʇsnoＢ　　　　　　nodehportsuoB
Boustrophedon　　　　　　**Boustrophedon**
uopǝɥdoɹʇsnoＢ　　　　　　nodehportsuoB

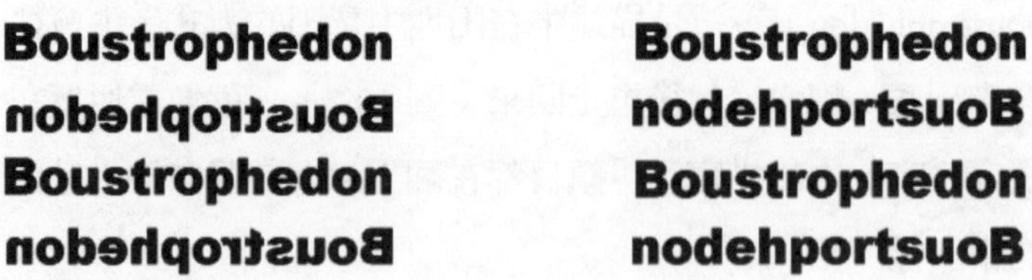

圖 10.3　真假折行書。

　　倘若採用另一種方式，只使用原來標準的 26 個字母，只是在反向回來的部分逆轉排列的方向，就像是假的折行書那樣，又會如何呢？奇怪的是這反而會增加閱讀困難度，其中癥結可以用「ph」來說明。這兩個字母合在一起時，通常表示 /f/ 的單音，會被當成一個音來讀，反過來時則變為「hp」，如此一來，原先的組合完全改變，會造成許多問題。閱讀包含兩個獨立的步驟，一個是判讀「音位」（phonemic），檢視每個字母的音，另一個是決定「字形」（graphemic），將整個字當成是一個視覺單位。假折行書破壞了字形的閱讀，唸起來比較困難，這也許就是早期希臘的折行書在反向部分會採用鏡像字母的原因。[11]

　　一直以來，折行書這種「牛的書寫方式」就不斷面臨上述這種兩難的局面，一種讀起來容易但寫起來困難，一種正好完全相反，也難怪這種方式在古代書寫中很快就被淘汰，或許真正驚人的是，最近它又起死回生。電腦鍵盤被設計成只有標準的 26 個字母，但經由程式處理後，從螢幕顯示出來的或是列印出來的，則可以有兩種形式，一種是一般的，一種是呈鏡像的反轉字母，端看文字的方向決定。狂熱份子強調，折行書閱讀起來比較容易且快速，因為眼睛不需要回去找下一行的開頭，只要稍微往下移動即可。這種閱讀方式是否真能捲土重來，目前尚未有定論。所幸個人可以在自己的電腦上使用折行書，並可將其他人以傳統方式書寫的文章轉成自己想要的閱讀方式。弗萊爾（James Hatley Frere）與穆恩（William Moon）分別創造的盲人印刷系統是現行布拉耶（Braille）點字系統的先驅。該系統也採用折行書，這解決了尋找下一行開頭的難題；

以往在行與行之間都必須用一大片空白來標示。[12]

任何歷史敘述都有落入「輝格式歷史詮釋」（the Whig interpretation of history）的風險，也就是簡單假設萬事萬物都毫無曲折地往前邁進，朝向人類至高無上的狀態發展。這種詮釋無法看到歷史的完整圖像，忽略了失敗者。在我們的故事中，指的就是那些消失的書寫系統，圖 10.4 特地呈現出文字歷史發展的暫時性地圖，顯示出朝右的，朝左的，或是混雜的文字系統。[13]

許多早期文字都沒有明確的書寫方向，所以兩種方向勢必都有被演練過。可想而知，比較容易的那一種最後會脫穎而出。有人認為，對右利者而言，自然的書寫方向是由左往右，然而從這張表可以明顯看出，早期腓尼基語是由右往左的。在此，部分的問題在於我們自動將自己熟悉的方式和最簡單與最自然的方式畫上等號，甚至連希臘著名史家希羅多德（Herodotus, c. 484 BC-c. 424 BC）也對埃及人試圖改變書寫方式的舉動感到不可置信，他表示：「埃及人的書寫與計算方向不像希臘人是由右往左的，而是由左往右的，而且還固執地認為他們的方法比較靈活，我們則是笨拙而怪異的。」

其實，書寫本身必須納入考量。今日普遍使用紙與筆的我們，和古人的處境大不相同。過去許多銘刻文字都是刻在石頭上，因此可以經過歷史興衰保留到現在。書寫在莎草紙上的文字比較脆弱，但在當時有可能較為普遍。對右利者來說，在莎草紙上向右書寫可能比較容易，因為這樣比較不會弄髒未乾的墨水。不過墨汁乾得很快，所以對今日的左利者或是書寫阿拉伯文這類左行文字的右利者而言，都不成問題。許多古代文字都是楔形的，要以三角形的筆尖

在未乾的黏土板寫上一系列的符號，然後在太陽下或是烤爐中烘乾，使其硬化。同樣地，對於要寫楔形文字的右利者而言，往右書寫也較為輕鬆，因為這樣較不會弄亂之前寫好的字。這理論可能行得通，然而雖有許多楔形文字是由左往右書寫，但也有部分文字是採取兩種書寫方向併用，好比西臺文及阿卡德語（Akkadian），而古埃蘭文（proto-Elamite）似乎一般是由右往左書寫。以弄髒文字的理論來解釋楔形文字書寫方向的致命傷，在於僅採用極少數嘗試書寫這類文字的現代人的經驗：「在黏土上寫楔形文字的實際經驗顯示出……質地很好的黏土很少出現模糊的情況，且擦去痕跡需要蓄意施力。」[14]

「由左至右的書寫方式比較好，比較自然也比較效率，同時也能讓一般語言區位於左半部的大腦更快理解」，雖然下這樣的結論很吸引人，但卻幾乎沒有任何實證能夠證明真是如此——這也許是為何世界上存有這麼多從右至左文字的原因。高登・西維斯（Gordon Hewes）於 1949 年思考這個問題時指出，多數的理論學家根本沒有回顧所有的文字系統，常常只概括提及「亞洲的」文字是由右向左的，而忽略印度次大陸上大量由左向右書寫的文字。往左書寫的文字被描述成「異常」，並且認為以這種方式書寫的人具有「內省與沉思等特質，相對於那些離開中線往外書寫的，則是『朝向末端與物質，遠離**自我**』」，這樣的說法毫無根據，但的確再次證明赫茲的左右符號象徵系統無所不在：總結來說，向右的就是好的，向左的就是壞的。

那麼不同的書寫方向究竟源自何方？今日看來，西維斯的結論

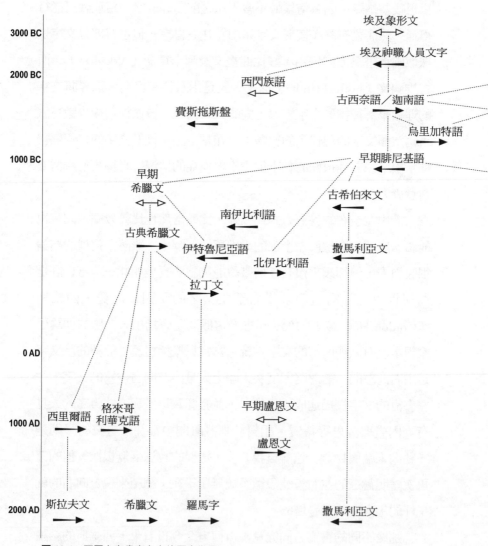

圖 10.4 不同文字書寫方向的歷史發展。

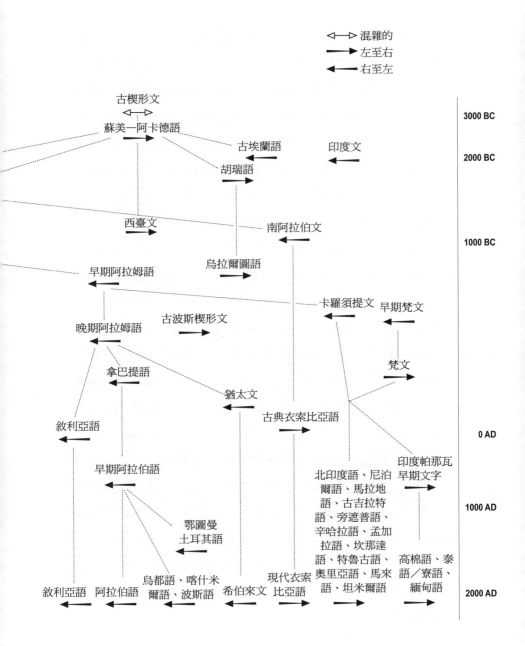

似乎較廣為人所接受。他認為這只是受到歷史、經濟與宗教等因素
綜合在一起的作用影響，有些文字系統被保留下來，有些則消失，
和它們的方向性一點關係都沒有。這情況類似於古爾德在他那本
《奇妙的生命》（*Wonderful Life*）中所描述的演化過程，有些生物
存活下來，好比是我們人類，但也有上百萬種生物走向滅絕。要解
釋我們之所以會存活下來的原因，直覺上會假定是我們具有較健全
的本質，適應力較強，不過通常根本用不到這些，光是古爾德所謂
的「偶發性」（contingency）概念就夠了。偶然事件都會帶來必然
的結果，就是這些構成了歷史，甚至不需要訴諸生物學中適應或是
自然狀態（naturalness）的概念，就像史家不會說加夫裏羅‧普林
其普的適應力較斐迪南大公（Archduke Franz Ferdinand）強[譯6]，才
會將他暗殺，最終導致一次世界大戰爆發。偶發性（一連串的事
件，一個引發一個，但彼此之間並沒有內在的牽連）也許是解釋書
寫方向最好的理由。舉個例子來說，在某個時期，希臘文化影響了
阿拉伯南部的文字，使得阿拉伯文從向左書寫改成向右書寫，並發
展成古典衣索比亞語（Ethiopic）和現代衣索比亞語（Amharic）文
字，而這發展過程和書寫方式本身的難易度並無關聯。[15]

　　簡單的偶發事件往往就是決定日常生活中許多活動適左或適右
的側向性，但這並不減低它們的趣味性，而且也不是所有的活動都
是偶發的，這正是科學面臨的挑戰，去找出作用在跨越個人、群體
與文化上，根植於生物與神經生物基礎的深層組織性原則。不過結
果必須是偶發性，要超越這一點，需要確實的證據，而不單就優勢
或選汰這類理論來推論。

　　在討論完書寫，並以不同文化間書寫方向的差異可能完全是由偶發事件造成的來作結，現在讓我們再看看其他一些帶有方向性的行為。這反映出人際互動以及社會間互動所隱含的組織性原則。

駕駛

　　1806 年，英國旅客約翰・藍伯（John Lambert）到北美洲旅遊。他描述：「在加拿大及美國部分地區的人們有靠右行駛的習俗，這在英國人的眼中是很詭異的舉動。」時至今日，還是會出現類似的觀察感言。如果我們從小到大都被告知要靠路的某一側開車，當必須換到另一側開，總是會覺得不對勁。藍伯形容這是一種習俗固然很正確，但是否全然如此？靠左或靠右行駛是否有一種比較自然？若這純粹只是習俗，是怎麼發展出來的？藍伯描述的「美國部分地區」這句話頗值得留意。今日的美國人雖然幾乎都是靠右駕駛的（只有美屬維京群島還是靠左行駛），但一開始並非如此。世界上有些地方甚至沒有固定的行駛方向，在《義大利行旅》（*Italian Journal*）中，歌德記錄了 1788 年羅馬嘉年華期間的情況：

在日落前的一個半小時，更多羅馬的達官貴人加入了一條延綿不絕的車陣，開了約一個多小時的車。這車陣從威尼斯大廈（Palazzo Venezia）開始，沿著街道的左側向前……返程的車陣也是靠左行駛，所以雙向的交通可以維持秩序。

這情況顯然不常有，因為：

當晚鐘響起，頓時所有的秩序都瓦解了，每個人都在尋找最快速的
方法回家。司機隨意轉彎，常常擋住了路，或是阻塞了其他行進中
的交通……

類似的狀況也發生在十八世紀時的巴黎：

街道……在舊政權時期常常陷入嚴重的阻塞，因為行駛方向沒有統
一，會因迎面相向而停滯，這是由於後方來車，或是馬車掉頭困難
而無法倒車之故。[16]

只有在交通量達到一定程度時，才會需要有特定一側行駛的「道路
規則」。交通流量不多時，車輛就跟人行道上的行人一樣，可以繞
過彼此，尤其是在速度不快的情況下。然而一旦交通量增加，交通
會自發地形成動線，就像群眾要進入或離開足球場的狀況一樣，跟
隨某個人前進，要比自己獨自推擠人群容易得多。道路規則主要是
一種妥協，是個人移動的欲望與遵守共同規則所帶來的利益之間的
妥協，以期達到加快速度與減少意外的目的，然而當個人利益過高
時，道路規則就會被忽略。已故的當代德國作家賽巴德（W. G.
Sebald）就舉例說明過：「……難以理解馬爾他人不在乎死亡的威
脅，既不靠左也不靠右行駛，總是選擇在道路有陰影的那一側行
駛。」道路規則終究只是規則，雖然它似乎比一般規則更不易打
破。在納博可夫（Vladimir Nabokov）的小說《羅麗泰》（*Lolita*）
的結尾中，漢伯特謀殺克萊兒後，駕車逃逸時說道：

現在我的道路延伸至全國，這不是一種聲明，也不是象徵或任何類似的東西，而是一個嶄新的經驗。既然我已拋開所有人性的規範，我也不在乎這些交通規定。所以，我穿越高速公路，把車開到路的左側行駛，試試看是怎樣的感覺。這感覺很棒⋯⋯除了打破基本物理定律外，沒有什麼比得上刻意在錯的一側開車。[17]

既然需要道路規則，似乎也只有靠左或靠右這兩種選擇。然而，正如同傑佛瑞・米勒（Geoffrey Miller）所指出的，實際上一共存有三種穩定平衡的方式：「靠左行駛」、「靠右行駛」與「隨機靠左或靠右行駛」，而他建議印度邦加羅爾（Bangalore）的計程司機採用最後一種。這裡所謂的「穩定」是指在考量所有人的行為時，不會鼓勵個人改變行為。要讓每個人都改變可能是有益的，但這不能由個人造成，政府與警力必須代表整個社會落實這些規則。[18]

　　那麼，有哪些國家選擇靠左行駛，哪些選擇靠右？他們又是如何做成決定的呢？在進入這個主題之前，首先要更正一項普遍的錯誤認知，北美洲對其誤解的程度尤其嚴重，那就是全世界只有一個國家是靠左行駛的，就是在北海上的小島——英國。這和事實相去甚遠，圖 10.5 的地圖就可以證明。

　　靠左行駛的規定在世界上許多地方都找得到。以地理區來看，這只占了全球面積的 17%，但這是因為俄羅斯與加拿大這兩個靠右行駛的國家地廣人稀之故；若以人口數來考量，全球約有 32%的人是靠左行駛，基本上就是印度、巴基斯坦、日本與孟加拉等密集人口區。[19]

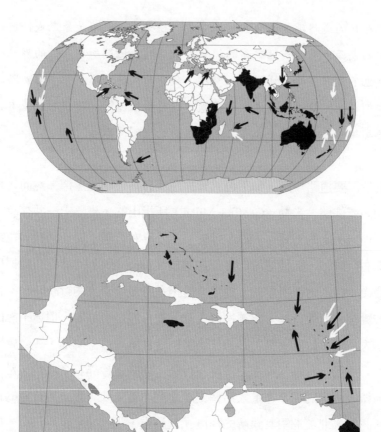

圖 10.5 2000 年時，靠右行駛（白色）與靠左行駛（黑色）的國家。白色與黑色箭頭表示無法在世界地圖上顯示出來的小島。下圖是加勒比海地區的情況，這個區域的行駛方向特別複雜。

　　各個國家是如何決定行駛方向的？加拿大是一個很好的例子，可以用來說明道路規則演變的複雜歷程。加拿大的行駛方向幾乎可以反映出它的殖民歷史。魁北克省（加拿大南部）原是法國領地，

所以是靠右行駛，而北加拿大（安大略省）也追隨這套原則（雖然有人宣稱多倫多曾是靠左行駛），至於臨海省分，包括新斯科細亞省（Nova Scotia）、新伯倫瑞克（New Brunswick）、愛德華王子島、紐芬蘭則採用英國的標準，與溫哥華島和新喀里多尼亞（New Caledonia）一樣，成為英屬哥倫比亞。當這個國家向西擴張時，曼尼托巴（Manitoba）、薩克其萬省（Saskatchewan）與亞伯達省（Alberta）和安大略省一樣，選擇靠右行駛，直到一次大戰結束。美國遊客為加拿大帶來嚴重交通問題。當他們從靠右行駛的華盛頓州進入靠左行駛的英屬哥倫比亞時，會造成許多意外事故。加拿大全國統一靠右行駛的變革經歷了兩個階段，1920 年 7 月 1 日先在內陸實施，到了 1922 年元旦則推廣到維多利亞與溫哥華，多數的臨海省分也陸續跟進，新伯倫瑞克於 1922 年開始，新斯科細亞省於 1923 年，愛德華王子島於 1924 年，最後則是紐芬蘭與拉布拉多，在它們於 1949 年加入加拿大聯邦之前，已於 1947 年改變道路規則。加拿大花了相當長的時間才統一了全國道路規則，這項變革自然引發人們疑慮，關切是否因而造成意外事故。結果很少有意外事件出現，這可能反映出當地交通量低、加國謹慎採取類似新斯科細亞省的特殊措施。該省在推行變更的兩個月期間，駕駛人在擋風玻璃上都貼有「靠右」的標籤。[20]

　　加拿大的例子正好說明在現代地圖顯示出看似一致的行駛方向下，其實有一段混淆不清的歷史。比方說 1930 年拜德克（Baedeker）的義大利導覽上寫道：「義大利的道路規則不一。在羅馬及其鄰近地區，規則和英國一樣，在交會時要靠左，超車時要

往右；不過在其他多數地區，則剛好相反。」注意，「多數」這個字眼又出現了。實際上，羅馬是靠左駕駛，就跟歌德描述的一樣，都靈、佛羅倫斯與那不勒斯也是如此；義大利的其他地方則是靠右行駛。

靠右與靠左行駛的原因充滿神話，羅馬就是一個典型的例子。有人宣稱這是因為 1300 年時，教宗博義八世（Pope Boniface VIII）宣布朝聖者要靠左行。這是一個很好的理論，問題是有人宣稱教宗其實是要朝聖者靠右行，目前尚未找到任何文件證明任何一方的說辭。在這個主題中，神話無所不在。許多解釋都集中在行人要用右手持劍的需求，以及馬車夫要用右手握鞭子或是要從左邊上馬。另一種解釋則訴諸法國革命份子的乖僻，或是拿破崙訂出的苛刻要求。這些解釋的問題都在於它們無法交代為什麼會存在這麼大的變異？即使在單一國家中也是如此。[21]

義大利並不是境內同時存有靠右與靠左行駛區域的唯一國家。奧地利的傳統本是靠左行駛，但在拿破崙占領期間（因此，被占領的低地國家、瑞士、德國、義大利、波蘭與西班牙如今都靠右行駛），由於法國人僅入侵了奧地利西部的提洛爾（Tyrol），所以只有這個區域改為靠右行駛。奧地利的其他地區依舊是靠左行駛，直到 1938 年被德國併吞，才宣告全國都靠右行駛。當時交通狀況陷入混亂，機車騎士看不到交通號誌，而維也納的電車依舊靠左行駛，直到所有的軌道與號誌全部都被更換為止。希特勒也規定，捷克斯洛伐克與匈牙利改為靠右行駛，占領海峽群島（Channel Islands）時也是如此。同樣地，阿根廷於 1982 年短期占領福克蘭

群島時，也將其行駛方向改成靠右。[22]

殖民者的權力改變了殖民地的道路行駛方向，但並不徹底。印尼在前拿破崙時代的荷蘭殖民統治時，規定靠左行駛，但當荷蘭改為靠右時，印尼並沒有跟著改變。大英帝國殖民地多數都是靠左行駛，但也有很明顯的例外，埃及就是一例。當直布羅陀還隸屬於大英帝國領土的一部分時，在 1929 年改為靠右行駛，和鄰國西班牙一樣。葡萄牙在 1928 年改為靠右行駛，多數的殖民地也隨之改變，包括東帝汶。然而，當印尼入侵東帝汶後，又將行駛方向改回靠左。殖民者也會有間接的影響力。據說日本靠左行駛是受到1859 年英國大使拉塞福爵士的影響（雖然當地人則將此歸因於忍者的需求），而英國在上海的影響力也讓中國道路行駛方向靠左多年。偶爾，道路行駛方向也會因為象徵目的而改變，好比是緬甸，在那裡「最近突然頒布新的道路規則，以取代承襲自殖民時代的規定」。[23]

也許最令人吃驚的發現是，有些國家其實在二十世紀過了一半之後，才從靠左行駛改為靠右。直到 1943 年，巴拿馬為了配合泛美高速公路的興建，才改變行駛方向，否則整條公路只有在巴拿馬境內的這一小段會改成靠左，其他部分都是靠右。菲律賓、阿根廷、烏拉圭是在 1945 年，而中國、臺灣與韓國則是在 1946 年從靠左改成靠右。之後陸續還有許多國家改成靠右，例如貝里斯與喀麥隆（1961）、衣索比亞（1964）、甘比亞（1965）、瑞士與巴林（1967）、冰島（1968）、緬甸（1970）、獅子山（1971）、奈及利亞與迪牙戈加西亞島（1972）、蘇丹（1973）、迦納

（1974）、南葉門（1977）。[24]

　　圖 10.6 顯示出 1919 年的狀況，和二十世紀末截然不同。[25] 這兩個年代的地圖是否存有清楚的模式？有些特徵是很明顯的，多數持續靠左的國家都是島國，通常被靠右行駛的鄰國所圍繞。在東加勒比海地區，島嶼的行駛方向似乎左右輪流交替，反映出英國、法國與荷蘭的殖民歷史。在歐洲，除了大家熟知的英國和愛爾蘭外，保持靠左行駛的四個區域也都是島嶼，馬爾他也是；然而最令人驚訝的要算是賽普勒斯，即使它的國土分別緊臨希臘與土耳其這兩個靠右行駛的國家，它依舊靠左行駛，結果當然是一團混亂，因為當地的車子多是從希臘或土耳其進口的，駕駛座都在車子的左側，根本不適合靠左駕駛。美屬維京群島也遭遇相同的困擾。

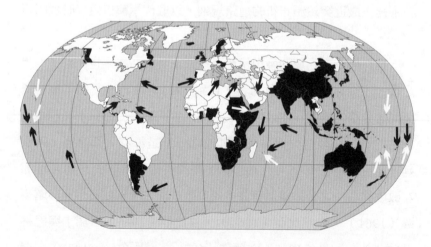

圖 10.6　1919 年時，靠右行駛（白色）與靠左行駛（黑色）的國家。白色與黑色箭頭表示無法在世界地圖上顯示出來的小島。

除了這些島嶼之外，在這張世界地圖上還有另一個清晰可見的特徵模式，那就是有一長條靠左行駛的區域從南非延伸到東非，一直穿過整個印度次大陸、東印度群島，然後到達澳洲。這當中的國家多半和靠左行駛的國家接壤，要不然就是邊界位在偏僻的地區，好比喜馬拉雅或是中非，這些地理條件和那些自發性改變道路規則的國家不同。瑞士就是一個著名的例子；到了 1967 年時，它是歐陸唯一一個還是靠左行駛的國家，邊界的穿越非常繁忙，而且有許多國際交通往來。

決定道路行駛方向的力量可以輕易地用一簡單的模式呈現，其中的變數就像「自旋玻璃體」（spin glass）譯7或「易行玻璃」（Ising glass）一樣，雖然這原本是用來描述磁性的，但也不失為解釋個人受到周圍人際影響的社會互動模式。任何熟悉約翰・康威（John Conway）所謂的「生命」遊戲或是「細胞自動機」（cellular automata）的人，就可看出基本的方法。[26]

此模式設定一般狀況下，不論是個人、社區、地區，甚或是國家，都不是一開始就兀自決定要如何做，然後不顧一切地付諸實行，而是或多或少因應周圍的人事來改變自己的行為。那些地理相鄰的鄰居影響力最大，不過最有趣的是，鄰國也會因為同樣的原因而調整自己。每個人都在仔細檢查別人的行徑，再決定最得宜的方式。

我們可以用一個極簡單的世界來模擬這情況，圖 10.7 顯示出這個世界的地圖，稱為「啟倫尼亞」（Chirenia）。這裡面有一百個一樣的區域，以十乘十的格子區分。不過它有個和一般世界不一

樣的特性，那就是假若走出最右邊的區域，會馬上進到最左邊，若是走出最下排，就會回到最上層。這是很有用的數學屬性。如此一來，每一個區域都有八個鄰居。[27]

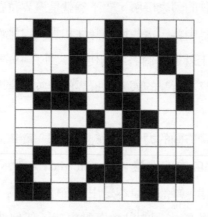

圖 10.7 福特元年時，啟倫尼亞世界的地圖。靠右行駛的區域為白色，靠左的區域為黑色。

啟倫尼亞是非常條理分明的世界。當汽車於福特元年發明時，每個區域的人民都體會到區域內的行駛方向必須一致，但啟倫尼亞的各區域擁有高度的自治權，所以每一區最後以丟銅板來決定行駛方向。若是擲到頭這一面就靠右，若是反面則靠左。圖 10.7 顯示出決定靠右的區域（白色），以及決定靠左的區域（黑色）。由於機率不會剛好五五各半，所以靠右與靠左的區域數量有點出入，有五十九個區域（白色）是靠右的，四十一個區域（黑色）是靠左的。

　　不久後，啟倫尼亞人便為此感到困擾。在自己區域內行駛時，生活都井然有序，但隨著車輛增加，道路改善，他們也試著穿越邊

界拜訪其他區域，結果他們必須時常變換行駛方向。在多次協商後，他們認為最有效的解決途徑是，以鄰近地區的主流行駛方向來決定。若某區域的行駛方向和它相反，該區域就需變更行駛方向。

　　想想這些鄰近區域，啟倫尼亞的每個區域都有八個鄰區，和本身區域行駛方向相反的可能從零到八都有。啟倫尼亞人決定，「明確的主流」要達到和六區以上的行駛方向相反。於是在福特二年時，就發生了「第一修正」，每一區都在觀察其鄰區，最後有七個區改變了行駛方向，結果就如圖 10.8 的第二年所示，有六十四區是靠右行駛，比之前多了五區，有三十六區是靠左，比之前少了五區（雖然有兩區改為比較少的靠左行駛）。

　　雖然原本希望在第一修正之後，所有的交通問題都可以獲得解決，但大家發現並沒有這麼順利，於是在福特三年又進行了一次修正，希望能再做一些小幅度的改變，將問題解決。這就是啟倫尼亞人所熟知的「大規則修正」，一共有十五個區域改變了道路規則，最後變成有七十三區靠右行駛，二十七區靠左行駛。雖然有人憂心大幅度地變動會危及啟倫尼亞的整個社會結構，但幾個有遠見的改革者看了地圖之後，決定改變可以繼續下去，而且相較於之前，會是比較小幅度的變動。

　　改革者的觀點是正確的。福特四年並未出現社會混亂失序的情況，只有九個區域變更行駛方向。啟倫尼亞明顯變成兩個區域，大部分是靠右行駛，少部分是靠左行駛。到了福特五年，也就是後來大家熟知的「最後規則修訂年」，這是啟倫尼亞最後一次變更道路方向，結果有八十一個區域靠右，十九個區域靠左。

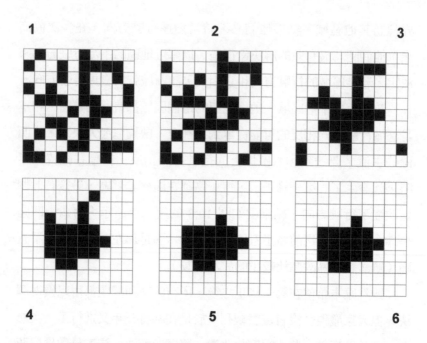

圖 10.8 福特元年至六年期間，啟倫尼亞靠右或靠左行駛的區域。靠右行駛的區域為白色，靠左的區域為黑色。

　　到了福特六年，一些特別保守的憲法學者認為有必要再進行一次修正，所以各區域大費周章地考慮變更的可能性。然而沒有一個區域發現本身的行駛方向和鄰近區域的主流行駛方向相反，所以全部的區域都沒有變更。因此，福特六年的地圖看起來跟福特五年一模一樣，而且除非啟倫尼亞的憲法改變，不然這份地圖呈現的就是該國永久的狀態。福特五年的地圖顯現出穩定的狀態，啟倫尼亞永久分成「左區」與「右區」，行經這兩區的邊界還是會引起些許困擾，但因為多數的啟倫尼亞人偏好待在家園附近，所以這不是個大

問題。

　　啟倫尼亞的駕駛習慣非常驚人地摹擬出世界各國決定靠右或靠
左行駛的過程。雖然並不是所有的國家都在同一時間、由於相同原
因而改變，但主要的影響力的確來自鄰國的駕駛方向。根據啟倫尼
亞模式推測，在真實世界中，未來不大可能會有行駛方向的變動，
唯一可能的例外是南美洲的圭亞那（Guyana）與蘇利南（Suri-
name）。[28]

　　就像寫字一樣，同樣有許多嘗試（主要發生在北美洲）想要解
釋為何靠右行駛比較「自然」？許多理論都援引多數人是右利的事
實，但這很難成立，因為靠左行駛的國家也是右利者較多。不過偏
手性的確和三個踏板的排列有關。離合器、煞車與油門總是由左至
右排列，左腳控制離合器，右腳控制煞車與油門；無論駕駛坐在哪
一側，舉世幾乎都是這樣的排列，而這不像書寫方向受到文化因子
的影響。這是否為最適當的排列方式仍有待討論，不久前，英國
《衛報》（Guardian）報導過習慣用右腳踩加速器，左腳採煞車的
機車騎士，在汽車內的反應時間快了四分之一秒。[29]

　　道路規則似乎和書寫方向一樣，都是受到歷史的偶然事件所決
定。雖然也曾有功能取向的論點試著說明此現象，但都不大成功。
這些理論主張靠某一側行駛會優於另一側，因為這樣比較容易、適
當、安全、有效率或是自然。比方說在 1960 年代就有人主張，統
計上，靠左行駛國家的交通意外比例低於靠右行駛國家，然而比較
晚近的統計數據中，找不到支持這個說法的資料。大半的國家都還
是自行決定行駛方向，偶爾才會受到外界的影響，而方向變更的主

要力量來自於行駛至方向相反的鄰國所造成的不便。目前看來,全世界已經達到穩定的狀態,偶爾在穿越邊界所造成的不便,並不會大過國家變更複雜的交通系統所需的花費與難度。[30]

　　雖然我只著重在開車的部分,但也可以談談行人、馬匹、船舶、火車與飛機。這每一種都有其複雜的歷史,還有數十種理論試圖解釋為何這些交通工具的行駛方向是靠左或靠右,不過其中的基本原則和開車一樣。有興趣的讀者可以參閱我網站上詳細的資料。在此,我想以一個新奇且極具創意的提案來結束這一部分,雖然這也許早已不足為奇,而且不會有什麼人支持。英國有個「怪獸黨」[譯8]宣稱,只要一下子便能解決英國的道路交通問題,那就是讓一般車輛靠左行駛,卡車靠右行駛。[31]

擁抱、戰鬥與打網球

　　之前討論過的書寫和行駛方向這兩個例子,都牽涉到社會互動,但主要是人群間所造成的社會習俗。事實上,偏手性在兩個人之間的互動也很重要。人與人見面時握手的動作很平順,而且完全是自發性地,那是因為每個人都知道要伸出右手。少了這種習俗,就會充滿不確定性,好比社交性接吻,雖然現在日漸普遍,但卻沒有一定的方式。一項調查就發現,在國際機場的入境大廳中,有三分之二的人是向右擁抱(也就是往另一人的胸部右側環抱),剩餘的則是向左擁抱,顯示出這動作還是有許多讓人困擾的地方。[32]

　　本章開頭所提到的卡萊爾被公認為思索偏手性不同的人們是如何互動的第一人。雖然他談論的是左利割草工人的問題,嚴格來

說，是作為一個偏手性和他人不一樣的割草工人的問題——因為在
左利者的世界中，遇到問題的會是右利的割草工人。這問題又再度
讓人思考為何我們多數都是右利的。首先，卡萊爾注意到右利近乎
普遍的事實，接著他試著構思一道問題的答案，他自己形容這問題
「不值得一提，除非是當成一道謎語」：

為何會選中這隻特別的手（右手）尚未有定論，不值得一提，除非
是當成一道謎語；這也許是在打鬥的過程中衍生而來的；最重要的
是，要保護心臟和其周圍，因此用那隻手拿著盾牌。

真的很巧，就在卡萊爾提出我們因為心臟在身體左側而成為右利的
假設的幾乎同時，倫敦另一處的蓋氏醫院（Guy's Hospital）顧問菲
立普・亨利・斐史密斯（Philip Henry Pye-Smith）醫生也提出了同
樣的假設。他認為人類的祖先中有一半是右利，一半是左利。他們
發明了盾牌，一半是用左手拿，一半是用右手拿。打仗時，由於左
手持盾的人將心臟保護得比較好，所以較多人存活下來，而他們當
然都是右利者。斐史密斯自己對這個理論並不看重，但這實際上是
一個很好的理論。他提出這個理論的時間約是在達爾文發表《物種
原始》後十年左右，這是一個名副其實的演化理論。若它的假設是
正確的，就必須嚴正以待。這理論主要的缺點在於盾的發明遠遠晚
於人類社會出現右利這個概念，所以這個理論也無法成功解釋右
利，但其基本的原則卻很合理，當個體彼此競爭或合作時，左利與
右利各有優缺點。[33]

　　現代人的日常生活當然少有打鬥，而且幾乎不會弄到傷重不治的地步，不過還是有運動這種制度化的爭鬥。如同喬治・歐威爾（George Orwell）所言：「坦白說，國際運動競賽就是一場虛擬的戰爭。」甚至連地方競賽都會「激發好戰的原始本能」，這一點從相互競爭的比賽中，一方會試圖減少另一方獲勝的機會就可以看出。若運動競賽中的競爭對手一為左利，一為右利，會出現怎樣的局面呢？是否有一方會占優勢？若真是如此，是如何造成的？雖然卡萊爾與斐史密斯都推測左利者在打鬥中會居劣勢，但現代的觀點則由於左利者大腦組織的不同，或是他們比較擅長運動或比賽而看好左利者。一如以往，一個直接明瞭的問題經過仔細推敲其中細節後，就變得複雜起來。[34]

　　若是運動競賽項目本身是不對稱的，那麼左利者可能會占優勢，也可能會居劣勢。最明顯的例子便是棒球。比賽規則是讓球員以逆時針方向跑壘，也就是說，當打擊出去後，球員必須往一壘方向，也就是右邊跑去。右利者一開始的球棒是在右肩前方，向左揮去打球，整個身體逆時針旋轉，讓球棒揮過左肩上方。在打到球後，右利球員已經轉動，面朝左邊，這時卻要向右邊的一壘跑去，也就是要往反方向跑。對於一個左利球員來說，一切則顛倒過來：球棒從左肩開始，也就是順時針旋轉，打到球後，球員面向右，而左腿跨出第一步向一壘跑去。左利者比較占優勢並不驚人，但不需要牽扯到大腦結構的任何天生優勢，光是不對稱的球賽設計就足以解釋。棒球不是唯一不對稱的運動。有時候，不對稱的特徵比較微妙，好比說羽毛球。羽毛球的羽毛是順時針排列的，這使得它們會

往右偏，因此在球場左右邊殺球的難易度不同。連賽跑也是不對稱的；賽馬、獵犬與人通常都是逆時針方向繞行跑道，這會使得身體的某一側特別容易受傷。少數的比賽規則對左利者很不公平，就像在馬球中，主要基於安全考量，必須以右手拿球棍，維持在馬的右側。曲棍球也是如此，曲棍球棒只有右手型的，而且也只能用右手拿（除非雙方球員拿球棒的姿勢一樣，否則不會發生恃強凌弱的情況）。[35]

　　有時也會出現左利者不適合代表出賽的聲浪，因為一些人認為他們的運動技能較高，特別是在球類的控制上，但這方面的證據有限。主要的研究是針對頂尖運動明星的左利者比例做調查，但結果似乎剛好相反。在足球的專業守門員中，左利者的比例與整個族群的左利比例一樣，這意味著左利者的運動細胞在這方面不好也不壞，不論是反應時間、對快速移動物體的專注力，或是預測球的路徑等能力，都無異於其他運動員。在專業射鏢員中，左利者也沒有特別多，再度駁斥他們在精細運動中比較準確、精確，以及注意力高等說法，同樣地在專業保齡球員中，左利的比例也沒有特別高，再次排除左利者可能占有的許多技巧優勢。

　　很少有針對左利與右利運動員技巧所設計的測試。然而測試結果和一般預料不符，左利者並沒有因為所謂的高注意力，就特別擅長劍術。很少有證據支持左利者在整體上的運動技巧比較好。若真要說有什麼特別的話，在統計上，他們經常被形容成是手腳不靈活，或「動作不良」（dyspractic）。整體而言，幾乎沒有證據顯示左利者比較會控制肌肉，以完成運動所需的高度技巧性動作。那為

何在有些運動中，左利者看起來表現卓越？線索在於運動項目本身，這類運動通常是網球、拳擊或撞球，是選手一對一的直接競賽，而不像高爾夫、保齡球或射鏢，是人和目標物之間的戰爭，不論目標是洞、球瓶，還是鏢靶板。[36]

　　左利在某些運動會占有優勢的原因很簡單，只是左利者的人數遠少於右利者而已。想想網球比賽，網球場完全是對稱的，比賽規則也是，並沒有任何對左或右有利的條件隱藏其中，但國際網球界中左利球員的確明顯偏多。要贏得網球比賽，不僅球要打得快、狠、準，還要能預測對手打球的位置（才有辦法到正確的地方將球打回去），並且要洞悉對手接球的罩門。「讀」出對手的能力是贏球的關鍵，而這主要取決於和他人比賽的經驗。當兩個右利的球員打網球時，每個人都會解讀對手，所以他們會打出比正拍球要難應付的反拍球。那右利球員對上左利球員時又會是怎樣的狀況呢？對左利者而言，沒什麼不一樣，右利的對手就像平常遇到的多數對手一樣，然而對右利者而言，情況卻不同。左利的球員比右利的少很多，所以和左利者對上右利者的經驗相比，右利者的經驗值只有其十分之一，於是左利者遠較右利者了解對手的弱點，占有競爭優勢。在網球排行榜的頂端，應該有超過一成比例的左利球員，但到底多出多少呢？試想，若有一半的頂尖球員都是右利，那麼頂尖的右利球員和左利球員交手的經驗就會和頂尖的左利球員和右利球員交手的經驗一樣，也就沒有任何優勢存在。實際上，可以預料到在一成的優勢比例和完全沒有優勢的五成之間，一定存有某種平衡，而事情似乎正是如此發生的，也許頂尖球員中約有兩成是左利。

　　同樣的優勢也存在其他運動中，好比是棒球，左利投手就享有類似的優勢；而在板球中，左利的擊球手與投手也是如此。左利者在撞球與拳擊（「左手選手」向來都很出名）中應該也占有優勢，而他們無疑在劍術上也更容易戰勝。若左利者的優勢來自於他們的相對少數，那麼在其他狀況中，左利者可能更吃香。在棒球比賽中，可用左手或右手打擊的「左右開弓打者」（switch hitter），因為他們打擊的無法預測性，所以又多了一項優勢。在網球雙打比賽中，左利與右利的配對特別有優勢，因為對手永遠無法確定哪個球員會上前打球。在板球中，當左利與右利的擊球手同時在界限線上，優勢更是分明，因為每次安打，擊球手就可以換邊，守球員必須跟著改變位置，讓對手一直移動，精疲力盡。[37]

　　若是左利者在網球比賽，甚至在幾乎致命的劍術比賽中真的占有如此優勢，那是不是有可能顛覆卡萊爾與斐史密斯的論點？雖然他們都推測右利者在戰鬥中因為保護住（身體左側的）心臟而占有優勢，難道沒有可能占優勢的其實是左利者，而且這正是解釋他們之所以存在的原因？左利的基因可否會因為生物學家所謂的「頻度依賴選汰」（frequency-dependent selection）而保存下來？換句話說，稀有性本身是一種價值，這的確不無可能。在理論層面，很少有人懷疑這個論點的可能性，正如安德斯・波普・穆勒（Anders Pape Moller）與其同僚強烈暗示過的說法。問題在於人類歷史中必須真有過足夠多的打鬥，才會促成這樣的可能性。可以想見在遙遠的過去的確發生過這樣的情況，只是目前沒有決定性的證據。[38]

解剖刀與小提琴

　　運動與打鬥都牽涉到競爭，左利者似乎偶爾會因為戰術而占優勢，那遇到合作的情況又會是如何呢？左利者會感到有困難嗎？雖然在這個主題上的系統性研究較少，但外科醫學界倒是個有趣的領域，需要一組人馬一起進行複雜的合作任務。早在希波克拉底的年代，他便對外科醫生的偏手性感到興趣，並且建議：「動所有的手術時，兩隻手都要參與，共同合作，因為它們都很相像。能力、優雅、速度、無痛、精細與敏捷便是要達到的目標。」同樣地，羅馬醫生塞爾瑟斯（Celsus）在西元一世紀時提過，外科醫生必須「準備好隨時使用左手與右手」。這個忠告很好，就像每個右利者用螺絲起子在靠右手邊的狹窄角落進行棘手的 DIY 組裝時，都希望自己雙手都很靈巧。外科醫生在深入人類體腔時，也許會有相同的希望。[39]

　　當幾個外科醫生一起動手術時，每個人必須設想其他人的動作。在無須一直提供指示的情況下，準備好擦拭、塗藥、切割、電療，或是使用鉗子。十九世紀時，傑出的外科醫生班哲明‧布洛帝爵士（Sir Benjamin Brodie）就意識到這問題。他想到：「若是有些人用右手，另一些人用左手，在需要多人進行的合作性手術中會引發多大的不便？」唯一發表的一篇針對外科醫生偏手性的研究是由聖瑪麗醫學院的兩名醫學生所進行的，他們將問卷發給醫院中的醫生，結果發現相對於 67 名內科醫生中 12% 的左利比例，36 名外科醫生中沒有一位是左利，這是一個統計上幾乎不可能出現的結

果，似乎也意味著外科醫生中左利的機率很低。[40]

　　外科醫生不是唯一需要合作的行業，想想樂團中演奏小提琴、中提琴、大提琴，或是低音大提琴的音樂家，每一位都拿著長幾英尺的弓在演奏。在快版的樂段，拉弓的速度都很快。為了避免被另一位團員的弓打到，就算樂團的弦樂手全都用右手拉弓，也不值得大驚小怪。還有些樂器只能用「右利」的方式演奏，鋼琴就是最明顯的例子，高音一定要用右手彈，低音都在左手邊。不過也有許多樂器具有雙手適用的特性，比方說吉他，若是將弦的排列順序倒過來，左利者彈奏起來也不會有什麼不便。披頭四成員保羅・麥卡尼（Paul McCartney）與搖滾樂手吉米・罕醉克斯（Jimi Hendrix）就是很有名的例子。小提琴、大提琴與低音提琴也可以如法炮製，讓左利者演奏；卓別林在電影《舞台春秋》（*Limelight*）中就是如此演出的。偶爾也會有左利者以「倒彈」樂器而出名，依舊使用為右利者打造的樂器，無師自通的新紐奧良爵士貝斯手伍得・門加潘尼（Sherwood Mangiapane）就是一個鮮活的例子：「他拿起吉他靠在耳際，用自己獨特的方式彈奏。」爵士史學家狄克・艾倫（Dick Allen）描述道：「他用左手彈奏，看起來像是將吉他倒過來彈。他並沒有重新排列吉他弦，這就是他學會的彈奏方法。」即使偶爾會出現獨奏的小提琴家設法用左手拉小提琴，我卻從沒在現代的樂團中看過左利的弦樂手，這是否意味著弦樂手主要、甚或是全部都是右利者？樂團中彈奏其他樂器的樂手又是如何？這當中有許多樂器都設計成左右手負責不同的部分，而彈奏者也都是右利嗎？事實並非如此。在一項調查英國十七個專業樂團的報告中，發現不論是

玩什麼樂器，有近 13% 的樂手是以左手寫字的，這比一般族群的
左利比例稍微高一點。身為左利者，在樂團中演奏設計給右利者的
樂器似乎毫不遜色，而且還能達到專業的標準。然而在一個社群
中，左利者與他人共同合作的條件，就是要以右利者的方式進行，
就像吃晚餐時，他們也可能要用符合右利者的方式使用刀叉。[41]

身體政治學

　　如果有人用任何一種搜尋引擎在網路上尋找「右」或「左」這
兩個字，或在各大報紙上尋找這兩個字，或是聽電視新聞，那最常
見的用法是拿來形容政治觀點：「左翼」與「右翼」。這種現代用
法來自於 1789 年法國新國會的官員，他們決定讓激進份子坐在會
議廳的左側，溫和派的坐中間，而保守的貴族則坐在主席的右側。
不過，直到 1814 年君主政體復辟後，這些用語才在法國成為固定
的政治用語。第一個在英文中使用這用語的人是卡萊爾（他的名字
不斷在本章出現，就像是一根布萊頓棒棒糖[譯9]）。在 1837 年出版
的《法國大革命》（ *The French Revolution* ）一書中，卡萊爾描寫第
一國會的混亂場面，當時在一千兩百名成員中，會有一百多個人搶
在同一時間發言：

不過，就像所有的人類集會，同類的人會聚集在一起，形成政黨的雛
形。一個「右側」（Côté Droit），一個「左側」（Côté Gauche），分
別坐在主席的右手邊與左手邊；「右側」是保守份子，「左側」是
激進份子。

第一次帶有現代政治意味的「左翼」直到相當晚近的 1897 年才出現，是由心理學家威廉・詹姆斯所用。[42]

　　雖然有點簡化，不過左、右這兩個字的確提供了一種描述人們政治立場的有用方法，尤其是它和「中間」、「硬性」、「軟性」與「極端」等形容詞放在一起時，當然，這無法表現出人們政治意見的細微差異。社會學家懷特・米爾斯（C. Wright Mills）已將「右」這個符號定義為「一個令人稱頌的社會：一個運轉興盛的機構」；而「左」在他眼中則是「帶有文化與政治批判」的顧慮。[43]

　　以左右表示政治立場帶來了各種問題。首先，為何這些詞彙會流行起來？我們之前已經提過，使用它們是相當晚近的事，頂多可以回溯到十八世紀末期，而在那之前已經出現過其他用詞，好比說十四世紀初期，佛羅倫斯的圭爾夫派[譯10]分裂成「白黨」與「黑黨」。不過就像諾伯托・柏比歐（Norberto Bobbio）所體認到的，要成為一個有用的政治描述用語必須具有空間性，因為政治觀點主要是關於人與人之間的政治立場，黑與白並不符合這項要求，而且還帶有中間部分完全都是灰階的糟糕效果。「上與下」以及「前與後」也不適合。[44]簡言之，左與右最能勝任這份工作。

　　即使左與右是很好用的空間性比喻，但它不也是相當武斷的用法？換句話說，「既然法國眾議院成員相對於主席的座位只是隨機的」，左是否也可能代表保守份子呢？在一個平行的宇宙中，左與右的政治意涵有可能顛倒過來嗎？恐怕不會。關於偏手性的一個特點就是，世界上並沒有一個左利的社會，所以左與右才能廣泛地作為政治立場的分野，正如同赫茲所描述的符號世界，左與右成為政

治用語似乎在所難免。也許在法國發生的那場導致這些用語出現的
事件並不完全是隨機的，正如一位心理學家所言：「那為何一開始
他們會坐在國王的右邊呢？」在象徵意涵上，右代表的是基準的、
支配的與好的，因此它勢必也代表現狀與保守份子，同樣地，左邊
代表激進分子也不讓人意外。

　　左與右的政治意涵是否舉世通用，可以從完全不同的文化傳統
中找到證據。在南印度的坦米爾（Tamil）、泰盧固（Telugu）與坎
那達（Kannada）語區，在十一世紀到十九世紀這段期間，這些社
會可劃分為左手種姓（left-hand caste）與右手種姓（right-hand
caste），雖然人類學家對這些用語的精確意涵有所爭議，但它們和
現代用語十分相像。傳說這些用語源自於那格拉塔斯人
（Nagarattars）和畢利加沃斯人（Balijawars）之間的紛爭，地點可
能是在靠近印度南部第一大城馬德拉斯（Madras）的坎齊普蘭
（Kanchipuram）鎮上。國王在女神廟前進行仲裁，從國王左手接
到檳榔的人，和從國王右手接到檳榔的人，依規定要分開居住。右
手邊的主要是務農、關心土地所有權的人，而左邊則是比較在乎儀
式上的純潔度（ritual purity）譯11的人。這幾乎可以作為二十世紀
晚期的政治描述，右派基於資產，而左派則受到意識型態紛爭所
苦，對於正當性的要求更勝權力。[45]

　　人們進入一個房間並找位置坐下時，他們對於位置的選擇並不
是隨機的，這正是政治學中左與右代表截然不同意義的起點。選擇
坐在房間左邊的人往往會自發性地將眼睛多向右方移動，而選坐右
邊的則剛好相反過來。據說向左看與向右看的人會對不同的學術主

題有偏好，而且也會具有不同的人格特質；向左看的人展現出將衝
突內化的防禦機制，而向右看的人則傾向將衝突表現在外，也許法
國國會的座位區分反映出左派與右派不同的深層人格特質。[46]

　　個人要描述自己的政治立場是偏右或偏左時，無可避免地都要
參照其他人。左與右本身並沒有絕對的政治意涵，這多少可以解釋
為何隨著年齡增長，人們變得比較保守。社會不斷變化，使得年輕
人的激進想法在晚年時已成了現狀的一部分。既然政治上的左右只
是相對立場，我們可以用投票的模式來調查人們選擇將自己歸為左
派或右派。下表是一位比較政治學的教授在二十世紀後半，針對十
六個歐洲國家投票給左派或右派的相對比例所做的評斷。

表10.1　歐洲十六個長期為民主政體的國家之平均投票結果（百分比）。

	1950年代	1960年代	1970年代	1980年代	1990年代
社會民主黨	34	32	32	31	30
共產黨	8	7	8	5	4
新左派	-	1	2	3	2
綠黨	-	-	-	2	5
全部左派	**42**	**41**	**41**	**41**	**40**
基督民主黨	21	20	19	18	15
保守黨	18	19	18	20	18
自由黨	9	10	10	10	10
平均地權／中間	7	7	7	5	6
極右派	1	1	2	2	6
全部右派	**55**	**56**	**55**	**56**	**56**

這張表有兩個重點。首先，整體比例多年來都沒有變動，特別是拿
整個左派與右派陣營相比時；其次，可以很明顯地看出右派一直以
來都比左派多了一些，幾乎呈現三比二的比例，為什麼會如此呢？

直覺上，會覺得一比一的比例是較自然的，但顯然不是如此，原因
何在？[47]

這世界充滿分類標準，其中至少有部分光是靠名稱就已被定
義：好壞、上下、富窮、甜酸、真假等等。在所有的組合中，第一
個詞彙都是心理學上所謂的「正面評價」（evaluatively positive），
要求自由造詞時，人們通常都會說出較多「正面」的字眼，而且反
應也比較快。若是有人去檢查書寫或講談的話語，也會發現正面的
字眼比負面的多，這是所謂的「波莉安娜效應」（Pollyanna
effect），這個名稱取自艾琳娜·波特（Eleanor H. Porter）所著童書
中，總是可以看見事情光明面的波麗安娜。波麗安娜在書中的第一
句話是：「喔！見到你我除了高興之外，還是高興與高興。」之
後，她說出爸爸如何教她玩「『就是高興』的遊戲」，這遊戲的玩
法是「只要從所有事情中找出任何一件值得高興的，不論那是什
麼」。[48]

一旦開始留意，到處都可以發現波莉安娜效應。填問卷時，人
們選同意的機會多於不同意，同樣地，填寫問卷時，選擇肯定的也
比否定的來得多。現在我們可以明白為何整體上選右的人會多於選
左的人。右象徵的是正面的這一端，因此人們比較可能將自己歸在
這一端，而不是較不正面的另一端。[49]

在不同類型的資料中，都可以立即發現波莉安娜效應。那麼可
否由此做出更精確的預測？的確是可以的。但在此之前需要先簡短
地了解一下所謂的「資訊理論」（information theory），這理論是
由克勞帝·香農（Claude Shannon）在 1949 年發展出來的，是現今

電腦科學的主要理論基礎。譯13資訊理論是以所有的陳述並非都帶有等價的資訊性為前提。若是我說外頭在下雨，你可能不會特別注意，雖然倫敦不是天天都下雨，但的確有許多日子都是雨天，所以我的這句話並沒有太多意義，只不過提醒你出門前要帶一把雨傘。若你住在天天下雨的熱帶雨林區，那我的這句話根本就是廢話，就跟說水是濕的沒什麼兩樣，這句話雖然是真實的，但並不會增加你對世界的了解。倘若你住在幾乎不下雨的喀拉哈里沙漠，那我的話會立即引起你的興趣，因為下雨是件令人興奮的事。換句話說，稀有的事情比一般事物提供更多資訊。但它們必須真的是很稀少，如果在沙漠裡，你每一天都問是否快要下雨了，卻總是得到否定的答案，那你必須問很多次才能得到很稀少，但有用的資訊。所以資訊的平均量取決於某件有人關切的事發生的可能性。令人驚訝的是，最大量的資訊並不是發生在有五成發生機率的事情上，而是發生機率較小的事件，大約是 37%。這個數值很有趣，它和投票給左派而非右派的比例相當接近。數學預測的結果告訴我們不需期待左與右在族群中是一樣多，而正如同在其他脈絡中所見到的情況，「右」是常態，而「左」是標記過的，所以左在一般情況下會是居於少數的。50

　　本章檢視了一系列廣泛的題材，探討社會機制和社會互動與左右相關習俗的關聯，但還有一大部分尚未觸及到，而這部分其實對左利者的影響最直接，那就是社會如何對待他們。下一章將論及社會對左利者的態度，以及身處在右利者構成的社會中，作為一個左利者的問題。51

譯注

譯1　1838-1848 年間，英國工會組織「憲章運動」（Chartism Movement），旨在為所有成年男子（即年滿二十一歲的男子）爭取選舉權。這個運動最後以失敗告終，但在 1867 年，絕大多數的英國工人終於取得選舉權。

譯2　烏都語（Urdu）為通行於印度和巴基斯坦的語言。

譯3　埃蘭文（Elamite）為亞洲西南部之古國埃蘭國所用的語言，其地理位置約是今日伊朗的克曼省。

譯4　蘇美語及阿卡德語（Sumerian/Akkadian）是上古時期美索不達米亞地區的語言。

譯5　係指英打鍵盤的排列方式。QWERTY 正是鍵盤第一排的前七個字母。1860 年代，打字機剛在美國起步，原本設計是假設打字速度為每分鐘三十多個按鍵，但很多人會不自覺地越打越快，使得機械故障或產生失誤，比方說鉛字纏在一起。因此在 1867 年時，一位發明家兼工程師克立斯朵夫·秀立斯（Christopher Sholes）為了要減緩打字速度，設計出 QWERTY 鍵盤擺設的方式，使得打字的速度很難加快起來。

譯6　加夫裏若·普林西普（Gavrilo Princip）是南斯拉夫的塞爾維亞民族主義者，1914 年 6 月 28 日在奧匈帝國王位繼承人斐迪南大公夫婦經過塞拉耶佛時，暗殺了王儲夫婦。同年的 7 月 28 日，奧匈帝國便以此向塞爾維亞宣戰，最後導致第一次世界大戰的爆發。

譯7　係指磁性高度不穩定的物質。在外部磁場移除後，其磁性會迅速減少至殘餘值，之後就緩慢地隨時間衰退至沒有磁性為止。

譯8　「怪獸黨」（Monster Raving Loony Party）在每次英國下議院的議

　　員選舉時都會出來鬧場參選，不過大都是穿怪獸裝搞笑胡鬧。而每
　　回選舉的得票數也都不超過一千票，但該黨黨員仍樂此不疲。

譯 9　布萊頓棒棒糖（Brighton rock）是棒形的糖果，糖棒的整個內部都
　　　印有布萊頓棒棒糖的字樣，所以從頭吃到尾，都一直可以讀到這些
　　　字。

譯 11　「圭爾夫派」（Guelphs）多數贊成本地公民自治，通常代表新興
　　　之社會經濟勢力，和支持神聖羅馬帝國中央集權的各地大地主及貴
　　　族所組成的「吉柏林派」（Ghibellines）相抗衡。他們是中世紀時
　　　日耳曼與義大利境內的兩大派系。圭爾夫派在佛羅倫斯掌權後，因
　　　為家族間的謀殺事件迅速分裂成白黨與黑黨。

譯 12　純潔度指世襲社會階層的不可變動性。

譯 13　資訊理論中的資訊，和一般當作是訊息的資訊不同，比較類似物理
　　　學中的力或能量，用以衡量傳輸速率（位元／秒）的物理量。

第 11 章

左撇子

　　西特威爾家族的起源可以回溯到 1301 年，相當於今日雪菲爾
（Sheffield）區的哈倫郡（Hallamshire）。這個家族很有賺錢的本
事，但也有散盡家產的天賦。原本靠著鐵工廠發跡，在十七世紀
時，他們成為世界上主要的鐵釘製造商，十八世紀的貿易成果豐
碩，但到了十九世紀中葉就破產了，那是西特威爾‧赫特（Sitwell
Hurt）受封為男爵沒多久後的事。當時他被冊封為西特威爾‧西特
威爾爵士（Sir Sitwell Sitwell），還對「他頭銜的重複感到得意」。
在家族的領地發現煤礦後，家族企業又得以振興。在 1892 年，第
五代男爵歐斯伯‧西特威爾出世後，這個家族又興旺了起來。到了
1920 年代與 1930 年代，西特威爾家族突然對美學起了興趣，歷代
以來並沒有任何家族成員展現過這方面的才華。

　　1900 年時，他們委託約翰‧辛格‧沙金（John Singer Sargent）
畫一幅家族成員的肖像畫，以展現這個家族的品味、財富與良好的
鑑賞力。歐斯伯自己並不喜歡這幅畫，實際上，他對沙金的作品都
沒有好感，批評「他對人物的配件以及房間的擺設，比對他們的臉
孔感興趣得多」。在這張畫的後方站的是第四代男爵喬治‧西特威
爾爵士，他的手臂環繞在十三歲大的女兒艾荻斯身上，在前面的是
艾達夫人，而前景部分則是兩歲的薩齊威爾與七歲的歐斯伯在地板
上玩耍，還有一隻叫做亞姆的黑色哈巴狗，歐斯伯正以左手撫摸著
牠。[1]

　　畫家讓歐斯伯以左手摸狗也許只是巧合，或是為了構圖所需，
但事實上可排除這兩種可能性，因為歐斯伯真的就是一個左利者，
雖然他鮮少在自己的著作中提到這件事。這不是因為西特威爾（圖

11.1）很少在作品中提到自己，他的自傳可是厚達五卷，名為《左手右手》。這是一部怪書，過時、陳舊，唯一讀起來有趣的方式是將它當作早已逝去的年代中的一個時期來看待。很難相信《泰晤士報文學增刊》（*The Times Literary Supplement*）會形容：「這樣一部權威而傑出的文學作品，再多的讚美都不過份。」現在這部書乏人問津，起碼在我學校的圖書館是如此，這書被保存在郊外的倉庫中。從 1964 年開始，第二卷只被借出過五次，其中兩卷多年來甚至沒有編列書目或貼上現行的電腦系統條碼。就我所知，今日這些書已完全絕版，而原因很明顯。正如喬治・歐威爾指出，對今日讀者而言，這書的問題在於：「歐斯伯・西特威爾自己，他從不偽裝成別人，只是流露真性情，一個上流社會的成員，字裡行間帶著自信與審慎的態度……。」[2]

圖 11.1　1949 年，由漢米須・馬吉（Hamish Magee）所拍攝的歐斯伯・西特威爾爵士。他可能正在閱讀其自傳的最後一卷〈崇高本質〉（Noble Essence），以左手翻頁顯示他可能是個左利者，雖然右利者有時也會這麼做。

　　雖然他的自傳長達一千五百頁，甚至還以《左手右手》為題，但西特威爾幾乎沒有提到他自己身為左利的情況。讀完第一卷，甚至會讓人有他應該是個右利的想法。唯一明確提到這件事的情況是在他七歲時，兒童板球隊請他加入球賽，和十一歲的約克夏隊員進行友誼賽，這讓雙方勢力稍微平衡些，因為「他們用左手出擊，所以我也用左手還擊，這是我的天分……」。只有在第二卷有過一次明確的描述，西特威爾曾罹患一種怪病，讓他幾個月無法上學。他們請了一位在醫界崛起的年輕醫生柏全德‧道森（Bertrand Dawson）來看病，這位醫生後來被封為道森勛爵，並擔任喬治五世的御醫。

他問了數不清的問題，無疑是在整合我的特徵。之後他沒有給我任何醫療上的建議，只是建議我到義大利時應該要學習劍術，而且是用我的左手……。

就算沒有任何正式的醫學根據，這其實是個不錯的建議。西特威爾的劍術就跟他的其他運動技能一樣，只是平平而已：

不過我對劍術恐怕一點天分也沒有，但無論如何，他們鼓勵我用左手練習（我的字之所以寫得很糟的原因之一，就是雖然對我來說用左手比較自然，但我還是用右手來做這件事）。

西特威爾的字的確寫得很糟，特別是以他那個年代的標準來看：

「二十歲時，我的字寫得像出自十歲男孩不成熟的手，筆跡難以辨認又帶點孩子氣。」雖然他像達爾文一樣，將此歸因於遺傳：「這樣糟的字來自於天性，是我的祖先留給我的（據說這是所有遺傳特徵中最強烈的一種）。」不過比較合理的解釋應該與他捨左手而用右手寫字有關。二十歲的西特威爾試著練習草寫，嘗試書寫部分筆畫伸過基線之字母，像是「*g*」，但沒有什麼幫助。最後，在盡了一切努力後，他宣稱寫得一手爛字迫使他必須仔細想清楚他寫下的一切。[3]

　　身為一個左利者，西特威爾能以右手寫字真的是非比尋常，就像桃樂絲・賽兒絲[譯1]於 1937 年發表的《平淡的蜜月旅行》（*Busman's Honeymoon*）裡的角色一樣：

「爵爺，您在這裡，」賽隆說。他拿出一個盒子，並將燈點亮。彼特・溫西爵爺好奇地看著他，說道：
「原來你是個左撇子。」
「爵爺，做某些事時是如此，但寫字時不是。」

賽隆和西特威爾受教育的時期大概差不多，他們也許可以代表維多利亞晚期左利人士的經驗。還有傳言指出，連維多利亞時代的典範——維多利亞女王本身都極有可能是個左利者，因為她雖然用右手寫字，但卻以左手畫畫。

　　撇開這些軼聞趣事不談，有一篇 1880 年的報告記錄了在蘇格蘭弗科克（Falkirk）附近的拉伯特（Larbert）有一間學校，在那裡

四到七歲的學童中，「有八名學童剛到學校時是用左手的」。請注意「剛到」這個字眼，這意味著他們不被允許用左手，至少寫字時是如此。「不准他們用左手寫字或算術，要讓他們克制自己不用左手相當困難，有些人寫字時必須一直要有教師在旁指導，但在遊樂場中，他們依舊以左手丟石頭或玩球。」讓他們「克制自己」的方法沒有交代清楚，據說「老師帶給孩童極大的麻煩與困擾」，而「左利的孩子因為害怕處罰，只好以右手寫字」。[4]

維多利亞時代的人還發明出一種殘忍的皮製裝置，是由一條帶子和釦子所構成，能將左手牢牢地捆在背上。還有其他比較不野蠻的方法，不過也有類似效果：

1925 年我開始上學，當時左利的學童被當作是退化，班上只有兩個這樣的人，所以我們被排在一起……。學校對付我們的方法就是讓我們坐在左手上，然後用右手寫字，但這根本無濟於事，所以他們又試著把我們的左臂固定在背後……。他們對我們大聲咆哮，規定要用右手，然後我們被安排坐在角落，並且不准參加任何遊戲。他們說我們沒救了，班上每個同學都這樣說。

同樣的例子：

我在一次大戰期間開始上學，當時多數老師都是女的。有幾年，她們都樂意讓我們用左手來寫字。當戰爭結束後，許多男人從戰場上回來擔任老師的工作。男老師一進到教室，立即堅持我要用右手寫

字。他為此火冒三丈，我都快嚇死了。他會用教鞭戳我的肋骨……。我這輩子都不會忘記那位老師，雖然他已去世多年……

很明顯地，這類施加在左利者的壓力並非來自幾個性情怪異的老師，而是師資培訓的一部分：

在齊切斯特的奧特主教訓練學院中，（多麗絲‧瑞納）因為一直質疑強迫學生用右手寫字這件事，而被威脅要開除她的學籍。她和另一名同學……向學院的牧師強納生‧派西（他本身是個左利者）求助。他將這問題提報給學校主管，結果他們接受學生的抗爭，首次廢除了必須以右手應考的規定……。從學院畢業之後，她分發到伍德街中學任教，該校校長拒絕聘用她……因為她是個左利者。最後她請議會裁決，才得到聘用。[5]

這類管教方式在當時非常普遍，時至今日，偶爾仍可聽說有父母或老師「勸說」左利孩童使用右手。這些都是左利者遭遇到的一些經驗。身為異類的小眾族群，又處在一連串充滿象徵符號的社會中，左利者難免會受到影響。在今日充滿機會與善意的世界中，許多左利者對使用左手以及主流的右利世界懷有一份詩意。目前的整體環境真的為左利者量身打造了豐富機會，像是左利者俱樂部、左利者專門店。近幾年來，網路上還有網站與討論社群讓左利者相互交流，並分享身為左利者的滋味，以及居住在一個右利世界中左利者的經驗。然而這些網站提供的資訊缺乏一致性，並不能描繪出二十

一世紀初西方文化中完整的左利經驗；一方面依舊流傳著不斷壓制左利的網路故事，以及受壓抑卻又壓抑不住的不幸事件，但另一方面又會讓人覺得這或許只是左利者族群中的一小部分，多數人似乎不大會因為他們的差異而遭受痛苦。[6]

更進一步檢視歷史上其他區域的情況時，很快就會發現世人歧視左利者的形式繁多，從系統性的、壓制性的，到微妙卻很有效果的都有。南非的祖魯人（Zulus）算是最極端的例子：

若小孩天生是個左利，就將滾水倒入地上的一個洞中，然後將孩子的左手放進洞裡，把附近的土埋實。如此一來左手會受到嚴重燙傷，孩子就一定得用右手。

亞利桑納州的莫哈維族比較沒那麼殘忍：

若嬰孩在玩耍時顯現出左利的傾向，會鼓勵他改用右手，因為「左利的人不受歡迎」，而且「大家會取笑他們」。

赫茲描述雅各布斯博士（Dr. Jacobs）在荷屬東印度群島「常常發現當地原住民兒童的左手臂完全被綁住：這是要教導他們不要去用它」。在過去，日本或中國的學校也禁用左手，而直到晚近的1970 年，「據說在西班牙、義大利、南斯拉夫，以及除了捷克之外的其他鐵幕國家，學校都有強制使用右手寫字的規定」。其中最嚴重的是阿爾巴尼亞，在那裡，左利有一段時間還是違法的。一些

非洲部落的酋長候選人會因為是左利而完全被取消資格，這點跟猶太傳統類似。據說在邁摩尼德斯[譯2]列出的一百項祭司不可有之缺點中，有一項就是左利。稍好一點的狀況則發生在西里伯島（今蘇拉威西），那裡的特拉扎人接受左利者存在的事實，只是覺得他們比較駑鈍。在英國，可以輕易發現新近與過往的例子。十七世紀首次為聾人建立手語系統的醫生約翰・布沃（John Bulwer）曾說：「以左手來做主要動作是一項錯誤，多麼噁心……。」即使到了二十世紀還是如此，奧立佛・列提頓（Oliver Lyttelton）這位未來的沈多士子爵（Viscount Chandos）描述過，他在 1941 年與馬爾他總督威廉・杜比爵士（Sir William Dobbie）共進晚餐時討論到板球，總督「表現出對左利打擊手與投手的厭惡，還說若他兒子用這隻錯誤的手臂丟球時，一定會被他痛打一頓」。[7]

偶爾左利會被看作是一項美德，雖然還是有點突兀。在日本，就有左利孩子因為與眾不同，將來長大後可能會成為天才的流傳之說。坦尚尼亞的鉤茍族認定左利是處於一種特殊的儀式階段。赫茲則描述過在多岡人（Dogon）眼中，左利者是特別有力量與技巧的人，因為他們是由兩個男性雙胞胎結合而成（雖然這會有讓其父親壽命減短的不祥後果）。在科羅拉多州東部的阿拉帕后（Arapaho）印地安部落中，左利顯然不會是邁向成功之路的絆腳石，他們最偉大的領導人正是左手酋長（Left Hand Chief），打從孩提時代就習慣凡事都用左手。[8]

要從這些龐雜，有時還相互矛盾的資訊中理出脈絡，勢必需要理論的協助，而社會學中的「污名」（stigma）概念正好適用。

1963 年時加拿大籍的社會學家厄文・高夫曼（Erving Goffman）發表了他的經典著作《污名：管理受損身分的筆記》（*Stigma: Notes on the Management of Spoiled Identity*）。這在當時是相當有影響力的書，現在依舊如此。因為高夫曼的這本書，社會對待身心障礙人士的方式起了許多變化。人們不再輕率地使用跛子、智障、瞎子、聾子與啞巴這些惡意中傷的字眼，並採用一系列比較貼心的用語，像是視覺障礙、聽覺受損、特殊能力或是肢體殘障等，這些用語不光只是「政治正確」而已，還反映出世人的認知與意識型態真的因為高夫曼的洞見而改變。[9]

在高夫曼的定義中，「污名」涵蓋的範圍很廣。污名在希臘文中的原意是指一個視覺符號，就如同字面上的意思，是在人體上刻出或燒上記號，讓社會的其他成員一眼就能辨認出，並且迴避這樣窮凶惡極的人——「明白他們是瘋狂、惡劣或危險的。」在現代的醫學用語中，則有病徵之意，係指疾病的物理性徵兆。高夫曼則將這個概念擴充，點出社會對各類狀況反應之間的相似性。許多招致汙衊的條件都與外表疾病、殘障與缺陷有關，像是毀容、先天畸形、盲人與截肢。高夫曼則告訴世人，其他人也有同樣的問題，只是隱藏在外表下看不出來，好比乳房切除術或結腸造口術，有癲癇、心理疾病病史，或是酗酒、口吃或其他溝通障礙，甚或是純粹的社會性標記，諸如同性戀、犯罪紀錄或是身為娼妓等。簡言之，「污名」的概念包含所有人們不想讓他人知道的事，因為通常在洩露之後，就不會再被當成一般人來對待。他人對我們的看法，也就是所謂的社會身分（social identity），有時會變得十分強勢，而且

會因為自身的差異而扭曲，唯一殘存下來的，似乎只有這項差異本身。《污名》一書是關於如何應付這些招致汙衊的條件，如何與其共存，以及社會與他人對這些狀態的反應。

　　要知道左利是否會招致汙衊，必須看看高夫曼所定義出的各類特性，並判斷這是否能套用在左利這個特徵上。高夫曼所認定的條件很廣泛，並不只有身體殘缺或是殘障的狀況，低度聽障、輕微的不良於行、牛皮癬，或是呼吸狀況不佳，可能都會成為招致汙衊的條件。以大眾眼光來看待事物時，甚至連長相不吸引人都是一種罪過。在英國，就有一位資深的政治人物形容自己「長得太醜而無法成為首相」。照這麼看來，左利雖然不是很嚴重的缺陷，卻也不能就此排除在外。

　　招致汙衊的條件是指偏離社會常態的狀態。在偏手性的例子中，毫無疑問，右利代表多數社會的常態，不論是站在統計的觀點，還是以各類設施的設計來看。當然不是所有偏離社會常態的情況都會招致污名，有時只會被貼上怪異奇特的標籤，少數還會得到正面的評價。偏離社會常態的特性一定是有負面評價才會被污名化，而正如赫茲所體認到的，左利無疑就是如此，尤其是在過去的許多社會中。背負污名的個體可以從他人的反應中感受到，一句像是「喔！你是左撇子！」就表示你很怪異。人們從來不說「喔！你是右撇子！」，這就足以表示左利是受到污名化的。污名化對人的影響程度不同。嚴重的污名化，像是在臉上烙印、謀殺的犯罪紀錄，甚至是在肥皂劇中變得很出名等，會支配大眾對個人的觀感，使得真正的人格特質無法從這樣的污名中顯露出來；顯然左利很少

引發如此強烈的反應。[10]

　　污名會因為正式的歸類而惡化。在學校、醫院或是任何場所，孩童一旦因為是左利而被歸類成需要特殊教育的輔助，最後就很有可能背負污名。「污名是由於差異本身所招致的」，這個想法相當吸引人，但事實上這也和本人的反應、周遭的反應，以及社會常態有關。許多左利者都生長在細心呵護的家庭，遇到的老師既不會誇大他們的不同，也不忽略他們偶爾出現的特殊需求，因此對他們而言，身為左利的這項差異很少會被污名化。但還是有些人會因為他們的特殊之處招致壓迫，就像那些在維多利亞時代學校的孩童。機構或是其他人會誤將左利作為一切解釋，任何笨拙的舉動都是左利所造成，而不會是經驗不足或日常生活中發生的意外。恃強凌弱與嘲笑奚落的情況也會因此而起。這一切都會讓人陷入污名化的第一階段，也就是當人們發現其特別之處時，會感到難堪困窘。

　　被污名化的下一步則是羞恥感，一種必須為自身的不同而負責的感覺。可能是基於道德或其他缺點，或是因為沒有足夠意志力改正它。最後一階段則是污名本身，全部的自我觀感與自我價值會因為與眾不同，而覺得倍受驕寵或是汙穢晦暗。雖然少有左利者會達到最後階段，但肯定有部分是處於第二階段，而應該有很多人不時會因為使用左手而難為情。正如同污名化是一個社會歷程，牽涉到異常的人與社會中其他人的互動，所以對那些背負污名的人而言，要處理應付污名也是一項社會歷程。背負污名的人通常會和那些與自己一樣的人聚集在一起，彼此支持，並同心協力改變社會的態度。雖然這麼做也會增加風險，讓其他的社會成員將這些團體視為

他們天生不同的一項佐證。在許多國家都出現左利的俱樂部、社團
與壓力團體，其中最活躍的成員看出和政界合作的機會，以及從事
比較世俗的活動，像是經營左利商店，提供一般商店一直不願上架
的左利者專用開罐器等商品。

　　整體來看，左利在某方面的確是被污名化的，然而在二十一世
紀初期，對左利者而言這已是微不足道的污名。不過，正如我們之
前所提及的，情勢並非一直如此，而在少數忍受性較低的社會或是
社會的次團體中，恐怕也還不是這麼回事。社會態度的改變勢必有
部分與二十世紀中左利人數的增加有關，隨著差異減少，污名的程
度也會跟著降低。

　　遭受污名化的特徵最後幾乎都成為貶低他人的用語，在看似完
全不相關的脈絡中用來表達厭惡之意，左利也不例外。只要想想以
「一個左撇子太太」來形容情婦，「用左手的或用左腳的」來代表
天主教徒，「左撇子砌磚工人」表示共濟會員（Freemason），
「左前方」表示妻子，或是單單以「左利」來表示同性戀。「左撇
子的夢」表示惡夢一場，「左撇子的意見」表示很軟弱，「經由左
肩所聽到的消息」都是誤解，「透過左肩取得的東西」一定不公
正，而「出生在床左側的」則是私生子。左手的成就不代表人生真
正的事業，好比劇作家大衛・海爾（David Hare）將他自傳式的散
文筆記名為《左手文集》（*Writing Left-handed*）。同樣地，詩人約
翰・彌爾頓（John Milton）在《教會原理》（*The Reason of Church
Government*）中形容自己是「以散文最冷靜的成分書寫」，而不是
在詩中最高聳的區域翱翔，並說：「我自認只是用了左手而已。」

即使是科學也容易落入這樣的比喻中，所以那些帶有負值反射指數
的物質，也就是會將光線折射到與一般方向相反的物質，通常也會
被冠上「左旋」的稱號。在這些用語中，我個人的偏好是以「左撇
子糖罐」表示夜壺。這些用語其實稀鬆平常，羅馬詩人賀拉斯
（Horace）憤怒地喊出：「Ego laevus!」（「愚蠢的我！」更貼近
一點的翻譯是「左撇子的我！」）更有甚者，在少數提及右利的句
子中，都表示社會可接受的事。比方說一個「右手式的錯誤」表示
一個出於善意，不該被責怪的錯誤，或是拉丁文中的「dextram
dare」表示「讓右作為信任的證物」。偶爾，左利的比喻會隱含更
黑暗的意義，甚至成為一個黑色笑話。阿茲特克人的主要戰神名叫
「Huitzilopochtli」，通常都翻譯成「左撇子蜂鳥」。有人指出，稱
呼戰神「蜂鳥」是很可愛的用法，但加上「左撇子」則讓整個名字
變得十分詭異。這個比喻似乎還有進一步詮釋的空間：蜂鳥的舌頭
與聲音和響尾蛇的舌頭與聲音相互呼應，所以「左撇子蜂鳥」表示
「致死的響尾蛇」。[11]

　　一個簡單的實驗便可以顯示出左利者如何感受到自己的特殊
性。梵谷最有名的石版畫《食薯者》（圖 11.2）中，有一群刻苦的
荷蘭農人正在食用他們的餐點，一盤馬鈴薯。這張圖有什麼奇怪之
處嗎？清楚《食薯者》油畫版的人通常會說，這張石版印刷的構圖
比較不細緻，整體的光線也處理錯誤。梵谷自己便曾於 1885 年 4
月寫給弟弟西奧的信中坦承：

你說這張石版畫有點模糊，我想也是，但這並不是我的錯。石版師

圖 11.2　梵谷的石版畫《食薯者》。

傳說，因為我幾乎沒在石版上留白，因此就沒辦法印得很好。他表示，我讓光點部分受到損害……

偶爾會有人很驚訝地指出：「幾乎不曾見過一屋子裡集合了四、五個左撇子！」相當正確的評語。因為梵谷實際上素描的是五個右利者，但在印製過程中，他們的慣用手不小心被逆轉過來。梵谷自己在做石版時忘記這回事，他告訴西奧：「若是要以這張素描來畫畫，我會立刻以此為模版做出一張新的石版畫。如此一來，當初很遺憾地將方向弄顛倒的人物又會變得正確。」五個左利者共聚一室

的機率微乎其微,撇開統計上的不可能不談,這裡真正要傳達的訊
息是,這一點絕大多數都是由左利者所注意到,右利者對此很少有
意見。[12]

右利者無論去到哪裡,似乎都對周遭人的偏手性毫不在乎。爾
文‧史東(Irving Stone)以藝術家米開朗基羅的生平寫了一本傳記
《苦痛與狂喜》(*The Agony and the Ecstasy*)。據說米開朗基羅是個
左利者,不過史東卻表示:「多年來,在從事米開朗基羅傳記的撰
寫與研究中,我一直把他當作是個右利者。」顯然「可能是由於我
自己是右利的緣故」。似乎只有在左利者侵犯到他們時,右利者才
會注意到左利者,像是在餐桌上撞到手肘,或是使用他們設定「錯
邊」的滑鼠。左利者總是有機會聽到:「我不知道你是個左撇
子。」左利者就像那些被污名化的少數人,擅長發現自己同類人的
跡象。這有點類似同性戀,據說他們都有一個感應其他同性戀的雷
達(gaydar)。同樣地,左利者也具有認出同類人的直覺,處在他
們之中的右利者卻鮮少意識到這件事。但對左利者視而不見,似乎
正是世界接受他們的象徵,畢竟被忽視總比被注意,然後再遭到歧
視來得好。若是在之前提到的拉伯特的那間維多利亞式教室中,人
們便不可能坐視左利者不管。以高夫曼的話來說,左利者已設法
「通過」這一階段,讓世人接受他們的本質,不再以偏蓋全。[13]

雖然左利者會注意到他人的偏手性,但這不必然表示慣用左手
這項特徵就是他們自我形象或是自我概念的重心。一項研究針對這
個問題調查了兩大群人,一群是大學學生,一群則是學童。研究者
以「告訴我們你是怎樣的人」這個問題詢問這兩群人。因為問題本

身是開放式的,而受試者全然不知這項調查與偏手性有關,因此,除非在個人的意識中,身為左利或右利很重要,他們才會提到這件事。雖然結果正如預期,左利者提到這件事的比例要多於右利者,但多數人根本不會提到這件事。左利者中只有 8% 的大學生與 2% 的小學生會提到這件事,這意味著左利者並不認為他們的偏手性有什麼特別(當然,這並不否定還是有一小群人深受其累)。[14]

右利者對周遭左利者的視而不見,不代表左利者在受到注意時會得到完全善意的對待。這一點常常會透過言語彰顯出來。西特威爾便注意到他成長的地方,也就是雷尼蕭(Renishaw)一帶的哈倫郡方言中有這種說法:「若你天生是個左利者,你就是『左撇子』(keggie-hander)。」這是英國方言中用來指稱左利者的許多詞彙中的一個。

英國方言調查的計畫是由里茲大學(Uni. of Leeds)的哈洛德·歐騰(Harold Orton)與蘇黎世大學的尤金·戴斯(Eugen Dieth)發起的。雖然計畫原訂在 1930 年代就展開,但隨著二次大戰爆發,計畫也因而擱置,直到 1945 年 7 月,歐騰接到戴斯的信,「回覆你 1940 年 5 月 14 日的來信」,這封信一直在戴斯桌上等待時機,「直到一切恢復正常」。即使早在 1945 年,歐騰和戴斯已體認到戰事、加速工業化、交通的便利、人口遷移、電視與廣播的出現,以及日益對「標準英文」的強調等因素,將使得許多方言迅速消失。戴斯將他們的調查稱為「語言學的土地誌」(linguistic Domesday Book)[譯3],並於 1950 年展開,持續到 1961 年。研究人員參訪了英格蘭 313 個區域,多數都是鄉村。他們與當

地居民面談，詢問了近 1,300 個日常生活用語。受訪者幾乎都年逾六十，「口齒清晰、耳聰目明」，而且是土生土長的在地人。最後一共收集到五十萬筆資料，還有許多捲錄音帶。這個龐大的資料庫原本是以卡片的方式儲存，但在 1980 年代都已數位化，並於 1990 年代發行了一本簡單易懂的字典。當中所記錄的是英國在一次世界大戰爆發前還是孩童的那個世代的言談習慣，不禁令人想起《雲雀村到坎道郡》（*Lark Rise to Candleford*）及哈代的《西撒克斯》（*Wessex*）[譯4]小說中的世界。[15]

　　就像在其他許多調查中一樣，關於偏手性，這項調查是這麼問的：「若有人都是用這隻手（給受訪者看你的左手）做事，你會說他是 ＿＿＿＿（答案格），那用另一隻手的人，則是 ＿＿＿＿（答案格）。」左右手之間的答案有相當驚人的差異，幾乎所有的受訪者都描述用右手的人為右利（right-hander），只有在林肯郡有時會出現「cotmer-handed」這種字眼。但左利的情況則完全不同，在字典中一共列出了八十七個不同的用詞，最讓人訝異的是，某些用語非常的區域化，西特威爾提到在哈倫郡常用的「keggie-hander」，其變化型在德比郡（Derbyshire）、萊斯特郡（Leicestershire）、牛津郡（Oxfordshire）、史泰弗郡（Staffordshire）與沃威克郡（Warwickshire）都有發現。英語中描寫左利的字彙繁多，這在圖 11.3 中可以明顯看出。[16]

　　這當中多數的用法很難被認為是「好的」英文，有些像是「cunny-handed」與「ballock-handed」一定會被某些字典形容成「粗俗」用語。不過有許多依舊在日常生活的口語中出現，比方

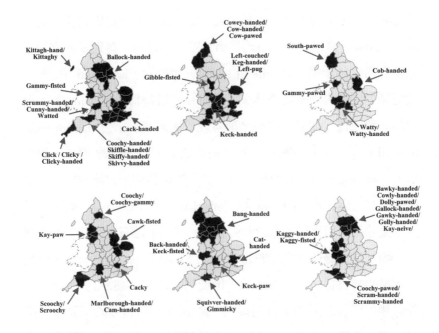

圖 11.3　英國不同地區形容左利的字彙。因為有些用字有重疊的情況，為了清楚起見，一共用六張地圖來表示。

說，我的母親依舊會用「cack-handed」來形容左撇子，這個詞就是我小時候在米都賽科斯（Middlesex）跟她學來的。雖然多數用語的來源都不確定，但「cack」一詞是從糞便衍生來的，在鄉間指的是排泄物。已故的安南勛爵（Lord Annan）天外飛來一筆，將對堆肥的恐懼轉化成另一用途，在他那本溫文儒雅、睿智而又不落俗套的書《良師》（*The Dons*）中寫道：「學生畢業後會笨手笨腳（cack-handed），除非教導他們如何應用所長……。」其他用來形容左利的字眼，有的代表生殖器，如「cunny」（文雅一點的說法則是

「cony」），指的是女性陰部，而「ballock」則是從盎格魯薩克遜
的「bealluc」變化而來，指的是男性睪丸。還有一些則是外來語，
像是在諾森伯蘭郡（Northumberland）流傳的「key-handed」，一
般認為是由斯堪地納維亞傳來。只有在威爾特郡（Wiltshire）的用
語讓人猜不透，他們將左利者形容成「馬爾堡手」（Marlborough-
handed）[譯5]，不過這有可能是從附近的公學校傳出來的。一般相
信，「south-pawed」這個用語是由二十世紀初期美式棒球中的術語
衍生而來，但它也是康伯蘭（Cumberland）地區的方言，幾乎可以
肯定這地方的用語比棒球的歷史悠久。這當中還有一明確的地理邏
輯，因為康伯蘭在英格蘭的北邊，使用「south-pawed」一詞，而比
較南邊的林肯郡（Lincolnshire）則使用「north-handed」一詞。也
許最難以理解的用語來自諾福克（Norfolk），這裡的用語沒有邏
輯可言，雖然「left-hand afore」可以很確定是指左利，但是「right-
hand afore」也是同樣的意思。最後，值得一提的是，約克郡是形
容左利用語最繁雜的地方，至少發現有九種用語。[17]

　　蘇格蘭的情況跟英格蘭一樣，也有許多形容左利的用語。在同
一時間也進行了一個類似的調查：蘇格蘭語言調查。那裡的情況錯
綜複雜，使得編輯必須發行兩張地圖來表示，一張顯示代表「左」
的常用字，一張顯示「用……手的」常用字。這兩種用法在蘇格蘭
相當分歧。要知道有多複雜，可以從下表第一行中任意挑一個與第
二行的其中一個字組合，多半的組合都真的存在。

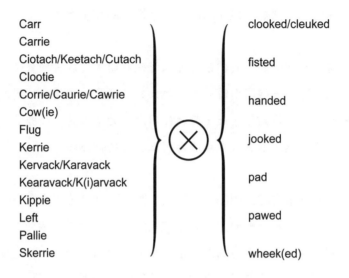

Carr	clooked/cleuked
Carrie	
Ciotach/Keetach/Cutach	fisted
Clootie	
Corrie/Caurie/Cawrie	handed
Cow(ie)	
Flug	jooked
Kerrie	
Kervack/Karavack	
Kearavack/K(i)arvack	pad
Kippie	
Left	pawed
Pallie	
Skerrie	wheek(ed)

　　還有許多其他的用語，像是薛特蘭（Shetland）的「maeg-handed」、歐克尼（Orkney）的「pardie-pawed」、蘇舍蘭（Sutherland）的「corrie-juked」、羅斯（Ross）與克羅馬提（Cromarty）的「garvack」、班夫（Banff）的「maukin」、亞伯丁（Aberdeen）的「flukie」、安格斯（Angus）的「pallie-euchered」、費佛（Fife）的「dirrie」、當巴頓（Dunbarton）的「honey-pawed」、布提（Bute）的「cooter」、阿爾（Ayr）的「Fyuggie」、拉那克（Lanark）的「skibbie」、東洛錫安（East Lothian）的「skellie-handed」，以及克卡布萊特（Kirkcudbright）的「flog-fisted」。[18]

　　生活在一個右利的世界中，左利者最常抱怨的問題便是無法靈

活使用剪刀。清福（Chingford）的珍妮・庫克記得：

八歲時，有個老師問我們是否可以幫她剪圓圈，我自願幫忙。當我
交給她我剪的一個圓圈時，她看起來有點惱怒，不高興地對我說剪
得不好……即使到了今天，當我使用右利的剪刀時，除非直視著剪
刀的刀片頂端，不然根本無法看到正在剪的這條線。

剪刀是極其平常的日用品，所以大多數的右利者根本沒有意識到它
具有偏手性。將一把剪刀展開放在桌上，讓它形成一個交叉，將把
手處朝向自己，在上方的刀片是由左上方至右下方的，將它反過來
看也是如此。剪刀是掌性物體，不論怎麼旋轉都不可能將它由右旋
轉為左旋，這是為了右利者而設計的，讓他們用右手拿剪刀時，眼
睛可以看到兩個刀片交會在一起，使得剪東西時可以很準確地控
制。這種設計更細微的地方是在使用時同時推動刀片。[19]

　　要體會左利者的挫折感，可以從我最近在超市買的一把剪刀了
解。他們自傲地吹捧這是一把「左右手都可用的」剪刀，符合少數
左利者的需求，還標明是「皇家工業設計家羅伯・威爾區所設
計」，讓人一掃疑慮。不過左利的威廉王子是否會用這位「皇家設
計家」的作品就不得而知了。無可否認地，這把剪刀的把手是對稱
的，所以左利者與右利者拿起來都很順手，但這不表示左利者可以
輕易地使用它，因為刀片交會的方式仍僅適用於右利者，也許珍
妮・庫克會對羅伯・威爾區說，這讓左利者幾乎無法看到正在剪的
東西。這把剪刀其實根本不適合左利者，包裝上的廣告只是虛晃一

招，空談而已。把手可能適用於左利者與右利者，但這就像是一件標榜男女皆宜的流行服飾，只考慮男女都有兩隻手與兩隻腳，卻忽略調節兩性之間其他的外型差異。

　　去拜訪我母親時，我告訴她這個半調子剪刀的故事，結果她拿出她那把由威金生・史沃（Wilkinson Sword）所設計的左利者專用剪刀。把手設計得讓左拇指與其他手指舒適地套入，右利者會發現無法將右手適當地套入，但是在刀片的地方卻依舊是右旋的設計。製造者只是修正了整套過程中費用低廉的部分，生產出一些專門給左利者用的塑膠把手，但卻沒有進行比較耗費成本的修改，更換機械設備，以便製造左旋的刀片。說完這些，還是要補充一下，目前在市面上確實陸續出現適合左利者的剪刀。[20]

　　若如湯瑪斯・卡萊爾所言：「人類是使用工具的動物。少了工具，他什麼也不是，有了工具，他便是萬能的。」那麼沒有適當工具的左利者，不就可能淪為微不足道的人？事實上，對多數的工業與日常用品的設計者而言，左利者的確是微不足道的。電動鋸子將鋸木屑都噴到左利者的臉上；微波爐的控制面板都是在右手邊，門都是朝左開；飲料販賣機也是如此；凡此種種，不勝枚舉。電熱水壺的設計告訴我們可以怎樣改善這情況，無線電熱水壺既安全也很方便，尤其是旁邊多了一道透明的水面高度標示。在過去，多數水壺的水面高度標示都是在把手的左邊，這意味著必須要用右手拿水壺才有辦法看到。解決的辦法很簡單，讓人不明白為什麼花了這麼長的時間，才將標示改在兩側，就像目前多數的水壺一樣。

　　對這十分之一消費者的漠視是刻意忽略，還是根本無視於偏手

性的存在，目前還不確定，我一直希望能釐清答案。在經過一段長
時間的尋找後，最後我終於發現一本名為《左手設計家》（*The
Left-handed Designer*）的書，可惜作者賽繆‧齊瓦斯（Seymour
Chwast）是位繪圖設計師，該書的內容和左利者所需的設計根本沾
不上邊。後來我又換了一本由工程師亨利‧波卓斯基（Henry
Petroski）所著的《利器》（*The Evolution of Useful Things*）。這本書
鉅細靡遺地描述日常用品背後複雜的設計歷史，諸如迴紋針、拉
鍊，以及刀叉等。而在最後一章，思考各類設計成敗的種種原因，
並用左利者無法滿足的需求作為範例，說明工業設計進步的來源正
是失敗以及對失敗的預期。如果設計者忘了考慮左利者是否也能夠
使用這項產品，接下來又沒有發現左利者根本無法使用這產品，很
自然地，這項產品最後還是只適合右利者所用。但這其中有部分的
問題來自左利者本身，他們不僅非常能適應這個右利的世界，也如
同波卓斯基所形容的：「似乎習慣這樣的世界，不曾表現對左利專
用器具的迫切需求。」當然這不表示他們不會去使用或購買這樣的
商品，如果真的買得到的話。就像波卓斯基發現一個左利朋友對專
為左手設計的瑞士刀極度感到興趣，這種刀組內含左旋的螺絲起
子，還有以左手拉開的刀片。[21]

　　不僅是設計者、工程師、製造業者忽視左利者，學校也同樣遺
忘他們。對整個倫敦行政區中二十七所學校進行的調查發現，雖然
多數學校都提供一些專為左利者設計的器材，特別是剪刀，但數量
都非常稀少。幾乎沒有學校有關於左利的藏書，不論是給學生或是
給老師閱讀的。而且只有少數老師參加過特別訓練的課程，尤其是

寫字教學這方面。只有三分之一的學校知道左利學生的人數。忽視
左利學生的問題也不僅限於學校，1998 年時，在下議院的一場國
會辯論中，教育部次長坦承：「我之前一直沒有好好想過左利的問
題。」而且她也承認政府不僅缺少左利學生的相關統計資料，更糟
的是，也沒有需要特殊教育的學童的統計數據。不過，她的確承諾
會要求教師去了解課堂上的左利學童，而且在安排座位時以此為考
量，免得他們的手肘在寫字時相撞。這雖然只是一小步，但無疑是
一大進展。[22]

　　左利者是一群沒有歷史的人，多數都被忽略，也不存在於博物
館或檔案館中。奈格爾・賽德勒（Nigel Sadler）在進行左利文物策
展時，寫信給全英國的博物館，詢問他們的館藏中是否有專為左利
者所設計的，或是為左利者所用的文物，結果只有兩家博物館在他
們的目錄中找到這類資訊：一間是倫敦博物館（Museum of
London），他們存有中世紀左利木匠專用的側斧，另一間則是皇
家軍械庫（Royal Armouries），他們在里茲的分館有一個收藏左利
武器的展示櫃。左利文物無疑是存在的，都是為了左利者的特殊需
求而專門打造的。古董專家便表示過十九世紀有專門給左利者用的
鬍鬚杯[譯6]，不過賽德勒並沒有找到，這多少是因為大部分博物館
不健全的紀錄所導致。[23]

　　二十世紀末期的特色之一，就是有許多支持各種特別需求的壓
力團體的發展，但令人驚訝的是，並沒有一個系統性的遊說團體出
來抗議《經濟學人》（The Economist）所謂「社會的罕見退化，無
視於最後一大群權利依舊未得平反的左利人士」。人們曾設立過這

樣的團體，但幾乎所有的努力都沒有促成任何改變。雖然政治界中
有左右陣營，但左利人士在政治上其實並不曾發聲。事實上，他們
對自己遭遇的問題連一個像樣的名號都沒有。傑洛・考夫曼
（Gerald Kaufman）建議使用「右手主義（dextrism），因為這意味
著其優越性使得英語充滿歧視性的用語」，而《經濟學人》則試著
引介「手主義」（handism）以及「左手主義」（sinistrism）來抗議
語言中右的優勢。他們枯燥地評論道：「在這場本質上就偏向一側
的冷戰中，『左』勝出的唯一紀錄是……在醫學的介紹中，用來指
稱直腸，人體解剖學中受到關注的一小部分。」由這樣的笑話，你
可以想見《經濟學人》並不是非常嚴謹地看待此事。他們在溫馨的
聖誕節特刊中刊載了兩篇關於偏手性的文章。任何關於左利者需求
的討論似乎都會立即受到窮極無聊的雙關語的嘲弄，像是左利者的
「權利」（left-handers' rights）或是世界「左邊」宣言（Universal
Declaration of Human Lefts）[譯7]。希歐多爾・達里波（Theodore
Dalrymple）在他的小說《毫無進展》（*So Little Done*）中諷刺左利
者的權利與政治正確之間的關聯，很少有人能比他批判得更好，因
此這段話值得長篇摘錄：

在這部門中，唯一不會招致爭議的就是成為受害者：連左利人士都
聚集在一起要求召開會議，讓每個人都明白處在右利世界中，左利
者所面對的困難。他們說最新的研究證實，左利者平均比右利者的
壽命短十年，所以他們應該享有提早退休的權利，尤其是考量到左
利者死亡率過高的原因，是使用主要迎合右利者便利所設計的器

具，比方說剪刀，才會導致意外事故較容易發生。他們要求，從今以後在部門中，至少要依全體工作人員的左利比例或是整個族群的左利比例，來設置左利者適用的設施。他們認為這是一個合理的要求。幾個世紀父母與師長的壓制，嘗試改變孩童的偏手性，好像這只是品行不良的問題，無關乎神經學的基礎以及孩童的整體人格。左利遊說團體中較極端的一派要求左利設備的設置比例要比實際左利者所占的比例高，因為他們宣稱有一群為數不小的右利者其實是在童年被強迫改用右手的，他們其實也是左利，只要受到一點正式的鼓勵，他們將得以找回真實自我，使得其人格趨於完整。他們還說，經過幾世紀右利者的壓迫，這些都是公平合理的要求。

左利剪刀終於在該部門首度出現，還成立了一個監測小組，確認它讓可能需要的員工都能輕易取得。但遊說小組還不滿意，他們十分靈敏，指出所有廁所內的水槽把手都是給右利者使用的，因此要求加裝左利者的水槽。接著他們又轉移到所謂的對偏手性存有偏見的語言，要求部門停止這些用語，像是「左邊的」（sinister）這個字，通常都用來表示「災難的」與「不幸的」，而「左撇子的」（gauche）這個字也常用來形容人「笨手笨腳的」。這些詞彙對左利者或左利都帶有貶低的言外之意，因此造成了嚴重的傷害。甚至連「離開」（leave）這個動詞的過去式（left）也成了焦點，因為離開多半與悲傷和難過的情緒有關，所以遊說小組正式建議要盡量避免這種用法。從此以後，「他離開了公寓」的英文「He left his flat.」必須寫成「He vacated his flat.」，甚至乾脆將原本不規則的動詞改為規則動詞：「He leaved his flat.」

從上面這段幽默的文字，也許可以猜到為何左利者總是無法完全爭
取到他們應有的權利。過於嚴肅的左利者會被看成是不解上帝以
「左」開的一個大笑話，經不起開玩笑，因此他們便犯下沒有幽默
感與運動精神的原罪。[24]

　　當然，還是有簡潔明瞭、真正討論社會中天生與眾不同個體權
利的問題。哲學家約翰・羅爾斯（John Rawls）在他那本深具影響
力的書《正義論》（*A Theory of Justice*）中，發展出一套判別公平與
否的方法。試想在某個世界裡，你會隨機成為社會中不同類型的
人，比方說男人或女人。若你現在是男人，而你不希望未來變成女
人，那就表示目前對待女人的方式是不公平的。同樣地，如果你不
希望自己屬於少數民族或是坐在輪椅上，那表示這類人也受到不公
平的對待。偏手性也可以適用這個邏輯。若你是個右利者，並且覺
得變為左利時會感到委屈、難過或是吃虧，那左利者就真的處於不
公平的狀態。換個方式來看，想像一個真的很偏激的左派政黨，有
一個左利的首相與左利的內閣，立法規定所有的剪刀都必須是左利
者適用的，書寫的方向也必須由右往左，所有種類的機械、工具也
只能製造成左旋的形式，可以想見右利者一定會抗議這樣的改變，
所以左利者當然也有正當的立場抗議現狀。[25]

　　若偏手性真是由單一基因所控制的話，新的遺傳技術恐怕將帶
來災難。《衛報》於 2001 年元旦刊載的千禧年專欄預測，不久之
後，人類基因體計畫（human genome project）將「操作基因或是重
組那些負責音樂才能、精神分裂、**左利**、身高、運動能力，以及攻
擊性的基因」（粗體強調為本書作者自行添加）。科幻電影《千鈞

一髮》（*Gattaca*, 1997）便勾勒出人們如何濫用這些遺傳資訊。這部電影創造出一個由基因決定命運的世界，其英文片名便是由 ATCG 這四個 DNA 的鹼基配對組合而成。片中的英雄人物文生是個左利者，因為他身上帶有次等基因，使得他沒有資格成為太空人。這些次等基因當中，有一項就是他的左利基因。電影情節設計得十分仔細，不僅要替換血液、尿液與從某人那裡取得的「優良」基因，還要學會如何成為一個右利者。最後的難關則被輕易化解，在文生提供重要的尿液樣本時露出了馬腳。富有同情心的安全警衛假裝沒看見，只是說：「給你將來作為參考，一個右利者是不會用左手拿這個的。」唯恐這類場景在遙遠的將來真的會上演，美國的精子與卵子銀行已經提供捐贈者細節的目錄，記載他們的「宗教信仰……性傾向、**偏手性**、語言技巧、肌力、喜好的顏色與運動項目」（粗體強調為本書作者自行添加）。這無疑是「基因主義」展現的機會，也許將來真會出現《千鈞一髮》中文生所說的情形：「我想再也沒有人會下『左撇子基因』的訂單了。」不過，之前所提出的理論則為此基因保存一絲希望。若左利基因存在的原因真的是賦予那些帶有它的人創造力與特殊才能，那麼這種基因也許會供不應求。[26]

　　左利者在社會中遭遇到的許多問題都來自世人對左或右的誤解，這類誤會普遍到令人驚訝的地步，下一章將會觸及其中的一部分。接下來這兩章都是這方面必要的雜集選錄，多半很有趣，但也無可避免地缺乏一致的主題。因此，對宇宙的對稱性與不對稱性這個大題目比較有興趣的讀者，或可直接跳到第十四章。

譯注

譯1　桃樂絲・賽兒絲（Dorothy L. Sayers）是英國著名的推理小說家。她的諸多作者都是以業餘神探彼特・溫西爵爺為主角。另外也曾撰寫多部精彩絕倫的推理文學評論。

譯2　邁摩尼德斯（Maimonides）是十二世紀的醫師兼哲學家，代表伊斯蘭教世界中的高級知識分子。

譯3　1086年，英王威廉一世下令進行首次全國性的土地勘察，調查全國資源，作為提高賦稅的依據。這份重要的資料後來編撰成《英國土地誌》（*Domesday Book*）。

譯4　《雲雀村到坎道郡》是弗蘿拉・湯姆生（Flora Thompson）所著的歷史小說，共分成〈雲雀村〉、〈越過坎道郡〉與〈坎道郡草地〉三卷。這部小說以細膩描述英國十九世紀鄉村的平民百姓生活而聞名，今日已是英國當代經典文學作品之一。「西撒克斯」（Wessex）係指英國西部地區（West Soxons），此書為鄉土小說家哈代的長篇小說。

譯5　馬爾堡是威爾特郡的一處古蹟，有八百多年的歷史。

譯6　一種特殊的杯子，在其內部有一隔版，讓男人的鬍鬚不至於沾到飲料。

譯7　原名為「世界人權宣言」（Universal Declaration of Human Rights），是聯合國於1948年所頒布的。

第 12 章

錯誤的見解

1646 年，正值英國內戰期間，
湯瑪斯・布朗寧爵士（圖 12.1）發
表了一本英國文學史上最古怪的經
典作品《流行的誤解》（*Pseudodoxia
Epidemica*）。不過在三年前，也就
是 1643 年，這位在東安格里亞的諾
威治（Norwich, East Anglia）行醫的
醫生才發表了《醫生的信仰》
（*Religio Medici*）這本書，記錄他對
宗教、醫學與人生的省思，一出版
就大獲成功。而《流行的誤解》這

圖 12.1 湯瑪斯・布朗寧爵士
（1605-1682）的畫像。

本書也一樣暢銷，不但再刷了六次，還有法文、德文與荷蘭文的翻
譯版本。該書的副標題是「探究諸多廣為人知的教條與一般認定的
真實」，此書還有另一個更廣為人知的書名，叫做《迷思》
（*Vulgar Errors*），相當於是一部詳載那個年代各類迷信事物的百科
全書，今日或可當它們是所謂的「瀰」[譯1]，一種口耳相傳的文化
突變或是都會神話，因為人心受其蠱惑而流傳下來。[1]

對現代的讀者而言，《迷思》這本書的寫作風格艱深，正如已
故的當代德國作家賽巴德所形容：

布朗寧的博學多聞完全反映在書中，他引經據典，羅列了許多名言
與古代偉人的名號，創造出複雜的比喻、對比，時而建構出長達一
兩頁迷宮般的字句，這些句子像是喪禮中純粹為營造鋪張儀式，而

出現的一長串隊伍或行列。

雖然該書以它「詳列許多互不相關的特例」聞名，不過 1578 年在法國蒙彼利埃（Montpellier）出版《普遍的錯誤》（*Erreurs populaires*）一書的醫生羅宏・喬伯特（Laurent Joubert）才是真正首開先河之人，布朗寧在 1631 年也讀過那本書。喬伯特的書包羅萬象，從醫學、性，到育嬰都有。諸如「是否真能從胎衣上的結來判斷，剛生下小孩的婦人將來會有幾個孩子？」、「在家泡澡的水往往過燙？」、「洋梨和起士的組合一定能討好所有人是正確的說法嗎？」都在其中，就算在書中發現「是否該禁止孩童使用左手？」，也不令人感到意外。[2]

　　布朗寧的書正好站在一場理性革命的尖端，此時，文藝復興時期的人文精神方興未艾，強調細讀經典文學與引用原始資料，而科學革命也正要啟動。雖然布朗寧並未成為新成立的皇家學會（Royal Society）的會員——據說是因為他的文章辭藻太過華麗之故——但他結識了許多當時重要的科學家，像是發現氣體定律（如今這個定律已被稱做是波以耳定律）的羅伯・波以耳（Robert Boyle），還有發現血液循環的威廉・哈維（William Harvey）。在他諾威治的家裡，有一間他稱為「精密操作室」的房間，布朗寧就在那裡進行一些算是化學胚胎學的先驅實驗；這也許是受到在義大利帕多瓦（Padua）做研究的胚胎學家法布里西斯（Hieronymus Fabricius）的啟發，因為布朗寧曾到那裡求學。[3]

　　布朗寧以「真相的三個層次——權威、知性與理性」來評估這

些迷思，這和現代科學方法相當貼近：權威（authority）是引用早期科學家的意見、思想與實驗，知性（sense）則是經由感官來觀察並收集實驗證據，而理性（reason）指的是邏輯與辯證。話雖如此，布朗寧自己並沒有公正地運用這三項原則，他所下的結論多半支持他的信仰，也就是符合新教教派的說辭。山繆‧強生博士（Dr. Samuel Johnson）在他 1756 年出版的《湯瑪斯‧布朗寧爵士的一生》（*Life of Sir Thomas Browne*）中指出的部分就相當關鍵：

儘管他很熱中偵測過去的錯誤，卻似乎也不太能接受新的理論。他每次提到「地動說」都帶著蔑視與嘲笑的口吻，但這套說法早在日後的觀察家確認之前，已日益受到歡迎，而且相當具有可行性。[4]

布朗寧討論的迷思之中有幾項與偏手性有關，所以本章將以他所舉的例子開始，接著再討論一些比較現代的例子，相信他若有知，一定也很感興趣。

「獾有長短腿」

布朗寧告訴我們這個說法雖然「不是很古老，卻十分普遍」，還特別強調飼主和以捕獾為生的獵人也「同意」這種說法。雖然布朗寧沒有提，不過這項說法似乎是來自於一般相信腿長不同有助於獾在田地間逃脫，長腿利於在犁溝中奔跑，短腿則便於在田埂上活動。這的確是很迷人的想像，也無須訝異「造成短腿的原因幾乎都是出在左邊」，畢竟在左右的象徵系統中，如果有一側比較短，毫

無疑問一定是發生在左側。[5]

　　布朗寧一點都不喜歡這個說法，並動用了他的三項方法大肆抨擊。首先他告訴我們，艾爾卓文達斯[譯2]這位權威「清楚地表示過，不可能觀察到這樣不對等的狀況」。接著他漫不經心地檢視其中差異，寫道：「至於我，在以中立的立場調查時，並沒有發現獵腿長短有所差異。」他的第三項方法最為有趣，進行推理與辯證時，他接受少數動物的確會展現出腿長不一的前提，但強調這種變異是身體前後差異所造成，而不是左右。在推論時，他承認龍蝦常常有「一側的大螯比另一側的長」，但他聲稱這並不真正算是一隻腿，比較適合看作是手臂的一種形式。他繼續發展論點，宣稱腿長兩側不一的獵一定是「怪物」，是「不自然的」，而且只會干擾牠們的移動，所以「這說法的缺陷變得很明顯」。有趣的是，布朗寧並未提及現代人覺得最明顯的破綻：對稱性是直線進行的必要條件，左右腿長不一的動物會不斷地繞圈（即使是在田地的犁溝裡也是如此，除非牠的雙腿正好符合田埂與與犁溝的高度）。這類論點與典型的現代演化思維十分接近，包含環境選汰壓力的理論分析，以及結果可能帶來的利弊得失，這些和實際的數據資料一樣重要。[6]

　　下一個例子也是來自布朗寧的書，不過還添加了一些現代的說法。之後，所有的錯誤例子都是現代的。

「心臟在左側」

　　若這個說法真的是迷信，那麼本書的多數內容幾乎都是誤導，或根本就是錯的，因此我們有必要仔細地檢視它。布朗寧自己堅信

心臟位於身體的中央：

指陳人的心臟位於身體左側只是魯莽的斷言，經過嚴謹地檢視後就
會被推翻，並發現它是位於胸腔中央的基部。

法國劇作家莫里哀（Molière）一定會很喜歡這個說法。在他的喜劇
《屈打成醫》（*Le Médecin malgré lui*）中，他以醫生們甚至連心臟
的位置都無法達成共識來嘲弄醫學：[7]

傑隆：我覺得你似乎擺錯位置了，心臟應該在左側，而肝臟在右
側。

史格那瑞：沒錯，在過去的確是如此，但我們已將它們全部更正
過，現在是以全新的方法來從事新醫學。

1993 年的愛丁堡科學節（Edinburgh Science Festival）以一項訪問調
查作為會議前宣傳活動的一部分，它所發布的新聞稿寫著：「三分
之二的民眾看來好像不知道心臟的位置……多數人都認為心臟位於
人體的左側，這是相當普遍的誤解。」表 12.1 顯示出回答左側、
中央與右側的百分比。

　　這個結果很有趣。新聞稿的撰稿人與布朗寧爵士一樣，認為正
解是「中央」。選擇這個答案的人主要都是高階社會份子，想必也
受過高等教育，所以「中央」似乎是經過深思熟慮的答案。調查結
果中的另一項也值得注意，但新聞稿沒有提到，那就是有相當高比

表 12.1　愛丁堡科學節進行的心臟位置調查。

		心臟位置		
		右	中間	左
	全部	20	36	43
社會階級	AB	15	50	35
	C1	14	38	48
	C2	16	41	43
	DB	28	27	45

例的人認為心臟是在身體右側，雖然這有可能是對解剖學的無知，但也有可能是因為左右混淆所致。[8]

　　心臟位於身體中央而不是左側的根據為何？這可能有好幾層含意，就像許多社會現象一樣，但的確有部分與我們複雜的身體構造有關。艾克曼（A. S. E. Ackermann）在他的著作《流行的謬論》（*Popular Fallacies*），也就是二十世紀版的《迷思》中討論過這個問題。他同意心臟肌肉的大半部分（也就是左心室）以及大動脈這條主要血管都位於左側，所以心跳感覺是發生在身體左側。但他接下來馬上改口，提到若是沿著胸骨的鉛垂面來看，心臟位於胸腔右側的部分其實多於在左側的部分。因此到最後，答案完全取決於個人如何定義「左側」、「中央」，或是「右側」。布朗寧爵士以日晷為例，說明在日晷上有一塊傾斜的金屬片，也就是日圭，它是從中間一直延伸到邊緣，但依舊被形容是「在中間」。基於此，既然心臟是從胸腔中央往左延伸，也沒有什麼理由不能說它是「在中間」。這些推演有點文字遊戲的味道，但若是某樣東西真的在中

央，那麼在鏡子內外看起來應該一模一樣，換句話說，它會展現出對稱性。但在第一章的圖 1.1 就已清楚顯示出，胸腔內的器官並非如此排列，心臟不是在中央，而是在左側。[9]

　　即便語意上微妙的區分可以解釋布朗寧怪異的主張，我們又該如何解釋在這項調查中認為心臟不在身體左側的人們是怎麼想的？這多半歸因於人們貧乏的解剖學知識，圖 12.2 的幾張人體圖便顯示出這個情況。這些圖是受訪者在一張人體輪廓圖上，標示出包括心臟在內的幾個臟器的結果。

　　許多人對身體內部的結構都不清楚，比方說不知道胃是在左側，或者膽囊與肝臟是在右側。更令人驚訝的是，許多臟器在人們的認知中都比實際尺寸來得小。以心臟為例，這是個相當大的器官，重約三百公克，因為每天都要將足夠的血液送到全身各處，循環不已，所以一定要有足夠的體積。這麼大的一團肉絕對不可能埋藏在胸腔的某一個小角落，換句話說，它無可避免地會接近身體的中線。這也許可以解釋為何在調查中有較多思想縝密的受訪者會認

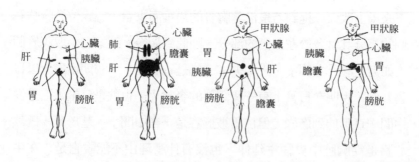

圖 12.2　大眾所認知的身體各類器官的位置。

為心臟在中央。[10]

　　那麼心臟病所引起的疼痛呢？每個人都看過 B 級驚悚片，往往某個角色會突然將手放在左胸，接著不支倒地，死於心臟病發，緊張的情節這才有其他轉進的可能。心臟病發時真的是左側感到疼痛嗎？其實不然，其實這部分一樣也充滿誤解。爬樓梯或登山時所感受到的那種緊抓、幾乎教人喘不過氣來的胸痛是心絞痛所引起的，而心肌局部缺血的痛則是深層的、壓迫的，發生在胸骨後方，有時病人會形容這種痛「好比一頭大象坐在你的胸口」；這兩種疼痛都是發生在胸腔正中央。之所以在身體中央感受到痛，是因為心臟的感覺神經是左**與右**迷走神經，反應出心臟本是位於**身體中央**的管狀構造。心臟受損時自然會刺激左右迷走神經，所以會感覺心痛是由身體中央傳來。只發生在左側的胸痛，而且是比較靠近邊緣處，並剛好在左胸下方的這類型，通常都被診斷是「非典型胸痛」，這是另一種非常罕見的症狀，而且鮮少與心絞痛或是冠狀動脈阻塞有關，反倒有可能是心理疾病造成的。[11]

　　綜合以上所有的資訊，關於心臟位置的真相，也許最好的結論正如近來所發行的一本新書書名：《心臟有點靠左》（*The Heart is a Little to the Left*）。儘管這本書不是刻意要打破任何迷思才以此為名的。[12]

同卵雙胞胎呈現鏡像對稱

　　這種說法泰半是穿鑿附會，不過也殘留有些許的真實性。毫無疑問，有許多同卵雙胞胎會出現一個是左利，一個是右利的情況，

但正如我們在第七章討論過的，這只要以 C 基因的作用便可解釋清楚。也有些雙胞胎會出現心臟分別位在左右兩側，所有器官都左右顛倒的內臟逆位的情況，但這些也都可以用第五章提到的反向基因（*iv*）或是造成卡他古納綜合病徵的基因來解釋。同卵雙胞胎中也有出現身體其他部位呈鏡像的例子，像是臉孔、牙齒，或是後腦上的髮渦，有四分之三的人的髮渦是順時針的，這使得他們的頭髮都往左分。

　　因為同卵雙胞胎來自同一個受精卵，我們很自然會去假設當卵一分為二時，左右兩半會呈鏡像對稱。這個理論有許多錯誤，最簡單的一點是多數的雙胞胎，尤其是那些共享細胞膜的，都是在胚胎發育後期，通常是八至十天後才會分開，那時胚胎已經含有上百萬個細胞。所有鏡像理論的主要問題都在於，光是一個右利與一個左利的成對出現，並不能證明兩人身體的構造互為鏡像。一般的胎兒有十分之一的機率成為左利，所以遺傳組成完全一樣的同卵雙胞胎偶爾也會出現偏手性不一致的情況（見第七章）。若是同卵雙胞胎真的互為鏡像對稱，那麼他們之中成為左利的機率一定比非同卵雙胞胎高得多。然而儘管做過多次研究，卻從來沒有發現支持同卵雙胞胎特別多左利的證據，這意味著鏡像理論不可能是雙胞胎偏手性不一致的解釋。[13]

左側睪丸位置較低是因為它比較重的緣故

　　我沒有辦法不去討論這個傳言，因為我過去曾為文討論這個問題，而那篇文章可能是我這一生中發表過名聲最差的一篇。睪丸無

疑是不對稱的,而且在多數男人身上都是右邊的高於左邊的,正如
十八世紀的藝術史家約翰‧溫克爾曼[譯3]針對古典希臘羅馬時代雕
刻所做的評論:「即使是最私密的部分,也有它恰如其分的美感。
左邊的睪丸總是比較大,就像它們自然的樣貌。」我對這句話印象
深刻,因此在學生時代去義大利旅行時,把握住機會逛了許多博物
館,拿著筆記本,看了上百個古典時期雕像的陽具──我必須說,
在這過程中招來許多奇怪的眼光。溫克爾曼是對的,多數雕像的右
側睪丸都比較高,而左側的則比較大(至少以簡單的視察法看來是
如此)。唯一的問題是,在活人身上,右側睪丸不僅比較高,同時
也稍微大一點。那麼,為何那些觀察敏銳又一絲不苟的希臘雕刻家
在年輕俊美的男體前會錯得這麼離譜?這是由於理論本身成功地壓
過了每個人的觀察力。希臘人並不清楚睪丸的真正功能,比方說亞
里斯多德認為睪丸的作用好比是重錘,在排放子代時用來保持管道
通暢,也是在青春期導致聲音變得低沉的原因。既然睪丸的重量被
當成是發揮其生理功能的關鍵,自然會去推論位置比較低的睪丸,
也就是比較會向下拉的那一顆會比較重──簡單的機械原理,但可
惜在生物學上是錯的。我曾在知名科學期刊《自然》上發表過一篇
短文,評論一篇談睪丸的不對稱性在胚胎早期就已出現的學術論
文,結果招來不少惡評。[14]

左利者壽命短

　　「左撇子短命」是英國《衛報》2001 年 2 月 5 日的社論標
題,這是一個流行的迷思,雖然完全錯誤,但依舊廣泛且持續地流

傳開來。這迷思始於 1988 年，當心理學家黛安・哈爾本（Diane
Halpern）與史坦・科倫（Stan Coren）在《自然》發表一篇短文，
表示左利者的壽命較右利者短。他們分析一本關於棒球球員的百科
全書，書上記錄了球員的偏手性以及死亡日期，研究後發現左利球
員比右利球員短命。這兩位作者於 1991 年在《新英格蘭醫學期
刊》（New England Journal of Medicine）上發表了另一篇文章，描述
一批最近亡故的左利者都比最近亡故的右利者壽命短。這項發現被
大肆炒作，雖然這完全是統計上的操作而已。這篇報告有個大問
題，那就是他們由此推測左利者和右利者的壽命差異相當大，超過
七年以上。若真是如此，那麼左利會是現代公共醫學所知對人類壽
命最具影響力的因素，相當於每天抽一百二十支菸的傷害，遠勝於
預防醫學中的一切危險因子。顯然有某個地方出了差錯。[15]

　　首先要了解一點，這些基本資料並沒有問題，當中的左利者的
確比右利者早死，不過這並不表示左利者的預期壽命會比右利者
短。這是流行病學中知名的問題，尤其是在它用於所謂的「死亡世
代」（death cohort）研究時。這類研究是將同一時間死亡的人當作
是一個群體來進行研究，回溯他們的生活。相較於此，「出生世
代」（birth cohort）的研究則是以出生於同一時間的人為一群體，
追蹤他們的生長歷程，也就沒有這樣的問題。在出生世代研究中，
每個人的二十歲、四十歲與六十歲都在同一天，但在死亡世代的研
究中，每個人的生日則有很大的變異，對一個二十五歲死亡的人來
說，他的二十歲生日是五年前，但對九十歲死亡的個體，則是七十
年前。七十年前很多事情都不一樣，包括社會對左利者的態度。在

西方社會中，左利的族群在二十世紀初要較二十世紀末來得少，之前在圖 9.1 就曾提過這個現象。平均來看，在整個二十世紀，左利者較右利者更晚出生，所以發現近來過世的左利者都出生於二十世紀後期，也因此看起來死於較年輕的年紀，這並不值得大驚小怪。要了解死亡世代的研究到底出了什麼問題，最好的方法是不要去探討剛過世的人，而是去檢視目前存活的人。就像發現過世的左利者都比過世的右利者要來得年輕，那麼，仍活著的左利者的平均年齡也會小於右利者，這兩類人的年齡差異在這兩種情況下會剛好一樣。實際上，偏手性是在二十世紀較晚出生的這群人的標記。換個例子來講會更清楚一點，讀過《哈利波特》（*Harry Potter*）的人會比沒讀過的人來得年輕。假設詢問最近有親人過世的一群人，他們摯愛的故人是否喜歡看《哈利波特》，無可避免地會發現熱愛此書的人都是在較年輕時就死去，但這純粹只是因為《哈利波特》的讀者整體上比較年輕的緣故，並不需要因此在《哈利波特》系列書的封面加上政府衛生單位的警語。

左利者較易罹患免疫疾病

《衛報》的週日特刊《觀察家》（*Observer*）在 2001 年 2 月 4 日的報導指出，「一些科學研究顯示……左利與人類免疫系統的問題有關」，同時也討論到左利者可能比右利者短命的問題。為了表現公正觀點，這篇文章也寫道：「這個領域目前極具爭議性，且尚無定論。」左利者比較容易過敏或是容易罹患免疫疾病的觀念可以回溯到 1982 年的一項研究報告，這是由神經學家諾曼‧蓋許文

（Norman Geschwind）和彼得‧畢翰（Peter Behan）所發表的。蓋
許文從他免疫病症的患者得出左利者比例較高的結論，於是他和畢
翰利用一家倫敦的左利專賣店來發放問卷，他們將這些左利者和另
一群右利者相比，結果發現左利者罹患免疫疾病的比例偏高，蓋許
文和畢翰的這篇研究報告立刻吸引許多媒體的注意，就這樣，又產
生了一個傳說。[16]

　　蓋許文繼續發展他的故事，接連發表了三篇長篇大論，稍後還
出了一本專書，提出一個複雜的理論，將左利和許多不同條件連結
在一起。這個理論的中心主旨是，在胎兒發育時期，睪固酮會有不
同的濃度，而睪固酮會影響大腦與免疫系統的發育。這個理論非常
複雜，所以菲爾‧布萊登和我只能將它總結成一張錯綜複雜的圖
表，就像是英格蘭西北部克魯鎮（Crewe）的鐵路連軌站一樣。這
樣一個超級複雜的理論，再加上又涉及諸如胎兒發育早期的荷爾蒙
濃度等根本無法測量的部分，所會出現的問題，就在於它似乎解釋
了一切，又沒有什麼觀察可以輕易推翻它。醫學與科學中有一個特
別的問題，那就是錯誤的觀念很容易進入科學文獻，但很難讓它們
離開。再多的負面發現都不足以推翻一個正面的發現——只要有足
夠多的人相信那正面的發現。同樣的情況也出現在蓋許文與畢翰的
研究上。[17]

　　不過蓋許文的理論還是有罩門的，因為理論中提到左利與免疫
疾病這兩種相對容易測量的部分是相互關聯的。許多研究者致力於
尋找其中的關聯。布萊登和我找出截至 1994 年前，由二十五個研
究團隊所進行的八十九項不同研究，當中包含了 21,000 名免疫疾

病患者與 34,000 名作為對照組的人。整體的結果很清楚，左利者
並沒有顯示出任何容易罹患免疫疾病的系統性趨勢，那麼為何蓋許
文與畢翰當初會犯下這麼大的錯誤？最有可能的答案出自他們進行
研究的那家倫敦左利用品專賣店。他們是以左利者自評作為罹病與
否的判斷根據，顯然這種作法不慎將偏差引入了研究中。[18]

尼安德塔人都是左撇子

　　現代智人並不是唯一一種在地球上行走過的早期現代人種，在
幾十萬年前的歐洲，至少還有另一物種也曾行走於地球，他們就是
不到三萬年前才滅絕的尼安德塔人。雖然發現有大量化石、石器和
其他文物的證據，現代智人和身材短小結實、眼骨突出又帶有粗糙
臉部特徵的尼安德塔人之間的差異還是充滿爭議性，因此產生很多
傳說。史坦‧古奇（Stan Gooch）還寫了《尼安德塔人的疑惑》
（*The Neanderthal Question*）這本怪書。古奇推測尼安德塔人的身材
短小、棕眼並且是近視、深色捲髮，總之他們所有的特徵都和為數
眾多、高大、藍眼、遠視、直髮的克羅馬儂人（Cro-Magnon）[譯4]
不同，而且相對於右利的克羅馬儂人，尼安德塔人全都是左利。古
奇還認為現代人就是尼安德塔人與克羅馬儂人的混種，近視與左利
便是繼承自尼安德塔人的特徵。這個理論毫無根據，而目前僅有的
一點證據只能推測尼安德塔人有一個和現代人一樣不對稱的大腦，
所以理當是右利。事實上，連史蒂芬‧古爾德也曾說過：「我們確
信尼安德塔人是右利優勢的物種。」古奇的理論有趣之處（羅勃‧
赫茲想必能看出其中端倪）在於比較兩個人種的方式。他假設兩個

截然不同的人種之間有一系列不同之處，其中無可避免地會涵蓋左
與右，這樣的比較方式自然形成一個強力的神話製造機。[19]

今日，「尼安德塔人」這個詞有時會被濫用，古奇便做得很過
頭。他不僅將尼安德塔人和左利扯上關係，還認為他們也和左翼有
關：「工黨不僅是在比喻上，實際上就是尼安德塔黨，而保守黨不
僅是在比喻上，實際上就是克羅馬儂黨。舉個例子來說，英國的工
黨議員平均身高比保守黨議員矮。」看來古奇剩下的最有力證據可
能會是工黨黨內某些工會主義者大老突出的眉毛，顯然現在該是結
束這個討論的時候……

「變身怪醫」的雙重人格分別由大腦的兩個半腦控制

在史蒂文生（Robert Louis Stevenson）的《變身怪醫》（*The
Strange Case of Dr. Jekyll and Mr. Hyde*）一書結尾，亨利・傑寇醫生
（Dr. Henry Jekyll）在他懺悔信的最後，描述他是如何「從容地發
覺這個真相，我命中注定要經歷這樣可怕的毀滅：人其實不只有一
個人格，而是兩個。」若人真的有兩個人格，一個是禽獸，一個是
聖人，就像海德與傑寇被封鎖在一具軀體中，那麼自然會去假設一
個在左半腦，一個在右半腦。而善惡二元論更促使某些人認為善和
語言區都位在左半腦，因為「太初有道」（〈約翰福音〉一：
1）。神學上還可以繼續探討「裂腦患者有一個，還是兩個靈
魂」，並結論道，如果每個人只有一個靈魂，那麼靈魂並不是待在
笛卡兒所謂的松果體內，而是兩個半腦中的一個：左半腦。[20]

心理治療的派別各異，有時也會受到兩個腦的觀念所吸引，認

為半腦之間的戰爭可以藉由催眠或是其他較為機械式的干預，以便在影響其中一個半腦時，讓另一個半腦適時地保持安靜。很難判斷這種療法是否真的有效，尤其還要考量到心理治療中非特定的安慰效應可能極強。而要判斷病情的改變是否因為左右半腦之間神經關係的改變而引起，那就更為困難了。答案可能是否定的，因為「左」與「右」在這樣的療程中僅是用來作為思考世界的不同方式而已，一個比較有邏輯和言語性，另一個比較貼近直覺反應。[21]

　　一般人經常誤將傑寇與海德並存於人體的例子和精神分裂症聯想在一起，其實多重人格障礙才是恰當的比較。精神分裂症的情況並不是分裂成兩個獨立的人格，而是心智狀態間有不同的區隔，好比是思想和感覺，或是感覺和行動之間的分裂。多重人格障礙則可以看作是兩個人格分別存在於不同的半腦。這種想法很吸引人，但問題是多重人格障礙不只有兩個不同的人格，而是有多個，顯然左右兩個半腦不足以解釋第三、第四，甚至其他更多人格的去向。傑寇醫生在自省時便透露出這種更多重人格的可能性：「我說有兩個，那是因為我的理解只能到達這個地步而已。」

反掌書寫顯示出語言區位於哪個半腦

　　「剛剛哈利草草寫下一張便條，你會忍不住猜想他是個左撇子，因為他就是那種寫字時會弓背聳肩、捲起手臂、手腕與手掌，看起來像是一塊麻花脆餅的怪胎。」這是湯姆・伍夫（Tom Wolfe）在《他的傳記》（*A Man in Full*）一書中描寫的反掌書寫姿態（圖 12.3）。

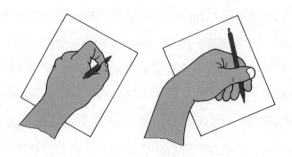

圖 12.3 左利者一般（左）與反掌（右）的書寫姿態。

　　大約有三成的左利者寫字時是用反掌的姿勢，最常聽到的解釋是說他們為了避免弄髒字跡，或是在書寫時這種姿勢比較容易看得見自己寫下來的字。通常雙親是反掌書寫時，孩子也會採用這種姿勢，這意味著模仿在書寫姿勢中占有相當的重要性。不過任何與此相關的理論都很難去解釋，為何有約 2-3% 的右利者也是用反掌書寫。

　　因為發現有三成的左利者是反掌書寫，而剛好又有三成的左利者語言區位在右半腦，因此在 1970 年代出現了一個頗具影響力的理論，主張反掌書寫是語言區在右半腦的標記。由於在腦部掃描尚未出現的年代要判斷語言區位於哪個半腦相當困難，這個觀念很快就傳播開來，不久後還出現在心理學與精神病學的教科書上，以及探討偏手性成因的大眾論述中。然而經過更多系統性的研究後，並未找到任何證據來支持這個論點，確定反掌書寫的左利者的語言區比正常書寫的左利者更有可能出現在右半腦。反掌書寫的真正原因依舊成謎，雖然就效率上來說，這種做法似乎的確有若干優勢。[22]

左利者平均智商高

　　一般相信，「左利者取得門薩（Mensa）這個高智商社團會員資格的機會是右利者的兩倍」。雖然的確有一項研究發現，門薩的會員中左利者比例偏高，但這項研究結果恐怕不值得相信，因為其他類似的研究都沒有得到這樣的結果。要了解這問題，最好的方式是檢視針對左右利者智商所進行的大規模研究，到目前為止有兩項這樣的調查。我曾參與過其中一個，使用的資料來自英國國家兒童發展研究（UK National Child Development Study），該計畫檢視了超過 11,000 名十一歲的孩童。從統計的角度來看，結果相當清楚，智商的表現的確有差異，但卻是右利者比左利者稍微高些。若同時考量這兩項研究，便會發現左右利的效應微小到只有統計學家會感興趣。和智商平均值 100 相比，左利者的平均值只少了約 0.5，也就是 99.5──實質上根本毫無差別。有人認為，這個結果可能反映出族群中發育嚴重遲緩的左利者在統計上過多的情形，但是即使扣除智商低於 80 的左利者後，這樣的差距依舊存在。[23]

左利者較有創意

　　這項傳言有許多種說法，但近來因為一項比較傳統產業與網路公司領導人的研究，使得這個傳言又重新浮上檯面。該項研究結果暗示，「左利者或兩手同利者成為網路企業家的機率是一般人的兩倍」。雖然左利者創造力較高的說法層出不窮，但在科學文獻中卻少有證據可以支持這項觀點，而多數通俗的文章則千篇一律地引用

達文西、赫本（Hans Holbein）與保羅・麥卡尼的軼事，卻忽略每十個搖滾樂手中只有一個如麥卡尼的左利樂手的事實。雖然的確有一篇常為人引用的科學文獻發現，在建築師中，左利的比例明顯偏高，但這篇報告在側性研究中算是相當古老的文獻，連要重複這項研究都辦不到。總之，光憑這些資訊還不足以提出一個具有因果關係的理論。話雖如此，也有可能如第九章所提的，左利者的大腦組織變異較高，所以其中一部分左利人士可能會比較有創意，不過這個原因同樣也會產生一大群有創意的右利者。[24]

西方人的右半腦尚未完全開發

　　這個觀念似乎始於 1960 年代，隨著完全錯誤的「半腦模式」（hemisphericity）想法發展出來。這觀念認為多數人只使用一側的腦來解決問題，所以只要透過適當的訓練，就可以自主地轉換到另一側，也就會變得比較有創意、有想像力、無憂無慮和體貼，反正只要我們想得到的優點，都可以達到。這觀念也激發出像是《像藝術家一樣思考》（*Drawing on the Right Side of the Brain*）[譯5]與《用右腦做愛》（*Right Brain Sex*）這類書籍，對想要增進繪畫能力或是滿足性愛生活的人而言，這些書可能都是很不錯的自我輔助手冊，只要人們接受這些故事中所提到的左右部分都只是比喻，和真正塞在我們頭顱中的兩大團潮濕的球體無關即可。

　　西方人的右半腦未被完全開發的觀念（當然是和充滿神祕的東方相比），與認為多數成人只用了 10% 的腦力來處理日常事務的都市神話一樣，經常出現在日常話題中，甚至是高級知識份子都會

談論，但其實這一點根據都沒有。腦部掃描的研究顯示，整顆大腦大部分時間都處於活化的狀態，也沒有任何證據可以支持「整體上，左半腦用得比右半腦多」。對於這種主張的出現，比較寬容的解釋大概是，人們發現這類說法含糊地鼓舞人心，也許他們是被只要「多用一點腦」，就有潛力成為創意十足的天才的想法給說服了。問題是，假設當他們的腦力真的比之前強個十倍，而他們又真的「多用一點腦」的話，他們應該很快就會發現這觀念本身一開始就是不成熟的。[25]

畢卡索是個左撇子

在現代繪畫界中，畢卡索算是最知名、多產而又富創造力的畫家，一生之中不斷創造出自己特有的風格。因此左利人士在成千上萬個狂熱支持左利者的網站上，與有榮焉地宣告他是個左撇子，連學術界的研究人員也在網站或書籍上發表相同的言論。這些都不成問題，唯一的問題是——畢卡索並不是左利者，他完完全全是個右利者，這點無庸置疑。畢卡索一生之中都和照相機形影不離，在不同時期，至少有五位攝影師曾住進他家，貼身記錄他的一舉一動。大戰過後，有許多畢卡索在各種情境下拍攝的照片傳出，包括他簽名、在素描本上塗鴉、在 35 釐米的幻燈片上速寫、製作凹版腐蝕版畫、捏塑黏土、射擊左輪手槍、為孩子甩動跳繩，當然還有他在畫布、陶盤、雕像上繪畫，以「光筆」在底片上作畫，還有為克魯索的電影[譯6]示範在玻璃上作畫，那時攝影機就擺在玻璃正後方。在每一項活動中，他的筆、刀片、刷子、鉛筆或鐵筆都是拿在右手

上，毫無例外。還有一張攝於 1937 年的照片，拍到他正在畫他的傑作《格爾尼卡》（*Guernica*）^{譯7}，右手上拿著筆刷。回到他的早期生活，有一幅繪於 1906 年的油畫自畫像，他左手拿著調色盤（從這一點就可推測他是個右利者），還有一張 1901 年在他畫室拍攝的照片，筆刷也是拿在他的右手上。這一切似乎都指向一個不容置疑的答案，畢卡索是個右利者。[26]

　　既然如此，為何每個人都認為畢卡索是左撇子呢？顯然並沒有人引用過任何文獻，證實畢卡索曾經宣稱自己天生是個左利者，但受到壓迫而改用右手寫字，也沒有說過他的兩隻手都可以畫畫。關於這個現象的解釋顯然不太光彩，因為這意味著許多科學的進行、書籍的撰寫，以及無數的網頁都只是彙整已有的資料而已。布朗寧爵士一定非常了解，許多書籍、科學期刊及網頁上的知識都不是來自直接的經驗，而是來自「權威」。換言之，就是有此一說變為真有其事，於是就有另一個人繼續傳說下去。就像有人在還沒有真正確定獾的腿長之前，就會說獾的腿長不一，所以也會有人在沒有看過他上千張照片中的任何一張之前，就冒然宣稱畢卡索是個左撇子。所有學術界的人都知道這個「二次引用」（secondary citation）的問題，就是不去查閱原始資料、數據，或是最初的描述，而只是重複別人已經說過的內容。我自己在寫這本書時，就發覺到有好幾次差點犯了這樣的錯誤，幸好最後都有查證原始資料，免得之後讓自己出醜。即便如此，恐怕還是有些因為相信權威而犯的錯誤。我只希望自己之前發表過的文章中不曾宣稱畢卡索是個左撇子，若是有的話，相信一定有人會很樂意地告訴我。[27]

　　關於畢卡索是左利者的傳言究竟起於何時呢？我所能找到最早的紀錄是 1966 年出版的一本《左利者完全手冊》（*The Left-hander's Handbook*），這是由詹姆士‧迪凱（James T. de Kay）所著，他在書中提了兩次這件事。相較於此，同樣是在 1966 年由麥可‧巴斯里（Michael Barsley）所著的《左利世界》（*The Left-handed Book*）卻完全沒提到畢卡索是左利者。巴斯里也沒有提到其他知名的左利人士，但是從他詳盡的概括描述內容來看，他是不可能忽略掉像畢卡索這樣有名的人士。巴斯里於 1970 年出版的《右利世界中的左利者》（*Left-handed Man in a Right-handed World*）中也沒有提到畢卡索，倒是迪凱在前言中為此表示遺憾。同樣地，維瑪‧傅里奇（Vilma Fritsch）的學術著作《科學與生命中的左與右》（*Left and Right in Science and Life*）於 1964 年出版德文首版，雖然沒有提到畢卡索的偏手性，但是她描述畢卡索在玻璃上作畫的情景卻是左右顛倒的。畢卡索是左撇子的傳言看來始於 1960 年代，可能是從迪凱的書開始的，接著受到右腦比較具有創意的觀念激發而流行起來。迪凱可能是始作俑者的嫌疑，還可以從他的另一項錯誤看出端倪。1979 年時，他出版了一本《左利者的天生優勢》（*The Natural Superiority of the Left-hander*），不僅宣稱鮑伯‧狄倫（Bob Dylan）[譯8]是左利者──現在許多網站上都還看得到這個說法──還附了一張狄倫用左手彈吉他的圖畫。問題是，在我見過的每張狄倫的照片中，他都是用右手彈吉他。由這兩個錯誤看來，迪凱若不是粗心大意，就是別有居心。[28]

愛因斯坦與富蘭克林都是左撇子

在討論過上一個例子後，似乎已經可以猜到這一段的結論。一位是世界知名的科學家，一位是美國的開國元老，可想而知，左利人士會藉以宣傳。實際上，這的確出現在許多網站與一般書籍中。

要破除愛因斯坦的傳言，方法很直接。若畢卡索是世界上入鏡最多的藝術家，那麼愛因斯坦應該就是最常成為攝影主題的科學家。在許多照片中，愛因斯坦都是正在用右手寫字，或是以右手點燃一根火柴。我找不到任何文獻足以推測愛因斯坦天生是個左利者，或是可以任意轉換左右手的左利者，所以除非能找到任何反面的證據，不然他應該就是個右利者。就像任何歷史人物一樣，他有可能被迫改用右手書寫，但若只是依據這樣的可能性便宣稱他是個左利者，那麼這無異是科學哲學中所謂的「無法反駁的假設」（irrefutable hypothesis）。所有的證據都指向他是一個右利者，而這也是唯一科學上可證明的結論。我不確定這個傳說是在何時何地開始的，所能找到最早的一份記載是在雷・林德賽（Rae Lindsay）於 1980 年出版的《左利世界》（*The Left-handed Book*）書中，稍後我們將會發現這本書的記載有多麼不可靠。[29]

班哲明・富蘭克林（Benjamin Franklin）的故事就稍微曲折些，而我找到最早的記載也是在迪凱於 1966 年出版的書當中。富蘭克林的確在 1779 年發表過一篇詼諧有趣，且廣為流傳的文章：〈為左手請願：致教育管理者〉（A petition of the left hand: to those who have the superintendency of education）。他以「左手」署名，將

該文寫成書信的格式。內容主要是抱怨相對於右利者的姊姊，左利者受到的不公平待遇：「她有老師教她寫字、畫畫、音樂，以及其他各項才藝，但我偶然拿起鉛筆、鋼筆，或是一根針時，都會招來一頓斥責。」雖然這篇文章常被當成是富蘭克林描寫他自己的左利經驗，但卻沒有任何其他證據支持他是個左利者。因為富蘭克林寫過談左手缺乏訓練的文章，就假設他是個左利者，這樣的邏輯就跟因為約翰・彌爾（John Stuart Mill）[譯9]爭取過女權，而假設他是個女人，或是因為林肯反對蓄奴，就推測他是個奴隸一樣謬誤。比較可能的情況是富蘭克林相信雙手同利，或者是這封請願書只是個惡作劇，就像他在 1768 年所寫的〈Z 的請願書〉（Petition of the Letter Z），爭論英文字母中的最後一個字母常被忽略，事實上「它的使用率高，而且和其他的字母一樣好」。而這項主張被收錄在《左利世界》這本書中，還附有一張富蘭克林左手拿著羽毛筆的油畫圖片。這張油畫是梅森・張伯倫（Mason Chamberlin）的名畫之一，收藏在費城藝術博物館（Philadelphia Museum of Art）裡。這故事的結局很明顯，原本的畫作中富蘭克林是用右手的，不知是林德賽還是該書的圖片編輯認為若富蘭克林用的是左手，會讓整篇故事更有說服力，於是就將圖片左右顛倒過來。[30]

　　愛因斯坦和富蘭克林的例子，就跟畢卡索和鮑伯・迪倫一樣，許多人引用他們是左利者的傳聞，卻不提供任何一篇文獻證據支持其主張，而事實上有非常明顯的視覺圖像來證明傳言根本是錯的。不過這些傳言恐怕還會持續好幾年，就像喬治・艾略特（George Eliot）在《亞當・貝特》（*Adam Bede*）[譯10]中所描述的，「謊言是

如此容易，澄清真相則極為困難」。對錯誤觀念演化有興趣的流行
文化史學家應該可以用這些文化謊言，也就是瀰的變異，發展出有
趣的研究。不過，偶爾知道真相終有水落石出的時候也是件好事，
比方小說家詹姆士·米契納（James Michener）被「國際左撇子」
（Southpaws International）提名為「年度左撇子風雲人物」後，回
信表示他唯一用左手做過的事，就是偶爾右手肘發癢時，用它來抓
癢。[31]

卡爾家族與柯爾家族多為左撇子

　　蘇格蘭姓氏中的卡爾（Carr）與柯爾（Kerr）都是來自蓋爾語
中「笨拙的」（caerr）這個字，而「ker-handed」和「carry-
handed」則是表示左利的常用字。在蘇格蘭地區，一般相信卡爾家
族與柯爾家族都是左撇子，而他們建造出來的城堡也使用左旋的螺
旋梯，以利抵禦外敵。有一首無名氏的詩曾經這樣描寫柯爾家族：

但柯爾家族肯定是最致命的敵手
英格蘭人過去就認知到
繼承左撇子血統的他們
沒有一座城牆擋的了。

似乎的確有某些證據足以支持卡爾家族與柯爾家族都是左撇子的傳
奇故事。1974 年，英國皇家全科醫師學院（Royal College of General
Practitioners）的研究單位發表了一篇報告，宣稱在現代社會裡，姓

氏為卡爾與柯爾的人有近 30% 都是左撇子。如果這是真的，那麼
這項調查就十分耐人尋味，因為姓氏的遺傳方式與男性 Y 染色體
一樣，都是經由父方來傳遞。為了測試他們的結論，一個學生和我
從電話簿裡隨機取樣出倫敦地區姓卡爾與柯爾的人，詢問他們是否
為左撇子，以及家族成員中慣用手的左右比例狀況（這項調查同時
以英國其他姓氏作為對照組），結果並沒有得到任何證據，支持姓
氏為卡爾與柯爾的人是左利者的比例較高的論點。那麼皇家全科醫
師學院的研究到底是哪裡出了問題？其實他們的作法正好給研究人
員上了一課，提醒大家做研究時必須避免的錯誤。原來，一開始這
項研究的進展相當緩慢，直到報社刊登了相關報導，馬上就有許多
卡爾與柯爾寫信給他們。很不幸地，當中只有左撇子才會有興趣與
他們聯絡，這導致樣本偏差，當然結論也就完全錯誤。[32]

左利部落的確存在

　　這類傳說層出不窮，比方「alt.lefthanders」的網路討論群宣
稱，「斐濟的旁遮普人（Punjab）有七成傾向使用左手，而在北
美、南美、南非與澳洲的原始部落中，左利者的比例也一直偏
高」。若真是如此，這對於了解右利以及腦的功能區域化便非常重
要。這個觀念似乎來自《左利者桌曆，1997 年》（*The Left-Handers
1997 Desk Calendar*）。在我讀過的文獻中，就屬這份桌曆的錯誤記
載最多，實際上它是將數本書的內容拼湊充數的。在 1891 年出版
的《正確的手：左利》（*The Right Hand: Left-handedness*）一書中，
丹尼爾·威爾森爵士（Sir Daniel Wilson）的確根據《泰晤士報》通

訊記者的一份報告推測：「斐濟人的左利比例高於白人」，不過他還是確定右利者占多數；該名通訊記者曾於 1876 年造訪斐濟。威爾森還引用了一篇刊在 1876 年《醫學紀錄》（*Medical Record*）上的報告，其中描述在印度的旁遮普人有 70% 的族人是左利者。不過威爾森懷疑這份報告的正確性，認為這只是「旅行者的隨機觀察」。斐濟人口中有一大部分是來自印度次大陸，因此我們可以看出這兩個故事是如何拼湊在一起的。

其他類似的故事也三不五時傳出，就像尼斯湖水怪的傳說一樣。最近一則出自戴安・保羅（Diane Paul）的書《當代左利者》（*Living Left-handed*）。該書宣稱：「俄羅斯的科學家在 1990 年發現，居住在俄羅斯境內極地的泰米爾原住民（Taimyr）中，有 75% 都是左利者。」一如往常，沒有附上任何參考文獻。有些說法，像是瓦斯科・達伽馬[譯11]談及前往印度半島西南岸的古里港（Calicut）的旅程時表示，美連達（Melinda）當地的人都是左利者，但其實這是源於一個簡單的語言誤解。回顧更早之前的歷史，據說亞歷山大大帝發現一個國家的居民全部都是左利者，他們相信左手因為較靠近心臟，所以是比較尊貴的（想必亞歷山大會把這個發現記錄下來，因為據說他也是個左利者。）

這類傳說有兩個共同點。第一，它們從不提供任何真切或是可靠的資料，總是只有旅行者的見聞。在科學文獻中，我沒有見過哪一個社會裡的族群，它的左利者比例曾經超過兩成。第二點，也是同樣重要的一點，是人們**想要**相信真有其事。容易受騙的我們正反映出一個不斷重現的欲望——也就是羅勃・赫茲所體認到的——將

象徵上的對稱性套用在一個似乎並不對稱的世界的欲望；想必鏡中
世界的左利優勢社會也會做一模一樣的事。當然，這不是說真有這
樣的社會存在。這些說法只是為了滿足我們的想像力或是潛意識而
虛構出來的。[33]

時鐘以順時針方向旋轉是由日晷衍生而來的

「為何時鐘是順時針旋轉？」是網路上廣受討論的問題，尤其
是在那些為了激發孩童與青少年對科學產生興趣的網站上。而他們
所提供的答案都非常一致，因為時鐘是在北半球發明出來的，在那
裡，太陽的走向是從東邊升起，行經南方天空，然後從西邊落下，
所以在日晷上產生的陰影是順時針旋轉。正如《新科學家》的一位
讀者所指出的，「只有在時鐘的指針以相同方向掃過鐘面時，這個
說法才合乎邏輯」。不過就像在許多情況中，「合乎邏輯」的背後
其實隱含了一團困惑與盤根錯節的故事。[34]

早期的時鐘是體積龐大、沉重的昂貴物件，但是五個世紀以
來，一項被遺忘的文藝復興時期技術將這樣一件巨大、不準確的早
期時鐘改造成精準、小巧可信賴的計時器，不但可以攜帶，甚至還
可以配戴。由於受到體積與價格的限制，一個鎮上只能有一座早期
時鐘，通常安裝在高處，讓每個人都能看得到，還加上一座鐘，讓
看不到的人也可以聽得到。在時鐘尚未問世前，則是由日晷扮演計
時的角色，它們也被架在高牆上，好讓許多人遠遠就能輕易看見。
相對於此，那些平放的小型日晷就只有在它周遭的人才能讀出時
間。圖 12.4 是劍橋皇后學院（Queens' College）的一座直立型日

晷，設計相當精巧複雜。只消看一眼，就能知道以日晷來解釋時鐘順時針的走向有問題。垂直附在牆壁上的日晷，它表面的數字是逆時針排列的，既然垂直型日晷是公共鐘樓的初始雛型，那麼顯然日晷不會是時鐘順時針旋轉的「邏輯性」解釋。[35]

　　時鐘順時針旋轉的標準解釋還有另一個嚴重的問題，那就是大家一直假設時鐘的走向自古以來都是相同的。1443 年時，佛羅倫斯的畫家烏切羅（Paolo Uccello）在佛羅倫斯大教堂內的西翼牆壁高處畫了一幅壁畫，其中有個鐘晷（圖 12.5）。這個鐘有許多怪異之處，首先它有二十四個小時，但後來一般公認的標準時鐘則是有

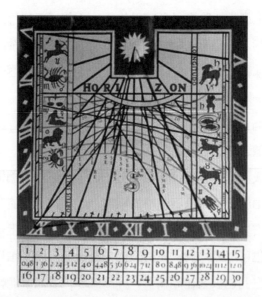

圖 12.4　劍橋皇后學院的直立型日晷。雖然經常被人誤認為牛頓的作品，但原本的日晷是在 1642 年設立的，也就是牛頓出生的那一年，而新版的刻度表則於牛頓死後，在 1733 年才安裝上去。

十二個小時，讓時針每天轉兩圈。這套二十四小時的系統是依據過去稱做「hora italica」的時間測量標準，也就是以「24」（XXIV）表示日落之時，而不是午夜；這套系統一直沿用到十八世紀。另外，這個鐘面上的數字排列也很特殊，「1」（I）在最下方，而非上方。不過最特別的一點是，這個鐘的走向是逆時針的。[36]

　　並不是只有烏切羅的鐘是逆時針走向，沿著佛羅倫斯大教堂往下走，會走到萬聖教堂（church of Ognissanti）。大約在 1481 年時，波提且利（Sandro Botticelli）在那兒畫了一幅令人讚嘆的聖奧古斯丁（St. Augustine）壁畫。在畫中，聖人背後的書架上有一個小型的家用時鐘，還看得到齒輪，以及和烏切羅壁畫裡一樣的鐘

圖12.5　烏切羅在佛羅倫斯大教堂壁畫所繪的鐘。

面；其上有逆時針排列的羅馬數字，以及一根筆直指向「1」（I）
和「24」（XXIIII）之間的時針。十五與十六世紀的義大利時鐘還
有許多種類，有些一圈轉十二個小時，但是為逆時針；有些則在二
十四小時內轉四圈，以「1」到「4」做標記；還有一些一圈十二個
小時，但標記為「1」到「4」，然後再由「4」到「1」；也有些一
圈轉二十四小時，但標記是從「1」到「12」，再從「12」到
「1」。不用懷疑，當然還有其他各種變化。[37]

　　烏切羅的鐘在經濟學中被用來當作是所謂「正向回饋」
（positive feedback）或是「套牢」（lock-in）的例子。在新科技中
常常會出現相互競爭的設計，電腦與錄影帶格式的操作系統便是晚
近的例子。有時候某項設計的優點不證自明，以致於其他競爭產品
很快就敗下陣來，好比是收音機中的真空管為電晶體所取代。在其
他情況下，相對的優劣差異很微小，甚至並不存在，這時隨機變動
（random fluctuation）便會決定哪一項技術被採用，儘管它沒有任
何顯著的優點，而只是因為它比較普及；這意味著基於某些原因，
比較多人擁有它、聽過它，並且知道如何教別人使用它。一旦一項
技術的市場占有率高，就會產生經濟效應，使其生產成本降低，因
此又比它的競爭者更有利。最後，一定有一項技術會完全取代另一
項，這個現象由馬夏爾（Alfred Marshall）在 1890 年首度提出。馬
夏爾是維多利亞時代的經濟學者，他在《經濟學原理》（*Principles
of Economics*）這本著作中表示：「任何公司行號只要有好的開
始」，最後都會贏，雖然哪一家公司、技術或設計會有好的開始，
可能完全是隨機的。要取代一個既存的系統則幾乎難如登天，哪怕

是有一堆明顯的謬誤——只要想想全世界幾百萬台電腦所使用的
QWERTY 鍵盤就可以了解。這種問題不只是發生在人類身上，在
螞蟻世界中也有同樣的情形。覓食路徑一經使用，即便該路徑較長
且較沒效率，蟻群也不會尋求其他替代路徑，但是在其他情況下，
螞蟻卻能夠改善相當困難的處境。[38]

　　在文藝復興時期，時鐘是新發展出來的技術，對於它的設計也
還沒有統一。烏切羅於 1443 年所畫的鐘便是最好的注腳。第一具
機械鐘可能於 1271 年問世，而經過了一個半世紀後，不論是時鐘
的走向、數字在鐘面上的位置、數字的寫法，甚至是時間的顯示，
依舊沒有統一的格式。但是在下一個世紀裡，當鐘錶產業發展變得
國際化之後，事情有了全盤的改變。到了 1550 年，時鐘變成大量
生產的民生用品，而順時針走向的十二小時鐘盤及一天旋轉兩圈成
了標準模式。[39]

　　究竟為什麼時鐘會順時針旋轉呢？最有可能的解釋是順時針剛
好是第一個出現的形式，也許完全是機率所致，從此，這個系統就
固定在這個方向。這就是唯一的解釋，別無其他。話雖如此，的確
有少數證據指出人腦對順時針方向的理解力比逆時針好。一項研究
發現，雖然一般來說大腦在記憶旋轉方向上的能力很差，但所有的
證據都一致地顯示出，不論旋轉方向為何，受試者表示為順時針的
次數明顯多於逆時針。就這個層面來看，時鐘有可能是因為我們的
大腦才順時針旋轉的，但可以確定的一點是，時鐘絕不是因為日晷
是順時針走向，所以也跟著順時針旋轉。[40]

鏡像只是左右顛倒，而不會上下相反

在波赫士（Jorge Luis Borges）的某篇短篇故事中，有個人物曾宣稱：「鏡子和交配都令人厭惡，因為它們都會增加人的數量。」看看鏡子，你馬上從原本只有一個人的情況變成兩個，這時有一個和你很像的人從鏡子後面看過來。不過若你動動右手，鏡中人則會動左手，若你眨右眼，他就眨左眼。那個多出來的人衣服也變了，原本在左胸前的口袋變到了右邊，釦子也都反過來，甚至連別在胸前的胸花或是勳章，也從左邊移到右邊。房間裡的一切也都相反過來——書或報紙上的字變為鏡像字體，圖畫也顛倒了，其他東西也是。但最神祕或說最詭異的地方，在於鏡子裡的一切看起來似乎都沒有變化，尤其是物件的上下位置依舊在原本的地方，前後也沒有出現任何異樣，所以鏡子沒有顛倒左右嗎？的確是沒有，雖然把它當成是左右顛倒比較容易理解。這是一個老掉牙的問題，所以我把它留到本章的最後。[41]

希臘哲學家柏拉圖在對話錄的《蒂邁歐篇》（*Timaeus*）中討論過這個問題，羅馬詩人兼哲學家陸克萊修（Lucretius）也在他的長詩《物性論》（*De Rerum Natura*）中探問過它，而這問題至今依舊讓人迷惑、引發議論，甚至感到憤怒。一如往常，物理學家費曼對這個問題似乎有特別清楚的洞見，稍後我們會再討論他的觀點。[42]

一般盥洗室所用的鏡子實際上並不會顛倒左右，而是反轉**前後**，這種說法似乎有點詭異，但至少可以解釋為何我們有時會說鏡像是「反過來的」（back to front）。傳統的光線路徑圖（圖 12.6）

顯示出光線是如何從鏡中的物件進入我們的眼睛，影像的右端還是在右邊，左端也還是在左邊，然而物體的前後卻明顯對調了。

　　以我們平常使用鏡子的方式來考量，能將鏡子的作用描述成反轉前後已經很不錯了，但更正確的說法是鏡子反轉了垂直於它表面的空間。當我們望向掛在牆上一面垂直於地的鏡子時，的確會見到前後反轉的情景，但正如安伯托・艾可指出，我們應當「多習慣水平固定在天花板上的鏡子，就像浪蕩者習慣它們一樣」，如此一來，我們就會明白水平的鏡子反轉的是上下，而不是前後，因為在這情況裡，是上下這個方向和鏡面成直角。基於同樣的道理，若是你側身立於鏡前，用眼角的餘光望向鏡子，這時就會發現左右逆轉

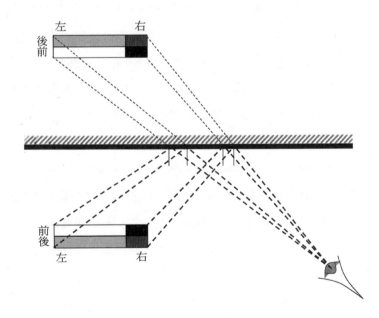

圖 12.6　鏡子的簡單反射。被反轉了的是物體的前後，而不是左右。

過來。有趣的是，不管鏡子是垂直於地或固定在天花板上，鏡中人
總是左右顛倒——若我們揮左手，他們就會對我們揮右手。[43]

究竟鏡子為何看起來是左右相反的？這問題的解答與光學無
關，而是要靠心理學來解釋。我們會用上下、前後與左右來描述鏡
中物體。在這三組對應詞中，只要有任意兩個是確定的，那麼第三
個也就確定了。由於我們是雙足直立動物（所以我們的頭這一端被
定義成是離地球中心較遠的一端，也就是上方），此外，我們頭上
只有一面長有眼睛（所以將眼睛看得到定為前方，而看不到的那一
面則是後方）；這兩個便是主要維度。左右則是要等到上下與前後
都定義出來後，才能決定。鏡子總是會反轉一個空間維度，但這一
個維度必須等上下、前後都被定義出來後，才能描述得出來，所以
不論鏡子實質上反轉的是哪一個維度，永遠都會**被形容成**左右逆轉。

另一種思考鏡像反轉的方法是實驗。在一張紙的右邊寫上
「Right」（右），左邊寫上「Left」（左）字，將這張紙拿到鏡
前，一如預期，所有的東西都顛倒過來——不但字本身是反的，而
且「Right」這個字現在位於「Left」的左邊。左與右似乎互換了位
置（圖 12.7）。

現在重複這個實驗，但這次是將「Right」與「Left」寫在透明
玻璃上，然後將這塊玻璃拿到鏡前。圖 12.8 顯示在這種作法中，
鏡中的文字和在玻璃上寫下的一模一樣。觀察者可以同時看見原本
的字和鏡中字，而且兩者完全相同。[44]

再做一次這個實驗，但這次改用拿紙到鏡前的動作來拿玻璃，
確定每一步驟都相同。你會發現自己必須反轉手臂，而在此過程

中，玻璃會沿著鉛垂面旋轉 180 度。現在，鏡中的文字就像之前寫在紙上的一樣，反轉了過來。

　　現在我們應該已經很清楚，鏡子之所以反轉文字，是因為我們在注視文字的鏡中倒影前，先把它反轉了的緣故。若我們沒有反轉它，正如字寫在玻璃上的例子，那就不會有任何東西被左右顛倒。

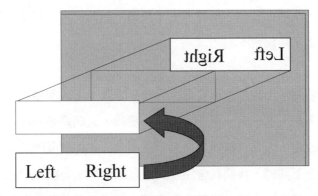

圖 12.7　一張紙條的鏡中倒影相當於在觀察者前面先將紙條本身翻面，然後紙條上的字跡滲透、呈現在紙條背面。

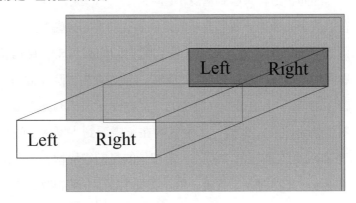

圖 12.8　寫在透明玻璃上的字，其鏡中影像不會反轉。

這就是為何紙上的文字在鏡中會反過來的原因,相當簡單——因為紙被反轉了,而反轉它是必要的,因為鏡子是將前後顛倒,如果不這麼做,就只能看見紙條反面的空白,而看不到寫字的正面。一如往常地,物理學家費曼把這件事解釋得非常清楚:[45]

以一本書為例。（鏡中）字母左右顛倒,是因為我們把書豎起,面對鏡子。我們也可輕易地將書上下顛倒,如此一來,鏡中文字看起來就是上下顛倒的。

鏡子實驗顯示出我們在形容這世界時,認為上下或前後比左右來得重要。因此,當只有一個空間維度改變時,人們總是傾向以左右來描述這改變,因為它被視為是最不重要的。正如費曼所暗示的,如果把書上下翻轉,我們就會注意到這樣的改變,也就不會感到不可思議,但正因為我們是將書左右旋轉,所以我們甚至不會注意到這個動作,因而會對結果感到驚訝不已。

　　在這故事的最後,我們要看的是能真正將左右反轉的鏡子。只要將兩面普通的鏡子擺在一起,使它們之間的夾角成一直角就行了。看看鏡中的你,當你對他眨左眼時,他也會對你眨（他的）左眼。圖 12.9 顯示出這是如何發生的。從物件 a 發出的光先被一號鏡反射（若是沒有二號鏡,那麼就會在 f 處看到「反轉」的鏡像 b,但正如我們之前已澄清過的,這裡指的是前後反轉）。在反射出一號鏡後,光線射入二號鏡,再一次發生反射,使得光線進入位於 e 處的眼睛,看見影像 c。當然,就跟之前一樣,為了要將 a 拿

到鏡前呈像，必須從原本的 d 水平地旋轉，因此 d 看起來和鏡像 c
完全相同。鏡像 c 就跟 d（與 a）一模一樣，左端與右端都沒有改
變。或者看起來是如此。實際上，因為一號鏡和二號鏡交成直角，
所以第二次反射時，並沒有將物體的前後反轉，而是轉換了左右。
這個鏡像於是發生了兩次反轉，但看起來卻像是沒有改變。只要是
經過偶數次的反射，都會讓鏡像看起來跟原本的一模一樣，這是因
為鏡像的鏡像和原始的形象一樣，無法區分。我們的眼睛和大腦並
無法分辨被反轉兩次的物體與沒有變化的物體之間的差別。[46]

　　雙鏡還有一個有趣的特性，只要將它旋轉 90 度，它會形成讓
人上下顛倒的鏡像。要知道這是如何發生的，只消將雙鏡的圖旋轉

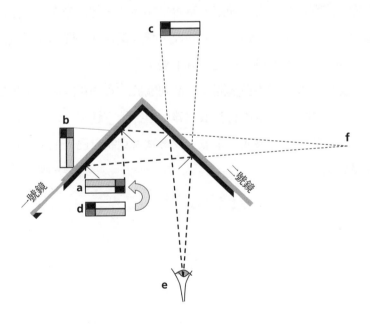

圖 12.9　經過兩面鏡子反射的物體，看起來就像沒有被反轉過。

90 度。一組雙鏡和一面單鏡的狀況截然不同,因為一面單鏡是完全平坦的,若只在它自己的平面上旋轉,並不會造成鏡像有任何不同。陸克萊修和柏拉圖都很清楚雙鏡的特質,柏拉圖在討論完一般鏡子如何顛倒左右後,繼續說道:[47]

另一方面,當視線在交會點反轉時,右還是會在右邊,左也還是會在左邊,正如當鏡面是曲面時,會將右邊的光線改到左邊,而左邊的改為右邊。將同樣的鏡子再轉成縱向,讓鏡面上下顛倒,則光線也會從上轉下。

最後一道難題是:有三面鏡子時會是如何?試想你身在一間兩面牆壁及天花板上都裝上鏡子的房間裡,那麼當你往房間頂端看去時,你的鏡像會左右顛倒,還是維持不變?[48]

　　像這樣的一章不僅揭開了一系列關於左右的錯誤觀念,也對各類主題稍加探究,當中有些很瑣碎,但卻饒富趣味。這些可以是一個章節,也可以延展成一本書。我會試著克制自己,把下一章寫得盡量簡短。

譯注

譯1　「瀰」（meme）是由英國演化學家理查・道金斯（Richard Dawkins）所提出。相對於基因這個遺傳的單位而言，瀰是一個文化傳遞單位，經由模仿的過程，在人腦與人腦之間傳遞。

譯2　艾爾卓文達斯（Ulysses Aldrovandus, 1522-1605）是文藝復興時期的義大利波隆納人，為一名自然史學者，著有十六冊的《自然史》（*Historia Naturalium*）。

譯3　約翰・溫克爾曼（Johann Winckelmann, 1717-1768）是德國古代藝術史研究的創始者。他於 1764 年發表了《古代藝術史》（*Geschichte der Kunst des Altertums*），這是第一本試圖描述藝術發展歷史模式的書。

譯4　克羅馬儂人（Cro-Magnon）為新石器時代的西南歐人種，最早發現時間約在距今四萬年前。

譯5　時報出版的《像藝術家一樣思考》（*The New Drawing on the Right Side of the Brain*）之中譯本是此書的增訂版。

譯6　這裡指的是《畢卡索的祕密》（*Le Mystère Picasso*）這部片。該片榮獲坎城影展的評審團特別獎。

譯7　1937 年 4 月，希特勒派空軍轟炸西班牙的格爾尼卡，該鎮燒了三天，死亡人數逾千。畢卡索便是根據目擊者的描述作畫，以瀕死長嘶的馬、仰天呼號的人、死嬰、嚎啕大哭的母親與呆立的公牛等，描繪戰爭的恐怖。

譯8　美國知名搖滾樂手，除了流行音樂外，也創作電子搖滾與鄉村搖滾樂。

譯9　十九世紀的英國思想家，對當代哲學、政經體系影響甚劇。其著作

以《論自由》（*On Liberty*）最為知名，在女權方面的著作則有《女權辯護》（*The Subjection of Women*）。

譯 10　此為艾略特以農村背景所寫的長篇小說，於 1859 年出版。

譯 11　瓦斯科‧達伽馬（Vasco da Gama, 1469-1524）為葡萄牙航海家，曾三次遠征印度洋。

第 13 章

布偶也有偏手性

　　在我的書架上有一整排討論左利的通俗書籍，而網路上也有幾百個這類的網站，且數量不斷增加。這些書籍和網站通常都是左利者寫給左利者看的，不斷重述著左利者經驗談的現代神話。當中許多帶有偏見，還有一些則完全錯誤。他們的筆調常是輕描淡寫，再點綴些糟糕的雙關語和漫畫，好像連左利者自己都為討論他們特殊的處境感到尷尬。加拿大薩斯卡通大學（U. of Saskatoon）的婁倫‧艾立厄斯（Lorin Elias）近來審視了這些書籍與網站的內容，並表示若過去的左利者是一群「相對沉默的少數族群」，只有幾本書會討論他們的處境，那麼如今網路「已經造成相關資訊爆炸（雖然主要都是廣告）」。雖然多數內容都未經過科學驗證，或者根本就是錯的，但這些網頁的確「提供閱聽者（主要是左利者）有用的資訊，以及滿足人們想要知道關於左利的一切細微末節」。正因為有人想要了解這些軼聞趣事，所以這一章將提供這方面的資訊。但本章並不是關於左利與右利世界的八卦消息，這裡可不會有二流肥皂劇左利演員的名單，而是希望透過一些有趣的資訊博君一笑，達到寓教於樂的效果。[1]

芝麻街布偶都是左撇子

　　芝麻街布偶（Muppets）是一群可愛的玩偶，出現在一個相當成功的兒童電視節目中；這些布偶多數都是左撇子。設計這些布偶的吉姆‧漢森（Jim Henson）據說也是左撇子。因此有傳言說他想要創造一個左利者幻想的世界——一個人人都是左利者的世界。這個說法很誘人，但事實並非如此。漢森也許真是左利者，但幾乎其

他操作玩偶的工作人員都是右利者。操作玩偶並不容易，尤其是頭的位置，因此必須用比較靈活的右手來控制頭部，接下來則是要控制難度次之的手，這時當然只剩下左手可以控制玩偶的左手，所以這些玩偶才都是左撇子。[2]

為何 BBC 的畫面測試卡會反過來？

1967 年，英國國家廣播公司（BBC）為了要確保全新製播的彩色節目畫質，得在每晚節目停止播送後，在螢幕上放映「測試卡」，這樣工程師才能調整畫質。當時選出的圖案到今日都還在使用，雖然只有在午夜才會播出，但英國人對此都很熟悉。BBC 的工程師喬治・赫西（George Hersee）用了他八歲大的女兒卡洛（Carole）的照片，這張照片如今家喻戶曉。卡洛坐在電視螢幕左邊，長髮上戴著一個紅色的髮箍，正在黑板上玩井字遊戲，右手拿著一枝粉筆。不過卡洛其實是個左利者，而這張照片被左右翻轉過，因為 BBC 高層的一位不知名人士認為，讓大眾知道她是左利者不太妥當。[3]

羅馬皇帝康莫多斯是左撇子

羅馬皇帝康莫多斯（Commodus）是古羅馬帝國最殘忍的暴君之一，雖然他的父親馬可・奧里略（Marcus Aurelius）皇帝是寬宏大度的斯多噶學派哲學家，但正如愛德華・吉朋（Edward Gibbon）在《羅馬帝國衰亡史》（*Decline and Fall of the Roman Empire*）一書中所指出的，「康莫多斯的心連一點美德與人性都沒

有」。跟提庇留（Tiberius）大帝一樣，康莫多斯也是個左撇子，但從未列名在任何一個「知名左利人士榜單」上，似乎沒有人認為這值得強調，這點倒不大讓人意外。雖然康莫多斯鄙視所有的古典學科，他自己卻相當擅長射標槍與弓箭，「並且靠著銳利的眼力與靈巧的手，很快就與他那些技巧高超的指導者並駕齊驅」。這位皇帝嗜血的癖好在競技場上發揮得淋漓盡致，他參與過至少七百三十五場比賽，均是扮演「追擊者」（secutor）的角色。正如迪翁‧卡西歐（Dion Cassio）所說的：「他右手拿著盾牌，左手握著木劍，顯然對自己身為左利者感到驕傲。」他的成功可能有部分是來自於左利者在某些運動競技項目中的優勢，但身為一個剛愎自用而殘忍的獨裁者，恐怕多少也有一些幫助。[4]

被電影忽視的左利

在贏得多項奧斯卡大獎的電影《神鬼戰士》（*Gladiator*）中，左利的羅馬皇帝康莫多斯依舊被刻畫成一個右利者。不過，這部電影多數的情節都與歷史不符，所以這其實不算什麼嚴重的錯誤。左利者很少出現在電影中，比方說在 1949 年的《聖女貞德》（*Joan of Arc*）中，由英格麗‧褒曼（Ingrid Bergman）飾演的聖女貞德便是個右利者，從電影海報上很明顯就能看出她以右手握著劍。據信是左利者的亞歷山大大帝，是許多電影中的主角，但在電影中清一色都變為右利。只有在不得不的情況下，電影才會忠實呈現原本左利的特徵，比方說 1948 年的《貝比‧魯斯傳》（*The Babe Ruth Story*）是關於棒球球員貝比‧魯斯的故事，他因為精湛的球技與左

撇子的特徵而聲名大噪。偶爾，電影力求忠實呈現，但卻弄巧成拙；《左手神槍》（ *The Left-handed Gun* ）便是少數表面上值得尊敬的例外。在該片中，保羅‧紐曼（Paul Newman）飾演以左手持槍的歹徒比利小子。我之所以形容它是「表面上值得尊敬」，是因為那部片還是弄錯了。關於比利小子是左利者的傳聞，其實只是根據一張照片而已。這張照片的真實性無庸置疑，是他於 1880 年在松拿堡（Fort Sumner）所拍攝的。原本的照片早已遺失，但這張複製品依舊栩栩如生，看得出來他就站在那裡，左腰間插著柯爾特左輪手槍，右手則拿著溫徹斯特卡賓槍，相當具有說服力，但可惜是錯的。在比利過世後一個世紀，人們終於在 1986 年找到了原本的照片，發現之前的照片是經由錫版（或稱鐵版）照相這項古老的技術所拍攝的，錫版照相在製作過程中會將影像的左右顛倒過來。仔細檢查這張照片，會發現鈕釦和皮帶釦都反了過來。圖 13.1 是比利真正的樣子，一個右利者，又多了一個要從知名左利人士榜單除名的人。[5]

電影《鐵達尼號》其實只造了半艘船

　　《鐵達尼號》（ *Titanic* ）堪稱是電影史上耗資最高的電影之一，很難相信製作群為了要節省成本，竟然只建造了半艘船，然後在影帶後製的過程中，以左右反轉的處理讓人們產生一整艘船的印象。當然這意味著許多道具與服裝必須有兩個版本，一個是正常的，一個是鏡像對稱的，所以許多標示，好比水手帽上的名字、「WHITE STAR LINES」（白星輪公司）也必須逆轉成「ƧƎИI⅃ ЯATƧ ƎTIHW」，

原本的照片　　　　　　　　　　　　　　　　　　　　　　　　　　　　　　　　　　複製的照片

圖 13.1　比利小子於 1880 年拍攝的錫版相片。右手邊的影像是原本的照片，比利看起來像是個左利者。左邊的照片則是將這張照片左右顛倒過來，顯示出比利真正的樣子：他用左手握著來福槍，而可以用右手拿六連發左輪手槍，也可以從背心上的鈕釦確定原本的錫版相片左右顛倒了。

而夾克與外套的鈕釦則要縫製在另一側。問題是到底要建造哪一側呢？這是一個重大的決定，到最後，決定造右舷。這是考量到片場的風向，也就是要讓靜止的船身上的煙囪冒出來的煙看起來是往船尾吹。不過這個設計使得拍攝在南安普頓（Southampton）登船的畫面格外困難，因為過去的慣例都是在左舷登船，所以整個場面必須在影帶編輯時全部反轉過來。這種後來稱之為「假戲」（flopped shots）的拍攝手法讓當時每個參與的人都感到十分困擾。製片人詹

姆斯・柯麥隆（James Cameron）就說過：「那時有一些邏輯不通的對話，例如『是右舷嗎？那就是錯了。錯了嗎？很好！』（It is right? Then it's wrong. It's wrong? Good!）」雖然所有的道具都可以左右反轉，但演員，尤其是大批臨時演員（他們多為右利者）卻無法反轉過來，於是在假戲場景中，他們就變為左手與左腳比較靈活的左利者。以慢速放映這部影片，選擇左舷的場景，看看自己是否能發現這是一個鏡中的世界，是一項有趣的挑戰。可以特別注意眾人在船邊揮手道別的場面，以及泊船用的繩索是否有異樣。[6]

在阿拉伯大漠的飲食禮節

在電影《阿拉伯的勞倫斯》（*Lawrence of Arabia*）的開頭，勞倫斯由塔法斯・艾拉席德（Tafas el Raashid）陪同，橫越沙漠前去會見席瑞夫・阿里（Sherif Ali）。在路上，塔法斯分給勞倫斯一些貝都因食物，勞倫斯很感激地接受了，並以左手就食。阿拉伯人絕不會拿這隻手來碰食物，而是用它來清潔自己腰部以下的部位。熟稔中東文化的勞倫斯絕不可能如此失態。接下來，阿里謀殺塔法斯的一幕也完全沒有歷史根據。勞倫斯在《智慧七柱》（*Seven Pillars of Wisdom*）中記載的是塔法斯毫髮無傷地回到村莊。不過，「真實性」和「好萊塢」本來就漸行漸遠。

偶爾藝術家會告訴我們，他是用哪一隻手創作的

1943 年，達利（Salvador Dali）創造出他所謂的「抽搐作畫法」（espasmo-graphisme）。那是一件凹版蝕刻版畫，題名為《自

慰》（*Onan*）。在畫的右下角，達利附了一段法文解釋這幅作品
「是以左手完成的，當時我正用右手自慰」。這幅畫並不是達利最
偉大的作品，不過可以由此推測，達利是拿一般常用的那隻具有高
度技巧的右手，來從事需要高靈敏度與技巧的工作。[7]

鏡像書寫

彼得・凱瑞（Peter Carey）在他的小說《黑獄來的陌生人》
（*Jack Maggs*）中描寫麥格斯正在寫一封信：

他以紫色的墨水寫下「親愛的亨利・菲普斯」，但他並不是由左至
右寫下這些字，而是像這樣：「禛普菲・味亨的愛賺」。他寫得很
流暢，好像早就已經習慣這種加密的寫法。

麥格斯似乎是右利者，而多數的右利者都是以左手來寫鏡像字體。
這可能是因為控制左手的大腦和控制右手的大腦區域互為鏡像，由
稱為胼胝體的一大束神經纖維所連結。任何造成一隻手動作的作
用，都會造成另一隻手做出鏡像的動作。這就是右利者發現用右手
按照平常方式書寫的同時，左手能輕易在黑板上鏡像書寫出自己的
名字時，往往感到驚訝不已的原因。[8]

大約在 1700 年，蘭提流士（Rosinus Lentilius）曾描述一名來
自諾德林（Nordlinga）的士兵，他是自發寫出鏡像字體的早期個案
之一。他在戰爭中失去右手臂，後來就開始以左手寫出鏡像字。鏡
像書寫在左利者中似乎比較常見，披頭四裡的左利成員保羅・麥卡

尼就曾形容過：「我小時候似乎做什麼事都會顛倒。以前我寫字總是倒著寫，每次學校裡的老師看到我的教科書都會發脾氣。」在美國進行的一項大型研究顯示，在一次大戰前，學童自發性地寫出鏡像字體的比例約為兩千五百分之一，而他們全都是左利。那個時期的左利比例為 4%，這表示左利者中約有 1% 會自然地寫出鏡像文字。那個時期可能還是教導左利孩童要用右手寫字，所以當他們以比較有技巧的左手書寫時，就會寫出鏡像字體。此外，在右半身中風而癱瘓的右利病人身上，也常出現鏡像書寫。[9]

　　偶爾也會出現「雙重鏡像書寫」的情況，也就是不僅左右顛倒，連上下都是相反的。克列蘭波（M. Clérambault）稱這種情形為「雙重鏡像書寫」（écriture en double miroir），看起來就像下面這樣：

（鏡像示範文字，雙重鏡像書寫）[10]

　　世上有兩位知名的鏡像作家。一位是《愛麗斯夢遊仙境》的作者路易斯‧卡洛爾，不過他只有在回信給他的兒童讀者時，會在信中的某幾個段落偶爾採用鏡像字體，純粹是要讓孩子們感到驚奇。另一位更知名的鏡像文字高手則是達文西，他寫給自己查閱的筆記本上幾乎全都是鏡像字體。[11]

舉世聞名的左利者達文西可能本來是個右利者

　　身為左利的達文西幾乎變成了一則傳奇，而鏡像文字寫成的天才筆記本似乎更加印證了這個傳奇，透露出一種「與眾不同」的氣味，表示這出自和凡夫俗子不同的心智世界。達文西的確是慣用左手的，他的數學家朋友路卡・帕西歐利（Luca Pacioli）曾描述他用左手寫字的情況，且他的圖畫也有左利者才會畫出的向後倒線影，也就是「\\\\\」，而不是一般右利者常見的向前傾線影「/////」。雖然達文西大部分的書寫都是鏡像字體，但當需要供其他人閱讀時，他偶爾也會按照正常方向書寫。1502 年時，達文西畫了兩張托斯卡尼奇亞納山谷（Val di Chiana）的地圖，一張的地名是用鏡像文字表示，另一張，可能就是成品，則按一般方式書寫。這兩張圖上的文字，尤其是圖 13.2 中鏡像版的文字，彷彿是一種經過「翻轉」的文體，只要相互對照便會發現，達文西的鏡像文字幾乎就是他正常手寫體的鏡像。[12]

　　多數以左手書寫鏡像文字的人，之前都被教導過改以右手書寫。達文西有可能本來是個右利者，但因為受傷而改用左手寫字嗎？目前所知，達文西最早的筆記是他在二十一歲時寫下的，那時他還不需考慮書寫內容外洩的問題，但他已經在用鏡像文字了，這表示達文西可能在書寫上沒有什麼選擇的餘地。達文西的右手可能在某個時候受傷了，他留下的那句「感謝上帝讓我從謀殺中逃脫，只有一隻手脫臼」，可能就是指這件事。也有人認為達文西早年的畫作是用右手畫的；還有人從達文西一張早期的手的素描推測，他

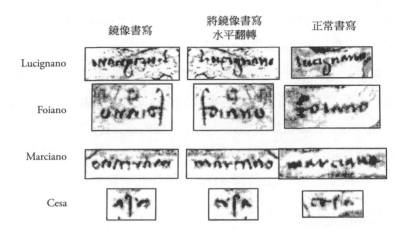

	鏡像書寫	將鏡像書寫 水平翻轉	正常書寫
Lucignano			
Foiano			
Marciano			
Cesa			

圖 13.2 托斯卡尼地區的四個城鎮名，取自於達文西繪製的奇亞納山谷地圖。左排的地名取自地圖的草稿，顯示出達文西通常由右至左書寫的鏡像文字；右排的地名則是來自於完稿的地圖，上面的文字和達文西平常用的不一樣，是一般由左至右書寫的文字。最簡單的比較方法是看中間這一排，這是將鏡像文字稿水平翻轉過來，也是由左往右讀。

畫的可能是自己鏡子裡的右手，當中的確看得出手指明顯殘缺。整體看來，達文西的確有可能本來是個右撇子，但因為右手受傷，使得他後半輩子都用左手畫畫，並以左手書寫鏡像文字。[13]

「asymmetry」一字常被拼錯

　　英文的「asymmetry」（不對稱）這個字，因為其中有兩個「m」，是語言學中所謂的「重疊音」（geminate）；這個詞是從拉丁文中的雙胞胎衍生而來。這類重疊音字常常被拼錯，在任何一個科學性的資料庫中搜尋，都能發現如「assymmetry」、「assymetry」或「asymetry」等錯字。這類字中，最常被拼錯的可能是有

調和或膳宿之意的「accommodation」，它常被誤拼為「*accomo-dation*」或「*acommodation*」；另外，「cappuccino」（卡布奇諾）的錯字「*capuccino*」似乎也到處可見。1970 年代，我還是個大學生，在寫信給麥克・科波利斯（Michael Corballis）時，我把「asymmetry」誤拼成「*assymmetry*」。他的諄諄告誡讓我從此不會再犯這個錯誤，他是這麼說的：「你應該注意到你所忽略的這件事，那就是『不對稱』這個字本身也帶有不對稱性。」

浴缸中的龍捲風

在北半球，龍捲風幾乎都是逆時針旋轉的，在南半球則是順時針旋轉，雖然偶爾也會有例外。造成這個現象的原因是科氏力（Coriolis force），它是由十九世紀的法國物理學家古斯塔夫・加斯帕・科瑞奧立斯（Gustave Gaspard Coriolis）所發現，後來便以他的名字來命名。隨著地球旋轉，地表的空氣和水也會跟著旋轉，因為在赤道附近的旋轉速度最快，越往兩極靠近的區域越慢，因此北半球的大型水團在靠近赤道地區的流動速度較快，使得它呈逆時針旋轉，在南半球則顛倒過來，會呈順時針旋轉，所以龍捲風與洋流在南北半球的旋轉方向是相反的。關於上述這部分並無爭議，並且可以輕易從衛星雲圖中求證，真正引發許多爭議與數不清辯論的是，科氏力是否也是造成浴缸中少量用水旋轉的原因。浴缸的一側比另一側偏北，所以這兩側在空間中移動的速度會有些許差異，可能會在洗澡水上形成一股扭力，所以理論上，在北半球，水流入排水孔的方向可能是逆時針，在南半球則是順時針，而在赤道上則是

兩個方向的旋轉機率各半。是否真是如此，還有待毅力與耐心兼具的實驗家來解決。不過一般相信，科氏力所產生的微小效應很容易就會被其他各種因素所掩蓋。[14]

請靠左側洗內褲

有別於一般人對科學界人士的刻板印象——死板、穿著白色實驗袍的怪胎科學家——一位《新科學家》的讀者買了一件絲質內褲，裡面附有一張她覺得無法理解的說明：「要保持本產品良好的質地，建議您靠左側清洗這件絲質製品。」另一名讀者澄清了這段話：因為這件內褲是瑞士製造的，在那裡，通用的語文是德文，而德文的「links」不僅代表左邊，也有「反過來」之意。[15]

左右旋的松樹

生長在北半球的松樹通常有很明顯的逆時針螺紋，覆蓋整棵樹身。在赤道以北，樹木南側的枝葉通常較繁盛，因為這一側受到的日照較多。北半球主要是吹西風，對松樹枝葉茂盛的南側作用力較強，於是讓樹扭曲，使得樹以逆時針旋轉的方式生長。這是一個很好的理論，尤其當有人發現紐西蘭的松樹螺紋多為順時針時，這理論似乎更有道理了。不過要測試這理論的真正方法是，將一棵北半球的逆時針旋轉生長的松樹移植到南半球。結果讓人大失所望，它們還是繼續逆時針旋轉生長，這意味著遺傳因子可能參與其中，且扮演相當重要的角色。[16]

慈鯛科魚的左右嘴

　　慈鯛科（cichlids）是種類相當多樣的魚，在東非的大湖區
（Great Lakes）中就發現上百種這個科的魚。其中最特別的是食鱗
類（*Perissodus microlepis*），牠們生長在坦干伊喀湖（Lake Tanganyika）
中，以其他魚類體側的魚鱗為食。牠們有一張高度特化而朝向某一
側的嘴巴，所以牠的牙齒可以刮下魚鱗。這種魚的嘴巴朝左或朝右
是由遺傳因子決定的，朝右的比例略多一些。朝左或朝右的比例每
年都會變動，不過都是在 50-50 的比例上下浮動，可能是「頻度依
賴選汰」的機制使得低比例的族群占有優勢之故。試想當多數的魚
都是嘴朝右時，牠們只會吃食其他魚的左半邊魚鱗，不久之後，牠
們的獵物就會察覺到這項特徵，並且專心躲避來自左側的攻擊。屆
時嘴朝左的魚便占有優勢，因為獵物不會注意到牠們，牠們的數量
因此開始增加，最後嘴朝左的魚就會超過半數。這時候獵物又會開
始注意來自右方的攻擊，所以這次變成是嘴朝右的魚取得優勢，並
且增加數量。長此以往，將演變成魚嘴朝右或朝左比例各半的情
況，在食鱗魚的例子中確實如此。[17]

蠣鷸與右旋的淡菜

　　蠣鷸（oystercatcher）的鳥喙既長且直，功用是敲打淡菜這類軟
體動物的殼，將牠們打碎後再撬開取食。這是相當辛苦的工作，一
隻蠣鷸可能要敲打六百次之後才有辦法享用到晚餐，因此蠣鷸在這
方面非常敏感，不會放過任何能夠更有效率打開淡菜殼的機會。如

果你吃過淡菜，就會知道淡菜的兩片殼並不是完全對稱的，雖然你可能從未發現許多淡菜右側的殼比左側平均薄了約 0.036 釐米。這其實是很小的差距，但蠣鷸還是很在意，因為牠們通常可以省下 3% 的力氣。因此，牠們發展出一套非常精細的策略：在敲打殼之前會先測試哪一側比較薄，然後才開始敲打。若是牠們分辨不出來就敲打右側，反正右側通常是比較薄的。[18]

英國皇室的左撇子成員

　　一張威廉王子在「間隔年」[譯1]於智利拍的近照，捕捉到他用左手清洗地板的情景。幾年前，威廉王子則被拍到他在伊頓公學註冊時用左手簽名的畫面。毫無疑問地，他是個左利者。他的父親查爾斯王子也是左利名人清單的常客，不過關於查爾斯王子的偏手性證據都很薄弱。威廉的曾祖母，皇太后伊利莎白是個左利者，他的曾祖父喬治六世也是。喬治六世用右手寫字，並有嚴重的口吃，這被歸咎於他原是個左利者，卻被強迫用右手寫字的緣故。喬治六世是唯一參加過溫布敦網球賽的皇室成員，他在 1924 年參加男子雙打，當時他是以左手打球；不過，他和隊友在第一輪就被淘汰了。喬治六世的曾祖母維多利亞女王據說也是左利者，而她雖用右手寫字，但卻以左手畫畫。她的其中一個孫子，也就是後來即位的愛德華七世的兒子艾爾伯·維克托王子（Prince Albert Victor），被策封為克萊恩公爵（Duke of Clarence），他應該也是個左利者（見下一段）。[19]

開膛手傑克也是左撇子？

　　開膛手傑克刀下的五名受害者都是割喉致死，而傷口全是由左到右被劃開，因此警察與驗屍官都推測兇手是名左利者。這麼多年下來，嫌犯的名單越來越長──有本書一共列了三十七位──但多數都只是推測而已。令人扼腕的是，這些嫌犯當中沒有幾個人的偏手性是確定的，而維多利亞女王的左利孫子克萊恩公爵倒是個例外。他去世得早，據說是被一名妓女傳染了神經梅毒，於是有人推測他因此展開報復行動。[20]

歷任美國總統中有六位是左利者

　　在四十二位美國總統中，有六位是左利者。第一位是詹姆斯・加菲爾德（James Garfield），他是第十二任的總統，於 1881 年任職，並於同年遭到暗殺。下一位是第三十三任的杜魯門（Harry S. Truman）總統，任期為 1945-1952 年，他用右手寫字，但總是用左手來為每季棒球賽開球。杰拉德・福特（Gerald Ford）是第三十八任總統，任期是 1974-1977 年，由於他逆時針轉身時經常迎面撞上繞著他順時針移動的侍從，因而被冠上笨拙的醜名。不論這是否造成福特連任失敗，這些白宮的工作人員都丟了飯碗。第四十任總統羅納德・雷根（Ronald Reagan, 1981-1989）是一位以右手寫字的左利者。一名白宮的工作人員曾描述：「我們有一個小撇步，只要讓總統永遠站在我們前方半步就好了；若這行不通，那就在兩邊都留下一步的距離。這樣不論他往哪裡轉彎，都不會和人相撞。」第四

十一任總統老布希，就任期間為 1989-1993 年。1992 年他尋求連任時，那年的三位總統候選人，包括自行參選的羅斯‧斐洛（Ross Perot）在內都是左利者。如此一來，下屆總統一定就是左利者。而這個贏家是四十二歲的柯林頓（Bill Clinton），任職期間為 1993-2001 年。雖然他是近二十年來的第四位左利總統，但柯林頓的習慣還是讓白宮的人員感到訝異。他的策略顧問迪克‧摩利思（Dick Morris）曾這樣描述過總統：[21]

……在電話中逐字地慢慢修改，最後把我的草稿傳真回來給我，上面滿是他的手寫注記。總統是個左利者，而我從來沒看過左撇子為修訂所做的標記，文字的走向一開始是向下的，然後又向上，最後往左寫出去，而不是往右。我想不出來這些到底是什麼意思。那天晚上我第二次打電話給他，我問他那些內容，結果他輕聲發笑，表示：「這就是正確的修訂方式。」

討論左利的通俗書籍常常拿戰後的十一位總統中有五位（45%）是左利者這件事來大做文章，還會特別強調在最近六任總統中，有三分之二都是左利者。乍看之下這的確相當不簡單，但稍後你會明白這樣一個組合並不純然只是機率。從 1900 年以降，十九位總統中只有五位是左利者（26%）。若左利者真的比較有機會擔任官職，那麼副總統的左利比例也應該偏高才是。但是從 1900 年開始，扣除掉五位後來成為總統的副總統，剩下的十四位副總統中只有尼爾森‧洛克斐勒（Nelson Rockefeller）是左利者，僅占 7% 的比例。

1900 年之前，在二十三位美國總統中只有一位是左利者（2.3%）。
整體來看，七十六位正副總統中有七位是左利，9.2% 的比例算是
相當普通。

兩位右利美國總統學習用左手寫字

在巴黎擔任駐法公使的湯瑪斯・傑佛遜（Thomas Jefferson），
也就是後來美國的第三任總統，當時和一位英裔義大利藝術家瑪麗
亞・科斯威夫人（Mrs. Maria Cosway）過從甚密。雖然他們之間的
關係撲朔迷離，但似乎可以確定在 9 月 16 日那天，他和瑪麗亞一
起去參觀巴黎附近的獨立園（Le Désert de Retz）譯2，這是一片相當
時髦的「荒野」。傑佛遜在那裡摔了一跤，造成他的右手肘不知是
骨折或脫臼。他平常是會寫很多信的人，在受傷後的一兩個星期則
需靠著抄寫員來幫忙。在 10 月 5 日那天，他以左手寫了一封短箋
給瑪麗亞，而右手只用來署名。在 11 月中之前，他一直是用左手
寫字的，當然盡可能以簡短為原則。在一封寫於 10 月 22 日的信
中，他略微提及以左手寫字的麻煩，並且簡略地對手傷的折衷方案
表示意見：「以左手來描寫我的右手受傷的情況，會是一個很長的
故事。這種蠢事不會帶來什麼好的結果，壞事倒有可能。」他一併
將感受與想法表現出來：「我的右手也會獻出它的問候，並且為左
手替代它做了那麼多有價值的通訊而感到憤慨，它重新取得應有權
利的那天，我會讓妳立刻知道。」[22]
伍卓・威爾森（Woodrow Wilson）在 1912 年成為美國第二十
八任總統，他也是 1919 年的諾貝爾獎得主。在他一生中，因為高

血壓而發生多次中風，最嚴重的一次是在 1919 年，那時他還是美國總統。他第一次中風是在 1896 年，當時四十歲的他是普林斯頓大學的教授。5 月 27 日那天，是他動身前往蘇格蘭的格拉斯哥（Glasgow）慶祝克耳文勛爵封爵的三天前，威爾森的右手變得無力與遲緩。令人敬佩的是，他在幾乎沒有練習的情況下，立即開始以左手寫字，而且還寫得相當流暢與清楚，和他右手寫出來的字只有些微不同。此後他一直用左手寫字與打字，直到 1897 年。在 1897 年 1 月寫信給妻子艾倫時，他破例沒有完全使用左手寫完整封信。在以右手書寫的最後一段，威爾森以傑佛遜對於右手權利的主張作為解釋：「不管做任何事，都不會比以機械來親吻你更為過分。」[23]

行動電話可能導致右側腦癌

腦癌在大腦左右側的發生率通常是一樣的。關於行動電話會加熱與頭部接觸的地方，放出電磁波，並導致腦癌的論點仍有許多爭議，相關證據還很薄弱。但目前有一項很耐人尋味的發現，手機使用者發生腦癌通常是在大腦右側，也就是多數人接聽電話的那一側。不論這結果是否可以重複被驗證，大腦功能區的側化對於手機造成腦癌理論的成立與否相當有幫助。[24]

愚人的心掌握在左手中

在《英王欽定本聖經》中，在〈傳道書〉裡有一段謎語般的訊息：「智慧人的心居右；愚昧人的心居左。」顯然這句話不能按字

面的意思解釋，但也很難解讀任何隱喻意義。從希伯來文翻譯成英文的過程中勢必遺漏了某個訊息，但究竟是什麼呢？《新英文聖經》（New English Bible）裡也沒有更詳盡的解釋，反而添加了更多讓人困惑的內容：「智者的心智面向右，而愚人的心智則向左。」這依舊無法由字面來解釋，因為心智既不會面右，也不會向左。另一種翻譯似乎更糟，將手和心混合在一起：「智者的理解力掌握在他的右手中，而愚人的心在左手裡。」

　　長久以來，我一直對這段話百思不解，突然之間意外尋獲解答。有一次在《猶太百科全書》（Encyclopaedia Judaica）查詢其他資料時，我終於發現一個差強人意的解釋。百科全書上的翻譯是：「智者的心智向右（就是能帶給他好運的地方），而愚人則朝向左。」換句話說，智者會做之前帶給他好運的事。既然對未來最佳的預測就是根據過去而來，依循前例可能在未來會繼續帶來好運。總之這跟心臟一點關係也沒有，更別說是左右了。[25]

鏡裡鏡外的畫展現不同風貌

　　藝術史家韓瑞屈・沃夫林（Heinrich Wölfflin）曾說過，鏡中的繪畫與素描看起來有不同的效果，並以林布蘭（Rembrandt van Rijn）的版畫《三棵樹》（The Three Trees）來示範鏡子的作用。圖13.3 顯示出原畫與鏡像處理過的畫。看看這兩張，並試著找出它們的不同點——因為它們顯然帶給人不同的感受。

　　上面這一張，「長在右邊的一叢樹帶給人能量的感覺」，而在下面這一張，「樹的重要性被降低，似乎轉而強調其他平坦的部

圖 13.3　林布蘭的《三棵樹》版畫。一張是複印原畫，另一張則是經過鏡像處理。內文中有説明哪一張是哪一張。

分，那無盡的平原」。藝術史家常常建議由左至右「讀」一張畫，因為西方人也是這樣閱讀文字的。這在某些方面可能是真的，但也有可能是因為左邊的空間比較容易吸引大腦右側頂葉的注意力。不論是哪一種原因，我們的視線確實會先被圖畫左邊所吸引，再掃過整幅畫面，移到右邊，因此才會覺得這兩張林布蘭的版畫有不同的主題。在圖 13.3 中，上面那幅才是「正確的」。不過，林布蘭在蝕刻版上作畫時看到的，一定是我們所看到的下面這張，也就是這

幅畫的「反轉」版。而讓人感到不可思議的是，一般看過圖 13.3
的這兩張畫，或是其他畫與其鏡像畫的人，都無法確定哪一幅是原
作，哪一幅經過鏡像處理，除非他們之前曾經看過。[26]

左半臉與右半臉長得不一樣

　　威廉・班頓（William E. Benton）在 1930 年為他的「真實鏡
子」（Reality mirror）申請專利。這是一塊設計巧妙的銀片，能夠
讓人看到照片中的人同時以右半臉或左半臉組合成的樣貌。班頓提
出的其中一張樣本是作家愛倫坡（Edgar Allan Poe）的照片（圖
13.4）。班頓還形容，右臉的組合顯示出「愛倫坡的意識層面或外
顯的一面，具有誠摯、直接、保守、值得依賴與本分的性格」，而
左側的組合則是「愛倫坡潛意識或隱藏的臉，帶有悲劇的、創意
的、陰謀的、殘忍的，以及感官的特質」。班頓說道：「我們每個
人身上都有些許的傑寇醫生與海德先生。」

　　毫無疑問地，兩個右臉頰的組合與兩個左臉頰的組合截然不
同。不過，這有部分是因為愛倫坡的髮線分在左側，而造成兩種不

圖 13.4　中間是愛倫坡原本的照片，左邊是兩張右臉頰的組合，而右邊則是兩個左臉
頰的組合。

同的髮型。另外，光線是照在愛倫坡的左側，這表示兩邊眼睛形成
的陰影會非常不同。不過即使把這些因素全部考量進去，右臉還是
和左臉很不相同。許多人都可以辨認出由兩張右臉拼湊出的臉，卻
認不出由兩張左臉所拼湊的。這個原因非常複雜，不僅牽涉到臉本
身的不對稱性，當中用來控制表情的肌肉，也關係到辨認臉孔的功
能是由右腦所負責。右腦會比較注意左方的空間，也就是會多看一
眼他人的右臉。[27]

太陽從左邊照射過來

　　圖畫中的陰影會給人一種空間感。雖然多數畫中的光源都是陽
光，但太陽通常不會出現在畫中，只能由陰影的型態來推斷太陽的
位置。畫中的光線多半來自上方，而且不知為什麼，多是從左方照
射過來。既然太陽是主要的光源，那光線來自上方就沒什麼好意外
的，但為什麼會是左方呢？一般的解釋是因為藝術家多為右利者，
他們會選在光線由左側照下來時作畫，避免在紙上造成陰影。的確
是有這個可能，但這並不是完整的答案。圖 13.5 顯示出來自不同
方向的光線所造成的陰影效果，每一個圓圈都像是半圓月，一側受
光，另一側則落在陰影中。這會帶來空間感，這些圓圈不是像窪地
往內陷，就是像乒乓球一樣往外凸。在每個方塊中都有一個圓圈的
光源和其他的相反，對觀察者而言，那個圓圈應該相當突出。光源
是從上方或下方照射時，會比光線從其他方向照射過來的情況容易
辨認方塊中和其他不同的那個圓圈，但是精心設計的實驗也證實當
光源稍微偏左時，也會比光線從右側照射過來時容易辨認當中不同

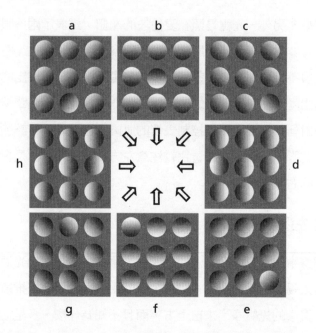

圖 13.5 陰影效應。在每個方塊的九個圓圈中,有一個受光面與其他的相反。在(b)中,光線看起來是從上方照射下來,八個圓圈看起來向外「突出」,像是圓形的腫塊,只有中間的第九個圓圈向內凹,形成一個小洞。在(f)圖中,光線是由下往上照射,所以只有一個圓圈往外。將這本書上下顛倒,這個效應也隨之翻轉。在(d)與(h)的方塊中,光線分別是從右與左照射過來的,比較難區分出哪一個圓圈的受光面與其他相反。在(a)、(c)、(e)與(g)中,光線是從對角射入的,若是你看不出圓圈是立體的,可以稍微側個角度看它們,而不要直視。

的圓圈。我們的大腦似乎假定太陽是從左邊照射的。[28]

偏左的聖母

　　女人傾向將嬰孩抱在左側而不是右側,最淺顯的解釋——多數女人是右利者,所以希望空出右手做其他事——其實是錯的,因為

左利的女人也將孩子抱在左側。紐約的心理學家李・紹克（Lee
Salk）是第一個系統性描述這項行為的人。他推測，孩子接近母親
的心臟時會產生和緩情緒的效果。母親對嬰孩說話的方式也會因為
抱在不同側而有所差別：抱在左側時，她們的音調較低、輕聲，也
比較和緩；抱在右側時，音調較高、大聲，也比較激動。這理論的
最終測試當然是檢視心臟在右的內臟逆位婦女，觀察她們抱嬰兒的
行為。[29]

　　紹克還發現，文藝復興時期的聖母與聖嬰像（Madonna and
Child）通常也將聖嬰抱在左邊，他還推測普天之下都是這樣描繪
母子的。這是一個很好的理論，我記得有一次將它描述給一個好朋
友聽，那時我們正好走過收藏義大利繪畫的展覽室，第一間就是文
藝復興早期的繪畫，裡面有數十張聖母與聖嬰的畫像，而且幾乎每
一張聖嬰都是被抱在左側。不過當我們更深入展覽室，觀賞文藝復
興晚期時的畫作，便覺得這理論似乎有點站不住腳。回到家後，我
在藏書中進行系統性的蒐尋，結果不出所料，在 1250 年的畫作
中，幾乎聖嬰都是在左側，但是在 1450-1550 年這段期間，多數的
畫作則將聖嬰擺放在聖母的右側。關於這方面的解釋相當複雜，絕
對不是什麼軼聞趣事，它牽涉到天主教神學中對聖母的想法，也就
是所謂的「膜拜聖母瑪利亞」（Cult of the Virgin Mary）。紹克之
所以犯錯，是因為他只參考了一本畫冊，書名是《宗教圖像中的聖
嬰》（*The Christ Child in Devotional Images*）。當我從藏書中找出這
本書，發現書的全名是《義大利十四世紀宗教圖像中的聖嬰》
（*The Christ Child in Devotional Images in Italy During the Fourteenth*

Century），這時期所畫的聖母主要都還是將聖嬰抱在左側。[30]

右腳比左腳怕癢

　　要以科學方法研究「癢」實非易事，不過現在有一套標準的「搔癢設備」，將它與其他設備一起使用，可提供「自己搔癢會比由別人來搔癢更難」的科學證據。這套「搔癢設備」——這個詞聽起來非常了不起，讓人聯想到一具精密機器人的金屬指頭，準備好去碰觸人最敏感的區域的影像——實際上非常簡單直接，是一根十公分長的尼龍棍，附上一個只有幾釐米寬的尖端，以每秒三次的頻率劃過腳底。受試者要以 1-5 分的量表來形容他們感覺癢的程度。令人驚訝的是，多數受試者的右腳比左腳更怕癢。目前完全不清楚這究竟是什麼原因造成的，但這差異似乎跟偏手性或偏腳性無關。[31]

長在右腳上的雞眼比較嚴重

　　在北倫敦瓦珊斯托（Walthamstow）執業的手足病醫生吉列特（H. G. du P. Gillett）研究過他病人腳掌的上千個雞眼，發現多數的雞眼都長在第五根腳趾上，而且長在右腳上的情形比左腳嚴重；次嚴重的是第四根腳趾，而且也是右腳的比較嚴重。相較於此，另一種長在末兩根趾頭間的「蹼狀雞眼」（webbing corns）的罕見病例，發生在左右腳的機率則是一樣的。一般推測，右腳較容易長雞眼可能與多數人慣用右腳有關。[32]

十六個左腳長與分毫不差

盎格魯薩克遜人是以「桿」（perch）來測量土地長度的，流傳到二十世紀後，演變成比較準確的形式，定義每「桿」是 5.5 碼（約合 5.0292 公尺）。「桿」的原始定義是，週日早晨離開教堂的前十六位男子的左腳總長。這些左腳的平均長度勢必接近 12.5 英寸[譯3]，且似乎是採用腳掌較長的那一側。[33]

不祥的獨角獸

獨角鯨（narwhal）有一支乳白色的角，直直地穿出牠的頭顱，長達兩、三公尺。這支角其實是牠的牙齒，一顆超大的門牙，而且正如梅爾維爾（Herman Melville）在《白鯨記》（*Moby Dick*）中的描寫：「它只會出現在左側，這是一個厄運，象徵擁有者是個不靈活的左撇子。」更奇怪的是，上面的紋路全都是左牙螺旋，似乎從未發現有右牙螺旋的標本。少數的標本紀錄顯示，有的獨角鯨兩邊都長出這種牙齒，但即使在這樣的例子裡，兩邊的牙齒也都是左旋的。生物學家達西·湯普生（D'Arcy Thompson）在他的書《成長與體形》（*Growth and Form*）中對這個現象的解釋相當著名，他認為勢必存在有某種固定的扭力，才能形成一個如此完美的螺旋。構成角的牙齒在獨角鯨的一生中會一直生長，而這理論認為，獨角鯨尾巴稍微往左的彎曲造成一股微小但持續的轉動力矩，結果使得這個動物不斷繞著牠固定不動但一直生長的角旋轉。雖然這是一個不錯的理論，但幾乎完全錯誤，因為還沒長出角的獨角鯨

胎兒,其頭顱已經是不對稱的,噴水孔位於中間偏左的地方。頭顱的不對稱性可能有助於聽力的加強,就像是某些種類的貓頭鷹,牠們的耳道左右形狀不同,而且位在不同的高度,以便做垂直方向的定位。[34]

中世紀神話裡的獨角獸形象可能來自於獨角鯨的「角」標本,牠們長著一支筆直雪白的角。在中世紀的掛毯上,好比是收藏在巴黎的一系列《仕女與獨角獸》（ *The Lady and the Unicorn* ）,可以明顯看出獨角獸的角上有類似於獨角鯨的螺紋。不過創作這些掛毯的師傅顯然不是依據獨角鯨的標本仿製的,因為這些掛毯上的螺紋並不一致,六件作品中有四件是左旋的,另外兩件則是右旋的。[35]

雙手同利文化學會

歷史上不乏有人夢想著雙手都能靈活運用,一個兩隻手都可以從事一切活動的世界。柏拉圖頌揚斯基泰（Scythian）戰士雙臂都能夠用來拉弓,並且表示:「擁有一整套肢體的人,應當雙手都可從事攻擊與防禦的動作,不該讓一隻手沒有鍛鍊或是缺乏教導。」這種隱藏在內心的雙手同利觀念是來自於人類行為具有無限可塑性,可以不斷趨近完美的信念。心理學行為主義學派創始人華生（J. B. Watson）也和柏拉圖一樣,認定孩子一出生就有兩隻很有潛力的手,只是,

社會很快就干預,並且說「你必須使用你的右手」。孩子們立即籠罩在壓力之下。「用你的右手握手,威利。」我們抱著嬰孩,所以

他們將會揮動右手道再見。**我們強迫他們用右手吃飯，這就足以成為偏手性條件化的因子。**（強調的部分是原文所有）

若單是社會壓力就讓我們成為右利者，那麼訓練與練習應該也可以讓我們的雙手都很靈活，這麼一來便可增進人類的健康、福祉與經濟效率。雙手同利運動在十九世紀末達到高潮，維多利亞時代的小說家查爾斯·瑞德（Charles Reade）將這股風潮形容得恰到好處，他描寫道：「每個孩子原本都是雙手同利，直到一些成年笨蛋來干預或是傷害它。」約翰·傑克生（John Jackson）所創立的「雙手同利文化學會」（Ambidextral Culture Society）則是這時期最荒謬的組織。童子軍的創始人羅伯·貝登堡（Robert Baden-Powell）在為傑克生於 1905 年出版的書寫序時，提到雙手同利在軍隊中的優勢。他還描述自己雙手都有書寫的能力，並在序言的最後分別用左手與右手署名。但即使是貝登堡也達不到傑克生規畫出的雙手同利的最後一階段，也就是同時以左右兩手寫出不同的文字，雖然貝登堡承認這對「沉重的工作壓力」必定有很大的幫助。雙手同利運動大唱高調，承諾了數不清的好處，無可避免地立即招來強烈反對，一群社會與物理病理學家便受到責難：「鼓吹雙手同利的怪人應該受到比任何瘋狂罪犯更嚴重的處罰。」[36]

一首關於左手的詩

　　我只讀過一首關於左手的詩，是由傑克·安德森（Jack Anderson）寫的。他是一個右利的美國詩人，雖然並不擁護雙手同

利的想法，卻想突顯左手受到忽略的事實。[37]

邁向左手解放之路

我想要我的右手，

一隻我寫字的手，

一隻我用來吃飯，指點的手，

一隻我用來和其他人握手的手，

一隻和我緊密相連的手。

　　但是

我還有一隻左手，

一隻愚昧不祥的手，

我將它帶在身邊，卻很少認可它的存在。

　　它笨拙又有缺陷，

它觸摸、它抓取，但不一定

能掌握在手中：有時會打破東西，有時可抓牢。

　　這隻手真機敏，

我從不知道有什麼隱含在其中，

但恐懼使我興奮，

我想嚇壞自己，

讓我起雞皮疙瘩，

讓我在看到我的左手

退縮地面對自己時而為之呻吟。

　　雖然它

連寫兩個字都辦不到，

我會讓它偽造我的簽名，

如果它願意的話，我還會讓它自稱是我。

　　我，願意

挑戰，挑戰我自己，

讓一隻手循規蹈矩，

一隻手自由自在。

小說中很少出現左利英雄

　　麥可‧巴斯里的《右利世界中的左利者》只能和另一本書相提並論，那就是伊恩‧海（Ian Hay）的《派普：青春世代》（*'Pip': A Romance of Youth*），當中的英雄是個左利者。此書於 1907 年初次面世，當時正值愛德華統治的盛世末期，一次大戰荼毒生靈之前；爾後，企鵝出版社在二次大戰初期又重新推出。在這部小說中，「廚師」負責教導大家認識世界，而父親們則是心不在焉的醫學天才，但對實際生活一無所知。在這裡，去唸寄宿學校是常態，而人們都做「符合議院利益」的事，或者將自己轉化為「十足的傻子」。在這裡，板球與高爾夫球課程提供娛樂與道德紀律，青年向少女求愛，一致的人格發展絲毫不被看重。書中唯一有趣的部分是宣稱其主角是個左利者，或者如作者所描寫，他的左手「總是篡奪另一隻手的職責與特權，像是刷牙、握手，或擤鼻涕——亦即笨拙的舉動」。[38]

　　若真要找一本以左利者為英雄的嚴肅文學作品，也就是像《派

普》一樣艱深難懂,但卻受到學術界好評,而一般人可能不大會去
碰的書,大概就屬歌德的《威廉・麥斯特》(*Wilhelm Meister*)。
在這故事中的關鍵時刻,我們讀到威廉和一名年輕女子並肩坐著:
「我伸出右手的小指:她將她的小指輕搭著我的,然後用左手溫柔
地將戒指從指頭上拔了出來,順著我倆的手指,戴入我的指頭
中。」結果當然卡住了,所以威廉必須將戒指從右手拔出來。這對
他來說輕而易舉,因為「很幸運地,我是左撇子,而在一生當中從
來不用右手行事」。[39]

　　左利的英雄人物不是很多,反派角色倒還比較常見,這主要是
因為他們在偵探小說中會創造出意想不到的情節,而多數的右利讀
者都沒想到這名角色會是個左利者。這種傳統有部分可以回溯到開
膛手傑克的故事,但也出現在史上最有名的偵探小說,即柯南・道
爾(Arthur Conan Doyle)的福爾摩斯探案裡。在《博斯科姆比溪
谷祕案》(*The Boscombe Valley Mystery*)中,華生一如以往得到了所
有重要的資訊,但推敲不出個所以然來。死因調查顯示「後側第三
塊顱頂骨與左半部的枕骨受到一個鈍器重擊而粉碎」,正如福爾摩
斯所言,「除了左撇子外,誰還能造成這樣的傷口」?偵探本身的
偏手性似乎較少被提到,不過唐娜・里昂(Donna Leon)筆下的威
尼斯偵探基多・布魯聶提(Guido Brunetti)則被點明了是個右利
者。這裡又一次出現左右的古老象徵:壞人是左利者,而捕捉他們
的人則是右利者。[40]

幾乎沒有任何關於左右的好笑笑話

　　或許是因為人們對左右感到困惑，為了避免有可能讓笑話的結尾走調，所以很少有關於左右的笑話。我對笑話是很挑剔的，持有舊式的觀念，認為它們應該要是好笑的才行，所以我不會將關於左右的雙關語算進來，比方說那些糟糕的 T 恤上印著：「右腦控制身體左側，所以只有左利者的心智是對的（in their right mind）。」我也不會將故意把文句中的「right」換成「left」的情況納入，比方說麥可‧巴斯里書中提到的「copyleft」。所以我僅剩的選擇是，現在偶爾還會出現在實驗室牆壁上的塗鴉：「我願意以我的右手換取雙手同利。」這還是有點嚇人，不過它的出處正好可作為這一章軼聞趣事的結尾。[41]

　　這一章的內容多半都是比較輕鬆的，不過接下來的最後兩章要更深入地探討關於偏手性與雙手同利，以及不對稱與對稱這兩組概念的重要性。在長篇大論介紹不對稱之後，該是檢視「對稱性」這個面向的時候，因為少了它，不對稱性可是一點意義都沒有。

譯注

譯 1　在英國，許多學生在中學畢業後、上大學之前會空出一年的時間周遊世界，體驗人生。人們稱這一年為「間隔年」（gap year）。

譯 2　位於巴黎西郊，由十八世紀末期的貴族德‧孟維爾（François Racine

de Monville）設計建造，園中有來自世界各地的珍稀植物，以及怪
異詭譎的建築物。

譯3　12.5 英寸約合 31.75 公分，16 人的全長約為 5.08 公尺，接近 5.5
　　　碼。

第 **14** 章

人都是對稱的

思前想後，總覺得寫一本完全探討左右差異的書似乎是件很怪異的事。但你能想像有一本類似的書，專門討論上下或前後差異嗎？左與右之間的某些差異特別讓我們關切，原因並不在於它們不對稱的本質，而是「對稱」這個原始而又深奧的數學概念，它深深影響了人們的世界觀。十七世紀的神學家暨詩人喬治‧赫伯特（George Herbert）很貼切地闡明了這個觀念：

人都是對稱的

全身上下充滿比例，一個對應一個，

而和身旁的世界相比也是如此⋯⋯

我們對稱的手、腳與身體訴說「整個世界」的故事，從宇宙的樣貌、創造緣起，到它該是如何運作的，一應俱全。我們或可稱這是個關於對稱的故事——更貼切的稱呼也許是對稱的神話或對稱的傳奇——是一個潛伏在人類內心深處的故事，賦予左右差異力量與影響。不論是在哪裡發現這些差異，都冠上了象徵的意味，有時甚至誤導理性思考的科學家，也許這根本是人們與生俱來的「對稱本能」。[1]

「對稱」（symmetry）是一個希臘的字眼與觀念，字典定義得很清楚：「事物組成間的正確比例；平衡與和諧。」正如赫伯特在詩中所暗示的，對稱與比例的意思差不多，只是比例通常帶有額外的意涵——有相稱的，或是比例適當的意思。蘇格拉底在探尋「善」時，以美麗、對稱與真相的三位一體為標準，這個觀點深具

影響力。從那時候起，人們普遍相信只要發現其中一個，另外兩個
特質也不會相去太遠。英國小說家詹納特・溫特森（Jeanette
Winterson）的作品《橘子不是唯一的水果》（*Oranges Are Not the
Only Fruit*）就將這些意涵都囊括在內：

從前，在森林裡住了一位極度美麗的女子，只要被她看一眼，病人
便能痊癒，還會為農作帶來吉兆。她也相當有智慧，通曉物理定律
與宇宙本質。她是完美的，因為她處於量與力的完美平衡，她在各
方面都是對稱的。

對稱即美麗與真理的想法是虛構的，這讓許多在戀愛、戰爭與科學
研究中的人都誤入歧途。對稱也許會揭露真理，真理也許是美麗
的，但這其中並沒有一固定的關係。[2]

　　在現代人的用語中，尤其是生物學的領域，對稱幾乎就是「兩
側對稱」（bilateral symmetry）或「鏡像對稱」（mirror symmetry）
的同義詞，也就是代表物體兩側互為鏡像對稱。這種例子隨處可
見——只要看看自己的臉或是雙手就可以明白。也可以想想 1921
年瑞士心理學家赫曼・羅夏克（Hermann Rorschach）率先提出的那
個有名的墨漬測驗（圖 14.1）。這是一種人格投射的測試，不過仍
具有相當的爭議性。許多人，尤其是具有科學或生物背景的人，都
在羅夏克的圖中看到生物性的影像，因為兩側對稱是許多動物的特
徵之一。[3]

　　在各類對稱關係中，兩側對稱非常重要，支撐起整個數學領

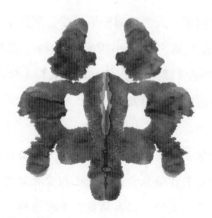

圖 14.1 類似羅夏克墨漬測驗的圖形，用來測試投射的人格。

域。一般的對稱概念僅含有一簡易的觀念——不管以任意方式變動物體，到最後，物體看起來並沒有變化。在數學上，對稱則是一種變換（transformation）。而兩側對稱時，鏡像反轉就會造成變換。羅夏克的圖形在鏡子中看起來還是一模一樣；變換後沒有造成任何改變，就是所謂的對稱。要讓墨漬看起來一樣的唯一變換方式就是鏡像反轉，不過也有些幾何形體經過其他方式轉動後，看起來依舊不變，好比是正方形。將它的中心固定，旋轉 90 度，看起來還是一樣，這是因為它具有旋轉對稱的特性；換言之，它有四重對稱，不論是旋轉 90、180、270，還是 360 度，都維持不變。除此之外，正方形還有其他的對稱性。它沿著過中點的對角線、水平線或垂直線的鏡像也都是不變的。反射與旋轉適用於單一物體，但若是一組物件時，就只有兩種變換的方式可以讓它們的外觀不變：平移（translation）與滑移反射（glide reflection）。圖 14.2 顯示出平移

對稱，將這個圖案往前滑行一個葉子的距離，它會剛好重疊在下一
個影像上，不會形成任何外觀的改變。人留在沙灘上的足跡剛好可
作為滑移反射的例子（圖 14.3），將一個足跡做鏡像處理，然後沿
著足跡滑行，將它放下，一步接一步。反射、旋轉、平移與滑移反
射就是對稱的構成要素，更深一層來看，這四種都可以算是一種反
射，因為旋轉、平移與滑移反射都可以經由幾次的反射來達成。[4]

圖 14.2　一個挪威木雕的鑲邊，可以作為平移的例子。

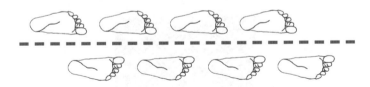

圖 14.3　人類足跡，顯示出滑移反射的數學推演過程。

　　表面的對稱花紋格外多樣，如圖 14.4 所示，這些是取自羅馬
鑲嵌地板的一些設計圖案。圖 14.5 則是來自薩伊的圖案，中間有
滑移反射的複雜紋路，周圍的鑲邊也有明顯的圖案。古今中外的日
常用品上都可以見到人們在其上添加圖案──只消留意一下壁紙、
地毯、窗簾、衣服或領帶，就可以看到這些例子。線、圓圈、點，
以及其他各類數不清的形狀都不斷被重複、旋轉、反射，或以不同

圖 14.4 羅馬鑲嵌地板的幾種不同圖案。

圖 14.5 酒椰織物（Raffia cloth）上的圖案，來自薩伊庫巴（Kuba）。

的顏色印製，用盡數學中描述過的所有對稱性。匈牙利的數學家喬治・波里亞（George Pólya）光是在一張壁紙上就分析出十七種不同的圖案（見圖 14.6），想必從事修飾古代壺罐、寺廟與打造阿罕布拉宮（Alhambra）內羅馬鑲嵌地板的藝術家，或是和威廉・莫理斯（William Morris）[譯1]一起創作壁紙的相關從業人員，對這十七

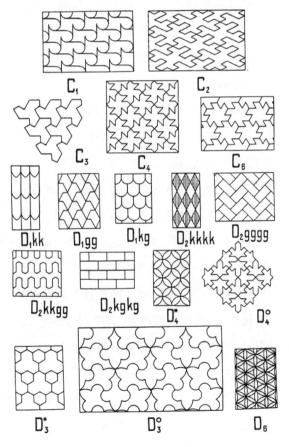

圖 14.6 波里亞將壁紙花紋歸納出十七種不同的數學圖案。

種圖案一定都不陌生。人是製造圖案的動物，雖然極簡主義（minimalist）[譯2]的設計家與建築師已盡了最大的努力，但人們還存有以圖案裝飾所有事物表面的強迫性欲望。藝術史家宮布利希爵士[譯3]注意到這點，發現我們與生俱來的規律感正是這種欲望的來源。因此，當發現許多科學理論的規律感也是從其內部深處的對稱性而來，並不需太過訝異——理論彷彿也被圖案覆蓋住了。同樣地，也無須訝異於愛好對稱性的特質有時會造成誤導，多數時候是因為理論壓過實驗。電學萌芽早年的一項重要實驗就是如此，我們接下來就要討論這個例子。[5]

　　十九世紀初期最偉大的科學發現不是發生在倫敦、巴黎、柏林，或是當時任何一個科學思想重鎮，而是在哥本哈根。漢斯·克里司辰·厄斯特（Hans Christian Ørsted）是個科學門外漢，他進行了那種也許只有門外漢才會夢想得到的實驗。電的發現正如其名，彷彿以電流刺激了整個歐洲科學界，而人們普遍相信電與磁是相互關聯的。厄斯特擅長製作能夠讓強大電流通過一條粗纜繩的電池，他利用這個裝置，觀察在磁鐵旁邊的效應。將一塊磁鐵懸掛起來，它就會與地球磁場的走向一致，厄斯特在其下以垂直的角度放置一大條電線，然後看看通有電流的電線是否會讓磁鐵運動（見圖14.7）。他花了八年的時間，不斷地調整實驗中的各項變因，但都沒有成功——磁鐵動都沒動一下。縱然這只是很簡單的實驗，但卻是錯誤的，而正是執著於對稱性的概念，讓厄斯特的實驗停滯不前。圖 14.7a 就是他不斷重複進行的實驗，在這個設計中，電線和磁鐵呈直角。直到 1820 年春天，厄斯特進行另一項實驗（如圖

14.7b），他將磁鐵與電線平行擺放，結果讓他大吃一驚：磁鐵向右擺動了，也就是順時針轉動。幾個月之內，厄斯特的名字傳遍整個歐洲科學界：在倫敦，韓弗理‧戴維爵士[譯4]將這個實驗講給法拉第（Michael Faraday）聽，法拉第立刻重複了這個實驗；而在巴黎，安培（Ampère）也很快便擴充這個實驗的結果。[6]

　　這的確算是相當了不起的結果，六十年後，馬赫在 1883 年寫道：「當我第一次聽到經線方向上的磁針會因為一條平行於它的通電電線而偏轉一個角度時，我的大腦也產生隨之撼動……的經驗。」馬赫非常清楚「阿基米德的對稱原理可能（會）讓我們偏離正解」。看看圖 14.7b，沒有電流通過時，整組裝置看起來是完全對稱的（而且是幾何學上的對稱，若在旁邊擺上一面鏡子，就能確定）。那麼為什麼磁鐵會向右擺動呢？何以對稱的系統會造成不對稱的結果？厄斯特無法解釋，雖然在他準備要發表的一篇文章中有一個臨時被加上去、但最後還是被畫掉的段落裡，他已經相當接近正確答案：「電磁學揭露了一個祕密運動的世界……磁力甚至有可能牽涉到某種程度的旋轉。」[7]

　　的確有「某種程度的旋轉」使得這套看似對稱的裝置其實已不再對稱。諾貝爾物理獎得主楊振寧最後終於證實物理世界並非左右對稱的，這解釋了馬赫問題：「磁鐵之所以為磁鐵，是因為內部含有進行環狀運動的電子。」磁鐵中的電子都是按同一個方向旋轉，從而產生磁場，圖 14.7c 的磁鐵末端以符號表示旋轉的電子，這就說明這套裝置並非像表面上看起來那樣完全對稱，也能立即解釋所有的困惑：磁鐵會向右轉而不是向左轉，是因為裝置本身是不對稱

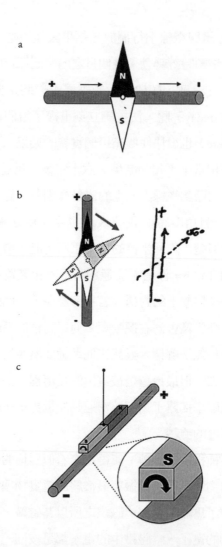

圖 14.7 （a）厄斯特重複多次的實驗，但磁鐵始終不曾動過。磁鐵的兩極以 N（北極）和 S（南極）表示，懸掛在電線之上。電線的電流方向以箭頭（→）表示，由正極（＋）流向負極（－）。（b）圖表示厄斯特將磁鐵平行於電線擺放而成功實驗。右圖取自 1820 年 7 月 15 日的實驗紀錄。（c）圖為成功實驗的立體版，顯示出在磁鐵內部的電子造成隱藏的不對稱。

的。[8]

厄斯特之所以花了八年的時間才發現電磁關係,可能是由於他犯了一個每個人都會犯的錯誤:他假設要找到電磁效應的裝置必定是不對稱的(圖 14.7a),而非對稱的(圖 14.7b)。於是,根本沒有進行過正確的實驗,因為他假定那一定行不通。犯下一次這種錯誤很不幸,但同樣的錯誤犯了將近一百五十年就似乎不可思議。然而,之前在第六章就曾提過這個類似的例子,在核子物理中,也假設存在有類似的對稱性,一直到吳健雄的鈷六十實驗才推翻了這理論,證實宇稱不守恆;正如李政道與楊振寧所預測的,弱作用力是不對稱的,電子是左旋的。顯然在我們內心深處有某種堅持對稱性的想望。[9]

對稱性無疑是二十世紀物理學的一項利器,物理學總是寄望能以數學結構顯示宇宙的結構。十七世紀早期的天文學家克卜勒(Johann Kepler)對數學的崇拜到了近乎不可思議的地步,從他建構的水星、金星、地球、火星、木星與土星間的軌道關係便可以看出端倪。這些軌道反映出五個完美的柏拉圖立體(Platonic solids):四面體、立方體、八面體、十二面體與二十面體。這是一個漂亮的理論,不過卻注定在正確測量行星軌道後為人所遺忘。對稱理論第一次大獲成功是在 1905 年,用來預測宇宙的物理本質,也就是愛因斯坦的相對論。愛因斯坦理論的關鍵概念是「不變性」(invariance),亦即物理定律可以應用在大尺度的情況中,比方太空中任何一個方位。不變性的觀念和對稱密切相關,在這樣的觀念中,一個系統在經過一系列轉變之後依舊是相同的。應用群論

這項有力的工具，物理學家不僅可以解釋各式各樣的現象，也可以幾近神奇地預測新的現象。從預測正子（positron）到之後整套次原子粒子的發現，更是為此方法增添光環。這個方法的根基正如費曼所形容的，是「多數物理學家還覺得有點難以置信的事實……量子力學中最深奧、最美麗的一部分，就是每條對稱的定律都有相對應的守恆律。」空間的平移意味著動量守恆，旋轉代表角動量守恆，而時間的平移則代表能量守恆。[10]

　　對稱性所引發的爭論多是與邏輯和幾何學結構有關。若是有一理論聲稱，我可以同時站在你面前，又站在你後面，那這個理論就是錯的；這不是任何實驗測試的結果，而是因為幾何學告訴我們，一樣物體不可能同時出現在兩個不同的位置。正因為理論必須合乎邏輯，所以幾何學上出錯的理論，一定也是錯的。同樣地，對稱性澄清了許多誤解，卻也限制了某些類型實驗的進行。對稱性最有可能導致誤解的地方是，本來該作為理論的「約束」（constraint），卻變成了物理學該怎麼運作的「必備條件」（requirement）。偶爾，科學會遊走於這樣的界線間。費曼在 1956 年時描述過一段對話，主題是關於宇稱守恆的預設：

我的室友馬丁・布拉克（Martin Block）是一個實驗學家。「你們這些人為何這麼堅持宇稱定律？……要是宇稱定律錯了怎麼辦？」我想了一分鐘，然後說：「這表示左手與右手適用不同的自然定律，而且就是有辦法以物理現象來定義右手。我不知道這有那麼恐怖，不過肯定會有什麼糟糕的後果，雖然我不知道會是什

麼。」

費曼提供了有趣的答案，解釋「那些人」為何經常堅持對稱性：「在人類心中，對稱性是迷人的……在我們心裡，有一股潛在的傾向認定對稱代表某種型式的完美。」[11]

　費曼那句「在我們心裡」便是對稱原則潛力無窮的關鍵。正如「人擇原理」[譯5]提醒我們的，物理學家和宇宙學家唯一能建構、使用與理解的科學定律都是經過人類大腦處理的。就像任何一種計算機，人腦在某方面很厲害，某方面很糟糕，另外一些方面則完全不行，而且在某些問題的處理上可能全盤皆錯。在第四章提到的馬赫原則便已說明了思想與認知的依存關係，要「認知」不對稱性的首要條件，是要「有」一顆不對稱的大腦。物理學家也許偏愛對稱性，但正如心理學家麥克‧柯貝里斯（Michael Corballis）與伊凡‧畢爾（Ivan Beale）所指出的，「一個完美對稱的物理學家既不可能發現，也無法推論出宇稱不守恆的原則」。[12]

　人愛好對稱及與對稱相關的真理與美麗，也許相當於視覺或認知上的幻覺。物理學家就跟我們一樣，難以抗拒「善」這個最具理想性的概念，從蘇格拉底以來都是如此。對稱被當作是邁向真理的王道——也就是艾伯達司‧薩拉姆[譯6]所形容的「一份內在的和諧，一份深入人心的對稱」。問題是對稱可能太過強大，太過誘人，如哲學家貝斯‧馮法拉盛（Bass van Fraassen）所形容的：

對稱拉起理論家的手，和他一起以最快的速度奔跑，而且跑了很

久，這僅僅受到他心中最基本，甚至是淺顯的假設所驅策……對稱
論點帶有「先驗」（a priori）的美好氛圍，迎合心理學家威廉‧詹
姆斯所謂的理性情感（sentiment of rationality）。

對稱的假設多半看來淺顯易懂，但依舊是個假設，需要以確切的實
驗資料來測試。不過因為對稱的理論帶有迷惑人心的美感，因此通
常都沒有人會去收集這些資料。[13]

　　人的內心也許喜好對稱，但大自然並不總是如此。然而，即使
在對稱性很明顯並不存在的情況下，人們依舊使用各類的理論模式
來挽回對稱的純粹性。《紐約時報》科學記者喬治‧強生（George
Johnson）在他的《心靈之火》（*Fire in the Mind*）一書中便描寫過
這些手段的需求：

我們操作想像力浮誇的面向，藉以保護我們內心深處所相信的：宇
宙就像我們所創作的音樂與切割的鑽石一樣，最終都是對稱的，讓
人感受到和諧……我們是圖案尋找者與製造者，與生俱來地擁有尋
找對稱性的本能。

在李政道與楊振寧證明物理上的宇稱不守恆後，不久就有人提出即
使宇稱（parity, P）與電荷（charge, C）都不守恆，還有另一個更深
層的對稱性存在，即宇稱與電荷的乘積（也就是 CP 值）是不變
的，這是將左右與正負同時逆轉後發現的。費曼以鏡像時鐘來解釋
這個觀念：這個時鐘的鐘盤數字是倒過來的，它的螺絲都是左旋

的，它的彈簧也和一般相反，其他特徵也都是如此。因為宇稱不守
恆的緣故，這樣一個鏡像時鐘不會像一般時鐘準確地計時；但若這
個左旋時鐘是由反物質所組成的，那它就會像一般右旋時鐘一樣準
確地計時，因為對稱性被還原了。乍看之下這是一個相當好的想
法，可惜實驗學家隨即證實它行不通。但這不會讓人們退縮，理論
學家馬上提出 CPT 值，也就是如果將時間（T）納入考量，宇稱
（P）與電荷（C）就可以看成是對稱的；左、正與往前的時間相
乘後會等於右、負與往後的時間，左旋的反物質時鐘便可以往回
走，準確地計時。

　　到目前為止，宇稱不變性（CPT invariance）似乎還站得住
腳，雖然尚未通過最後一項關鍵的實驗測試。宇稱不變性帶來的理
論報酬是很可觀的，其中一項便是解釋為何宇宙中充滿物質而不是
反物質，同時也滿足了理論學家的心理需求，正如物理學家法蘭
克・科婁斯（Frank Close）所言：「尋找宇宙對稱性的物理學家一
直要到萬事萬物都被考慮進來，而且總和是平衡的，才會滿意。」
換言之，依舊有「宇宙必須是對稱」的假設存在，更正確的講法是
具有超對稱（supersymmetry）。超對稱是物理界最新引入的概念，
將玻子（又稱玻色子，boson）與費米子（fermion）兩個不相關的
次原子家族連結在一起[譯7]。在這過程中，還預測出一系列新型粒
子的存在，包含那些有著異國情調名字的「伴夸克」（squark）、
「伴電子」（selectron）、「伴重力子」（gravitino）與「伴 W 粒
子」（wino）。小說家拉迪米・納博可夫對這方法應該不陌生，
「因為你的宇宙不過是一項器具……只要調整鏡子，便可產生各式

各樣的對稱型？」[14]

　　物理學家並不是唯一在尋找對稱性的人，雖然他們無疑是目前在建構理論上最細心、最深思熟慮的一群。不論在哪裡，人們一旦發現不對稱，就會想方設法，讓它變得對稱些。舉蘇拉威西的特拉扎部落為例，他們使用右手從事所有的事情，但相信在死後的世界一切都會反轉過來；在那裡，不僅字的唸法是反過來的，而且也都是以左手做事。人類學家稱這是「象徵逆轉」（symbolic reversal），可以用一個等式來表示：右：左＝生：死＝向前：向後，意思是說「右之於左，好比生之於死，向前之於向後」。就某方面來說，這種反轉是在不對稱的系統中重建對稱性，就跟物理學家以「電荷—宇稱」或是「電荷—宇稱—時間」來讓宇宙更對稱是一樣的。將特拉扎族人的「生：死」換成「正：負」，那麼這個方程式看起來就跟宇稱不變性很像。類似的情況也發生在印歐畢克文化的第一分支中。在第二章曾討論過他們埋葬死者的位置：男人都是在左側，頭朝北，面朝東，而女人則是埋在他們的右邊，頭朝南，面朝西，所以是男：女＝北：南＝東：西＝左：右。在愛倫坡的一則短篇故事中也將象徵逆轉闡釋得很清楚，這是關於可憐的年輕人東尼・丹米特（Tony Dammit）的故事，他的母親深信玉不琢不成器的道理。然而，

……可憐的女人！很不幸地，她是個左撇子。與其用左手打小孩，還不如不打比較好。這世界是由右至左運轉的，從左向右打孩子沒什麼用。如果打在適當方向上的每一拳都能打出一點邪惡的本質，

那反方向上的每一擊，都會將定額的邪惡打進去。東尼受到打罵時我常常在場，而我發現他的情況一天比一天糟。

這段情節可以輕易地總結成一個等式，右：左＝好：壞＝打出邪惡：打進邪惡＝打罵：不打罵。[15]

在生物化學中也能找到象徵逆轉的例子，比方在 1930 年代，柯格（F. Kögl）推測「不自然」的右旋胺基酸會出現在癌細胞的蛋白質中；這一次，等式變成左：右＝自然：不自然＝健康：癌症。同樣地，在 1980 年代，也有人推測不自然的左旋醣類，即左旋葡萄醣可以作為不會被人體代謝的代糖，而達到減肥的功效，於是等式變成右：左＝代謝的：不代謝的＝胖：瘦。如果某樣事物有什麼壞的地方，那它的鏡像一定是好的。[16]

在生物學中，最明顯的象徵逆轉例子出現在十九世紀，當布羅卡證實多數人的語言區位於左半腦後。這在法國產生了一個嚴重的理論問題，因為十七世紀的哲學家笛卡兒認為大腦是對稱的：「我觀察到……大腦是雙重的，就像是我們有一對眼睛、一雙手、兩隻耳朵，實際上我們所有的外在感官都是雙重的。」1800 年時，法國實驗生理學家比夏（Marie François Xavier Bichat）同時也是醫生，他將這個觀念發揚光大，強調大腦結構上的對稱性，並援引第一原理（first principles），發展出一套關於對稱性的論點：「和諧之於器官的**功能**，如同對稱之於器官的**構形**；這意味著力與作用間的完美平衡……結構上本質相同的兩個部分不會有不同的作用模式。」比夏犯了和厄斯特一樣的錯誤，認為只要「看起來」是對稱

的，其功能一定也「是」對稱的。做了這樣的推測之後，他繼續推
論缺乏對稱性就是大腦功能失調或發瘋的原因，對稱：不對稱＝和
諧：失調＝適當：不適當＝精神正常：發瘋。[17]

　　即便到了 1865 年，在明確證實左右半腦擁有不同功能之後，
布羅卡依舊對比夏的觀念相當執著：

目前有一條生理定律適用於一切生理現象，沒有例外，那就是兩個
一樣或對稱的器官擁有相同的性質。這條定律在這裡遭受如此劇烈
的挑戰，實在很不可思議。

不過布羅卡明白，科學最終是以實驗為依歸，而不是理論，因此他
繼續說道：「可以確定的是，觀察是高於理論的，有時你必須明白
要如何服從事實，不論它在我們看來有多麼難以理解，多麼似是而
非。」「似是而非」這個用詞就透露出他的心態。唯有抱持著先入
為主的態度，並依據顯而易見的真實去解釋事實時，才會發現自然
並不完全如此運作，因此也才會認為這項事實似是而非。「對稱即
真理，真理具備了對稱性」似乎再一次成為這裡所傳達的訊息，其
中的邏輯就是約翰·彌爾所謂的「固執己見的沉睡」（the deep
slumber of decided opinion）。[18]

　　挽救比夏「對稱定律」的行動並未就此告終，還有兩個以此為
基調的變化型出現，每一種都是藉著象徵逆轉來發揮。一個是由神
經學家休林斯·傑克森所提出，他認為左右半腦的發育程度並不一
樣，左半腦發育得較成熟的是前腦（與動作有關的區域），而右半

腦發育得較好的則是後腦（與知覺較相關的區域）。就像是顱相學
認為高道德特質位在大腦前方與頂端，而較原始的本能則在大腦後
方與基部，因此，根據這個理論，語言這項人類最高的成就當然是
在正確的位置，左：右＝言談：知覺＝前：後＝人類：禽獸＝道
德：本能。第二個象徵逆轉的手法則流傳於布羅卡那個時代，強調
在右利者身上是左半腦控管語言，而在左利者身上則是右半腦控管
語言，左腦語言：右腦語言＝右利：左利。這其實並不能挽救比夏
的定律，但看起來可以重建系統的對稱性。即使事實擺在眼前，這
觀念依舊屹立不搖，左利者語言區的描述就這樣錯了半世紀。這就
是以對稱觀念為基礎的理論所具有的的力量——有時甚至可以超越最
直接的證據。[19]

　　如果理論的對稱性真是如此迷惑人心，那何時「可以」信任
它？和妻子瑪麗因為放射性研究而共同獲得諾貝爾獎的物理學家皮
耶・居里在 1894 年時提出了少數可供使用的原則中的一項。居里
的對稱原則是：「當某些效應顯示出不對稱性，一定要找到造成這
不對稱的來源。」換句話說，若多數人都是右利，那一定是有某種
不對稱性「造成」這個現象，他們的不對稱性絕不是無中生有。不
過，即使是居里的原則也要謹慎應用，變動型不對稱性就是一個例
外。我們當中有一半的人是右邊的門牙比較大，另一半的人則是左
側的比較大。若我的右門齒比較大，是否表示一定有什麼不對稱的
原因，造成我的牙齒變成這個樣子，若真是如此，那麼這個不對稱
的原因是否也有一個不對稱的來源，如此一直回推下去，不就一路
回溯到宇宙的起源？顯然並非如此，推論我牙齒的不對稱性與大霹

靈間存有任何關聯，真是太過荒謬。變動型不對稱性其實是「失稱」（symmetry breaking）。這套系統本質上是對稱的，只是在這個情況下剛好失去其對稱性。解釋這問題最好的方法是借助哲學家最愛的動物「布里丹的驢子」（Buridan's ass）。[20]

尚‧布里丹（Jean Buridan）曾分別於 1328 年與 1340 年擔任巴黎索邦大學（即巴黎第四大學）校長，據說他曾在自己擁有的那份亞里斯多德著作的空白處潦草寫下關於驢子的簡短評論，而他也因為這段評論聲名大噪。布里丹假想，如果將一頭驢子放在兩堆一模一樣的乾草的正中間，會有什麼事發生？既然這兩堆草一模一樣，驢子無從選擇，最後只能餓死在原地。這個情況完全是對稱的，因為邏輯上驢子無法同時去吃兩堆乾草，所以注定哪一堆都吃不到。[21]

這裡顯然有什麼地方出了錯，畢竟就算驢子的頭腦再有邏輯也不至於餓死，但推論到底哪裡出了錯？驢子的情況是對稱的，但也是不穩定的。就像是在桌上立起一支鉛筆，使之平衡，鉛筆可以維持不動，而這個過程中它是處於完美的輻射對稱狀態。但只要一點點風吹草動，或是輕碰一下桌子，鉛筆就會立即倒下來，只剩下兩側對稱。鉛筆的輻射對稱會被破壞，而還原到兩側對稱。不過，若重複這個實驗上千次，觀察每一次鉛筆倒下的方向，只要風吹不進這個房間，也沒有人固定地敲桌子的某一側，那麼鉛筆倒向任何方向的機率都是相同的。按鉛筆倒下的方向畫一張圖，結果應該近似於一個圓圈。換言之，輻射對稱依舊存在，只不過它存在於鉛筆「可能會」倒下的機率組合裡，而不是鉛筆「真的」倒下的狀況中。同樣的道理也適用於布里丹的驢子，即使最微小的搖擺，也會

讓驢子稍微接近其中一堆乾草，因此這堆就比較具有吸引力，對稱性於是被打破，驢子會去吃離牠有一點點近的乾草。搖擺至哪一邊的機率是一樣的，放一千頭驢子在一千組對稱的乾草堆中間，會有一半的驢子吃右邊的稻草，一半的吃左邊的稻草，沒有哪一頭會餓著。這情況依舊維持住原本的對稱性，只是表現在機率的組合上——這就是所謂的「擴充版的居里原則」。人類門牙的變動型不對稱性也是基於類似的解釋，一半的人左門牙較大，一半的人右門牙較大，當考量整個族群時，我們還是對稱的。所以，個體的不對稱性有時是來自於對稱。[22]

　　作為理論工具，對稱性可能是重要的，而且對稱性就出現在我們四周，只是不見得容易察覺。有時它就直接映入眼簾，比方說圖 14.1 的羅夏克墨漬圖形，而圖 14.8a 的點狀圖也同樣毫無疑問是對稱的。但圖 14.8b 就完全是另一回事，乍看之下它不是對稱的，但仔細檢查後會發現，它的內部和圖 14.8a 是一樣的，只是在外圍不對稱地加了幾個點，如此一來，就讓內部的對稱性變得很不明顯。圖 14.8c 也是類似的情形，而且比圖 14.8b 更難看出對稱性。這張圖是將圖 14.8a 的左右兩半分開，中間隨機加入不對稱的點而成。要看出圖 14.8d 的對稱性也比圖 14.8a 困難，雖然這張圖只是將其對稱軸由垂直轉了 45 度角。圖 14.8e 也是從圖 14.8a 轉變而來，只是右邊的幾個點被稍微「扭曲」，即使還保留住基本的對稱性，卻很難看得出來。最後是圖 14.8f 與圖 14.8g，它們都有對稱性，但不是兩側對稱。在圖 14.8f 中，上半部被複製，並移到下半部，也就是所謂的平移。圖 14.8g 則是以圖的中點為圓心，旋轉右半部，所

以圖的左半部的下方和右半部的上方是一樣的。圖 14.8 的七種變化之間都有很高的相關性，但只有圖 14.8a 的對稱性讓人一目瞭然。[23]

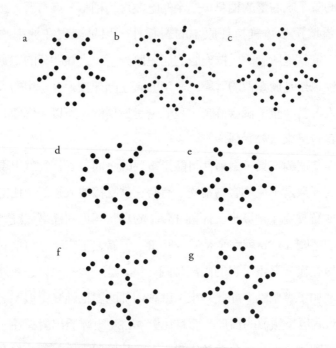

圖 14.8　不同種類與對稱程度的點狀圖（說明詳見內文）。

　　心理學家貝拉・朱立士（Bela Julesz）所發展的對稱性研究方法則與前述有些許出入，如圖 14.9a 所示。圖形的一半是由隨機產生的黑白方塊所組成，另一半則是其鏡像。這其中的對稱性不易看出，因為在印刷時特別將其對稱軸水平擺放。請你把書轉個 90度，再看看這張圖，當中的對稱性是不是變得很顯著？尤其是在接

近中線的地方。若是蓋住中間部分，如圖 14.9b，則對稱性又會變得很不清楚。對稱性是一朵敏感的花，在正確的條件下，它會綻放，吸引住眾人的目光，但只要一點點轉變，它就會完全消失，只有用心尋找，才能發現它。[24]

　　在隨機點狀圖中，只有直立型的兩側對稱能夠讓人輕易察覺當中的對稱性，其他像是水平的或是傾斜的兩側對稱則較難察覺，就跟平移、旋轉與滑移反射的例子一樣，除非是像圖 14.2 至圖 14.5，以規律的幾何組成，才能突顯它們的兩側對稱性。馬赫在 1871 年的一場通俗科學演講中，強調垂直對稱的首要地位：

哥德式教堂的垂直對稱性立即震攝住我們，但我們沿著整條萊茵河或是哈德遜河旅行時，卻不曾意識到物體和它們在水中的倒影間也存有對稱性。

圖 14.9　朱立士製作的隨機點狀圖。a 圖是圖的全貌，b 則是移除中間部分。說明詳見內文。

馬赫也注意到孩童時常分不清「p」與「q」，或是「b」與「d」這些具有垂直對稱性的字母，但卻很少會混淆水平對稱的「p」與「b」。垂直對稱何以如此突出的機制目前還完全不清楚，左右腦的對稱可能在其中扮演某種角色，但這不會是完整的解釋，因為即使對稱軸不是垂直的，它附近的對稱性還是可以被辨認出來，或者當眼睛注視如圖 14.9a 的某一側時，也可看出端倪。雖然鉛垂軸是以我們的身體與重力的關係來定義，但重力場本身在這個等式之中似乎並不重要。在無重力的和平號（Mir）太空站中進行的實驗發現，鉛直對稱還是比較容易辨認。[25]

無論讓人們特別鍾情鉛直對稱的機制為何，哲學家巴斯卡對這類對稱優勢的根本來源倒是十分清楚，他認為這是「根植於……人類的臉型，我們不會問高度或深度的對稱性，只問寬度」。因為這世界充滿鉛直對稱──除了臉孔之外，還有人的手臂、雙腿，動物的身體，以及花與樹──所以我們能如此迅速、有效與自動地辨認出鉛直對稱性並不稀奇。這種能力會帶來生物性的優勢，不僅在人類中是如此，動物也以對稱性來捕捉獵物或是躲避獵食者，而鳥類與蜜蜂則以對稱性來擇偶，就跟人類傾向尋找具有對稱臉型之美的伴侶一樣（見第五章）。辨識對稱性相當重要，因此即使是低等動物，也有這樣的能力，牠們簡單的神經網路也發展出鉛直對稱感，這是辨識物體自然的結果。[26]

也許現在我們對左右何以讓人欲拒還迎的答案有些眉目了。對稱性是脊椎動物與其他許多動物的基本特質，而其他簡單的生物也對此有立即的反應。這是人類所愛，在許多器物上都覆蓋著複雜的

對稱圖案。此外，對稱性有助於理解數學與物理世界，所以科學家
會在物理與生物界中發現對稱性，並不讓人意外，從而難以抗拒世
界「應該」是對稱的這個假設。缺乏對稱性總是會招致人類的注
意，甚至是憂心，但這樣的情況非常複雜，因為並不是所有的對稱
性都是相等的。大腦長久以來對尋找鉛直對稱性十分敏感，很容易
注意到缺乏這種對稱性的情況。但在晚近的演化發展過程中，卻發
現古老的對稱性偵測系統是來自於大腦的不對稱性，一種能夠系統
性地區分並標示左右的能力。於是，一股拉鋸力因而生成。對稱性
也許是普遍的，但卻不是普世的。在我們的世界中，隨處可見左右
不對稱性，這些不是三言兩語可以道盡的，下一章我將試著整合這
些不對稱的情況，匯集成一個完整的故事。[27]

譯注

譯1　十九世紀英國知名設計家。他所設計的家具、家飾強調純樸的手工
　　　藝與材料的美感。

譯2　又譯作低限或是極微主義，強調以最少、最經濟的顏色、形狀、線
　　　條與材質來完成作品；在時尚、文學、建築裝飾與音樂等方面都產
　　　生了相當程度的影響。

譯3　宮布利希（Sir Ernst Gombrich）於 1909 年出生於維也納，1936 年
　　　至英國工作，並從 1959 年開始，擔任倫敦大學古典傳統史的教授。
　　　其著作被譯成中文的有：聯經出版的《藝術的故事》（*The Story of
　　　Art*），以及商周出版的《寫給年輕人的簡明世界史》（*Eine kurze*

Weltgeschichte für junge Leser）。

譯4　曾任皇家學會會長的韓弗理‧戴維（Humphrey Davy, 1778-1829）在二十歲那年便發現笑氣，並在十九世紀初發現利用電流分解物質，可將非常穩定的固體分解。這種電導致的分解效應，即是現在所謂的電解，他也因此發現鈉、鉀等多種元素。

譯5　「人擇原理」（anthropic principle）的含意很多，但目前廣為人知的是在 1960 年代由普林斯頓大學物理系教授羅伯‧迪基（Robert Dicke）提出，再由劍橋的布蘭登‧卡特（Brandon Carter）所發展的。這個理論主張宇宙現在的狀態，特別是在靠近地球周圍的一些宇宙常數，並不是偶然的，而是為了要在這地球上產生人而存在的。但是本書作者在此處所指的，應該比較接近人擇推理（anthropic reasoning）的過程，強調我們的感官與智能形式會限制我們所經驗的世界。

譯6　巴基斯坦物理學家薩拉姆（Abdus Salam, 1926-1996）和美國物理學家溫伯格（Steven Weinberg, 1928-2021）發展出統一弱核力與電磁力學理論，因而獲得諾貝爾物理獎。薩拉姆亦是義大利里雅斯特的國際理論物理中心（International Centre for Theoretical Physics, Trieste）的主任。

譯7　在量子力學中，依照自旋角動量的差別將粒子分為兩類：一類是玻子，其自旋為 12 的偶數倍，即整數；另一類稱為費米子，其自旋則為 12 的奇數倍。由於費米子的行為遵循庖立不相容原理，而玻子則無此限制，這使得兩類粒子的量子力學及統計力學特性完全不同。

第 15 章

這世界微小而巨大

　　大約在西元前 670 年，一名亞述雕刻家在尼姆魯德
（Nimrud）^{譯1}宮中創造出圖 15.1a 這種相當制式卻十分精緻的圖
像。在畫中，兩個長有鷹頭與翅膀的神祇正用桶內的液體來淨化，
或者也許是滋養聖樹。整體來看，這圖畫相當對稱，也可以充作了
解物理世界的模型，表現出無所不在的對稱性。圖 15.1a 乍看之下
與圖 15.1b 很像，不過圖 15.1b 的圖案呈現出完美的對稱關係。在
圖 15.1a 中，除了一些因為繪製不精確而造成的細部不對稱外，當
中還有一個很大的不對稱之處：兩個神祇都是以右手拿著淨化器，
左手提水桶，這一點使得人們對這幅作品的觀感，以及對這位藝術
家的精細功夫的理解完全改觀。就技術層面來看，藝術家要畫出下
方這幅畫其實比較容易，因為不論是在美學上，象徵上，還是代表
意義上，要畫出上面這張圖必須花費更多的功夫。藝術家可能是考
量到多數人都是右利的這個事實，所以很合理地假定這兩名鷹頭神
也是如此。原畫中的不對稱性使得整幅畫更具趣味性、精緻度與真
實感，當眼睛與心智來回觀看畫的左半與右半部時，會同時覺得它
們既相似又不相同。¹

　　一開始注意物理與生物世界時，也會覺得當中具有對稱性，但
經過縝密的檢視後，反而會意識到不對稱之處。至於這份不對稱性
對我們而言是得是失，端看自己的觀感而定。宇宙學家約翰・巴洛
（John Barrow）與約瑟夫・席爾克（Joseph Silk）在《創世的左
手》（*The Left Hand of Creation*）中描述過，許多物理學家害怕失去
「最終完美對稱狀態的……樂園」──完美對稱或許曾經存在過，
但它只在大霹靂後短暫存在過一秒鐘，然而它「注定消逝」。在那

圖 15.1　（a）圖是在西元前 670 年左右的亞述淺浮雕像，（b）圖是將原圖處理成完全對稱。

之後，「樂園無可避免地失去」，以宗教啟示的語調來說，就是「墮落占據次原子世界，造成現在環繞於我們身邊充滿破碎對稱性的各類宇宙」。不過巴洛與席爾克的想法超越了純粹、完整與對稱的表面完美世界，他們理解到不對稱性的潛力，強調「在我們長久以來期盼尋找的完美圖樣中，微小的缺陷會是萬物中心重要機制的連結，也可能是解釋我們之所以存在的原因之一」。[2]

　　就算某些理論物理學家再怎麼渴望一個對稱的世界，如同淡而無味的圖 15.1b，宇宙本身卻是饒富不對稱性的，類似於更為細緻

的圖 15.1a。巴洛與席爾克認為，一個完全對稱而規則的世界缺少
歷史，是沒有時間性的世界，僅由一塊對稱的晶體就可見到整個世
界的縮影，儘管具有深奧、優美的幾何結構，卻無法訴說任何關於
本身的訊息。不過當水晶有缺陷，出現不規則的紋路，使得結構不
再完美時，這水晶便能告訴我們關於它的過去。伴隨不對稱性而來
的是歷史（透過對稱性的進一步探討，也許伴隨而來的會是未
來）：「（缺陷）一如以往地述說著水晶那段不為人知的演變歷
史，它們代表的是一塊水晶有趣且具體的一部分。規則的部分都是
一樣的，沒有歷史，也提供不了任何訊息。」

　　托馬斯・曼（Thomas Mann）的小說《魔山》（*The Magic
Mountain*）中的漢斯・卡斯托普也拒絕採用完美無缺的冰晶來描述
雪花：

……沒有一個是一樣的；無遠弗屆的創造力主宰每一片正六邊形的
發展，它們擁有相同的基本構造，一樣的邊長與角度，但卻有著意
想不到的歧異。然而每一片本身——皆具有怪異的、非有機的，以
及否定生命的特性——都是極度對稱，形式如冰一樣規律。它們太
過規則，任何構成生命的物質都達不到這種程度——在這完美的準
確度中，連生命法則都會顫抖，找不到生路。[3]

物理學家費曼在 1960 年代給大學生授課時，精闢地闡釋了近來次
原子世界的不對稱性發現，而且賦予它比較寬廣與人性的脈絡：

在日本的日光地區，有一座據說是全日本最美麗的唐風建築。它打造得非常精細，上面有許多山牆、精美雕刻、梁柱、龍頭，還有雕上王公貴族肖像的柱頭等等。但仔細一看會發現，在這精雕細琢的設計中，有一個柱頭的雕刻上下顛倒了，扣除這個微小的設計元素後，這作品將會呈現完全的對稱。為什麼會如此呢？傳說它原本就是要雕刻成上下顛倒的，如此眾神才不會嫉妒人的完美。換言之，他們是故意犯下這個錯誤，好讓眾神不會嫉妒並遷怒於人類。

我們可以逆向思考這個故事，以此想想大自然不完全對稱的真正解釋：上帝制訂出只是接近對稱的定律，好教我們不至於嫉妒祂的完美！

在他的課堂上，費曼還換了另一個角度來探討對稱性的問題，表示這個問題並不是在解釋為何世界會出現不對稱的情況，而是要理解為什麼它常常必須是對稱的。對稱性才是真正讓人訝異的地方，不對稱應該是我們正常的期待。[4]

人們賦予萬物象徵性的意義，這點赫茲已掌握得十分透徹，正如同左右讓人產生許多聯想與各式各樣的暗示關係，對稱與不對稱的概念也是如此，跟其他二元對立的關係並無二致。藝術史家達格伯·弗萊（Dagobert Frey）總結出其中一部分的關係，而赫曼·韋爾（Hermann Weyl）在他那本著名且稱得上是名副其實的書《對稱》（*Symmetry*）中，也援引這部分。下表可充分呈現其間關係：

表 15.1 對稱與不對稱的相關聯概念

對稱	不對稱
靜止	運動
約束	鬆弛
秩序	任意
法律	意外
正規嚴格	生命、遊玩
限制	自由

歌德曾說過，「缺乏對稱性似乎正是演化進展的證據」，而這也讓人想起歌德弟子湯瑪斯·卡萊爾對伏爾泰文體的貶抑，將它與「客廳杖型吊燈的簡單人工對稱性」做比較，表示其文體「並不具備美感，頂多只能說是具有規律」，又說它比不上「一片橡樹林的深層自然對稱性」。卡萊爾所謂的「自然對稱性」正是指生命與自由的不規律性。[5]

　　不論對稱性具有多少理論上的美德——而這點無疑讓科學比較容易解釋宇宙——不可否認的是，寓居於宇宙的人類從不對稱性中獲得相當大的樂趣。的確，在弗萊的列表中，就有一組關係顯現生命本身就是不對稱的，不免讓人懷疑以各式化學分子組成的生命形式會有多少是完全對稱的。本書之前就曾描述過，生命中的不對稱性充斥於我們的世界中，也許我們體內最基本的不對稱性是來自於粒子物理，然後表現在碳原子的化學性質與胺基酸、醣類、DNA、蛋白質的生化特質上，影響到我們內臟不對稱排列的身體、大腦與雙手不對稱的功能，最後反映在書寫、駕駛規範，以及左右二元的象徵分類上。所以現在要問的問題是，這些林林總總的

不對稱性是否彼此相關，還是它們只是打破對稱性後產生的個別狀況，互不干涉。[6]

　　科學家長久以來一直對於連貫物理學、生物學、神經科學及人類學各個層級的不對稱性的機制小心翼翼，這之間的關係可以表示為：弱作用力 → 左旋胺基酸 → 蛋白質 → 細胞 → 組織 → 器官 → 身體 → 大腦 → 文化。伊恩‧史都華（Ian Stewart）與馬丁‧葛盧畢斯基（Martin Golubitsky）曾嘲謔地虛構出一個世界，在那裡，「偏用左手的上帝創造出左旋胺基酸，合成左旋蛋白質，形成左旋的胚胎，最後長成一個左利的人」，但又閃爍其辭地表示，「鮮少有生物學家相信動物的對掌性和化學分子的對掌性之間有任何關聯」。麥克‧柯貝里斯與伊凡‧畢爾也同樣不認真看待這個觀念，將它應用到大腦後，就突然宣稱自己不可知論者的立場：

核衰退的不對稱性、生物分子的不對稱性，以及可能造成動物與人類形態學上不對稱性的左右梯度[譯2]（包括人類大腦結構不對稱），這三者間會有關聯嗎？我們完全不知道。

物理學家楊振寧在他的諾貝爾獎得獎感言中提到，「一個心臟位於右側，內臟也全都與一般人呈鏡像對稱的人……他身體內的分子，比方說醣分子，也會和我們的呈鏡像對稱」，這正暗示著分子與形態間的連結。其他學者則對此不敢苟同，比方說在第六章提過的哈丁、歐格爾與葛爾曼，他們一致認為身體之所以是由左旋胺基酸與右旋醣類所構成的，純粹是機率因素；假設這樣的論點為真，則從

粒子物理、生物學到大腦結構間的因果關係鍊中的第一個連結還是
適用這樣的論點。僅以機率來解釋單一事件的論點並不令人滿意，
因此目前仍有許多物理學家不接受這樣的推論。[7]

　　通俗科學作家則訴說著另一個完全不同的故事，比方艾薩克·
艾西莫夫（Issac Asimov）就反對光是以機率來解釋胺基酸旋性的主
張，因為這觀念無法滿足人心：

當然，宇稱不守恆與生命不對稱性間有所關聯的假設很具吸引力，
但我在情感上無法接受它。我堅信宇宙萬物都是相互關聯的，而知
識也是其中一種。對我而言，實在很難接受如此學術、如此遙不可
及的宇稱不守恆定律，竟可用於解釋生命中如此基本的部分，解釋
人類，解釋你跟我。

馬丁·葛登能在《雙手同利的宇宙》（The Ambidextrous Universe）
中，雖然樂於接受弱作用力造成我們身體內左旋胺基酸的可能性，
但卻無法超越這條鍊的下一道關卡：「我們的心臟在左側……這無
關乎任何自然定律中的不對稱性。人類心臟的位置是這個星球上生
命演化的意外。」[8]

　　在許多生物學家眼中，心臟是癥結所在，他們樂於接受弱作用
力可能會造成我們體內醣類與胺基酸的不對稱，但卻不認為這和身
體器官的不對稱性有所牽連。在生物學上，分子和器官之間相去甚
遠，幾百或幾千個胺基酸連結成鍊，疊合成蛋白質，數以百萬個蛋
白質再形成細胞，上百萬個不同類型的細胞又結合成組織，成為擺

放在體內的器官。在這個過程中，開頭那些胺基酸的些微不對稱性怎麼可能與身體層級的不對稱性有關呢？這個疑問是席巴基金會在1991年舉行「生物不對稱性與偏手性」會議中最大的阻礙，之前在第一章結尾時曾提過這場研討會。蛋白質化學家希羅斯·丘西亞（Cyrus Chothia）發表了一篇討論蛋白質分子不對稱性的報告。蛋白質的結構通常層層疊疊，非常不對稱，而蛋白質的不對稱取決於它的胺基酸序列，但即使是在胺基酸皆為左旋的情況下，蛋白質也不會全部都折疊為左旋，而不生成右旋蛋白質。看來胺基酸的低度不對稱性並不足以在合成蛋白質的過程中產生什麼重大的變化。會議主席沃伯特在總結這場研討會時，稱這個問題是「丘西亞的裂口」（Chothia's gap），而在當時，這道裂口似乎無從穿越。[9]

　　不過，通常換個角度，不按照當初設想的方式切入，反而有機會可以通行無法走通的路，丘西亞的裂口或許也是如此。平均而言，蛋白質的旋性是隨機的，所以若是身體器官的旋性是取決於大量蛋白質聚集出的旋性，那麼身體器官和內臟的旋性也會是隨機的。這個推論過程毫無疑問是正確的，但這不必然和我們故事中的主角，也就是心臟有所關聯。第五章已經說明了內臟排列有可能是胚胎發育時，亨生氏結區的少量液體流動，將化學物質帶到身體的某一側，而讓心臟在該側發育所造成的結果，所以心臟的位置並不是由全身上下大量蛋白質的旋性所決定，甚至連組成心臟本身的蛋白質都與此無關，而僅由亨生氏結區的一小撮纖毛擺動的方向來決定。若有人能製造出完全由左旋胺基酸構成的有機體，只有結上的纖毛是由右旋胺基酸所組成，那纖毛肯定會反向擺動，造成反方向

流動的亨生氏結流，心臟便是會長在右側，而非左側。這條因果關
係的長鍊和之前所提的很類似，不過有一關鍵性的差別：現在左旋
胺基酸只負責一個很重要的蛋白質，決定亨生氏結的纖毛旋性，瞬
間造成整個有機體的內臟排列逆轉。這是一條捷徑，直接從弱作用
力、左旋胺基酸，到生長在左側的心臟。

　　任何理論要將物理與化學上的不對稱性質連結到心臟巨觀上的
不對稱，以及連貫其間的纖毛上，最大的挑戰就是要解釋心臟不對
稱性的產生。至於下一步，則是羅伯・布朗寧（Robert Browning）
所謂的「心臟如何驅動大腦，而心與腦又如何驅動雙手」。基本
上，這問題其實比較簡單，畢竟大腦已存在於一個因為心臟而高度
不對稱的身體內。正如第九章所討論的，一種合理的解釋是，藉由
造成心臟不對稱的類似機制，使得大腦也變得不對稱——甚至可能
有其他個別的纖毛將不同的化學物質從器官的一側帶到另一側，使
得大腦變得不對稱。不論真正的細節為何，原則上，只要有辦法將
心臟的不對稱與左旋胺基酸的不對稱性連接起來，甚至涵蓋弱作用
力，便可以直接地假設大腦的不對稱性也是由類似的途徑所決定。
10

　　還能如此繼續發展下去嗎？在身體與大腦的不對稱性背後，是
人類文化的不對稱性。這是否真能和弱作用力的不對稱性扯上關
係？對某些人而言，答案也許是肯定的，但對其他人而言則絕無可
能。當我們注視著路上的車流，完全看不出靠左或靠右行駛會是物
理或胺基酸層級的不對稱性所造成的。不過當我們看看這些汽車的
腳踏板——油門總是靠右，而煞車永遠在左——會發現偏手性和大

腦的不對稱之間的確有一明顯的連結。從這一點，便可以直接回到弱作用力。文化世界中的一部分會讓我們發覺，自己是起始於物理次原子世界這條因果關係鍊的一部分。

　　我應該將這一點說明得更清楚些，在這樣一條因果關係的長鍊中，並不能說科學已經「證明」了每一個環節。不過這樣的故事看起來的確是合理的，同時也讓我有充分的理由感到興奮，去探究這個理論能發展到什麼地步。這樣的作法還有一個好處，會讓這故事裡的每一個弱點都變得非常明顯。本書中含有許多轉折與插曲，當中的論點有時甚至過於複雜，這一切都可能會模糊整個故事的相對單純性。米爾頓在寫《失樂園》時就體認到這個難題，所以在每一章前都加了一篇「論點」。在此，我想效法他，在本書末尾附上論點：

論點

　　多數人為右利的原因與他們身上帶有的 D 基因有關，這個基因同時也會讓這些人的語言區位在左腦。大約在兩三百萬年前，D 基因曾經扮演過將人類與其他靈長類分開的關鍵角色。之所以由左腦來掌控語言與右手的活動，可能是因為 D 基因本身是由調控人類與其他脊椎動物心臟左移機制的位向基因（situs gene）突變而成。五億五千萬年來，脊椎動物及其後代子孫都是左右不對稱的。位向基因調控心臟左傾的機制發生在胚胎發育早期，那時體節區纖毛擺動，形成渦流，帶動決定臟器排列物質以順時針方向，而非逆時針方向的流動，也就此確定了心臟的位置。而纖毛之所以順時針

擺動，是因為它的組成分子主要為左旋胺基酸，而不是另一種和它
組成成分完全一樣，但是結構左右相反、呈鏡像對稱的右旋胺基
酸。地球上絕大多數的生物多半都是由左旋胺基酸組成，這恐怕不
是巧合，因為連從外太空落下的隕石內部深處，也發現左旋胺基酸
占有優勢。早期生物演化成只含有左旋胺基酸的原因，可能是由於
那時這類胺基酸數量充沛，至少在地球上演化出生物的區域是如
此，也或許這些胺基酸根本就是由隕石帶來的。左旋胺基酸的演化
優勢可能也要歸因於物理學家所謂的次原子層級間弱作用力不對稱
的「宇稱不守恆現象」。人類族群多半慣用右手的情形，意味著在
我們生活的地球上，所有的文物、語言，以及文化中任何象徵的詞
彙也都是極度不對稱的。幾乎在所有人類文明中都可以發現「右」
與「好」，以及「左」與「壞」之間的關聯性。比方說，《聖經》
裡記載上帝將綿羊分到右邊，而將山羊分到左邊，政治上則以左翼
來表示偏激份子，而將保守派劃歸為右派。若說這些符號上的左右
象徵分類和我們大腦的語言結構直接相關，大概也不為過吧！而這
一切又和我們的手部靈巧度有關，也就是和體內左傾的心臟有關，
而這又牽扯到纖毛所做的順時針擺動，也就是說，與同為組成人體
其他部位的左旋胺基酸脫不了干係。左旋胺基酸的優勢反映了物理
學上宇稱不守恆的現象，而宇稱不守恆則是關於宇宙如何被建構的
最深層物理定律裡的一項特性。

上述的論點不一定正確，但至少不失為一個可行的理論，而現階段
似乎也沒有強有力的證據來駁斥它。之所以如此涇渭分明地陳述這

個理論，是希望能幫助其他人進一步去補強它，或者就像科學中其他的假設一樣，完全推翻它，如同馮內果（Kurt Vonnegut）在《第五號屠宰場》（*Slaughterhouse-Five*）裡所寫的，「就這樣消逝吧」。

　　1835 年，當華生醫生在倫敦醫院的驗屍室裡苦思何以約翰・瑞德的屍體會出現內臟逆位的原因時，他大概沒想到，要尋求解釋這看似簡單的逆位現象需要經過多少努力。這必須經由科學方法，一步步從人類世界檢驗到整個物質世界。唯有詩人才得以找到適當的字眼來形容自然的奧妙。諾貝爾獎得主，希臘詩人埃利提斯（Odysseus Elytis）在 1959 年曾寫過一首美麗的長詩《聖母頌》（*The Axion Esti*）[譯3]，詩中有一句激盪人心的疊句：

ΑΥΤΟΣ	*ὁ κόσμος*	*ὁ μικρός*	*ὁ μέγας!*
AUTOS	*o cosmos*	*o micros*	*o megas!*
THIS	the world	the small	the great!
這	世界	微小	巨大

用這些字作為本書的結尾再完美也不過了。世界（cosmos）、微小（micros）、巨大（megas）──每個字都含有各自的屬性，但它們也可能是相互關聯著的。

譯注

譯 1　即《聖經》提及的迦拉（Calah），位在底格里斯河東岸，從西元前 883 年至前 612 年為亞述帝國的首都。

譯 2　左右梯度（left-right gradient）係指胚胎發育時，基因的表現在胚胎中從左到右的濃度不同，進而調節其他基因的表現，並調控胚胎的分化。

譯 3　「Axion Esti」原意為「堪受讚美的聖母」。埃利提斯正是因為這首詩，而於 1979 年獲頒諾貝爾文學獎。

注釋和參考文獻

第一章　華生醫生的難題

1. → www ←
2. Anonymous (1882) *British Medical Journal*, ii: 1282-5; Munk, W. (1878) *The Roll of the Royal College of Physicians of London*, London: Royal College of Physicians. → www ←
3. Watson, T. (1836) *London Medical Gazette*, 18: 393-403. → www ←
4. East, T. (1957) *The Story of Heart Disease*, London: William Dawson, p. 38. → www ←
5. Bryan, D. (1824) *Lancet* 5: 44-6.
6. Torgersen, J. (1950) *American Journal of Human Genetics*, 2: 361-70; Cockayne, E. A. (1938) *Quarterly Journal of Medicine*, 31: 479-93. → www ←
7. → www ←
8. Nicolle, J. (1962) *Louis Pasteur: A Master of Scientific Enquiry*, London: The Scientific Book Guild, p. 25; Mason, S. F. (1989) *Chirality*, 1: 183-91. → www ←
9. From the notebooks of Viollet-le-Duc, reproduced in Cook (1914) *The Curves of Life*, Constable: London (reprinted in Dover Books, 1979).
10. Ravoire, J. (1933) *Le Docteur Marc Dax (de Sommieres) et l'Aphasie*, Montpellier: Imprimerie Mari-Lavit, pp. 8-9; Mouret, M. A. (1959) *Chronique médicale de la ville de Sommières*, Montpellier: Ets Valette, p. 48; Dax, M. (1865) *Gazette Hebdomadaire de Médecine et de Chirurgie*, 2 (2nd Series): 259-62, (for a translation see Joynt and Benton (1964) *Neurology*, 14: 851-4); Finger, S. and Roe, D. (1999) *Brain and Language*, 69: 16-30. → www ←
11. Broca, P. (1861) *Bulletin de la Société Anatomique de Paris*, 2nd series, 6: 330-57 (for a partial translation see Eling, P. (1994) *Reader in the History of Aphasia: From [Franz] Gall to [Norman] Geschwind*, Amsterdam: John Benjamins;) Schiller, F. (1979) *Paul Broca: Explorer of the Brain*, Oxford: Oxford University Press; Signoret, J. L. et al. (1984) *Brain and Language*, 22: 303-19; Castaigne, P. et al. (1980) *Revue Neurologique* (Paris), 136: 563-83. → www ←
12. Schiller, F. (1979) p. 192; Broca, P. (1865) *Bulletin de la Société d'Anthropologie de Paris*, 6: 377-93; Hécaen, H. and Dubois, J. (1969) *La naissance de la neuropsychologie du langage (1825-1865)*, Paris: Flammarion; Berker, E. A. et al. (1986) *Archives of Neurology*, 43: 1065-72. → www ←
13. Watson, T. (1871) *Lectures on the Principles and Practice of Physic*, vol. 1, 5th edn, London: Jon W. Parker, p. 494. → www ←
14. Ibid., p. 501.
15. Ibid., p. 503. → www ←
16. Bock, G. R. and Marsh, J. (1991) *Biological Asymmetry and Handedness* (Ciba Foundation symposium 162), Chichester: Wiley, 1991; Etaugh, C. and Hoehn, S. (1979) *Perceptual and Motor Skills*, 48: 385-6.

第二章　死亡與右手

1. Taylor, A. J. P. (1966) *The First World War: An Illustrated History*, Harmondsworth: Penguin, p. 23; Durkheim, E. (1916) *L'annuaire de l'association des anciens élèves de l'école normale supérieure*, pp. 116-20; Needham, R. (1973) *Right and Left: Essays on Dual Symbolic Classification*, Chicago: University of Chicago Press, p. xi. → www ←
2. Mauss, M. (1925) *Année Sociologique*, 1 (new series): 7-29.
3. Mauss, M. (1990) *The Gift: The Form and Reason for Exchange in Archaic Societies*, London: Routledge.

→ www ←
4. Introduction by Evans-Pritchard to Herz, R. *Death and the Right Hand*, translated by R. Needham and C. Needham, Aberdeen: Cohen and West, 1960; Parkin, R. (1996) *The Dark Side of Humanity: The Work of Robert Hertz and its Legacy*, Amsterdam: Harwood. → www ←
5. Roodenburg, H., in Bremmer, J. and Roodenburg, H. (eds) (1991) *A Cultural History of Gesture: From Antiquity to the Present Day*, Cambridge: Polity Press, pp. 152-89; Bulwer, J. (1644) *Chirologia; or, The Natural Language of the Hand; Composed of the Speaking Motions, and Discoursing Gestures Thereof Whereunto is Added, Chironomia; or, The Art of Manual Rhetoricke*, London: Thomas Harper, p. 109. → www ←
6. Hertz, R. *Death and the Right Hand*, translated by R. Needham and C. Needham. Aberdeen: Cohen and West, 1960. → www ←
7. Hertz, R. (1909) *Revue Philosophique*, 68: 553-80; Hertz, R. *Death and the Right Hand*; Durkheim, E. (1916) p. 118. → www ←
8. Kraig, B. (1978) *Journal of Indo-European Studies*, 6: 149-72. → www ←
9. Mallory, J. P. (1989) *In Search of the Indo-Europeans*, London: Thames and Hudson, p. 140.
10. Kraig, B. (1978) op. cit.
11. Cook, T. A. (1914) *The Curves of Life*, London: Constable (reprinted in Dover Books, 1979); Blake-Coleman, B. C. (1982) *Folklore*, 93: 151-63; Sylvester, D. (1999) *Modern Painters* 12 (3): 26-33. → www ←
12. Rigby, P. (1966) *Africa*, 36: 1-16; Werner, A. (1904) *Journal of the African Society*, 13: 112-16.
13. Paskauskas, R. A. (1993) *The Complete Correspondence of Sigmund Freud and Ernest Jones 1908-1939*, Cambridge, MA: Harvard University Press, p. 31; Rigby, P. Africa; Smith, E. W. (1952) *Journal of the Royal Anthropological Institute of Great Britain and Ireland*, 82: 13-37; Granet, M., in Needham, R. (ed.) (1973) *Right and Left: Essays on Dual Symbolic Classification*, Chicago: University of Chicago Press, pp. 43-58; Devereux, G. (1951) *Psychoanalytic Quarterly*, 20: 398-422.
14. Platt, A. (1910) *De Generatione Animalium*, Oxford: Oxford University Press, 763.6.131; Pearsall, R. (1971) *The Worm in the Bud*, Harmondsworth: Penguin, p. 303. → www ←
15. Das, T. (1945) *The Purums: An Old Kuki Tribe of Manipur*, Calcutta: University of Calcutta Press; Hertz, R. *Death and the Right Hand*; Needham, R. (1973); Needham, R. (1979) *Symbolic Classification*, Santa Monica, California: Goodyear.
16. Needham, R. (1962) *Structure and Sentiment: A Test Case in Social Anthropology*, Chicago: University of Chicago Press, p. 96.
17. Wieschoff, H. A. (1938) *Journal of the American Oriental Society*, 58: 202-17; Kruyt, A. C., pp. 74-91 in Needham, R. (ed.) (1973) p. 78; Needham, R. (1967) *Africa* 37: 425-51; Beidelman, T. O., in Needham, R. (1973) pp. 128-66. → www ←
18. Needham, R. (1979) op. cit., p. 52. → www ←
19. Wilkin, S. (1852; revised version of 1836 edition), *The Works of Sir Thomas Browne*, London: Henry Bohn, Vulgar Errors, IV: iv. → www ←
20. Fabbro, F. (1994) *Brain and Cognition*, 24: 161-83; McManus, I. C. (1979) *Determinants of Laterality in Man*, University of Cambridge: unpublished PhD thesis, chapter 13; Sattler, J. B. (2000) *Links und Rechts in der Wahrnehmung des Menschen: Zur Geschichte der Linkshändigkeit*, Donauworth: Auer Verlag; Fowler, A. (1971) Milton: *Paradise Lost*, London: Longman, V: 689; V: 726; VI: 79. → www ←
21. Psalm 118: 16; Anonymous (1916) *The Jewish Encyclopaedia*, New York: Funk and Wagnalls, X: 419; Wile, I. S. (1934) *Handedness: Right and Left*, Boston: Lothrop, Lee and Shepard, p. 218. → www ←
22. Chelhod, J., in Needham, R. (ed.) (1973) pp. 239-62; *The Qu'ran*, Sura 56; Walsh, J. G. and Pool, R. M. (1943) *The Journal of Southern Medicine and Surgery*, 112-25; http://islam.org/dialogue/Q325.htm. → www ←
23. Bousquet, G.-H. (1949) *Les grandes pratiques rituelles de l'Islam*, Paris: Presses Universitaires de France, p. 105.
24. Clark, G. (1989) *Iamblichus: On the Pythagorean Life*, Liverpool: Liverpool University Press, p. 70; Warrington, J. (1961) *Aristotle's Metaphysics*, London: Everyman, p. 65; Wender, D. T. (1973) *Hesiod and Theognis*, Harmondsworth: Penguin Books, p. 29.
25. Davidson, J. (1998) *Courtesans and Fishcakes: The Consuming Passions of Classical Athens*, London: Fontana, pp. 24, 44. → www ←
26. Chetwynd, T. (1993) *Dictionary for Dreamers*, London: Aquarian Press, p. 150-1; Lawrence, T. E. (1935) *The Odyssey of Homer*, London: Oxford University Press, p. 321.
27. Freud, S. ([1900] 1976) *The Interpretation of Dreams*, Harmondsworth: Penguin Books, pp. 475-503;

Butler, A. J. C. (1898) *Bismarck: The Man and the Statesman; Being the Reflections and Reminiscences of Otto Prince von Bismarck*, vol. II, London: Smith, Elder and Co, p. 210; Domhoff, G. W. (1968) *Psychoanalytic Review*, 56: 587-96. → www ←

28. Thass-Thienemann, T. (1955) *Psychoanalytic Review*, 42: 239-61, pp. 239, 260; Masson, J. S. *The Complete Letters of Sigmund Freud to Wilhelm Fliess 1887-1904*, Cambridge, MA: Harvard University Press, 1985 pp. 292-3.

29. → www ←

30. Annett, M. (1972) *British Journal of Psychology*, 63: 343-58; Annett, M. (1985) *Left, Right, Hand and Brain: The Right Shift Theory*, New Jersey: Lawrence Erlbaum. → www ←

31. → www ←

32. → www ←

33. → www ←

34. Eco, U. (1984) *Semiotics and the Philosophy of Language*, London: Macmillan, pp. 131, 137. → www ←

35. Leach, E. (1976) *Culture and Communication: The Logic by which Symbols are Connected*, Cambridge: Cambridge University Press.

36. Sperber, D. (1975) *Rethinking Symbolism*, Cambridge: Cambridge University Press, p. 113. → www ←

37. Ibid., pp. 21-2.

38. Ibid., p. 26. → www ←

39. → www ←

第三章　在左岸

1. Desmond, A. (1994) *Huxley: The Devil's Disciple*, London: Michael Joseph. → www ←

2. Huxley, T. H. (1877) *Physiography: An Introduction to the Study of Nature*, London: MacMillan; Desmond, A. (1997) *Huxley: Evolution's High Priest*, London: Michael Joseph. → www ←

3. → www ←

4. → www ←

5. → www ←

6. Lowrie, W. and Alvarez, W. (1981) *Geology*, 9: 392-7. → www ←

7. → www ←

8. Mullins, J. (1999) *New Scientist*, 25 December: 66-7. → www ←

9. → www ←

10. Cook, T. A. (1914) *The Curves of Life*, London: Constable (reprinted in Dover Books, 1979); Rybczynski, W. (2000) *One Good Turn: A Natural History of the Screwdriver and the Screw*, New York: Simon and Schuster. → www ←

11. Maritan, A. et al. (2000) *Nature*, 406: 287-90; Galloway, J. W. (1991) in Bock, G. R. and Marsh, J. (eds) *Biological Asymmetry and Handedness* (Ciba foundation symposium 162), Chichester: Wiley, pp. 16-35.

12. → www ←

13. → www ←

14. McManus, I. C. and Humphrey, N. K. (1973) *Nature*, 243: 271-2; Humphrey, N. K. and McManus, I. C. (1973) *New Scientist*, 59: 437-9. → www ←

15. Woodcock, T. and Robinson, J. M. (1988) *The Oxford Guide to Heraldry*, Oxford: Oxford University Press.

16. Marx, K. *Karl Marx, Frederick Engels, Collected Works, Vol. I: Karl Marx, 1835-1843*, London: Lawrence and Wishart, 1975 p. 622. → www ←

17. Sklar, L. (1974) *Space, Time, and Spacetime*, Berkeley, CA: University of California Press; Earman, J. (1989) *World Enough and Space-time: Absolute Versus Relational Theories of Space and Time*, Cambridge, MA: MIT Press.

18. Walford, D. and Meerbote, R. (1992) *The Cambridge Edition of the Works of Immanuel Kant: Theoretical Philosophy, 1755-1770*, Cambridge: Cambridge University Press, pp. 365-72; Van Cleve, J. and Frederick, R. E. (1991) *The Philosophy of Right and Left: Incongruent Counterparts and the Nature of Space*, Dordrecht: Kluwer, p. 30. → www ←

19. Van Cleve, J. and Frederick, R. E. 'Prolegomena to any future metaphysic', in Van Cleve, J. and Frederick, R. E. (1991) op. cit.

20. Wittgenstein, L. (1961) *Tractatus Logico-philosophicus* (Translated D. F. Pears and B. F. McGuinness), London: Routledge and Kegan Paul, 6.36111. → www ←

21. → www ←

22. Walford, D. and Meerbote, R. (1992) op. cit., p. 371.

542 右手、左手

23. → www ←
24. Frederick, R. E., in Van Cleve, J. and Frederick, R. E. (1992) op. cit., pp. 1-14; Nerlich, G. (1973) *Journal of Philosophy*, 70: 337-51. → www ←
25. Gardner, M. (1990) *The New Ambidextrous Universe* (1973), (revised edition), New York: W. H. Freeman; Bennett, J. (1970) *American Philosophical Quarterly* 7: 175-91. → www ←
26. Lanza, R. P. et al., (2000) *Scientific American*, November: 67-71.

第四章　麥稈與乾草、矛與盾、右與左

1. Fritsch, V. (1968) *Left and Right in Science and Life*, London: Barrie and Rockliff; Fowler, A. (1971) *Milton: Paradise Lost*, London: Longman. → www ←
2. Fritsch, V. (1968) op. cit., p. 54; Gleick, J. (1994) *Genius: Richard Feynman and Modern Physics*, London: Abacus, p. 331; Masson, J. M. (1985) *The Complete Letters of Sigmund Freud to Wilhelm Fliess 1887-1904*, Cambridge, MA: Harvard University Press. → www ←
3. Aitchison, J. (1994) *Words in the Mind*, (2nd edn), Oxford: Blackwell, p. 85. → www ←
4. Buck, C. D. (1949) *A Dictionary of Selected Synonyms in the Principal Indo-European Languages*, Chicago: University of Chicago Press; Gamkrelidze, T. V. and Ivanov, V. V. (1995) *Indo-European and the Indo-Europeans: A Reconstruction and Historical Analysis of a Proto-language and a Proto-culture*, Berlin: Mouton de Gruyer.
5. Crystal, D. (1987) *The Cambridge Encyclopaedia of Language*, Cambridge: Cambridge University Press; Beekes, R. S. P. (1995) *Comparative Indo-European Linguistics: An Introduction*, Amsterdam: John Benjamins. → www ←
6. Collinge, N. E. (1985) *The Laws of Indo-European*, Amsterdam: John Benjamins. → www ←
7. Beekes, R. S. P. (1995) op. cit.; Renfrew, C. (1987) *Archaeology and Language: The Puzzle of Indo-European Origins*, London: Jonathan Cape. → www ←
8. Beekes, R. S. P. (1995) op. cit.
9. Buck, C. D. (1949) op. cit., p. 865; Gamkrelidze, T. V. and Ivanov, V. V. (1995) p. 686; Delamarre, X. (1984) *Le vocabulaire Indo-Européen: lexique étymologique thematique*, Paris: Librairie d'Amérique et d'Orient. → www ←
10. Hertz, R. (1909) *Revue Philosophique* 68: 553-80; Gamkrelidze, T. V. and Ivanov, V. V. (1995); Markey, T. L. (1982) *Mankind Quarterly* 23: 183-94; Wilson, G. P. (1937) *Words* 3: 102-5. → www ←
11. Hamilton, H. W. and Deese, J. (1971) *Journal of Verbal Learning and Verbal Behavior* 10: 707-14; Clark, H. H. (1973), in Moore, T. E. (ed.) *Cognitive Development and the Acquisition of Language*, New York: Academic Press pp. 27-63; Markey, T. L. p. 189; Mallory, J. P. and A dams, D. Q. (1997) *Encyclopaedia of Indo-European Culture*, London: Fitzroy Dearborn, p. 349. → www ←
12. Laserson, M. M. (1939) *American Sociological Review* 4: 534-42; Gamkrelidze, T. V. and Ivanov, V. V. (1995) p. 687.
13. Renfrew, C. (1998), in *The Nostratic Macrofamily and Linguistic Palaeontology*, Cambridge: McDonald Institute for Archaeological Research pp. vii-xxii; Ross, P. E. (1991) *Scientific American* April: 70-79; Salmons, J. C. and Joseph, B. D. (1998) (eds) *Nostratic: Sifting the Evidence*, Amsterdam: John Benjamins; Dolgopolsky, A. (1998), in *The Nostratic Macrofamily and Linguistic Palaeontology*, Cambridge: McDonald Institute for Archaeological Research. → www ←
14. 右邊英國女王肖像面向左的郵票是正確的。左邊華盛頓像面向右的一元美鈔是正確的。左邊海爾波普彗星慧尾朝右的照片是正確的。
15. Martin, M. and Jones, G. V. (1999) *Psychological Science* 10: 267-70; McKelvie, S. J. and Aikins, S. (1993) *British Journal of Psychology* 84: 355-63; Jones, G. V. and Martin, M. (1997) *British Journal of Psychology* 88: 609-19. → www ←
16. → www ←
17. Ofte, S. H. & Hugdahl, K. (2001) *Journal of Experimental and Clinical Neuropsychology* (in press); Piaget, J. (1928) *Judgement and Reasoning in the Child*, London: Kegan Paul, Trench and Trubner; Elkind, D. (1961) *Journal of Genetic Psychology* 99: 269-76; Dellatolas, G. et al. *Cortex* 34: 659-76. → www ←
18. Piaget, J. (1928) op. cit., pp. 109-10, 202-3. → www ←
19. Regal, R. (1996) *Perceptual and Motor Skills* 83:831-42.
20. Harris, L. J. and Gitterman, S. R. (1978) *Perceptual and Motor Skills* 47: 819-23; Wolf, S. M. (1973) *Archives of Neurology* 29: 128-9; Hannay, H. J. et al. (1990) *Perceptual and Motor Skills* 70: 451-7; Storfer, M. D. (1995) *Perceptual and Motor Skills* 81: 491-7. → www ←

21. Brandt, J. and Mackavey, W. (1981) *International Journal of Neuroscience* 12: 87-94. → www ←
22. Sholl, M. J. and Egeth, H. E. (1981) *Memory and Cognition* 9: 339-50. → www ←
23. Olson, G. M. and Lanar, K. (1973) *Journal of Experimental Psychology* 100: 284-90.
24. Mach, E. (1914) *The Analysis of Sensations*, 5th edn, Chicago: Open Court. → www ←
25. Corballis, M. C. and Beale, I. L. (1970) *Psychological Review* 77: 451-64; Corballis, M. C. and Beale, I. L. (1971) *Scientific American* 224 (3): 96-104; Corballis, M. C. and Beale, I. L. (1976) *The Psychology of Left and Right*, Hillsdale, NJ: Lawrence Erlbaum Associates.
26. Benton, A. L. (1959) *Right-Left Discrimination and Finger Localization: Development and Pathology*, New York: Hoeber, pp. 37, 51; Storfer, M. D. (1995); Dellatolas, G. et al. (1998) op. cit.; Gallet, J. H. (1988) *Buffalo Law Review* 37: 739-50, p. 741.
27. Critchley, M. (1966) *Brain* 89: 183-98; Dehaene, S., Dehaene-Lambertz, G. and Cohen, L. (1998) *Trends in Neurosciences* 21: 355-61. → www ←
28. Mayer, E. et al. (1999) *Brain* 122: 1107-20.
29. Mayer et al. 1999; Gold, M., Adair, J. C., Jacobs, D. H. and Heilman, K. M. (1995) *Cortex* 31: 267-83; Galton, F. (1883) *Inquiries into Human Faculty and its Development*, London: Macmillan; Spalding, J. M. K. and Zangwill, O. L. (1959) *Journal of Neurology, Neurosurgery, and Psychiatry* 13: 24-9; Butterworth, B. (1999) *The Mathematical Brain*, London: Macmillan. → www ←
30. Turnbull, O. H. and McCarthy, R. A. (1996) *Neurocase* 2: 63-72; Milner, A. D. and Goodale, M. A. (1995) *The Visual Brain in Action*, Oxford: Oxford University Press. → www ←
31. Wood Jones, F. (1941) *The Principles of Anatomy as Seen in the Hand*, London: Bailliere, Tindall and Cox; Wood Jones, F. (1949) *Structure and Function as Seen in the Foot*, 2nd edn, London: Bailliere, Tindall and Cox; Quinn, H. R. and Witherell, M. S. (1998) *Scientific American* 279 (October): 50-SS; www.lecb.ncifcrf.gov/-toms/LeftHanded.DNA.html; Wang, A. H.-J. et al. *Nature* (1979) 282: 680-86; Anonymous, *Nature* 15 June 2000, p. 737; Porter, C. (2000) *Nature* 406: 234. → www ←

第五章　龍之心

1. → www ←
2. → www ←
3. James, R. R. (1994) *Henry Wellcome*, London: Hodder & Stoughton, p. 344; Vinken, P. (1999) *The Shape of the Heart*, Amsterdam: Elsevier. → www ←
4. Sitwell, O. (1946) *The Scarlet Tree*, London: Macmillan; Ruehm, S. G. et al. (2001) *Lancet* 357: 1086-91. → www ←
5. Oster, J. (1971) *Scandinavian Journal of Urology and Nephrology* 5: 27-32. → www ←
6. Haldane, J. B. S. (1985) *On Being the Right Size* (ed. John Maynard Smith), Oxford: Oxford University Press.
7. Kilner, P. J. et al. (2000) *Nature* 404: 759-61. → www ←
8. Shu, D.-G. et al. (1999) *Nature* 402: 42-6; Janvier, P. (1999) *Nature* 402: 21-2; Gee, H. (1996) *Before the Backbone: Views on the Origins of the Vertebrates*, London: Chapman and Hall. → www ←
9. Gee, H. (1996) op. cit., p. 10. → www ←
10. Jefferies, R. P. S. (1991) in Bock, G. R. and Marsh, J. (eds) *Biological Asymmetry and Handedness* (Ciba Foundation symposium 162), Chichester: John Wiley, p. 124. → www ←
11. Gee, H. (1996) op. cit., pp. 201-86; Jefferies, R. P. S. (1986) *The Ancestry of the Vertebrates*, London: British Museum (Natural History); Sutcliffe, O. E. et al. (2000) *Lethaia* 33: 1-12. → www ←
12. → www ←
13. Jefferies, R. P. S. (1991) op. cit., p. 116; Dawkins, R. (1997) *Climbing Mount Improbable*, London: Penguin Books, pp. 204-10. → www ←
14. Norman, J. R. (1934) *A Systematic Monograph of the Flatfishes (Heterosomata), Volume 1: Psettodidae, Bothidae, Pleuronectidae*, London: British Museum (Natural History); Norman, J. R. and Greenwood, P. H. (1963) *A History of Fishes*, 2nd edn, London: Ernest Benn. → www ←
15. → www ←
16. Larsen, W. J. (1998) *Essentials of Human Embryology*, New York: Churchill Livingstone; Chiang, C. et al. (1996) *Nature* 383: 407-13. → www ←
17. Driever, W. (2000) *Nature* 406: 141-2; Srivastava, D. and Olson, E. N. (2000) *Nature* 407: 221-6.
18. Ivemark, B. L. (1955) *Acta Paediatrica* 44 (Suppl 104): 1-110; Burn, J. (1991), in *Biological Asymmetry and Handedness*, pp. 282-99; Capdevila, J. et al. (2000) *Cell* 101: 9-21. → www ←

19. → www ←
20. → www ←
21. → www ←
22. Furlow, F. B. et al. (1997) *Proceedings of the Royal Society of London, Series B* 264: 823-9; Jung, R. E. et al. (2000) *Neuropsychiatry, Neuropsychology and Behavioural Neurology*, 13: 195-198; Yeo, R. A. et al. (2000) *Developmental Neuropsychology*, 17: 143-159; Moller, A. P. and Swaddle, J. P. (1997) *Asymmetry, Developmental Instability and Evolution.* Oxford: Oxford University Press, pp. 157-9.
23. Sitwell, O. (1945) *Left Hand, Right Hand!*, London: Macmillan; Mealey, L. et al. (1999) *Journal of Personality and Social Psychology* 76: 157-65; Thornhill, R. and Gangestad, S. W. (1999) *Trends in Cognitive Sciences* 3: 452-60; Bruce, V. and Young, A. (1998) *In the Eye of the Beholder: The Science of Face Perception*, Oxford: Oxford University Press, p. 140; Moller, A. P. et al. (1996) *Behav. Ecol.* 7: 247-53; Roldan, E. R. S. et al. (1998) *Proceedings of the Royal Society of London, Series B* 265: 243-8; Arcese, P. (1994) *Animal Behaviour* 48: 1485-8; Moller, A. P. and Swaddle, J. P. (1997) *Asymmetry, Developmental Instability and Evolution*, Oxford: Oxford University Press; Moller, A. P. (1992) *Nature* 357: 238-40. → www ←
24. Wilkin, S. (1852) *The Works of Sir Thomas Browne* (revised version of 1836 edition), London: Henry Bohn, vol. 1: p. 374. → www ←
25. Weismann, A. (1885) *Die Kontinuität des Keimplasmas als Grundlage der Vererbung*, Jena: Gustav Fischer; Wolpert, L. et al. (1998) *Principles of Development*, London: Current Biology; Maienschein, J. (1994) in Gilbert, S. F. (ed.) *A Conceptual History of Modern Embryology*, Baltimore: The Johns Hopkins University Press; pp. 43-61; Willier, B. H. and Oppenheimer, J. M. (1964) *Foundations of Experimental Embryology*, Englewood Cliffs, N.J.: Prentice-Hall, pp. 2-37, 38-50; Hamburger, V. (1988) *The Heritage of Experimental Embryology: Hans Spemann and the Organizer*, New York: Oxford University Press. → www ←
26. Horder, T. J. and Weindling, P. J. (1986) in Horder, T. J., Witkowski, J. A. and Wylie, C. C. (eds) *A History of Embryology*, Cambridge: Cambridge University Press, p. 186; Spemann, H. and Falkenberg, H. (1919) *Wilhelm Roux' Archiv für Entwicklungsmechanik* 45: 371-422; Huxley, J. S. and de Beer, G. R. (1934) *The Elements of Experimental Embryology*, Cambridge: Cambridge University Press, pp. 75-7; Oppenheimer, J. M. (1974) *American Zoologist* 14: 867-79, pp. 871-2. → www ←
27. Huxley, A. (1996 [1928]) *Point Counter Point*, Illinois: Dalkey Archive Press.
28. Bedford, S. (1973) *Aldous Huxley, A Biography*. Vol I: 1894-1939, London: Chatto & Windus; Huxley, J. S. and de Beer, G. R. (1934) op. cit. → www ←
29. Oppenheimer, J. M. (1974); Von Kraft, A. (1999) *Laterality* 4: 209-55; Bryden, M. P. et al. (1996) *Laterality* 1: 1-3; Corballis, M. C. and Beale, I. L. (1976) *The Psychology of Left and Right*, Hillsdale, NJ: Lawrence Erlbaum Associates; Morgan, M. J. (1977) in Harnad, S., Doty, R. W., Jaynes, J., Goldstein, L. and Krauthamer, G (eds), *Lateralization in the Nervous System*, New York: Academic Press, pp. 173-94; Corballis, M. C. and Morgan, M. J. (1978) *Behavioral and Brain Sciences* 2: 261-9, 270-78; Wehrmaker, A. (1969) *Wilhelm Roux' Archiv für Entwicklungsmechanik* 163: 1-32. → www ←
30. Hummel, K. P. (1969) and Chapman, D. B. (1959) *Journal of Heredity* 50: 9-13; Layton, W. M. (1976) *Journal of Heredity* 67: 336-8; Brown, N. A. and Wolpert, L. (1990) *Development* 109: 1-9; Layton, W. M. (1978) *Birth Defects* 14: 277-93. → www ←
31. Kartagener, M. (1933) *Beiträge zur Klinik und Erforschung der Tuberkulose und der Lungenkrankheiten* 83: 489-501; Parraudeau, M. et al. (1994) *British Medical Journal* 308: 519-21; Afzelius, B. A. et al. (1978); *Fertility and Sterility* 29: 72-4; Sivak, B. and MacKenzie, C. L. (1989) *Brain and Cognition* 9: 109-22. → www ←
32. Afzelius, B. A. et al. (1978) op. cit.; Afzelius, B. A. (1976) *Science* 193:317-19.
33. Afzelius, B. A. (1999) *International Journal of Developmental Biology* 43: 283-6; Waite, D. et al. (1978) *Lancet* ii: 132-3; Handel, M. A. and Kennedy, J. R. (1984) *Journal of Heredity* 75: 498. → www ←
34. Brown, N. A. et al. (1989) *Development* 107: 637-42; Brown, N. A. and Wolpert, L. (1990) *Development* 109: 1-9; Brown, N. A. et al. (1991), in *Biological Asymmetry and Handedness* pp. 182-201. → www ←
35. Levin, M. et al. (1995) *Cell* 82: 803-14; Ibid., Wolpert, L. et al. (1998); Goldstein, A. M. et al. (1998) *Developmental Genetics* 22: 278-87. → www ←
36. Esteban, C. R. et al. (1999) *Nature* 401: 243-51; Capdevila, J. et al. (2000) *Cell* 101: 9-21; Levin, M. et al. (1997) *Developmental Biology* 189: 57-67; Ryan, A. K. et al. (1998) *Nature* 394: 545-51; Whitman, M. and Mercola, M. (2001) *Science's STKE* http://www.stke.org/cgi/content/full/OCV_sigtrans:2001/64/re1. → www ←
37. Brueckner, M. et al. (1989) *Proceedings of the National Academy of Sciences of the USA* 86: 5035-8; Brueckner, M. et al. (1991) in *Biological Asymmetry and Handedness*, pp. 202-18; Supp, D. M. et al. (1997)

Nature 389: 963-6. → www ←

38. Nonaka, S. et al. (1998) *Cell* 95: 829-37; Takeda, S. et al. (1999) *Journal of Cell Biology* 145: 825-36; Marszalek, J. R. et al. (1999) *Proceedings of the National Academy of Sciences of the USA* 96: 5043-8; Vogan, K. J. and Tabin, C. J. (1999) *Nature* 397: 295-8.

39. → www ←

40. Okada, Y. et al. (1999) *Molecular Cell* 4: 459-68, p. 459; Ainsworth, C. (2000) *New Scientist* 17 June: 40-45; Supp, D. M. et al. (2000) *Trends in Cell Biology* 10: 41-5. → www ←

41. Yokoyama, T. et al. (1993) *Science* 260: 679-82; Brown, N. A. and Lander, A. (1993) *Nature* 363: 303-4; Morgan, M. J. (1978) *Behavioral and Brain Sciences* 2: 325-31. → www ←

42. Okada, Y. et al. (1999) op. cit. → www ←

43. Okada, Y. et al. (1999) op. cit. → www ←

44. → www ←

第六章　醜陋的毒蟾蜍

1. → www ←

2. → www ←

3. Feynman, R. P. et al. (1963) *The Feynman Lectures on Physics. Vol I: Mainly Mechanics, Radiation, and Heat*, Reading, MA: Addison-Wesley, p. 52-5. → www ←

4. Thompson, S. P. (1910) *The Life of William Thomson, Baron Kelvin of Largs*, London: Macmillan, vol. 11, p. 1054; Kelvin, Lord (William Thompson) (1904) *Baltimore Lectures on Molecular Dynamics and the Wave Theory of Light*, London: Cambridge University Press, pp. 619, 637, 642. → www ←

5. Mendelson, E. (1976) *W. H. Auden: Collected Poems*, London: Faber and Faber, p. 345; Gardner, M. (1990) *The New Ambidextrous Universe* (revised edition), New York: W. H. Freeman, p. 124; Laska, M. et al. (1999) 277: R1098-R1103; Mason, S. F. (1989) *Chirality*, 1: 183-91. → www ←

6. → www ←

7. De Camp, W. H. (1989) *Chirality*, 1: 2-6; Tucker, G. T. (2000) *Lancet*, 355: 1085-7.

8. Lewis, D. L. et al. (1999) *Nature*, 401: 898-901; Seo, J. S. et al. (2000) *Nature*, 404: 982-6. → www ←

9. Wnendt, S. Z. and Zwingenberger, K. (1997) *Nature*, 385: 303-4; Winter, W. and Frankus, E. (1992) *Lancet*, 339: 365; Eriksson, T. et al. (1998) *Chirality*, 10: 223-8; Eriksson, T. et al. (1995) *Chirality*, 7: 44-52. → www ←

10. → www ←

11. Lamzin, V. S. et al. (1995) *Current Opinion in Structural Biology*, 5: 830-36; Petsko, G. A. (1992) *Science*, 256: 1403-4; Milton, R. C. D. et al. (1992) *Science*, 256: 1445-8. → www ←

12. Nicolle, J. (1962) *Louis Pasteur: A Master of Scientific Enquiry*, London: The Scientific Book Guild, pp. 33-4; Meister, A. (1965) *Biochemistry of the Amino Acids*, (2nd edn), New York: Academic Press, vol. 1, p. 113; Helfman, P. M. and Bada, J. L. (1975) *Proceedings of the National Academy of Sciences of the USA*, 72: 2891-4; Masters, P. M. et al. (1977) *Nature*, 268: 71-3; Ingrosso, D. and Perna, A. F. (1998) in Jollès, P. (ed.) *D-amino Acids in Sequences of Secreted Peptides of Multicellular Organisms*, Basel: Birkhauser Verlag pp. 119-41; Lubec, G. et al. (1994) *FASEB Journal*, 8: 1166-9. → www ←

13. Yamada, R. and Kera, Y. (1998), in Jollès, P. (ed.) op. cit., pp. 145-SS; Ingrosso, D. and Perna, A. F. (1998). → www ←

14. Shapira, R. et al. (1988) *Journal of Neurochemistry*, 50: 69-74; Kaneko, I. et al. (1995) *Journal of Neurochemistry*, 65: 2585-93.

IS. Bender, D. A. (1985) *Amino Acid Metabolism* (2nd edn), Chichester: John Wiley; Hashimoto, A. and Oka, T. (1997) *Progress in Neurobiology*, 52: 325-53; Hashimoto, A. et al. (1992) *FEBS Letters*, 296: 33-6; Schell, M. J. et al. (1997) *Proceedings of the National Academy of Sciences of the USA*, 94: 2013-18; Wolosker, H. et al. (1999) *Proceedings of the National Academy of Sciences of the USA*, 96: 13409-14; Schell, M. et al. (1997) *Journal of Neuroscience*, 17: 1604-15; Schell, M. J. et al. (1995) *Proceedings of the National Academy of Sciences of the USA*, 92: 3948-52. → www ←

16. Mor, A. et al. (1992) *Trends in Biochemical Science*, 17: 481-5.

17. Meister, A. (1965) op. cit., p. 115. → www ←

18. Meister, A. (1965) op. cit.; Erspamer, V. (1992) *International Journal of Developmental Neuroscience*, 10: 3-30; Erspamer, V. (1984) *Comparative Biochemistry and Physiology* 79C: 1-7. → www ←

19. Lazarus, L. H. and Attila, M. (1993) *Progress in Neurobiology*, 41: 473-507; Lazarus, L. H. et al. (1999) *Progress in Neurobiology*, 57: 377-420. → www ←

20. Lazarus, L. H. et al. (1999) op. cit., p. 399.
21. Volkmann, R. A. and Heck, S. D. (1998) in Jollès, P. (ed.) op. cit., pp. 87-105; Lazarus, L. H. et al. (1999) op. cit., p. 380; Lazarus, L. H. and Attila, M. (1993) op. cit., p. 477. → www ←
22. Scaloni, A. et al. (1998) in Jollès, P. (ed.) op. cit., pp. 3-26; Volkmann, R. A. and Heck, S. D. (1998), in Jollès, P. (ed.) op. cit., pp. 87-105; Terlau, H. et al. (1996) *Nature*, 381: 148-51; Jimenez, E. C., Olivera, B. M. et al. (1996) *Journal of Biological Chemistry*, 271: 28002-5; Heck, S. D. et al. (1994) *Science*, 266: 1065-8; Heck, S. D. et al. (1996) *Proceedings of the National Academy of Sciences of the USA*, 93: 4036-9. → www ←
23. Bonner, W. (1998), in Jollès, P. (ed.) op. cit., p. 161. → www ←
24. Haldane, J. B. S. (1932) *The Causes of Evolution*, London: Longmans, Green and Co., p. 146; Orgel, L. E. (1973) *The Origins of Life: Molecules and Natural Selection*, London: Chapman and Hall, p. 167; Gell-Mann, M. (1995) *The Quark and the Jaguar*, London: Abacus, p. 229. → www ←
25. Bonner, W. (1998), in Jollès, P. (ed.) op. cit., p. 162. → www ←
26. Ibid., p. 184.
27. Wigner, E. P. (1967) *Symmetries and Reflections*, Bloomington: Indiana University Press; Blackett, P. M. S. (1959) *Proceedings of the Royal Society of London, Series A*, 251: 293-305; Wu, C. S. et al. (1957) *Physical Review*, 105: 1413-15; Gardner, M. (1990); Cloe, F. (2000) *Lucifer's Legacy: The Meaning of Asymmetry*, Oxford: Oxford University Press. → www ←
28. Lee, T. D. and Yang, C. N. (1956) *Physical Review*, 104: 254-8; Kurti, N. and Sutton, C. (1997) *Nature*, 385: 575. → www ←
29. Gardner, M. (1990); Bernstein, J. (1962) *New Yorker*, May 12: 49-104; Morrison, P. (1957) *Scientific American*, 196 (April): 45-55. → www ←
30. Salam, A. (1958) *Endeavour*, 17: 97-105; Mason, S. F. (1991) *Chemical Evolution: Origin of the Elements, Molecules and Living Systems*, Oxford: Clarendon Press, p. 283; Frisch, O. (1995) in Carey, J. (ed.), *The Faber Book of Science*, London: Faber and Faber, pp. 403-12. → www ←
31. Haldane, J. B. S. (1960) *Nature*, 185: 87; Cline, D. B. (1996), in Cline D. B. (ed.), *Physical Origin of Homochirality in Life*, Woodbury, NY, pp. 266-82. → www ←
32. Mason, S. F. and Tranter, G. E. (1985) *Proceedings of the Royal Society of London, Series A*, 397: 45-65. → www ←
33. Frank, F. C. (1953) *Biochimica et Biophysica Acta*, 11: 459-63; Kondepudi, D. K. and Nelson, G. W. (2000) *Nature*, 314: 438-41; Hegstrom, R. A. and Kondepudi, D. K. (1990) *Scientific American*, 98-105; Soai, K. et al. (1995) Nature, 378: 767-8; Shibata, T. et al. (1998) *Journal of the American Chemical Society*, 120: 12157-8.
34. Halpern, B., Westley, J. W., Levinthal, E. C. et al. (1966) *Life Science and Space Research*, 5: 239-49; MacDermott, A. J. (1996), in Cline, D. B. (ed.), p. 250.
35. Kvenvolden, K. et al. (1970) *Nature*, 228: 923-6; Cronin, J. R. and Pizzarello, S. (1997) *Science*, 275: 951-5; Scaloni, A. et al. (1998) in Jollès, P. (ed.) op. cit., pp. 3-26; Engel, M. H. and Nagy, B. (1982) *Nature*, 296: 837-40; Pizzarello, S. and Cronin, J. R. (2000) *Geochimica et Cosmochimica Acta*, 64: 329-38; Brown, P. G. et al. (2000) *Science*, 290: 320-25. → www ←
36. Curie, P. (1894) *Journal de Physique Théorique et Appliquée* (3rd Series), 3: 393-415; Bouchiat, M.-A. and Pottier, L. (1984) *Scientific American*, 250: 100-111; Norden, B. (1977) *Nature*, 266: 567-8; Cline, D. B. (1996) in Cline, D. B. (ed.) pp. 266-82; Greenberg, J. M. (1996), in Cline, D. (ed.) pp. 185-210. → www ←
37. Bonner, W. (1998) in Jollès, P. (ed.) op. cit.; Greenberg, J. M. (2000) *Scientific American*, 283 (December): 46-51. → www ←
38. Chyba, C. F. et al. (1990) *Science*, 249: 366-73; Holzheid, A. et al. (2000) *Nature*, 406: 396-9. → www ←
39. Madigan, M. T. and Marrs, B. L. (1997) *Scientific American*, 276 (April): 66-71; Gould, S. J. (1997) *Life's Grandeur: The Spread of Excellence from Plato to Darwin*, London: Vintage; Nagata, Y., Tanaka, K., Iida, T. et al. (1999) *Biochimica et Biophysica Acta*, 1435: 160-66; Stetter, K. O. (1996) in Bock, G. R. and Goode, J. A. (eds) *Evolution of Hydrothermal Systems on Earth (and Mars?)*, Chichester: John Wiley, pp. 1-18. → www ←
40. Barns, S. M. et al. (1996), in Bock, G. R. and Goode, J. A. (eds) op. cit., pp. 24-39. → www ←
41. MacDermott, A. J. (1996) in Cline, D. B. (ed.) pp. 241-54; MacDermott, A. J. et al. (1996) *Planetary and Space Science*, 44: 1441-6.

第七章　靈活與笨拙

1. Burkhardt, F. and Smith, S. (1986) *The Correspondence of Charles Darwin, Vol. 2 1837-1843*, Cambridge: Cambridge University Press, p. 269; Bowlby, J. (1990) *Charles Darwin: A New Biography*, London: Hutchinson.

2. Bowlby, J. (1990) Barrett, P. H. et al. (1987) *Charles Darwin's Notebooks, 1836-1844*, Cambridge: Cambridge University Press, p. 560; Burkhardt, F. and Smith, S. (1988) *The Correspondence of Charles Darwin, Vol. 4 1847-1850*, Cambridge: Cambridge University Press, Appendix Ill; Burkhardt, F. and Smith, S. (1986) op. cit. → www ←

3. Burkhardt, F. and Smith, S. (1988) op. cit., p. 415. → www ←

4. Taine, H. A. (1877) *Mind*, 2: 252-9; Darwin, C. (1877) *Mind* 2: 285-94; Gruber, H. E. and Barrett, P. H. (1974) *Darwin on Man: A Psychological Study of Scientific Creativity*, London: Wildwood House, p. 224. → www ←

5. Burkhardt, F. and Smith, S. (1988) op. cit., pp. 413-14; Darwin, C. (1905) *The Variation of Animals and Plants under Domestication*, vol. I, (popular edn), London: John Murray, p. 545.

6. → www ←

7. McManus, I. C. (1996) in Beaumont, J. G., Kenealy, P. M. and Rogers, M. J. C. (eds), *The Blackwell Dictionary of Neuropsychology*, Oxford: Blackwell, pp. 367-76. → www ←

8. Tapley, S. M. and Bryden, M. P. (1985) *Neuropsychologia*, 23: 215-21; Van Horn, J. D. (1992) *Brain Structural Abnormality and Laterality in Schizophrenia*, University College London: unpublished PhD thesis; McManus, I. C. et al. (1993) *British Journal of Psychology*, 84: 517-37; McManus, I. C., in Bock, G. R. and Marsh, J. (eds) *Biological Asymmetry and Handedness* (Ciba foundation symposium 162), Chichester: Wiley, pp. 251-81. → www ←

9. McManus, I. C. (1991) op. cit.; McManus, I. C. and Bryden, M. P. (1992) in Rapin, I. and Segalowitz, S. J. (eds), *Handbook of Neuropsychology, Volume 6, Section 10: Child Neuropsychology (Part 1)*, Amsterdam: Elsevier, pp. 115-44; Jones, G. V. and Martin, M. (2000) *Psychological Review*, 107: 213-18. → www ←

10. Masson, J. M. (1985) *The Complete Letters of Sigmund Freud to Wilhelm Fliess 1887-1904* (translated by Jeffrey Mouussaieff Masson), Cambridge, MA: Harvard University Press, pp. 290-6; Marchant-Haycox, S. E. et al. (1991) *Cortex*, 27: 49-56; Lalumiere, M. L. et al. (2000) *Psychological Bulletin*, 126: 575-92; Green, J. (1998) The Cassell Dictionary of Slang, London: Cassell; Orlebeke, J. F. et al. (1992) *Neuropsychology*, 6: 351-5; Zucker, K. J. et al. (2001) *Journal of Child Psychology and Psychiatry*, 42: 767-76. → www ←

11. → www ←

12. Peters, M. (1987) *Canadian Journal of Psychology*, 41: 91-9; Peters, M. and Servos, P. (1989) *Canadian Journal of Psychology*, 43: 341-58; Peters M. (1990) *Neuropsychologia*, 28: 279-89; McManus, I. C. et al. (1999) *Laterality*, 4: 173-92; Ellis, H. (1967) (first published 1940) *My Life*, London: Neville Spearman. → www ←

13. → www ←

14. Peters, M. (1988) *Psychological Bulletin*, 103: 179-92; Porac, C. and Coren, S. (1981) *Lateral Preferences and Human Behaviour*, New York: Springer Verlag; Carey, D. P. et al. (2001) *Journal of Sport Sciences*, in press. → www ←

15. Porac, C. and Coren, S. (1981) op. cit.; Noonan, M. and Axelrod, S. (1981) *Journal of Auditory Research*, 21: 263-77; Bourassa, D. C. et al. (1996) *Laterality*, 1: 5-34; Orton, S. T. (1925) *Archives of Neurology and Psychiatry*, 14: 581-615; Orton, S. T. (1937) *Reading, Writing and Speech Problems in Children*, London: Chapman and Hall. → www ←

16. Hoogmartens, M. J. and Caubergh, M. A. (1987) *Electromyography and Clinical Neurophysiology*, 27: 293-300; McManus, I. C. and Mascie-Taylor, C. G. N. (1979) *Annals of Human Biology*, 6: 527-58. → www ←

17. McManus, I. C. and Mascie-Taylor, C. G. N. (1979); Code, C. (1995) *Perceptual and Motor Skills* 80: 1147-54. → www ←

18. Gesell, A. and Ames, L. B. (1947) *Journal of Genetic Psychology*, 70: 155-76; Michel, G. F. (1983), in Young, G., Segalowitz, S. J. Corter, C. M. and Trehub, S. E. (eds) *Manual Specialisation and the Developing Brain*, New York: Academic Press, pp. 33-70; Ibid., Harris, L. J., pp. 177-247; McManus, I. C. et al. (1988) *British Journal of Developmental Psychology*, 6:257-73. → www ←

19. Hepper, P. G. et al. (1991) *Neuropsychologia*, 29: 1107-11; Hepper, P. G. et al. (1998) *Neuropsychologia*, 36: 531-4. → www ←

20. Provins, K. A. (1997) *Psychological Review*, 104: 554-71; McManus, I. C. and Bryden, M. P. (1992) op. cit. → www ←

21. Bury, R. G. (1968) *Plato. Laws, Vol. II, Books VII-XII*, Cambridge, MA: Harvard University Press, 794e; Armstrong, G. C. (1935) *Aristotle, Vol. XVIII: Magna Moralia*, Cambridge, MA: Harvard University Press, 1194.b.32; Bell, C. (1834) *The Hand: Its Mechanism and Vital Endowments as Evincing Design*, London: John Murray, p. 142; Klar, A. J. S. (1996) *Cold Spring Harbor Symposia on Quantitative Biology*, 6: 59-65. → www ←

22. Bakan, P. (1971) *Nature* 229: 195; Bakan, P. et al. (1973) *Neuropsychologia*, 11: 363-6; Satz, P. (1972) *Cortex*, 8: 121-35. → www ←

23. McManus, I. C. (1979) *Determinants of Laterality in Man*, University of Cambridge: unpublished PhD thesis, chapter 3; McManus, I. C. (1981) *Psychological Medicine*, 11: 485-96. → www ←

24. McManus, I. C. (1980) *Neuropsychologia*, 18: 347-55; McManus, I. C. and Bryden, M. P. (1992) op. cit.; Sicotte, N. L. et al. (1999) *Laterality*, 4: 265-86. → www ←

25. Layton, W. M. (1976) *Journal of Heredity*, 67: 336-8; Cockayne, E. A. (1940) *Biometrika*, 31: 287-94; Gedda, L. et al. (1984) *Acta Genet Med Gamellol*, 33: 81-5.

26. McManus, I. C. (1979) op. cit.; McManus, I. C. (1984) in Rose, F. C. (ed.) *Advances in Neurology, Vol. 42: Progress in Aphasiology*, New York: Raven Press, pp. 125-38; Layton, W. M. (1976) *Journal of Heredity*, 67: 336-8. → www ←

27. → www ←

28. Van Agtmael, T. et al. (2001) *Laterality*, 6: 149-64; Klar, A. J. S. (1996); Crow, T. J. (1998) *Cahiers de Psychologie Cognitive/Current Psychology of Cognition*, 17 : 1079-114. → www ←

29. Whitman, W. (1982) *Complete Poetry and Collected Prose*, New York: Library of America, pp. 1179-80; Peters, M. and Durding, B. (1978) *Canadian Journal of Psychology*, 32: 257-61; McManus, I. C. et al. (1986) *Cortex* 22: 461-74.

30. McManus, I. C. et al. (1992) *Cortex*, 28: 373-81; Cornish, K. M. and McManus, I. C. (1996) *Journal of Autism and Developmental Disorders*, 26: 597-609. → www ←

31. Hecaen, H. and de Ajuriaguerra, J. (1964) *Left-handedness: Manual Superiority and Cerebral Dominance*, New York: Grune and Stratton, p. 86; McManus, I. C. and Cornish, K. M. (1997) *Laterality*, 2: 81-90. → www ←

32. Glick, S. D. (1983) in Myslobodsky, M. S. (ed.), *Hemisyndromes: Psychobiology, Neurology, Psychology*, New York: Academic Press, pp. 7-26. → www ←

33. Mach, E. (1914) *The Analysis of Sensations*, 5th edn, Chicago: Open Court, p. 112; Guldberg, F. O. (1897) *Zeitschrift für Biologie*, 35: 419-458; Ludwig, W. (1932) *Das Rechts-Links-Problem im Tierreich und beim Menschen*, Berlin: Verlag Julius Springer, pp. 324-30; Schaeffer, A. A. (1928) *Journal of Morphology*, 45: 293-398; Millar, S. (1999) *Perception*, 28: 765-80; Bracha, H. S. (1987) *Biological Psychiatry*, 22: 995-1003; Gesell, A. and Ames, L. B. (1947) *Journal of Genetic Psychology*, 70: 155-76; Gesell, A. et al. (1949) *Vision: Its Development in Infant and Child*, New York: Paul B. Hoeber, pp. 48-9. → www ←

34. Moxon, W. (1866) *The British and Foreign Medico-Chirurgical Review*, 37: 481-9; Harris, L. J. (2000) *Brain and Language*, 73: 15 7-60. → www ←

第八章　左腦、右腦與整個大腦

1. Debre, P. (1998) *Louis Pasteur*, Baltimore: Johns Hopkins University Press; Blackmore, J. T. (1972) *Ernst Mach: His Work, Life, and Influence*, Berkeley, CA: University of California Press, p. 279. → www ←

2. Debre, P. (1998) op. cit., p. 209; Vallery-Radot, R. (1911) *The Life of Pasteur*, London: Constable, p. 159.

3. Mach, E. (1914) *The Analysis of Sensations*, (5th edn), Chicago: Open Court. → www ←

4. Anderson, M. (1976) *Practitioner*, 217: 968-74; Anderson, W. E. K. (1972) *The Journal of Sir Waiter Scott*, Oxford: Clarendon Press, p. 589; Scott, W. (1891) *The Journal of Sir Waiter Scott*, Edinburgh: David Douglas, p. 741; Johnson, E. (1970) *Sir Waiter Scott*, London: Hamish Hamilton, p. 179; Buchan, J. (1931) *Sir Waiter Scott*, London: Cassell, p. 331; Anonymous (1882) *British Medical Journal*, ii: 1282-5; Sutherland, J. (1995) *The Life of Waiter Scott: A Critical Biography*, Oxford: Blackwell, p. 354; Lockhart, J. G. (1896) *The Life of Sir Waiter Scott*, London: Adam and Charles Black, p. 751; Albert, M. L. (1979), in Heilman, K. M. and Valenstein, E. (eds), *Clinical Neuropsychology*, New York: Oxford University Press. → www ←

5. Damasio, A. R. et al. (1976) *Archives of Neurology*, 33: 300-301; Lecours, A. R. et al. (1988) *Neuropsychologia*, 26: 575-89; Coppens, P. et al. (1998) in Coppens, P., Lebrun, Y. and Basso, A. (eds), *Aphasia in Atypical Populations*, Mahwah, NJ: Lawrence Erlbaum, pp. 175-202; Benton, A. (1984) *Neuropsychologia*, 22: 807-11; Carlyle, T. (1874) *Wilhelm Meister's Apprenticeship and Travels* (translated from Goethe) [1824], London: Chapman and Hall, book VII, chapter 6. → www ←

6. Benton, A. (1984) op. cit.
7. → www ←
8. Anonymous (1876) *Nature*, 13: 400-406. → www ←
9. Osborne, J. (1834) *Dublin Journal of Medical and Chemical Science*, 4: 157-70; Christman, S. S. and Buckingham, H. W. (1991), in Code, C. (ed.), *The Characteristics of Aphasia*, Hove: Lawrence Erlbaum, pp. 111-30. → www ←
10. Crampton, P. (1833) *Dublin Journal of Medical and Chemical Science*, 2: 30-45, 199-211; Goldfarb, R. and Halpern, H. (1991) in Code, C. (ed.), *The Characteristics of Aphasia*, Hove: Lawrence Erlbaum, pp. 33-52. → www ←
11. Damasio, A. R. (1992) *New England Journal of Medicine*, 326: 531-9; Code, C. (ed.) (1991) op. cit.; Hagoort, P. et al. (1999) in Brown, C. M. and Hagoort, P. (eds) *The Neurocognition of Language*, Oxford: Oxford University Press, pp. 273-316; Uylings, H. B. M. et al., in Brown, C. M. and Hagoort, P. (eds), pp. 319-36. → www ←
12. De Buck (1899) (see Wilson, S. A. K. (1908) *Brain*, 31: 164-216, p. 181).
13. Jackson, J. H. (1874) *Medical Press and Circular*, i: 19, 41, 63, (emphasis in original). → www ←
14. → www ←
15. Humphreys, G. W. and Riddoch, M. J. (1987) *To See but Not to See: A Case Study of Visual Agnosia*, London: Lawrence Erlbaum. → www ←
16. Sacks, O. (1985) *The Man who Mistook His Wife for a Hat*, London: Duckworth, p. 13; Poppelreuter, W. (1917) *Die psychischen Schädigungen durch Kopfschuss in Kriege*, Leipzig: Voss; Walsh, K. W. (1978) *Neuropsychology: A clinical approach*, New York: Churchill Livingstone; Humphreys, G. W. & Riddoch, M. J. (1984) *Quarterly Journal of Experimental Psychology* 36A: 385-415; Warrington, E. K. & Taylor, A. M. (1973) *Cortex* 9: 152-64. → www ←
17. → www ←
18. Ross, E. D. et al. (1988) *Brain and Language*, 33: 128-45; Giora, R. et al. (2000) *Metaphor and Symbol*, 15: 63-83; McCrone, J. (2000) *New Scientist*, 27 May: 23-6. → www ←
19. Wilson, D. H. et al. (1977) *Neurology*, 27: 708-15; LeDoux, J. E. et al. (1977) *Annals of Neurology*, 2: 417-21; Gazzaniga, M. S. et al. (1977) *Neurology* 27: 1144-7; Gazzaniga, M. S. (1985) *The Social Brain: Discovering the Networks of the Mind*, New York: Basic Books.
20. Hellige, J. B. (1993) *Hemispheric Asymmetry: What's Right and What's Left*, Cambridge, MA: Harvard University Press. → www ←
21. Deglin, V. L. and Kinsbourne, M. (1996) *Brain and Cognition*, 285-307. → www ←
22. Ornstein, R. (1997) *The Right Mind: Making Sense of the Hemispheres*, Harcourt Brace: San Diego, p. 106.
23. Kaplan, F. (1988) *Dickens: A Biography*, New York: William Morrow, p. 539; Forster, J. (1928) *The Life of Charles Dickens* (edited by J. W. T. Ley), London: Cecil Palmer, p. 804; Forster, J. (1872) *The Life of Charles Dickens* [three volumes, 1872-1874], London: Chapman and Hall. → www ←
24. Halligan, P. W. and Marshall, J. C. (1993) in Robertson, I. H. and Marshall, J. C. (eds), *Unilateral Neglect: Clinical and Experimental Studies*, Hove: Lawrence Erlbaum Associates, pp. 3-25; Jackson, J. H. (1876) *Royal Ophthalmological Hospital Reports*, 8: 434-44; Ellis, A. W. et al. (1993) in Robertson, I. H. and Marshall, J. C. (eds) op. cit., p. 233; McCarthy, R. A. and Warrington, E. K. (1990) *Cognitive Neuropsychology: A Clinical Introduction*, San Diego: Academic Press, p. 219; McManus, I. C. (2001) *Lancet*, 358: 2158-61. → www ←
25. Chandler, C. (1996) *I, Fellini*, London: Bloomsbury, p. 365; Cantagallo, A. and Della Sala, S. (1998) *Cortex*, 34: 163-89. → www ←
26. Denes, G. et al. (1982) *Brain*, 105: 543-52; Bowen, A. et al. (1999) *Stroke*, 30: 1196-202; Stone, S. P. et al. (1991) *Journal of Neurology, Neurosurgery, and Psychiatry*, 54: 345-50; Robertson, I. H. (1993) in Robertson, I. H. and Marshall, J. C. (eds) op. cit., pp. 257-75. → www ←
27. → www ←
28. Bisiach, E. and Luzzatti, C. (1978) *Cortex*, 14: 129-33; Azouvi, P. et al. (1996) *Neuropsychological Rehabilitation* 6: 133-50. → www ←
29. Marshall, J. C. and Halligan, P. W. (1993) *Nature*, 364: 193-4.
30. Marshall, J. C. and Halligan, P. W. (1993) *Journal of Neurology*, 240: 37-40. → www ←
31. Wurtz, R. H. et al. (1982) *Scientific American*, 246 (June): 100-107; Parkin, A. J. (1996) *Explorations in Cognitive Neuropsychology*, Hove: Psychology Press; Halligan, P. W. and Marshall, J. C. (1997) *Lancet*, 350: 139-40; Halligan, P. W. and Marshall, J. C. (2001) *Neuroimage* 14: S91-S97; Marsh, G. G. and Philwin, B. (1987) *Cortex*, 23: 149-55; Schnider, A. et al. (1993) *Neuropsychiatry, Neuropsychology, and Behavioral*

Neurology, 6: 249-55; Vigouroux, R. A. et al. (1990) *Revue Neurologique*, 146: 665-70. → www ←

32. Cantagallo, A. and Della Sala, S. (1998) op. cit., p. 165; Critchley, M. (1979) *The Divine Banquet of the Brain and Other Essays*, New York: Raven Press, p. 115-120; Ghika, S. F. et al. (1999) *Neurology*, 52: 22-8; Stone, S. P. et al. (1993) *Age and Ageing*, 22: 46-52; Façon, E. et al. (1960) *Revue Neurologique*, 102: 61-74. → www ←

33. Gordon, C. et al. (1987) *British Medical Journal*, 295: 411-14; Chandler, C. (1996), p. 327; Hamdy, S. et al. (1997) *Lancet*, 350: 686-92.

34. Hellige, J. B. (1993) *Hemispheric Asymmetry: What's Right and What's Left*, Cambridge, MA: Harvard University Press, p. 54; Pritchard, T. C. et al. (1999) *Behavioral Neuroscience*, 113: 663-71; Regard, M. and Landis, T. (1997) *Neurology*, vol. 48: 1185-90; McKinnon, M. C. and Schellenberg, E. G. (1997) *Canadian Journal of Experimental Psychology*, 51: 171-5; Plenger, P. M. et al. (1996) *Neuropsychologia*, 34: 1015-18; Gordon, H. W. and Bogen, J. E. (1974) *Journal of Neurology, Neurosurgery and Psychiatry*, 37: 727-38; Segalowitz, S. et al. (1979) *Brain and Language*, 8: 315-23; Nakada, T. et al. (1998) *NeuroReport*, 9: 3853-6; Robinson, G. M. and Solomon, D. J. (1974) *Journal of Experimental Psychology*, 102: 508-11; Schlaug, G. et al. (1995) *Science*, 267: 699-701; Sergent, J. et al. (1992) *Science*, 257: 106-9; Tramo, M. J. (2001) *Science*, 291: 54-6; Gordon, A. G. (1991) *British Journal of Psychiatry* 158: 715-16; Stoltéru, S., Grégoire, M. C., Gerard, D. et al. (1999) *Archives of Sexual Behaviour* 28: 1-21. → www ←

35. Nicholls, M. E. R. and Bradshaw, J. L. M. J. B. (1999) *Neuropsychologia*, 37: 307-14; Bowers, D. and Heilman, K. M. (1980) *Neuropsychologia*, 18: 491-8; Jewell, G. and McCourt, M. E. (2000) *Neuropsychologia*, vol. 38: 93-110; Turnbull, O. H. and McGeorge, P. (1998) *Brain and Cognition*, vol. 37: 31-3; Adair, H. and Bartley, S. H. (1958) *Perceptual and Motor Skills*, 8: 135-41; Nelson, T. M. and MacDonald, G. A. (1971) *Perceptual and Motor Skills*, 33: 983-6; Jaynes, J. (1976) *The Origin of Consciousness in the Breakdown of the Bicameral Mind*. Harmondsworth: Penguin Books, p. 120. → www ←

36. Kimura, D. (1981) *Canadian Journal of Psychology*, 15: 166-71; Bryden, M. P. (1962) *Canadian Journal of Psychology*, 16: 291-9; Bryden, M. P. (1982) *Laterality: Functional Asymmetry in the Intact Brain*, New York: Academic Press; Hugdahl, K. E. (1988) *Handbook of Dichotic Listening: Theory, Methods and Research*, Chichester, England: John Wiley & Sons. → www ←

37. Harris, L. J. (1999) *Schizophrenia Bulletin*, 25: 11-39; p. 11; Hirsch, E. D. Jr (1987) *Cultural Literacy: What Every American Needs to Know*, Boston, MA: Houghton Mifflin.

38. Hecaen, H. and Piercy, M. (1956) *Journal of Neurology, Neurosurgery, and Psychiatry*, 19: 194-201; Jackson, J. H. (1866) *Medical Times and Gazette*, 2: 210. → www ←

39. James, W. (1890) *The Principles of Psychology*, London: Macmillan, vol. I: p. 39; McManus, I. C. (1979) *Determinants of Laterality in Man*, University of Cambridge: unpublished PhD thesis, 1979 Fig 6.1; Bramwell, B. (1898) *Brain*, 21: 343-73; Bramwell, B. (1899) *Lancet*, i: 1473-9; Harris, L. J. (1991) *Brain and Language* 40: 1-50, p. 27. → www ←

40. Luria, A. R. (1970) *Traumatic Aphasia: Its Syndromes, Psychology and Treatment*, The Hague: Mouton, (originally published in Russian in 1947); McManus, I. C. (1983) *Journal of Communication Disorders*, 16: 315-44. → www ←

41. Harris, L. J. (1991) pp. 31-3; McManus, I. C. (1985) *Handedness, Language Dominance and Aphasia: a Genetic Model*, Monograph Supplement No. 8. To *Psychological Medicine*.

42. Bryden, M. P. et al. (1983) *Brain and Language*, 20: 249-62; Waiters, J. (1882) *British Medical Journal*, ii: 914-15.

43. McManus, I. C. (1979) op. cit.; McManus, I. C. (1985) op. cit. → www ←

44. → www ←

45. Gardner, W. J. (1941) *Archives of Neurology and Psychiatry*, 46: 1035-8; Harris, L. J. and Snyder, P. J. (1997) *Brain Language*, 56: 377-96; Wada, J. A. (1997) *Brain and Cognition*, 33: 7-10. → www ←

46. → www ←

47. Wada, J. A. (1997) op. cit., pp. 11-13; Wada, J. and Rasmussen, T. (1960) *Journal of Neurosurgery*, 17: 266-82.

48. → www ←

49. Knecht, S. et al. (2000) *Brain*, 123: 74-81; Knecht, S. et al. (2000) *Brain*, 123: 2512-18. → www ←

第九章　基拉之子以笏

1. *New English Bible*, Judges 3: 20a, 21-22a; 20: 14-16; Anonymous (1971) *Encyclopaedia Judaica*, Jerusalem: Keter, 8: 583; Cook, T. A. (1914) *The Curves of Life*, London: Constable (reprinted in Dover Books, 1979);

p. 243. → www ←
2. Scott-Kilvert, I. (1960) *The Rise and Fall of Athens: Nine Greek Lives by Plutarch*, Harmondsworth: Penguin, p. 294. → www ←
3. Ogle, W. (1871) *Transactions of the Royal Medical and Chirurgical Society of London* 54: 279-301; Harris, L. J. (1990), in Coren, S. (ed.) *Left-handedness: Behavioral Implications and Anomalies*, Amsterdam: North-Holland pp. 195-258; Beeley, A. L. (1918) *An Experimental Study in Left-handedness*, Chicago: University of Chicago Press. → www ←
4. Gilbert, A. N. and Wysocki, C. J. (1992) *Neuropsychologia* 30: 601-8. → www ←
5. Singh, M. and Bryden, M. P. (1994) *International Journal of Neuroscience* 74: 33-43; Ida, Y. and Bryden, M. P. (1996) *Canadian Journal of Experimental Psychology*, 50: 234-9; De Agostini, M. et al. (1997) *Brain and Cognition*, 35: 151-67; Amir, T. and McManus, I. C. (in preparation).
6. McManus, I. C. et al. (1996) *Laterality*, 1: 257-68; Bulman-Fleming, M. B. (1998) *Brain and Cognition*, 36: 99-103.
7. → www ←
8. Bryden, M. P. et al. (1997) *Laterality*, 2: 317-36; De Agostini, M. et al. (1997) op. cit. → www ←
9. Chamberlain, H. D. (1928) *Journal of Heredity*, 19: 557-9; McManus, I. C. and Bryden, M. P. (1992), in Rapin, I. and Segalowitz, S. J. (eds) *Handbook of Neuropsychology, Volume 6, Section 10: Child Neuropsychology (Part 1)*, Amsterdam: Elsevier, pp. 115-44. → www ←
10. McManus, I. C. and Bryden, M. P. (1992) op. cit. → www ←
11. Coren, S. and Porac, C. (1997) *Science*, 198: 631-2. → www ←
12. Painter, K. S. (1977) *The Mildenhall Treasure: Roman Silver from East Anglia*, London: British Museum. → www ←
13. Spindler, K. (1996) in Spindler, K., Wilting, H., Rastbichler-Zissernig, E., zur Nedden, D. and Nothdurfter, H. (eds) *Human Mummies: A Global Survey of their Status and the Techniques of Conservation*, Wien: Springer-Verlag, pp. 249-63; Egg, M. (1992), in Hopfel, F., Platzer, W. and Spindler, K. (eds) *Der Mann im Eis: Band* 1, Innsbruck: University of Innsbruck, pp. 254-72. → www ←
14. Cahen, D. et al. (1979) *Current Anthropology*, 20: 661-83, (pp. 667-8). → www ←
15. Pitts, M. and Roberts, M. (1997) *Fairweather Eden: Life in Britain Half a Million Years Ago as Revealed by the Excavations at Boxgrove*, London: Century, pp. 174-6 and plates 7 and 28; Roberts, M. B. and Parfitt, S. A. (1999) *Boxgrove: A Middle Pleistocene Hominid Site at Eartham Quarry, Boxgrove, West Sussex*, London: English Heritage, pp. 332-9. → www ←
16. Steele, J. (2000) *Laterality*, 5: 193-220; Bahn, P. G. (1989) *Nature* 337: 693; Walker, A. and Leakey, R., in Walker, A. and Leakey, R. (eds) *The Nariokotome Homo erectus Skeleton*, Berlin: Springer-Verlag, pp. 95-160.
17. Ambrose, S. H. (2001) *Science* 291: 1748-53; Toth, N. (1985) *Journal of Human Evolution*, 14: 607-14; Schick, K. D. and Toth, N. (1993) *Making Silent Stones Speak: Human Evolution and the Dawn of Technology*, London: Weidenfeld and Nicolson. → www ←
18. Cole, J. (1955) *Journal of Comparative and Physiological Psychology*, 48: 137-40; Fabre-Thrope, M. et al. (1993) *Cortex* 29: 15-24. → www ←
19. Byrne, R. W. and Byrne, J. M. (1991) *Cortex*, 27: 521-46; Byrne, R. W. and Byrne, J. M. (1993) *American Journal of Primatology*, 31: 241-61; Byrne, R. W. (1995) *Natural History*, 10: 13-15; McGrew, W. C. and Marchant, L. F. (1992) *Current Anthropology*, 33: 114-19; McGrew, W. C. et al. (1999) *Laterality*, 4: 79-87; Marchant, L. F. and McGrew, W. C. (1996) *Journal of Human Evolution*, 30: 427-43; Hopkins, W. D. (1995) *Journal of Comparative Psychology*, 109: 291-7; Wysocki, C. J. and Gilbert, A. N. (1989), in Murphy, C., Cain, W. S. and Hegsted, D. M. (eds) *Nutrition and the Chemical Senses in Aging: Recent Advances and Current Research Needs*, New York: New York Academy of Sciences, pp. 12-28. → www ←
20. Berman, D. S. et al. (2000) *Science*, 290: 969-72.
21. Collins, R. L. (1968) *Journal of Heredity*, 59: 9-12; Collins, R. L. (1969) *Journal of Heredity*, 60: 117-19; Collins, R. L. (1975) *Science*, 187: 181-4; Signore, P. et al. (1991) *Behavior Genetics*, 21: 421-9; Clapham, P. J., Leimkuhler, E., Gray, B. K. and Mattila, D. K. (1995) *Animal Behaviour* 50: 73-82.
22. Humphrey, N. (1998) *Laterality*, 3: 289; Harris, L. J. (1999) *Laterality*, 3: 291-4; Harris, L. J. (1989) *Canadian Journal of Psychology*, 43: 369-76; Snyder, P. J. et al. (1996) *Brain and Cognition*, 32: 208-11; Rogers, L. J. and Workman, L. (1993) *Animal Behaviour*, 45: 409-11; Vallortigara, G. et al. (1999) *Cognitive Brain Research*, 7: 307-20; Mascetti, G. G. et al. (1999) *Cognitive Brain Research*, 7: 451-63; Bisazza, A. et al. (1997) *Laterality*, 2: 49-64; Vallortigara, G. et al. (1998) *NeuroReport*, 9: 3341-4; Bisazza, A. et al. (1997) *Behavioural Brain Research*, 89: 237-42; Facchin, L. et al. (1999) *Behavioural Brain Research*, 103: 229-34; Bisazza, A. et al. (1999) *Animal Behaviour*, 57: 1145-9; Vallortigara, G. et al. (1999) *Brain*

Research Reviews, 30: 164-75; Babcock, L. E. and Robison, R. A. (1989) *Nature*, 337: 695-6; Babcock, L. E. (1993) *Journal of Paleontology*, 67: 217-29.

23. Peckham, M. (1959) *The Origin of Species by Charles Darwin: A Variorum Text*, Philadelphia: University of Pennsylvania Press, p. 250-3; Norman, J. R. (1934) *A Systematic Monograph of the Flatfishes (Heterosomata) Volume 1: Psettodidae, Bothidae, Pleuronectidae*, London: British Museum (Natural History); Norman, J. R. and Greenwood, P. H. (1963) *A History of Fishes*, (2nd edn), London: Ernest Benn; Policansky, D. (1982) *Scientific American*, 246 (May): 96-102; Darling, K. F. et al. (2000) *Nature*, 405: 43-7. → www ←

24. Neville, A. C. (1976) *Animal Asymmetry*, London: Edward Arnold; Boycott, A. E. et al. (1931) *Philosophical Transactions of the Royal Society of London, Series B*, 219: 51-131; DeForest, M. J. (1981) *Trends in Neurosciences* October: 245-8; Cunningham, C. W. et al. (1992) *Nature*, 355: 539-42; Bisazza, A. et al. (1997) *Behavioural Brain Research*, 89: 237-42; Rust, J., Stumpner, A. and Gottwald, J. (1999) *Nature*, 399; Bisazza, A. et al. (1999) op. cit.

25. Smith, A. (1986 [1776]) *The Wealth of Nations, Books I-III*, Harmondsworth: Penguin, pp. 112-13; McGrew, W. C. and Marchant, L. F. (1999) *Primates*, 40: 509-13. → www ←

26. Peck, A. L. (1937) *Aristotle: Parts of Animals*, London: Heinemann, p. 687. → www ←

27. Feuillerat, A. (1922) *Sir Philip Sidney: The Countesse of Pembrokes Arcadia*, Cambridge: Cambridge University Press, pp. 132-7; Rowe, K. (1999) *Dead Hands: Fictions of Agency, Renaissance to Modern*, Stanford, CA: Stanford University Press; Schultz, A. H. (1969) *The Life of Primates*, London: Weidenfeld & Nicolson. → www ←

28. Napier, J. R. (1956) *Journal of Bone and Joint Surgery*, 38B: 902-13; MacKenzie, C. L. and Iberall, T. (1994) *The Grasping Hand*, Amsterdam: North-Holland, pp. 15-36; Napier, J. R. (1962) *Scientific American*, 207 (December): 56-62; Marzke, M. W. (1983) *Journal of Human Evolution*, 12: 197-211. → www ←

29. Kelley, J. (1992) in Jones, S., Martin, R. and Pilbeam, D. (eds) *The Cambridge Encyclopaedia of Human Evolution*, Cambridge: Cambridge University Press; pp. 223-30; Trinkhaus, E. (1992), in Jones, S., Martin, R. and Pilbeam, D. (eds), pp. 346-9; Marzke, M. W. (1983) *Journal of Human Evolution*, 12: 197-211; McHenry, H. M. (1983) *American Journal of Physical Anthropology*, 62: 187-98; Marzke, M. W. et al. (1992) *American Journal of Physical Anthropology*, 89: 283-98; Johanson, D. C. and Edey, M. A. (1981) *Lucy: The Beginnings of Humankind*, London: Granada, pp. 348-9; Marzke, M. W. et al. (1988) *American Journal of Physical Anthropology*, 77: 519-28; Wilson, F. R. (1998) *The Hand: How Its Use Shapes the Brain, Language, and Human Culture*, New York: Vintage. → www ←

30. Napier, J. (1962) *Nature*, 196: 409-11; Napier, J. R. (1980) *Hands*, London: George Allen & Unwin, pp. 100-104; Marzke, M. W. et al. (1992) *American Journal of Physical Anthropology*, 89: 283-98; Musgrave, J. H. (1971) *Nature*, 233: 538-41; Wood Jones, F. (1941) *The Principles of Anatomy as Seen in the Hand*, London: Bailliere, Tindall and Cox, p. 301. → www ←

31. Wood Jones, F. (1941) op. cit.

32. Springer, S. and Deutsch, G. (1981) *Left Brain, Right Brain*, San Francisco: W. H. Freeman, p. 186.

33. Nicholls, M. E. R. (1993) *Cerebral Asymmetries for Temporal Resolution*, (unpublished PhD thesis); Nicholls, M. E. R. (1994) *Quarterly Journal of Experimental Psychology*, 47A: 291-310; Nicholls, M. (1994) *Neuropsychologia*, 32: 209-20; Nicholls, M. E. R. (1996) *Laterality*, 1: 97-137; Guylee, M. J. et al. (2000) *Brain and Cognition* 43: 234-8; Elias, L. J. (1999) *Cerebral Asymmetries in Processing Language and Time*, University of Waterloo: (unpublished PhD thesis); Brown, S. and Nicholls, M. E. (1997) *Perception and Psychophysics*, 59: 442-7. → www ←

34. Elias, L. J. et al. (1999) *Neuropsychologia*, 37: 1243-9; Guylee, M. J. et al. (2000) op. cit.; Hagoort, P. et al. (1999) in Brown, C. M. and Hagoort, P. (eds) *The Neurocognition of Language*, Oxford: Oxford University Press, pp. 273-316.

35. Calvin, W. H. (1982) *Ethology and Sociobiology* 3: 115-24; Calvin, W. H. (1983) *Journal of Theoretical Biology*, 104: 121-35; Calvin, W. H. (1983) *The Throwing Madonna: Essays on the Brain*, New York: McGraw-Hill; Kntisel, C. J. (1992) *Human Evolution*, 7: 1-7; Hore, J., Watts, S. and Tweed, D. (1996) *Journal of Neurophysiology*, 75: 1013-25; Hore, J. et al. (1996) *Journal of Neurophysiology* 76: 3693-704. → www ←

36. Maynard Smith, J. and Szathmiiry, E. (1995) *The Major Transitions in Evolution*, Oxford: W. H. Freeman.

37. Lynch, M. and Conery, J. S. (2000) *Science*, 290: 1151-5.

38. Jacobs, B. et al. (1993) *Journal of Comparative Neurology*, 327: 97-111; Galuske, R. A. W. et al. (2000) *Science* 289: 1946-9; Buxhoeveden, D. and Casanova, M. (2000) *Laterality*, 5: 315-30; McManus, I. C. (1991) in Bock, G. R. and Marsh, J. (eds) *Biological asymmetry and handedness* (Ciba foundation symposium 162) Chichester: Wiley, pp. 251-81; McManus, I. C., in Corballis, M. C. and Lea, S. E. G. (eds) *The*

Descent of Mind: Psychological Perspectives on Hominid Evolution, Oxford: Oxford University Press, pp. 194-217.

39. → www ←
40. → www ←
41. → www ←
42. → www ←
43. Kauffman, S. A. (1993) *The Origins of Order: Self-organization and Selection in Evolution*, New York: Oxford University Press; Kauffman, S. (1996) *At Home in the Universe*, London: Penguin; Miller, G. (2000) *The Mating Mind: How Sexual Choice Shaped the Evolution of Human Nature*, London: William Heinemann, pp. 392-406. → www ←
44. Eglinton, E. and Annett, M. (1994) *Perceptual and Motor Skills*, 79: 1611-16; Records, M. A. et al. (1977) 2: 271-82; McManus, I. C. et al. (1992) *Cortex*, 28: 373-81; Cornish, K. M. and McManus, I. C. (1996) *Journal of Autism and Developmental Disorders*, (1992) 26: 597-609; Crow, T. J. (1990) *Schizophrenia Bulletin*, 16: 433-43; Shenton, M. E. et al. (1992) *New England Journal of Medicine*, 327: 604-12.
45. → www ←

第十章　三個割草的男人

1. LeQuesne, A. L. (1982) *Carlyle*. Oxford: Oxford University Press, p. 57; Litchfield, H. E. (1915) *Emma Darwin: A Century of Family Letters, 1792-1896*, London: John Murray, vol. II, p. 52; Froude, J. A. (1885) *Thomas Carlyle: A History of His Life in London, 1834-1881*, London: Longman, Green & Co, vol. II, p. 406. → www ←
2. Kaplan, F. (1983) *Thomas Carlyle: A Biography*, Cambridge: Cambridge University Press; Wilson, D. A., and MacArthur, D. W. (1934) *Carlyle in Old Age (1865-1881)*, London: Kegan Paul, Trench and Trubner; Froude, J. A. (1885). → www ←
3. Wilson, D. A. and MacArthur, D. W. (1934) op. cit., p. 250; Heffer, S. (1995) *Moral Desperado: A Life of Thomas Carlyle*, London: Weidenfeld & Nicolson, p. 369. → www ←
4. → www ←
5. → www ←
6. → www ←
7. → www ←
8. Walker, C. B. F. (1990) in Hooker, J. T. (ed.), *Reading the Past*, London: British Museum, pp. 15-74; Healey, J. F. (1990) *The Early Alphabet*, London: British Museum Publications.
9. Jeffrey, L. H. (1990) *The Local Scripts of Archaic Greece* (revised edition), Oxford: Clarendon Press. → www ←
10. → www ←
11. Gaur, A. (1984) *A History of Writing*, London: British Library, p. 55.
12. www.vis.colostate.edu/-traevoli/; (www. braille.org/papers/lorimer/chap3.html). → www ←
13. Healey, J. F. (1990) op. cit., p. 61; Coulmas, F. (1996) *The Blackwell Encyclopaedia of Writing Systems*, Oxford: Blackwell; Diringer, D. and Regensburger, R. (1968) *The Alphabet: A Key to the History of Mankind*, (3rd edn), London: Hutchinson; Daniels, P. T. and Bright, W. (1996) *The World's Writing Systems*, New York: Oxford University Press. → www ←
14. De Selincourt, A. and Bum, A. R. (1972) *Herodotus: The Histories*, (revised edn), Harmondsworth: Penguin Books, p. 143; Skoyles, J. R. (1988) in De Kerckhove, D. and Lumsden, C. J. (eds), *The Alphabet and the Brain: the Lateralization of Writing*, Berlin: Springer-Verlag, pp. 363-80; Walker, C. B. F. (1990) op. cit.; Englund, R. K. (1996), in Daniels, P. T. and Bright, W. (eds) *The World's Writing Systems*, New York: Oxford University Press, pp. 160-4; Powell, M. A. (1981) *Visible Language*, 15: 419-40. → www ←
15. Hewes, G. (1949) *Human Biology*, 21: 233-45; Gould, S. J. (1989) *Wonderful Life: The Burgess Shale and the Nature of History*, New York: W. W. Norton. → www ←
16. De Luna, F. A. (1993) *Beaver*, 73 (4): 17-21, p. 19; Goethe, J. W. (1970), *Italian Journey*, translated by W. H. Auden and Elizabeth Mayer, London: Penguin, p. 448; Darnton, R. (1999) *New York Review of Books*, 14th January. → www ←
17. Buchanan, M. (2000) *New Scientist*, 15 July: 28-31; Sebald, W. G. (1998) *The Rings of Saturn*, London: The Harvill Press, p. 18; Nabokov, V. (1995) *Lolita*, London: Penguin, p. 306. → www ←
18. Miller, G. (2000) *The Mating Mind: How Sexual Choice Shaped the Evolution of Human Nature*, London: William Heinemann, pp. 315-16.

19. Feldman, D. (1987) *Why Do Clocks Run Clockwise? and Other Imponderables*, New York: Harper and Row, p. 238; Kincaid, P. (1986) *The Rule of the Road: An International Guide to History and Practice*, New York: Greenwood Press; www.travellibrary.com/general/driving/drive_which_side.html; www.mmailbase.ac.uk/lists/int-boundaries/1999-09/0000.html. → www ←

20. De Luna, F. A. (1993) op. cit.; Gould, G. M. (1908) *Righthandedness and Lefthandedness*, Philadelphia: J. B. Lippincott, p. 75; www.littletechshoppe.com/ns1625/techdt06.html. → www ←

21. Kincaid, P. (1986) op. cit., pp. 14-17, 125; Hamer, M. (1986) *New Scientist*, 25 December: 16-18; www.travel-library.com/general/driving/drive_which_side.html; www.last-word.com. → www ←

22. Kincaid, P. (1986) op. cit. → www ←

23. Honour, H. (1995) *New York Review of Books*, 42: 56-61. → www ←

24. www.czbrats.com/Articles/left.htm

25. → www ←

26. → www ←

27. → www ←

28. → www ←

29. *The Guardian*, weekend supplement, 23 March, 1996, p. 3. → www ←

30. Leeming, J. J. (1969) *Road Accidents: Prevent or Punish?*, London: Cassell. → www ←

31. Kincaid, P. (1986) op. cit.; Mestel, R. (1998) *New Scientist*, 28 March: 38-9; Hamer, M. (1986) *New Scientist* 25 December: 16-18. → www ←

32. Turnbull, O. H. et al. (1995) *Journal of Genetic Psychology*, vol. 156: 17-21.

33. Froude, J. A. (1885) op. cit., vol. II, pp. 407-8; Pye-Smith, P. H. (1871) *Guy's Hospital Reports*, 16: 141-6. → www ←

34. Orwell, G. (1970) *The Collected Essays, Journalism and Letters of George Orwell: Volume IV: In Front of Your Nose, 1945-1950*, Harmondsworth: Penguin, p. 62.

35. McLean, J. M. and Churczak, F. M. (1982) *New England Journal of Medicine* 307: 1278-9; Cooke, A. and Mullins, J. (1994) *New Scientist*, 12 March: 40-42; Estberg, L. et al. (1996) *Journal of the American Veterinary Association*, 208: 92-6. → www ←

36. Wood, C. J. and Aggleton, J. P. (1989) *British Journal of Psychology*, 80: 227-40; Bisiacchi, P. S. et al. (1985) *Perceptual and Motor Skills*, 61: 507-13; Gordon, N. and McKinlay, I. (1980) *Helping Clumsy Children*, Edinburgh: Churchill Livingstone; Gubbay, S. S. (1975) *The Clumsy Child: A Study of Developmental Apraxis and Agnosic Ataxia*, London: W. B. Saunders; Grouios, G. et al. (2000) *Perceptual and Motor Skills*, 90: 1273-82. → www ←

37. Wood, C. J. and Aggleton, J. P. (1989); Raymond, M. et al. (1996) *Proceedings of the Royal Society of London, Series B*, 263: 1627-33; 1996; Anonymous, *Independent on Sunday*, 18 April: 24 1993; Bisiacchi, P. S. et al. (1985) *Perceptual and Motor Skills*, 61: 507-13; Azemar, G. (1993) *Escrime Internationale*, 7: 15-19. → www ←

38. Raymond, M. et al. (1996) op. cit. → www ←

39. Withington, E. T. (1927) *Hippocrates*, London: Heinemann, p. 63; Spencer, W. G. (1938) *Celsus: De Medicina*, London: William Heinemann, vol. Ill, p. 297.

40. Brodie, B. C. (1862) *Psychological Inquiries* (4th edn), London: Longman, Green, Longman, Roberts and Green; Schott, J. and Puttick, M. (1995) *British Medical Journal*, 310: 739; Dudley, H. (1995) *The left-hander*, No 21: 8. → www ←

41. Chaplin, C. (1964) *My Autobiography*, London: Bodley Head, p. 131; W. J. W. *The Guardian*, 3 March: 35, 1992; Aggleton, J. P. et al. (1994) *Psychology of Music* 22: 148-56; Oldfield, R. C. (1969) *British Journal of Psychology*, 60: 91-9. → www ←

42. Safire, W. (1978) *Safire's Political Dictionary*, New York: Random House; Parkin, R. (1996) *The Dark Side of Humanity: The Work of Robert Hertz and its Legacy*, Amsterdam: Harwood, p. 69; Carlyle, T. (1871) *The French Revolution: A History* {1837}, London: Chapman and Hall, vol. I, VI: II, p. 192. → www ←

43. Safire, W. (1978) op. cit.; Eysenck, H. J. (1954) *The Psychology of Politics*, London: Routledge and Kegan Paul. → www ←

44. Bobbio, N. (1996) *Left and Right: The Significance of a Political Distinction*, Cambridge: Polity Press, pp. 56-7. → www ←

45. Ibid., p. 2; Domhoff, G. W. (1968) *Psychoanalytic Review*, 56: 587-96, p. 594; Wieschoff, H. A. (1938) *Journal of the American Oriental Society*, 58: 202-17; Brimnes, N. (1999) *Constructing the Colonial Encounter: Right and Left Hand Castes in Early Colonial South India*, Richmond, Surrey: Curzon Press, pp. 26-30; Nicholson, S. (1926) *Journal of the Royal Anthropological Institute of Great Britain and Ireland*, 56:

91-103. → www ←
46. Tucker, D. M. (1985) *Lateral Dialectics*, unpublished manuscript; Gur, R. C. et al. (1976) *Journal of Abnormal Psychology*, 85: 122-4; Gur, R. E. and Gur, R. C. (1975) *Journal of Consulting and Clinical Psychology*, 43: 416-20. → www ←
47. Mair, P. (2000) *Guardian*, 2000. → www ←
48. Boucher, J. and Osgood, C. E. (1969) *Journal of Verbal Learning and Verbal Behaviour* 8: 1-8. → www ←
49. Winder, B. C. (2000) *Calibration, Misleading Questions and Medical Knowledge*, (PhD thesis), London: University of London.
50. Tuohy, A. P. and Stradling, S. G. (1987) *British Journal of Psychology*, 78: 457-64; Berlyne, D. E. (1971) *Aesthetics and Psychobiology*, New York: Appleton-Century Crofts. → www ←
51. Heffer, S. (1995) op. cit., pp. 19-25. → www ←

第十一章　左撇子

1. Ziegler, P. (1999) *Osbert Sitwell: A Biography*, London: Pimlico. → www ←
2. Sitwell, O. (1945) *Left Hand, Right Hand!*, London: Macmillan; Anonymous (1945) *Times Literary Supplement*, 7 April: Orwell, S. and Angus, I. (1970). *The Collected Essays, Journalism and Letters of George Orwell: Vol. II, In Front of Your Nose, 1945-1950*, Harmondsworth: Penguin, p. 505. → www ←
3. Watson, F. (1950) *Dawson of Penn*, London: Chatto and Windus; Sitwell, O. (1946) *The Scarlet Tree*, London: Macmillan, pp. 239, 244. → www ←
4. Ireland, W. W. (1880) *Brain*, 3: 207-14.
5. Comment of Kathleen Stacey in the Vestry House Museum exhibition. 'A sinister way of life? The story of left-handedness', 13 August-16 November 1996; Wordsworth, H. *The Left-hander*, (1995) 21: 8-8; Comment of Neil Houghton about his grandmother, Doris Rayner, in the Vestry House Museum exhibition, 'A sinister way of life? The story of left-handedness', 13 August-16 November 1996.
6. www.faqs.org/faqs/left-faq/; www.scican.net/-ptjones/left.html; www.indiana.edu/-primate/lspeak.html. → www ←
7. Kidd, D. (1906) *Savage Childhood: A Study of Kafir Children*, London: Adam and Charles Black; Wallace, W. J. (1948) *Primitive Man*, 21: 19-38, (p. 28); Hertz, R. (1960) *Death and the Right Hand*, Aberdeen: Cohen and West, p. 92; Barsley, M. (1970) *Left-handed Man in a Right-handed World*, London: Pitman, p. 35; Smith, E. W. (1952) *Journal of the Royal Anthropological Institute of Great Britain and Ireland*, 82: 13-37, (p. 22); Wile, I. S. (1934) *Handedness: Right and Left*, Boston: Lethrop, Lee and Shepard, pp. 40, 334; Kruyt, A. C. (1973) in Needham, R. (ed.), *Right and Left: Essays on Dual Symbolic Classification*, Chicago: University of Chicago Press pp. 74-91; Bulwer, J. (1644) *Chirologia: or, the Natural Language of the Hand; Composed of the Speaking Motions, and Discoursing Gestures Thereof Whereunto is Added, Chironomia; or, The Art of Manual Rhetoricke*, London: Thomas Harper, p. 126; Lyttelton, O. (1962) *The Memoirs of Lord Chandos*, London: Bodley Head, p. 230.
8. Wile, I. S. (1934) *Handedness: Right and Left*, Boston: Lothrop, Lee and Shepard, p. 40; Rigby, P. (1966) *Africa*, 36: 1-16, p. 266; Parkin, R. (1996) *The Dark Side of Humanity: The Work o fRobert Hertz and its Legacy*, Amsterdam: Harwood, p. 71; Coel, M. (1981) *Chief Left Hand: Southern Arapaho*, Norman, Oklahoma: University of Oklahoma Press.
9. Goffman, E. (1963) *Stigma: Notes on the Management of Spoiled Identity*, Englewood Cliffs, NJ: Prentice-Hall.
10. Page, R. M. (1984) *Stigma*, London: Routledge and Kegan Paul, chapter 1.
11. Hare, D. (1991) *Writing Left Handed*, London: Faber and Faber; Milton, J. (1953) *Complete Prose Works of John Milton, Volume I, 1624-1642*, New Haven: Yale University Press, p. 808; Shelby, R. A. et al. (2001) *Science*, 292: 77-9, Wilson, G. P. (1937) *Words*, 3: 102-5; Kelley, E. (1992) *The Metaphysical Basis of Language: A Study in Cross-cultural Linguistics, or, The Left-handed Hummingbird*, Lewiston, NY: Edwin Miller. → www ←
12. Anonymous (1958) *The Complete Letters of Vincent Van Gogh*, London: Thames and Hudson, pp. 364, 372. → www ←
13. Fincher, J. (1977) *Sinister People: The Looking-glass World of the Left-hander*, New York: G. P. Putnam's Sons., p. 30. → www ←
14. McGuire, W. J. and McGuire, C. V. (1980) *Perceptual and Motor Skills*, pp. 3-7. → www ←
15. Orton, H. et al. (1978) *The Linguistic Atlas of England*, London: Croom Helm; Upton, C. and Widdowson, J. D. A. (1996) *An Atlas of English Dialects*, Oxford: Oxford University Press. → www ←

16. → www ←
17. Trudgill, P. (1990) *The Dialects of England*, Oxford: Blackwell, p. 103; Runciman, D. (1997) *Guardian*, 3 October, Sport section: 16. → www ←
18. Mather, J. Y. and Speitel, H. H. (1975) *The Linguistic Atlas of Scotland: Scots Section, Volume 1*, London: Croom Helm . → www ←
19. Jennie Cook, comment in the Vestry House Museum exhibition, 'A sinister way of life? The story of left-handedness', 13 August-16 November 1996.
20. → www ←
21. Carlyle, T. (1984) *Sartor Resartus*, London: Dent, p. 30; Coren, S. (1992) *The Lefthander Syndrome: the Causes and Consequences of Left-handedness*, London: John Murray; Chwast, S. (1985) *The Left-handed Designer*, Paris: Booth-Clibborn; Petroski, H. (1994) *The Evolution of Useful Things*, New York: Vintage Books, pp. 243, 249-50 . → www ←
22. *Hansard*, 22 July 1998, columns 1085-93. → www ←
23. Sadler, N. (1997) in Pearce, S. M. (ed.) *Experiencing Material Culture in the Western World*, London: Leicester University Press, pp. 140-53.
24. Anonymous (1986) *The Economist*, 20 December: 25-8; Anonymous (1962) *The Economist*, 105 (Dec 22): 1177-9; Dalrymple, T. (1995) *So Little Done: The Testament of a Serial Killer*, London: Andrew Deutsch, p. 93. → www ←
25. Rawls, J. (1972) *A Theory of Justice*, Oxford: Oxford University Press. → www ←
26. Editorial, *Guardian*, 1 January 2000: 1-19; Braverman, A. M. (2001) *Fertility and Sterility*, 59: 1216-20; ds.dial.pipex.com/town/plaza/gb54/web50p99.htm. → www ←

第十二章　錯誤的見解

1. Wilkin, S. (1852) *The Works of Sir Thomas Browne*, (revised version of 1836 edition), London: Henry Bohn; Bennett, J. (1962) *Sir Thomas Browne*, Cambridge: Cambridge University Press; Blackmore, S. (1999) *The Meme Machine*, Oxford: Oxford University Press. → www ←
2. Sebald, W. G. (1998) *The Rings of Saturn*, London: The Harvill Press, p. 19; Bennett, J. (1962), p. 5. → www ←
3. Bennett, J. (1962) op. cit., p. 20; Needham, J. (1934) *A History of Embryology*, Cambridge: Cambridge University Press, vol. 1, p. 112; Needham, J. (1931) *Chemical Embryology*, Cambridge: Cambridge University Press, vol. 1, p. 137. → www ←
4. Wilkin, S. (1852) op. cit., vol. I, p. xvii. → www ←
5. → www ←
6. Dawkins, R. (1997) *Climbing Mount Improbable*, London: Penguin Books, pp. 208-9. → www ←
7. Moliere, *Le Médecin malgré lui*, II, 4 . → www ←
8. Edinburgh International Science Festival (1993) *How Much Do Scots Know About Their Own Bodies? A Survey on Public Awareness of the Body*, News Release, 1 February, Edinburgh. → www ←
9. Ackermann, A. S. E. (1950) *Popular Fallacies: A Book of Common Errors: Explained and Corrected with Copious References to Authorities*, (4th edn), London: Old Westminster Press, pp. 47-8. → www ←
10. Burnett, A. C. and Thompson, D. G. (1986) *Medical Education*, 20: 424-31.
11. Henderson, A. H. (1996) in Weatherall, D. J., Ledingham, J. G. G. and Warrell, D. A. (eds), *Oxford Textbook of Medicine* (3rd edn) Oxford: Oxford University Press, pp. 2165-9; Swanton, R. H. (1996) in *Oxford Textbook of Medicine*, (3rd edn), pp. 2321-31. → www ←
12. Coffin, W. S. (1999) *The Heart is a Little to the Left*, University Press of New England. → www ←
13. Lauterbach, C. E. (1925) *Genetics*, 10: 525-68; Newman, H. H. et al. (1966) *Twins: A Study of Heredity and Environment*, Chicago: The University of Chicago Press; Townsend, G. C. et al. (1986) *Acta Genetica Medica et Gemellogia*, 35: 179-92; Newman, H. H. in *The Physiology of Twinning*, Chicago: The University of Chicago Press, 1111 pp. 164-89 (pp. 185-189); Larsen, W. J. (1998) *Essentials of Human Embryology*, New York: Churchill Livingstone, p. 326; Sicotti, N. L. et al. (1999) *Laterality*, 4: 265-86. → www ←
14. Winckelmann, J. J. (1968 [1764]) *History of Ancient Art* (translated by A. Gode), New York: Book V, VI; McManus, I. C. (1976) *Nature* 259: 426-26; Peck, A. L. (1953) *Aristotle: Generation of Animals*, Cambridge, MA: Loeb, 717.a.34, 788.a.10; Nasmyth, D. G. et al. (1991) *British Medical Journal* 302: 93-4. → www ←
15. Editorial (2001) *Guardian*, 5 February; Halpern, D. F. and Coren, S. (1988) *Nature*, 333: 213; Halpern, D. F. and Coren, S. (1991) *New England Journal of Medicine*, 324: 998; Rothman, K. J. (1991) *New England Journal of Medicine*, 325: 1041. → www ←

16. Harris, P. (2001) *The Observer*, 4 February; Geschwind, N. and Behan, P. (1982) *Proceedings of the National Academy of Sciences of the USA*, 79: 5097-100.

17. Geschwind, N. and Galaburda, A. M. (1985) Archives of Neurology, 42: 428-59, 521-52, 634-54; Geschwind, N. and Galaburda, A. M. (1987) *Cerebral Lateralization: Biological Mechanisms, Associations, and Pathology*, Cambridge, MA: MIT Press; McManus, I. C. and Bryden, M. P. (1991) *Psychological Bulletin*, 110: 237-53.

18. Bryden, M. P. et al. (1994) *Brain and Cognition*, 26: 103-67. → www ←

19. Gould, S. J. (1994) *New York Review of Books*, 41, 20 October: 24-32; Gooch, S. (1977) *The Neanderthal Question*, London: Wildwood House; Holloway, R. and Coste-Lareymondie, M. C. d. I. (1982) *American Journal of Physical Anthropology*, 58: 101-10; Wong, K. (2000) *Scientific American* April: 79-87. → www ←

20. Stevenson, R. L. (1979 [1886]) *The Strange Case of Dr Jekyll and Mr Hyde and Other Stories*, Harmondsworth: Penguin, p. 82.

21. Pedersen, D. L. (1994) *Cameral Analysis: A Method of Treating the Psychoneuroses Using Hypnosis*, London: Routledge; Schiffer, F. (1998) *Of Two Minds: The Revolutionary Science of Dual-brain Psychology*, New York: Free Press; McManus, I. C. (1998) *Nature*, 396: 132.

22. Wolfe, T. (1998) *A Man in Full*, London: Jonathan Cape, p. 38; McManus, I. C. (1985) *Current Psychological Research and Reviews*, 4: 195-203; Tapley, S. M. and Bryden, M. P. (1983) *Neuropsychologia*, 21: 129-38; Levy, J. and Reid, M. (1978) *Journal of Experimental Psychology*, 107: 119-44; Peters, M. and McGrory, J. (1987) *Brain and Language*, 32: 253-64; Meulenbroek, R. G. J. and Van Galen, G. P. (1989) *Journal of Human Movement Studies*, 16: 239-54.

23. Clarke, G. (1993) *Left-handed Children: The Teacher's Guide*, London: Left-Handers Club, p. 3; Perelle, I. B. and Ehrman, L. (1982) Experientia, 38: 1257-8; Storfer, M. D. (1995) *Perceptual and Motor Skills*, 81: 491-7; Hardyck, C., Petrinovich, L. F. and Goldman, R. D. (1976) *Cortex* 12: 266-79; McManus, I. C. and Mascie-Taylor, C. G. N. (1983) *Journal of Biosocial Science*, 151: 289-306; McManus, I. C. et al. (1993) *British Journal of Psychology*, 84: 517-37. → www ←

24. Cassy, J. (2000) *Guardian*, 31 August: 22; O'Boyle, M. W. and Benbow, C. P. (1990) in Coren, S. (ed.) *Left-handedness: Behavioral Implications and Anomalies*, Amsterdam: North-Holland, pp. 343-72; Peterson, J. M. and Lansky, L. M. (1974) *Perceptual and Motor Skills*, 38: 547-50; Gotestam, K. O. (1990) *Perceptual and Motor Skills*, 70: 1323-7; Wood, C. J. and Aggleton, J. P. (1991) *Canadian Journal of Psychology*, 45: 395-404. → www ←

25. Beaumont, G. et al. (1984) *Cognitive Neuropsychology*, 1: 191-212; Wells, C. G. (1989) *Right Brain Sex*, New York: Avon Books; Edwards, B. (1989) *Drawing on the Right Side of the Brain: A Course in Enhancing Creativity and Artistic Confidence* (revised edition) New York: Perigee Books; Springer, S. and Deutsch, G. (1981) *Left Brain, Right Brain*, San Francisco: W. H. Freeman, pp. 186-7; www.csicop.org/si/9903/tenpercent-mth.html.

26. Paul, D. (1990) *Living Left-handed*, London: Bloomsbury, p. 14; Langford, S. (1984) *The Left-handed Book*, London: Granada Publishing, p. 100; Fincher, J. (1977) *Sinister People: The Looking-glass World of the Left-hander*, New York: G. P. Putnam's Sons, p. 27; Lindsay, R. (1980) *The Left-handed Book*, New York: Franklin Watts, p. 5; Clarke, G. (1993) *Left-handed Children: The Teacher's Guide*, London: Left Handers Club, p. 3; Paul, D. (1993) *Left-handed Helpline: An Essential Guide for Teachers, Teacher Trainers and Parents of Left-handed Children*, Manchester: Dextral Books; Bernadac, M.-L. (1991) *Faces of Picasso*, Paris: Editions de la Réunion des Musées Nationaux. → www ←

27. Edwards, B. (1989) *Drawing on the Right Side of the Brain: A Course in Enhancing Creativity and Artistic Confidence* (revised edition), New York: Perigee Books, p. 39. → www ←

28. De Kay, J. T. (1994) *The Left-hander's Handbook* (incorporating) *The Left-handed Book*, 1966; *The Natural Superiority of the Left-hander*, 1979; *The World's Greatest Left-handers*, 1985, and *Left-handed Kids*, (1989), New York: Quality Paperback Book Club, pp. 2, 55; Barsley, M. (1970) *Left-handed Man in a Right-handed World*, London: Pitman; Spitz, B. (1989) *Dylan: A Biography*, New York: W. W. Norton; Gross, M. and Alexander, R. (1978) *Bob Dylan: An Illustrated History*, London: Elm Tree Books. → www ←

29. Lindsay, R. (1980) op. cit. → www ←

30. Bigelow, J. (1887) *The Complete Works of Benjamin Franklin*, New York: G. P. Putnam's Sons, vol. IV, and vol VI, pp. 242-4; Lindsay, R. (1980) op. cit. → www ←

31. Rutledge, L. W. and Donley, R. (1992) *The Left-hander's Guide to Life: A Witty and Informative Tour of the World According to Southpaws*, New York: Penguin, p. 14.

32. Research Unit (1974) *Journal of the Royal College of General Practitioners*, 24: 437-9; Shaw, D. and McManus, I. C. (1993) *British Journal of Psychology*, 84: 545-51.

33. Wilson, D. (1891) *The Right Hand: Left-handedness*, London: Macmillan, pp. 66-7; Paul, D. (1990) *Living Left-handed*, London: Bloomsbury, p. 23; Harris, L. J. (2000) *Brain and Language*, 73: 132-88, p. 145; Anonymous (1916) *The Jewish Encyclopaedia*, New York: Funk and Wagnalls, X: 420.

34. Feldman, D. (1987) *Why Do Clocks Run Clockwise? and Other Imponderables*, New York: Harper and Row. → www ←

35. Landes, D. S. (2000) *Revolution in Time: Clocks and the Making of the Modem World*, London: Viking. → www ←

36. Pope-Hennessy, J. (1969) *Paolo Uccello: Complete Edition*, (2nd edn), London: Phaidon, pp. 144-5. → www ←

37. Bo, C. and Mandel, G. (1978) *L'opera completa del Botticelli*, Milan: Rizzoli Editore, Plate XXV; Simoni, A. (1965) *Orologi Italiani dal cinquecento all' ottocento*, Milan: Antonio Vallardi Editore. → www ←

38. Arthur, W. B. (1990) *Scientific American* 262 (February): 80-85; Arthur, W. B. (1989) *Economic Journal*, 99: 116-31; Arthur, W. B. (1988) in Anderson, P. W., Arrow, K. J. and Pines, D. (eds), *The Economy as a Complex Evolving System*, New York: Addison-Wesley, pp. 9-31; David, P. A. (1985) *American Economic Review (Papers and Proceedings)*, 75: 332-7; Bonabeau, E. et al. (2000) *Nature* 406: 39-42. → www ←

39. Thorndike, L. (1941) *Speculum*, 16: 242-3. → www ←

40. Price, C. M. and Gilden, D. L. (2000) *Journal of Experimental Psychology Human Perception and Performance*, 26: 18-30. → www ←

41. *Tlön, Uqbar, Orbis Tertius*, in Borges, J.-L. (2000) *Labyrinths*, Harmondsworth: Penguin. → www ←

42. Lee, D. (1965) *Plato: Timaeus and Critias*, Harmondsworth: Penguin, p. 63; Latham, R. E. and Godwin, J. (1994) *Lucretius: On the Nature of the Universe*, Harmondsworth: Penguin, p. 102-3.

43. Eco, U. (1984) *Semiotics and the Philosophy of Language*, London: Macmillan, p. 205. → www ←

44. Gregory, R. (1998) *Mirrors in Mind*, London: Penguin Books.

45. Gleick, J. (1994) *Genius: Richard Feynman and Modem Physics*, London: Abacus, p. 331. → www ←

46. → www ←

47. Lee, D. (1965) op. cit., pp. 62-3.

48. 因為鏡像的數目是奇數「三」，所以是左右顛倒的。→ www ←

第十三章　布偶也有偏手性

1. Elias, L. J. (1998) *Laterality*, 3: 193-208.

2. Sadler, N. (1997) in Pearce, S. M. (ed.), *Experiencing Material Culture in the Western World*, London: Leicester University Press, pp. 140-53. → www ←

3. Graham, A. (1996) *Radio Times*, 8 June: 29-30.

4. Peters, M. (1997) *Laterality*, 2: 3-6; Cary, E. (1927) *Dio's Roman History*, London: William Heinemann, vol. IX, pp. 109-10, book LXIII. → www ←

5. Davidson, J. (2000) *Times Literary Supplement*, 12 May: 11-12; Utley, R. M. (2000) *Billy the Kid: A Short and Violent Life*, London: Tauris Parke Paperbacks. → www ←

6. Marsh, E. W. (1998) *James Cameron's Titanic*, London: Boxtree, pp. 52-3. → www ←

7. Maur, K. V. (1989) *Salvador Dali 1904-1989*, Stuttgart: Gerd Hatje, Plate D6.

8. Carey, P. (1997) *Jack Maggs, St Lucia*, Queensland: University of Queensland Press, p.89. → www ←

9. Critchley, M. (1928) *Mirror-writing*, London: Kegan Paul, Trench and Trubner, p. 9; Paul, D. (1990) *Living left-handed*, London: Bloomsbury, p. 155; Beeley, A. L. (1918) *An Experimental Study in Left-handedness*, Chicago: University of Chicago Press.

10. Critchley, M. (1928) op. cit., p. 49.

11. Schott, G. D. (1999) *Lancet*, 354: 2158-61.

12. Critchley, M. (1928) op. cit., p. 13; Poseq, A. W. G. (1997) *Konsthistorisk tidskrift*, 66: 37-50; Clayton M. (1996) *Leonardo da Vinci: A Curious Vision*, London: Merrell Holberton, pp. 97-9. → www ←

13. Capener, N. (1952) *Lancet*, i: 813-14. → www ←

14. McManus, I. C. (1999) *Laterality* 4: 193-6.

15. Gardner, M. (1990) *The New Ambidextrous Universe: Revised Edition*, New York: W. H. Freeman, pp. 47-51.

16. *New Scientist*, 11 November 2000, p. 104 and 25 November, p. 59.

17. Seife, C. *New Scientist*, 21 March, 1998, p. 10.

18. Hori, M. (1993) *Science*, 260: 216-19.

19. Anonymous (2000) *New Scientist*, 8 January: 12; Nagarajan, R. (2000) PhD thesis, Exeter: University of

Exeter.
20. → www ←
21. Palmer, S. (1995) *Jack the Ripper: A Reference Guide*, Lanham, Md: Scarecrow Press, p. 1.
22. Barsley, M. (1970) *Left-handed Man in a Right-handed World*, London: Pitman, pp. 89-90; Coren, S. (1992) *The Left-hander Syndrome: The Causes and Consequences of Left-handedness*, London: John Murray, p. 249; Morris, D. (1997) *Behind the Oval Office: Getting Re-elected Against All Odds*, New York: Renaissance. → www ←
23. Butterfield, L. H. and Rice, H. C. Jr (1948) *William and Mary Quarterly*, (3rd series) 5: 26-33; Bullock, H. P. (1945) *My Head and My Heart: A Little History of Thomas Jefferson and Maria Cosway*, New York: G. P. Putnam's Sons, p. 27.
24. Weinstein, E. A. (1970) *Journal of American History*, 57: 324-51; Weinstein, E. A. (1981) *Woodrow Wilson: A Medical and Psychological Biography*, Princeton, NJ: Princeton University Press. → www ←
25. Hardell, L. et al. (1999) *International Journal of Oncology*, 15: 113-16; Rothman, K. J. (2000) *Lancet*, 356: 1837-40; Hardell, L. and Hansson Mild, K. (2001) *Lancet*, 357: 960-61; Rothman, K. J. (2001) *Lancet*, 357: 961. → www ←
26. Ecclesiastes 10: 2; Critchley, M. and Critchley, E. A. (1978) *Dyslexia Defined*, London: Heinemann, p. 94; Anonymous (1971) *Encyclopaedia Judaica*, Jerusalem: Keter, vol. 14: 178-9. → www ←
27. Wölfflin, H. (1941) in *Gedanken zur Kunstgeschichte*, Basel: pp. 82; Keller, R. (1942) *Ciba Symposia*, 3: 1139-42; Blount, P. et al. (1975) *Perception*, 4: 385-9. → www ←
28. Wolff, W. (1933) *Character and Personality*, 2: 168-76; Gilbert, C. and Bakan, P. (1973) *Neuropsychologia*, 11: 355-62. → www ←
29. Sun, J. and Perona, P. (1998) *Nature Neuroscience*, 1: 183-4. → www ←
30. Salk, L. (1966) *Canadian Psychiatric Association Journal* 11: S295-S305; Salk, L. (1973) *Scientific American*, 228 (May): 24-9; Reissland, N. (2000) *British Journal of Developmental Psychology*, 18: 179-86. → www ←
31. Shorr, D. C. (1954) *The Christ-child in Devotional Images in Italy During the XIV Century*, New York: Glückstadt Press; McManus, I. C. (1979) *Determinants of Laterality in Man*, University of Cambridge: unpublished PhD thesis, chapter 13.
32. Weiskrantz, L. et al. (1971) *Nature*, 230: 598-9; Smith, J. L. and Cahusac, P. M. B. (2001) *Laterality*, 6: 233-8. → www ←
33. Gillett, H. G. du P. (1983) *The Chiropodist*, 38: 162-77.
34. Anonymous (2000) *Metromnia: News from the National Physical Laboratory*, Issue 7, Summer. → www ←
35. Melville, H. (1972 [1851]) *Moby Dick; or, The Whale*, Harmondsworth: Penguin, chapter 32, p. 23, Thompson, D. W. (1971) *On Growth and Form* (abridged edition, edited by J. T. Bonner), Cambridge: Cambridge University Press, pp. 216-20; Neville, A. C. (1976) *Animal Asymmetry*, London: Edward Arnold, pp. 48-9. → www ←
36. → www ←
37. Hamilton, E. and Cairns, H. (1961) *The Collected Dialogues of Plato*, Princeton, NJ: Princeton University Press, Laws, 795.c; Watson, J. B. (1924) *Behaviorism*, New York: People's Institute Publishing; Harris, L. J. (1983) in Young, G., Segalowtiz, S. J., Carter, C. M. and Trehub, S. E. (eds), *Manual Specialization and the Developing Brain*, New York: Academic Press, pp. 177-247 (p. 217); Jackson, J. (1905) *Ambidexterity: or Two-handedness and Two-brainedness*, London: Kegan, Paul, Trench, Trübner & Co.; Gould, G. M. (1908) *Righthandedness and Lefthandedness*, Philadelphia: J. B. Lippincott, p. 20.
38. Anderson, J. (1977) *Toward the Liberation of the Left Hand*, Pittsburgh: University of Pittsburgh Press, 1977.
39. Barsley, M. (1970) *Left-handed Man in a Right-handed World*, London: Pitman, p. 89; Hay, I. (1939 [1907]) *'Pip': A Romance of Youth*, Harmondsworth: Penguin.
40. Carlyle, T. (1874) *Wilhelm Meister's Apprenticeship and Travels* (translated from Goethe), 1824, London: Chapman and Hall, III: p. 163. → www ←
41. → www ←
42. Barsley, M. (1970) op. cit., p. 5. → www ←

第十四章　人都是對稱的

1. Tobin, J. (1991) *George Herbert: The Complete English Poems*, Harmondsworth: Penguin; Van Fraassen, B. C. (1989) *Laws and Symmetry*, Oxford: Clarendon Press, p. 239. → www ←
2. Bochner, S. (1973) in Wiener, P. P. (ed.) *Dictionary of the History of Ideas*, New York: Charles Scribner's Sons, pp. 345-53; Fowler, H. N. (1962) *Plato: Philebus*, London: Heinemann, p. 6Sa; Winterson, J. (1990

[1987]) *Oranges Are Not the Only Fruit*, London: Vintage, p. 58. → www ←
3. Pervin, L. A. (1993) *Personality: Theory and Research*, New York: John Wiley, p. 117; Lilenfeld, S. O. et al. (2001) *Scientific American* 284 (May): 73-9; Roe, A. (1900) in Sherman, M. H. (ed.) *A Rorschach Reader*, New York: International Universities Press, pp. 121-36. → www ←
4. Stewart, I. and Golubitsky, M. (1992) *Fearful Symmetry: Is God a Geometer?*, Oxford: Blackwell; Van Fraassen, B. C. (1989) *Laws and Symmetry*, Oxford: Clarendon Press, p. 262-3; Coxeter, H. S. M., in *Symmetry and Function of Biological Systems at the Macromolecular Level*, Engstrom, A. and Strandberg, B. (eds), Stockholm: Almqvist and Wiksell, pp. 29-33. → www ←
5. Balmelle, C. et al. (1985) *Le décor géometrique de la mosaique Romaine*, Paris: Picard, pp. 177, 255, 277, 335; Washburn, D. K. and Crowe, D. W. (1988) *Symmetries of Culture: Theory and Practice of Plane Pattern Analysis*, Seattle: University of Washington Press, Fig. 5.78, p. 171; Jablan, S. V. (1995) *Theory of Symmetry and Ornament*, Belgrade: Matematicki Institut; Stewart, I. and Golubitsky, M. (1992) op. cit., pp. 238-9; Weyl, H. (1952) *Symmetry*, Princeton, NJ: Princeton University Press, p. 103; Gombrich, E. H. (1979) *The Sense of Order*, London: Phaidon Press. → www ←
6. Altmann, S. L. (1992) *Icons and Symmetries*, Oxford: Clarendon Press, p. 13. → www ←
7. Ibid., p. 33.
8. Yang, C. N. (1962) *Elementary Particles: A Short History of Some Discoveries in Atomic Physics*, Princeton, NJ: Princeton University Press, pp. 61-2. → www ←
9. Altmann, S. L. (1992) op. cit., p. 35. → www ←
10. Radicati di Brozolo, L. (1991) in Froggatt, C. D. and Nielsen, H. B. (eds), *Origin of Symmetries*, Singapore: World Scientific, pp. 523-35; Fraser, G. (2000) *Antimatter: The Ultimate Mirror*, Cambridge: Cambridge University Press; Feynman, R. P., Leighton, R. B. and Sands, M. (1963) *The Feynman Lectures on Physics. Vol I: Mainly Mechanics, Radiation, and Heat, Reading*, MA: Addison-Wesley. → www ←
11. Van Fraassen, B. C. (1989) *Laws and Symmetry*, Oxford: Clarendon Press, p. 242; Feynman, R. P. (1986) *'Surely You're Joking, Mr. Feynman!'*, London: Unwin, p. 247; Feynman, R. P. et al. (1963) op. cit., pp. 52-1, 52-12; Feynman, R. P. (1999) *Six Not-so-easy Pieces: Einstein's Relativity, Symmetry, and Space-time*, London: Penguin. → www ←
12. Corballis, M. C. and Beale, I. L. (1976) *The Psychology of Left and Right*, Hillsdale, NJ: Lawrence Erlbaum Associates, p. 197. → www ←
13. Salam, A. (1958) *Endeavour*, 17: 97-105, p. 105; Van Fraassen, B. C. (1989) op. cit., pp. 260, 262; Rosen, J. (1975) *Symmetry Discovered: Concepts and Applications in Nature and Science*, Cambridge: Cambridge University Press, pp. 120-22. → www ←
14. Johnson, G. (1997) *Fire in the Mind: Science, Faith, and the Search for Order*, London: Penguin, pp. 314-15; Feynman, R. P. et al. (1963) pp. 52-4, 52-11; Bouchiat, M.-A. and Pottier, L. (1984) *Scientific American*, 250: 100-111; Adair, R. K. (1988) *Scientific American*, 258 (February): 30-36; Quinn, H. R. and Witherell, M. S. (1998) *Scientific American*, 279 (October): 50-55; Close, F. (2000) *Lucifer's Legacy: The Meaning of Asymmetry*, Oxford: Oxford University Press, p. 228; Kane, G. (2000) *Supersymmetry: Unveiling the Ultimate Laws of Nature*, Cambridge, MA: Perseus; Nabokov, V. (1974 [947]) *Bend Sinister*, Harmondsworth: Penguin, pp. 144-5. → www ←
15. Poe, E. A. (1841) *Never Bet the Devil Your Head: A Tale with a Moral*, in Mabbott, T. O. (ed.) (1978) *Collected Works of Edgar Allan Poe: Tales and Sketches 1831-1842*, Cambridge, MA: Belknap Press, p. 619.
16. Kogl, F. and Erxleben, H. (1939) *Nature*, 144: 111; Miller, J. A. (1950) *Cancer Research*, 10: 65-72; Clemmit, M. (1991) *The Scientist*, August 19th: 1. → www ←
17. Harris, L. J. (1991) *Brain and Language*, 40: 1-50; Harrington, A. (1987) *Medicine, Mind, and the Double Brain: A Study in Nineteenth-Century Thought*, Princeton, NJ: Princeton University Press, pp. 16-17.
18. Broca, P. (1865) *Bulletin de la Sociéeté d'Anthropologie de Paris*, 6: 377-93; Harris, L. J. (1991) p. 37.
19. Jackson, J. H. (1874) *Medical Press and Circular*, i: 19, 41, 63; Harrington, A. (1987) op. cit., pp. 223-4. → www ←
20. Curie, P. (1894) *Journal de Physique Théorique et Appliquée*, 3rd Series, 3: 393-415; Altmann, S. L. (1992) p. 28; Van Fraassen, B. C. (1989) op. cit., p. 240. → www ←
21. Zupko, J. (1998) in Craig, E. (ed.), *Routledge Encyclopaedia of Philosophy*, London: Routledge. → www ←
22. Stewart, I. and Golubitsky, M. (1992) op. cit., p. 58. → www ←
23. Wenderoth, P. (1995) *Spatial Vision*, 9: 57-77. → www ←
24. Julesz, B. (1969) in Reichardt, W. (ed), *Processing of Optical Data by Organisms and by Machines*, New York: Academic Press, pp. 580-88.
25. Wagemans, J. (1995) *Spatial Vision*, 9: 9-32; Mach, E. (1910) *Popular Scientific Lectures* (4th edn), Chicago:

Open Court, pp. 89-106; Tyler, C. W. (1995) *Spatial Vision* 8: 383-91; Ibid., 9: 1-7; Herbert, A. M. and Humphrey, G. K. (1996) *Perception*, 25: 463-80; Corballis, M. C. and Beale, I. L. (1976) pp. 74-88; Leone, G. et al. (1995) *Spatial Vision*, 9: 127-37.

26. Pascal, *Pensées*, section 28.

27. Heilbronner, E. and Dunitz, J. (1992) *Reflections on Symmetry: in Chemistry... and Elsewhere*, Weinheim: VCH.

第十五章 這世界微小而巨大

1. Weyl, H. (1952) *Symmetry*, Princeton, NJ: Princeton University Press, Fig. 4; Swindler, M. H. (1929) *Ancient Painting: From the Earliest Times to the Period of Christian Art*, New Haven: Yale University Press. → www ←

2. Barrow, J. D. and Silk, J. (1993) *The Left Hand of Creation*, (revised edition), New York: Oxford University Press, pp. xxiii-xxiv.

3. Weisskopf, V. F. (1969) in Engstrbm, A. and Strandberg, B. (eds), *Symmetry and Function of Biological Systems at the Macromolecular Level*, Stockholm: Almqvist and Wiksell, pp. 35-9 (p. 38); Weyl, H. (1952) op. cit., pp. 64-5.

4. Feynman, R. P. et al. (1963) *The Feynman Lectures on Physics. Vol I: Mainly Mechanics, radiation, and heat*, Reading, MA: Addison-Wesley, p. 52-12. → www ←

5. Frey, D. (1949) *Studium Generate* 2: 268-78; Weyl, H. (1952) op. cit.; Riese, W. (1949) *Bulletin of the History of Medicine*, 23: 546-53, (p. 552); p. 50. → www ←

6. Shelstan, A. (1971) *Thomas Carlyle: Selected Writings*, London: Penguin. → www ←

7. Stewart, I. and Golubitsky, M. (1972) *Fearful Symmetry: Is God a Geometer?*, Oxford: Blackwell, pp. 178, 182; Corballis, M. C. and Beale, I. L. (1976) *The Psychology of Left and Right*, Hillsdale, NJ: Lawrence Erlbaum Associates, p. 197; Bernstein, J. (1962) *New Yorker*, 12 May: 49-104, (p. 72).

8. Asimov, I. (1976) *The Left Hand of the Electron*, London: Panther, p. 76; Gardner, M. (1990) *The New Ambidextrous Universe: Revised Edition* New York: W. H. Freeman, p. 192.

9. Chothia, C. (1991), in Bock, G. R. and Marsh, J. (eds), *Biological Asymmetry and Handedness* (Ciba foundation symposium 162), Chichester: Wiley, pp. 36-57; Wolpert, L. (1991) in *Biological Asymmetry and Handedness*.

10. Altick, R. D. (1971) *Robert Browning: The Ring and the Book*, Harmondsworth: Penguin, Book I, line 828. → www ←

11. Elytis, O. (1997) *The Collected Poems of Odysseus Elytis*, translated by J. Carson and N. Sarris, Baltimore MD: Johns Hopkins University Press. → www ←

引用資料來源

圖 1.2 Sir Thomas Watson: reprinted with permission of the Wellcome Museum, London.

圖 1.3 Louise Pasteur (1852): reprinted with permission of the Institut Pasteur, Paris.

圖 1.4 b Reprinted with permission of the Institut Pasteur, Paris.

圖 1.5 From the architectural notebooks of Viollet-le-Duc, reproduced from Cook, T. A. (1914) *The Curves of Life*, London: Constable.

圖 1.6 From the architectural notebooks of Viollet-le-Duc, reproduced from Cook, T. A. (1914) *The Curves of Life*, London: Constable.

圖 1.7 Paul Broca.

圖 1.8 Dr Juster: Institut de Parasitologie, Ecole Pratique, Paris.

圖 1.9 Dr Juster: Institut de Parasitologie, Ecole Pratique, Paris.

圖 2.1 Robert Hertz: Institute of Social Anthropology, University of Oxford.

圖 2.2 Adapted from Kraig, B. (1978) *Journal of Indo-European Studies*, 6: 149-172.

圖 2.4 Adapted from Das, T. (1945) *The Purums: An Old Kuki Tribe of Manipur*, Calcutta: University of Calcutta Press.

圖 2.5 Adapted from Sattler, J. B. (2000) *Links und Rechts in der Warnehmung des Menschen: Zur Geschichte der Linkshändigkeit*, Donauworth: Auer Verlag.

圖 3.1 Reproduced from Huxley, J. (1970) *Memories*: Alien and Unwin.

圖 3.3 Otzi necklace: reproduced with permission of the Romisch-Germanischez Zentralmuseum, Mainz. Photo: Christin Beeck.

圖 3.4 Reproduced with permission from Stead, I. and Rigby, V. *Iron Age Antiques from Champagne in the British Museum: The Morel Collection*, London: British Museum Press.

圖 3.5 Reproduced from Cook, T. A. (1914) *The Curves of Life*, London: Constable.

圖 3.6 Reproduced from Cook, T. A. (1914) *The Curves of Life*, London: Constable.

圖 4.3 Hale-Bopp comet photo: reproduced with kind permission of Howard C. Taylor.

圖 4.4 Reproduced with permission from Ofte, S. H. and Hugadl, K. (2001) *Journal of Experimental and Clinical Neuropsychology* (in press).

圖 4.5 Reproduced with permission of Taylor & Francis Ltd from Brandt, J. and Mackavey, W. (1981) *Journal of Neuroscience* 12: 87-94.

圖 4.6 Reproduced with permission of Taylor & Francis Ltd from Brandt, J. and Mackavey, W. (1981) *Journal of Neuroscience* 12: 87-94.

圖 4.7 Adapted from Spalding, J. M. K. and Zangwill, O. L. (1959) *Journal of Neurology, Neurosurgery and Psychiatry* 13: 24-9.

圖 4.8 Reproduced with permission of Oxford University Press from Turn bull, H. and McCarthy, R. A. (1996) *Neurocase* 2: 63-72.

圖 4.9 Reproduced with permission of Oxford University Press from Turnbull, H. and McCarthy, R. A. (1996) *Neurocase* 2: 63-72.

圖 4.10 Reproduced from Wood Jones, F. (1919) *The Principles of Anatomy as Seen in the Hand*, London: Balliere, Tindall and Cox.

圖 4.11 Reproduced with permission from Tischbein, *J. H. W. Goethe in der römischen Campagna*, Frankfurt: Städelsches Kunstinstitut. Copyright Ursula Edelmann.

圖 5.1 Wellcome Library, London.

圖 5.2 Reprinted with permission from Ruehm, S. G. et al. (2001) *Lancet* 357: 1086-1091.

圖 5.3 Reproduced with permission from Bock, G. R. and Marsh, J. (eds) *Biological Asymmetry and Handedness*

(Ciba Foundation symposium 162), Chichester: John Wiley, p. 99.

圖 5.4 Reproduced with permission from Jefferies, R. P. S. (1986) *The Ancestry of Vertebrates*, London: British Museum (Natural History). Copyright (2001) The Natural History Museum, London.

圖 5.5 Reproduced with permission of Taylor and Francis Ltd from Sutcliffe, O. E., et al. (2000) *Lethaia* 33: 1-12, p. 5.

圖 5.6 Reproduced with permission from Jefferies, R. P. S. (1986) *The Ancestry of Vertebrates*, London: British Museum (Natural History). Copyright (2001) The Natural History Museum, London.

圖 5.7 Redrawn from Gee, H. (1996) *Before the Backbone: Views on the Origins of Vertebrates*, London: Chapman and Hall, p. 217.

圖 5.8 Reproduced from Norman, J. R (1931) *A History of Fishes*, London: Ernest Benn.

圖 5.9 Reprinted with permission from Capdevila, J., et al. (2000) *Cell* 93: 9-21. Copyright (2000) Elsevier Science.

圖 5.10 Reproduced with kind permission of Gillian Rhodes, University of Western Australia from Bruce, V. and Young, A. (1998) *In the Eye of the Beholder: The Science of Face Perception*, Oxford: Oxford University Press. Copyright G. Rhodes.

圖 5.11 Reproduced with permission from Kessel, R. G. (1974).

圖 5.12 Reprinted with permission from Hyatt, B. A. and Yost, H. J. (1998) *Cell*, 93: 37-46. Copyright (1998) Elsevier Science.

圖 5.13 Reproduced with permission from Gilbert, S. G. (2000) *Developmental Biology*, 6th edn. Copyright Sinauer Associates.

圖 5.14 Hans Spemann.

圖 5.14 a, Reproduced from Spemann, H. and Falkenberg. H. (1919) *Wilhelm Roux' Archiv fur Entwicklungsmechanick* 45: 371-422.

圖 5.14 b, Reproduced from Spemann, H. and Falkenberg. H. (1919) *Wilhelm Roux' Archiv fur Entwicklungsmechanick* 45: 371-422.

圖 5.14 c, Reproduced from Spemann, H. and Falkenberg. H. (1919) *Wilhelm Roux' Archiv fur Entwicklungsmechanick* 45: 371-422.

圖 5.15 d, Reproduced with permission of Cambridge University Press from Huxley, J. S. and de Beer, G. R. (1934) *The Elements of Experimental Biology*.

圖 5.16 Reproduced with permission of the University of Chicago Press from Pennarun, G., et al. (1999) *American Journal of Human Genetics* 65: 1508-19.

圖 5.17 Photos courtesy of Professor Nigel Brown, St. George's Hospital Medical School, London.

圖 5.18 Reprinted with permission from Levin, M., et al. (1995) *Cell* 93: 803-814. Copyright (1995) Elsevier Science.

圖 5.19 Reproduced with permission from Vogan, K. J. and Tabin, C. J. (1999) *Nature* 397: 295-8.

圖 5.20 Adapted from Okada, Y., et al. (1999) *Molecular Cell* 4: 459-68.

圖 6.2 Reproduced with permission of the California Institute of Technology from Feynman, R. P., et al. (1963) *The Feynman Lectures on Physics. Vol. I: Mainly Mechanics, Radiation and Heat*, Reading, MA: Addison-Wesley.

圖 6.3 Reproduced with permission of the Royal Swedish Academy of Sciences.

圖 7.1 Darwin and William: reproduced with permission of English Heritage.

圖 7.2 Based with permission on unpublished data of Nigel Sadler.

圖 7.3 Based on Tapley, S. M. and Bryden, M. P. (1985) *Neuropsychologia* 23: 215-21.

圖 7.6 Reproduced from Schaeffer, A. A. (1928) *Journal of Morphology* 45: 293-398.

圖 8.1 a Pasteur (1892): reprinted with permission of the Instut Pasteur, Paris.

圖 8.1 b Mach (circa 1913): reprinted with permission of Peter Indefrey from Hagoort, P., et al. (1999) *The Neurocognition of Language*, Oxford: Oxford University Press, pp. 273-316.

圖 8.6 Reprinted with permission of the publishers from Riddoch, M. J. and Humphreys, G. W. (1995) *Birmingham Object Recognition Battery*, Hove: Lawrence Erlbaum, p. 150.

圖 8.7 Reprinted from Gazzaniga, M. S. (1985) *The Social Brain: Discovering the Networks of the Mind*, New York: Basic Books.

圖 8.8 Reprinted with permission of Masson Italia and Professor Della Sala from Cantagallo, A. and Della Sala, S. (1998) *Cortex*, 34: 163-189.

圖 8.10 Reprinted with permission from Marshall, J. C. and Halligan, P. W. (1993) *Nature*, 364: 193-194.

圖 8.11 Reproduced with permission of Springer-Verlag from Marshall, J. C. and Halligan, P. W. (1993) *Journal of Neurology*, 240: 37-40.

圖 8.12 Reprinted with permission of Masson Italia and Professor Della Sala from Cantagallo, A. and Della Sala, S. (1998) *Cortex*, 34: 163-189.

圖 8.13 Reprinted with permission of Elsevier Science from Halligan, P. W. and Marshall, J. C. (1997) *Lancet* 350: 139-140.

圖 8.15 Adapted from Jaynes, J. (1976) *The Origin of Consciousness in the Breakdown of the Bicameral Mind*, Harmondsworth: Penguin Books.

圖 9.1 Based on data from Gilbert, A. N. and Wysocki, C. J. (1992) *Neuropsychologia*, 30: 601-608.

圖 9.2 Based on data from Coren, S. and Porac, C. (1977) *Science* 198: 631-632.

圖 9.3 Reproduced with permission from Painter, K. S. (1977) *The Mildenhall Treasure: Roman Silver from East Anglia*, London: British Museum. Copyright The British Museum.

圖 9.4 Reprinted with permission of Masson Italia from Byrne, R. W. and Byrne, J. M. (1991) *Cortex*, 27: 521-546.

圖 9.5 Reproduced with permission from Schultz, A. H. (1969) *The Life of Primates*, London: Weidenfeld and Nicolson.

圖 9.6 Reproduced with permission of the American Physiological Society from Hore, J., et al. (1996) *Journal of Neurophysiology*, 76: 3693-3704.

圖 10.1 Thomas Carlyle (1857): Hulton Archive.

圖 10.5 Based on data from Kincaid, P. (1986) *The Rule of the Road: An International Guide to History and Practice*, New York: Greenwood Press.

圖 10.6 Based on data from Kincaid, P. (1986) *The Rule of the Road: An International Guide to History and Practice*, New York: Greenwood Press.

圖 11.1 Sir Osbert Sitwell: reproduced with kind permission of Sir Reresby Sitwell.

圖 11.2 Vincent van Gogh *The Potato Eaters*: reproduced with permission of the Vincent van Gogh Museum (Vincent van Gogh Foundation), Amsterdam.

圖 11.3 Based on data from Orton, H., et al. (1978) *The Linguistic Atlas of England*, London: Croom Helm.

圖 12.1 Reprinted with permission of Blackwell Science from Burnett, A. C. and Thompson, D. G. (1986) *Medical Education*, 20: 424-31.

圖 12.1 Sir Thomas Browne.

圖 12.2 Adapted from Levy, J. and Reid, M. (1976) *Science*, 194: 337-9.

圖 12.4 Copyright the President and Fellows of Queens' College Cambridge. By permission.

圖 13.1 Billy the Kid: reproduced by permission of the A & S Upham Collection.

圖 13.2 Reproduced by permission. Leonardo, RL 12278, RL 12682. Copyright (2001) The Royal Collection, Her Majesty Queen Elizabeth 11.

圖 13.3 Rembrandt *The Three Trees*: Teylers Museum, Holland.

圖 14.4 Reproduced from Balmelle, C., et al. (1985) *Le Décor Géometrique de la Mosaïque Romaine*, Paris: Picard.

圖 14.5 Detail of Raffia cloth from Kuba in Zaire: copyright the Africa-Museum Tervuren, Belgium.

圖 14.6 Reproduced from Polya, G. (1924) *Zeitschrift für Kristallographie*, 60: 278-88.

圖 14.9 Reproduced with permission from Julesz, B. (1969) in Reichardt, W. (ed) *Processing of Optical Data by Organisms and by Machines*, New York: Academic Press.

圖 15.1 a, Reproduced from Swindler, M. H. (1929) *Ancient Painting: From the Earliest Times to the Period of Christian Art*, New Haven: Yale University Press.

All original artwork ©I. C. McManus.

Extract from Sacks, O. *The Man Who Mistook his Wife for a Hat*: reproduced by permission of the Wylie Agency. Copyright (1985) Oliver Sacks.

Extract from Auden, W. H. *Horace Canonicae*: reproduced with permission of Faber and Faber.

Table, chapter 10: reproduced with permission from Mair, P. (21 February 2000) *Guardian*, p. 15. Copyright *Guardian*.

Extract from Dalrymple, T. (1995) *So Little Done: the Testament of a Serial Killer*, London: Andre Deutsch, pp. 92-4: reprinted with permission of Andre Deutsch Limited.

Extract from Anderson, J. (1997) *Toward the Liberation of the Left Hand*: reprinted by permission of the University of Pittsburgh Press. Copyright (1977) Jack Anderson.

Extract from *Oranges are not the Only Fruit*: reprinted by permission of International Creative Management, Inc. Copyright (2000) Jeanette Winterson.

國家圖書館出版品預行編目資料

右手、左手：探索不對稱的起源 / 克里斯‧麥克麥納斯（Chris McManus）著；王惟芬 譯. -- 二版. -- 臺北市：商周出版，城邦文化事業股份有限公司出版：英屬蓋曼群島商家庭傳媒股份有限公司城邦分公司發行，民111.09
面；　公分. --（科學新視野；59）
譯自：Right hand, left hand : the origins of asymmetry in brains, bodies, atoms, and cultures.
ISBN 978-626-318-377-3（平裝）
1. CST: 感覺　2.CST: 腦部　3.CST: 文化史
176.19　　　　　　　　　　　　　　111011433

科學新視野 59

右手、左手：
探索不對稱的起源

原 著 書 名	/	Right Hand, Left Hand
作　　　者	/	克里斯‧麥克麥納斯（Chris McManus）
譯　　　者	/	王惟芬
責 任 編 輯	/	陳筱宛、李尚遠

版　　　權	/	林易萱
行 銷 業 務	/	周丹蘋、賴正祐
總　編　輯	/	楊如玉
總　經　理	/	彭之琬
事業群總經理	/	黃淑貞
發　行　人	/	何飛鵬
法 律 顧 問	/	元禾法律事務所　王子文律師
出　　　版	/	商周出版
		城邦文化事業股份有限公司
		臺北市中山區民生東路二段141號9樓
		電話：(02) 2500-7008　傳眞：(02) 2500-7759
		E-mail：bwp.service@cite.com.tw
發　　　行	/	英屬蓋曼群島商家庭傳媒股份有限公司城邦分公司
		臺北市中山區民生東路二段141號B1
		書虫客服服務專線：(02) 2500-7718 ‧ (02) 2500-7719
		服務時間：週一至週五09:30-12:00 ‧ 13:30-17:00
		24小時傳眞服務：(02) 2500-1990 ‧ (02) 2500-1991
		郵撥帳號：19863813　戶名：書虫股份有限公司
		E-mail：service@readingclub.com.tw
		歡迎光臨城邦讀書花園 網址：www.cite.com.tw
香 港 發 行 所	/	城邦（香港）出版集團有限公司
		香港灣仔駱克道193號東超商業中心1樓
		電話：(852) 2508-6231　傳眞：(852) 2578-9337
		E-mail：hkcite@biznetvigator.com
馬 新 發 行 所	/	城邦（馬新）出版集團 Cité (M) Sdn. Bhd.
		41, Jalan Radin Anum, Bandar Baru Sri Petaling,
		57000 Kuala Lumpur, Malaysia
		電話：(603) 9057-8822　傳眞：(603) 9057-6622
		E-mail：cite@cite.com.my

封 面 設 計	/	李東記
排　　　版	/	新鑫電腦排版工作室
印　　　刷	/	韋懋印刷事業有限公司
經　　　銷　商	/	聯合發行股份有限公司
		電話：(02) 2917-8022　傳眞：(02) 2911-0053
		地址：新北市231新店區寶橋路235巷6弄6號2樓

■2005年（民94年）10月初版
　2022年（民111年）9月二版
定價 680元

Printed in Taiwan
城邦讀書花園
www.cite.com.tw

Right Hand, Left Hand
by Chris McManus
Copyright © 2002 by Chris McManus
Complex Chinese translation copyright © 2005, 2022
by Business Weekly Publications, a division of Cité Publishing Ltd.
Published by arrangement with Weidenfeld & Nicolson Ltd., an imprint of The Orion Publishing Group Ltd.
through Bardon-Chinese Media Agency
博達著作權代理有限公司
ALL RIGHTS RESERVED

104台北市民生東路二段141號B1

英屬蓋曼群島商家庭傳媒股份有限公司　城邦分公司

- -

請沿虛線對摺，謝謝！

書號：BU0059X　　　書名：右手、左手　　　編碼：

讀者回函卡

線上版讀者回函卡

感謝您購買我們出版的書籍！請費心填寫此回函卡，我們將不定期寄上城邦集團最新的出版訊息。

姓名：_____ 性別：□男 □女

生日：西元_____年_____月_____日

地址：_____

聯絡電話：_____ 傳真：_____

E-mail：

學歷：□ 1. 小學 □ 2. 國中 □ 3. 高中 □ 4. 大學 □ 5. 研究所以上

職業：□ 1. 學生 □ 2. 軍公教 □ 3. 服務 □ 4. 金融 □ 5. 製造 □ 6. 資訊

　　　□ 7. 傳播 □ 8. 自由業 □ 9. 農漁牧 □ 10. 家管 □ 11. 退休

　　　□ 12. 其他_____

您從何種方式得知本書消息？

　　　□ 1. 書店 □ 2. 網路 □ 3. 報紙 □ 4. 雜誌 □ 5. 廣播 □ 6. 電視

　　　□ 7. 親友推薦 □ 8. 其他_____

您通常以何種方式購書？

　　　□ 1. 書店 □ 2. 網路 □ 3. 傳真訂購 □ 4. 郵局劃撥 □ 5. 其他_____

您喜歡閱讀那些類別的書籍？

　　　□ 1. 財經商業 □ 2. 自然科學 □ 3. 歷史 □ 4. 法律 □ 5. 文學

　　　□ 6. 休閒旅遊 □ 7. 小說 □ 8. 人物傳記 □ 9. 生活、勵志 □ 10. 其他

對我們的建議：_____

　　　　　　　_____

　　　　　　　_____